눈물과 정치

눈물과 정치

〈아리랑〉에서 〈하얀 거탑〉까지, 대중문화로 탐구하는 감정의 한국학

지은이 이호걸
초판 1쇄 발행 2018년 7월 25일

펴낸곳 도서출판 따비
펴낸이 박성경
편집 신수진, 차소영
디자인 박대성, 이수정

출판등록 2009년 5월 4일 제2010-000256호
주소 서울시 마포구 월드컵로28길 6(성산동, 3층)
전화 02-326-3897
팩스 02-337-3897
메일 tabibooks@hotmail.com
인쇄·제본 영신사

ISBN 978-89-98439-50-7 93680
값 22,000원

이 도서의 국립중앙도서관 출판예정도서목록(CIP)은 서지정보유통지원시스템 홈페이지(http://seoji.nl.go.kr)와 국가자료공동목록시스템(http://www.nl.go.kr/kolisnet)에서 이용하실 수 있습니다.(CIP제어번호: CIP2018020075)

눈물과 정치

〈아리랑〉에서 〈하얀 거탑〉까지,
대중문화로 탐구하는 감정의 한국학

이호걸 지음

책머리에

학위논문을 쓰기 위해 한국영상자료원에 틀어박혀 1960년대 영화를 하루에 몇 편씩 보던 시절이 있었다. 처음에는 영화들이 너무 청승맞다는 생각뿐이었다. 그 감정적 과잉이 정말 견디기 어려웠다. 하지만 몇 주가 지나고부터는 보는 영화마다 눈물을 펑펑 쏟기 시작했다. 행여나 주위 사람들이 눈치 챌까 몹시 노심초사했던 기억이 난다. 나도 모르는 사이에 그 시대의 감정의 장에 들어가 있었던 것이다. 그 절절함을 이해하지 못한다면 그 시대를 결코 이해하지 못하리라 확신할 수 있었다. 그리고 눈물에 관한 논문을 쓰기로 결심했다.

'남성신파'라는 개념을 만들고 그에 기초한 논문으로 박사학위를 받은 뒤, 눈물에 관해 여러 편의 논문을 발표했다. 그 과정에서 눈물에 대한 평가가 계속 변했다. 처음에는 중립적인 입장이었는데, 점차 이성주의적인 비판 쪽으로 갔다가, 다시 중립적인 입장으로 돌아왔다. 미셸 푸코, 질 들뢰즈, 슬라보예 지젝 등을 읽으면서 권력, 감정, 충동 등이 갖는 본원성을 이해하게 됐기 때문이다. 눈물에는 죄가 없다. 삶의 의지로 인해 흘리는 것이니 오히려 존중받아 마땅하다. 하지만 눈물의 맥락들에 대해서는 비판할 수 있고, 비판해야 한다. 박정희 시대의 눈물을 비판하되 존중하는 이유다.

1920~60년대의 남성적 멜로드라마 영화에 관한 논문으로 작업이 시작되었지만, 눈물에 초점을 맞추게 되면서부터 다뤄야 할 범위가 무한정 넓어졌다. 영화가 전공 분야이지만 인접 대중문화 장르를 다루는 것도 몹시 조심스러운 일이다. 그런데 문학과 정치사상에 대해서도 논평하고, 또 100년이 넘는 긴 시기를 아울러야 했으니 정녕 '무한도전'이 아닐 수 없었다. 하지만 그 과정은 너무도 행복했다. 누구도 가지 않은 길이라 위험했지만 그래서 더 흥미진진했다. 스스로 생각하고 판단해야 할 문제가 많았던 만큼 지적 즐거움도 만끽할 수 있었다.

물론 방대한 기획의 이유가 단지 즐거움을 얻기 위해서는 아니다. 가장 큰 이유는 넓은 시야가 주는 이점이다. 인간의 특정 속성들이나 국면들은 학문분과로 국한되지 않는다. 분과의 범위에 한정된다면 '눈물에 관한 연구' 같은 것은 할 수 없다. 눈물은 인간 존재의 모든 국면에서 흐르기 때문이다. 20세기 전체를 대상으로 삼은 것은 이 시기가 이전과 확연히 구별되는 지층을 이룬다는 일반적인 생각에 동의하기 때문이다. 그렇다면 전체를 한눈에 조망할 필요가 있지 않은가? 그럴 때에야 비로소 이 시대가 '눈물의 시대'였다는 것과 같은 통찰이 가능해진다.

나는 단단하고 영속적인 지식의 탑이 되기를 바라며 이 책을 쓰지 않았다. 그보다는 하나의 문제 제기이기를, 단단한 상태를 허물고 부드러운 사유의 흐름을 창출하는 행위가 되길 바란다. 이 책은 감정, 영화, 문화, 가족, 대중, 사회, 정치, 근대, 한국 등을 교차하는 수많은 질문을 '눈물'을 중심으로 가능한 한 일관되게 던지고자 했던 것의 결과물이다. 그리고 학문적 자기 성찰의 질문들 또한 제기할 수 있기를 바란다. 학문분과는 우리의 앎에 어떤 이득과 제한을 주는가? 인문학은 무엇이어야 하는가? 한국학으로 뭘 할 수 있는가?

이 책을 쓰면서도 많이 울어야 했다. 내가 다루는 눈물들에 공감하지 않고서는 도무지 쓸 수 없었기 때문이다. 도서관에서 주위 사람들이 눈치 챌까 또 그렇게 노심초사하곤 했다. 하지만 그 눈물이 나로 하여금 그 시대의 사람들과 접속할 수 있게 했으니 소중한 순간들이었다. 이 책은 매우 천천히 오랫동안 쓴 것이다. 마음이 급할 때마다 속도를 늦추거나 아예 멈춰버렸다. 이전에 발표했던 글들은 그대로 싣지 않고 모두 새로 썼다. 많은 내용이 추가됐고 결국 거의 다른 글이 되었다. 천천히 쓴 것은 아마도 논문 편수를 채우느라 항상 쫓기는 글쓰기를 했던 데 대한 역행이었던 듯하다. 결과는 여전히 부끄럽지만 최선을 다했으니 후회는 없다.

감사드려야 할 분들이 많다. 학문과 인생의 은사이신 이용관 선생님께 깊이 감사드린다. 성gender의 문제를 항상 고려할 수 있게 된 것은 주진숙 선생님께 배웠기 때문이다. 학교 밖에서 인연을 맺은 이영미 선생님께도 많은 가르침을 받았다. 공부의 과정에서 만났던 모든 선배, 동료, 후배님께 감사드린다. 특히 이순진, 이승희 선생님의 격려와 질정은 큰 힘이 되었다. 무려 7년을 기다려 정성스럽게 출판해주신 따비의 박성경, 신수진, 차소영 선생님께 머리 숙여 감사드린다. 인생과 공부의 동반자 서유리 선생은 긴 집필의 과정을 함께해주었다. 그리고 서생의 길을 항상 응원해주신 부모님께 이 책을 바친다. 이 책은 그분들의 눈물에 관해 쓴 것이다.

작업의 막바지에는 '이런 주제는 다시는 안 해'라고 투덜대곤 했다. 조사는 아무리 해도 미진해서 언제나 불안했던 반면, 지면은 조사량에 비해 부족해 압축해서 써야 하는 것이 늘 아쉬웠다. 2003년부터 눈물에 관해 공부했으니 한 권의 책을 내기까지 15년이 걸렸다. 사실 이 책은 내 청춘의 패기가 '저지른' 것이기도 하다. 인생의 한 시기를 정리하면서 책을 낼 수 있어 기쁘다. 힘겨웠던 숙제와 함께 청춘도 떠나보낸다. 다양한 이름의 비정규직으로 일했던 대학을 떠난 지 1년 반 가까운 시간이 흘렀다. 그곳에 계속 있었다면 이 책을 쓸 수 있었을까? 쉽지 않았을 것이다. 한국의 대학이, 한국의 학문이 지금 어디로 가고 있는지 심려하며 책을 낸다.

책이 출간되는 순간을 맞이하며 한나 아렌트가 썼던 글의 한 구절로부터 도움을 구하게 된다. "말과 행위로 자신을 드러낼 때 그가 누구인가를 아무도 알지 못한다 할지라도 그는 자신을 드러내는 모험을 감행해야 한다."* 몹시 용기를 주는 말이다. 잘못되거나 부족한 내용에 대한 준엄한 질정을 겸허히 바라며 말문을 열어보려 한다. 나의 말들이 세계의 지혜에 한 점 보탬이 될 수 있다면 큰 영광일 것이다. 이 주제를 고민하면서 누렸던 생각의 즐거움을 누군가와 공유할 수 있다면 더할 나위 없이 기쁠 것이다.

* 한나 아렌트, 『인간의 조건』, 이진오·태정호 옮김, 한길사, 1997, p. 240.

차례

II. 눈물의 정치

일러두기

▶ 이 책의 내용은 이전에 발표했던 논문들과 일부 겹친다.

「신파성이란 무엇인가: 구조, 정치, 역사」, 『영상예술연구』 9, 2006. (2, 3장)
「신파양식 연구: 남성신파영화를 중심으로」, 중앙대 박사학위논문, 2007. (2, 3, 4, 5장)
「자유주의와 신파양식」, 『한국극예술연구』 26, 2007. (8장)
「1950년대 대중서사와 남성성의 정치적 징후」, 『한국어문학연구』 52, 2009. (8장)
「사회주의와 눈물: 프로문예의 서사와 신파성」, 『대동문화연구』 64, 2008. (7장)
「파시즘과 눈물」, 『영화연구』 45, 2010. (6장)

▶ 표기에 관해

- 영화는 개봉년도와 연출자, 방송물은 방송년도와 제작사, 연극은 공연년도와 연출자, 문학 작품은 발표년도와 작가를 병기하는 것을 원칙으로 했다.
- 과거의 글을 인용할 때에는 현재의 맞춤법에 맞춰서 수정했고, 한자는 한글로 고치는 것을 원칙으로 했다.
- 본문 중의 주요 기호는 아래와 같이 사용했다.
  〈 〉: 영화, 연극, 방송, 노래 제목.
  「 」: 단편소설, 희곡, 시, 수필, 기사, 논문.
  『 』: 중 · 장편소설, 작품집(소설집, 시집, 수필집, 희곡집 등), 단행본.
  ' ': 강조.
  " ": 직접인용, 간접인용(원문의 대부분을 그대로 옮긴 경우에 한함).
- 인용하거나 참고한 자료의 출처와 본문을 보충하는 주석은 모두 미주로 달았으며, 주 번호는 장마다 새로 시작된다.

들어가며

대중감정과 눈물 비평

두 눈물

2007년 2월 25일 YTN에서는 〈영원한 재야, 영원한 청년 백기완〉이라는 제목의 다큐멘터리가 방영되고 있었다. 어떠한 어려움에도 굴하지 않고 평생 민주주의를 위해 투쟁해온 이 노老운동가는 과거를 회고하던 중 문득 자신이 예전에 흘렸던 눈물을 떠올린다. 1980년대 초 어느 날, 길을 걷던 그는 벽에 붙어 있는 한 수배전단을 우연히 마주쳤다. 그런데 거기에는 노동운동을 하다 수배된 딸의 사진이 실려 있었다. 그는 얼어붙은 듯 그곳에 멈춰 서서 한 시간 동안을 통곡했다.

지금도 눈이 내리는 날이면 그는 북녘땅이 보이는 산을 오른다. 그리고 열세 살 이후 한 번도 만나지 못했던 어머니를 위해 소주를 따르고 눈물을 흘리곤 한다. 그 설움은 딸의 수배로 인해 느꼈던 것과 비슷하다. 가족에 대한 연민과 자책감, 자신에 대한 연민과 현실에 대한 원망이 교차하는 감정이다. 오랫동안 압제와 싸우며 겪어야 했던 수많은 고난을 항상 호쾌한 결기로 날려버렸던 그도 가족의 고통 앞에서는 마음속 약한 부분을 숨기지 못했다.

그의 정치적 삶과는 객관적 거리를 유지하려 노력하는 이 다큐멘터리에서, 눈물의 의미는 다소 모호하게 제시된다. 어떤 이들에게는 가족의 안위를 대가로 한 그의 평생에 걸친 투쟁이 부질없어 보였을 수도 있다. 검은 두루마기며 헝클어진 머리카락은 그의 삶이 빗나간 외골수의 것이었음을 드러내는 듯하고, 그가 흘리는 눈물은 이에 대한 자탄을 담고 있는 것처럼 보였을지도 모른다. 평생을 싸웠건만 결국 남은 것은 고작 쓰라린 눈물이란 말인가?

그러나 다른 누군가에게는 그 눈물의 의미가 전혀 달랐을 것이다. 그들은 지독한 고난에도 불구하고 자신의 의지를 굽히지 않았던 백기완의 삶에 감동하며 함께 눈물 흘렸을 것이다. 이때 백기완의 눈물은 그 자신이 행한 실천의 숭고함을 입증하는 동시에, 실천을 통해 지켜냈던 정치적 가치들의 정당성을 입증한다. 가족의 희생에도 불구하고 실현되어야 할 가치인 것만은 아니다. 그것은 가족의 진정한 안녕을 위해 반드시 실현되어야 할 가치다.

두 반응 중 눈물이 백기완 자신에게 갖는 의미를 정확히 포착한 쪽은 아마 두 번째일 것이다. 그런데 백기완의 눈물과 시청자의 공감의 눈물은 한국인에게 대단히 익숙하지 않은가? 20세기 이래로 한국인은 이런 눈물을 수없이 많이 흘리지 않았던가?

1960년대 초반 한국에서는 많은 전쟁영화가 제작, 상영됐다. 김기덕 연출의 〈5인의 해병〉(1961)도 그중 하나다. 한국전쟁에 참전한 5명의 해병에게는 모두 고향에 두고 온 가족이 있다. 고통스러운 전장에서도 그들을 지탱하는 것은 가족의 사랑이다. 홍구(황해)에게도 고향에 홀로 남겨진 어머니(황정순)가 있다. 입대하는 자신을 눈물로 배웅하던 어머니를 생각하면 그는 무슨 일이 있더라도 살아서 돌아가야 한다. 물론 나머지 분대원들의 사정도 매한가지다.

하지만 그들에게도 결국 위험이 닥친다. 적의 탄약창을 폭파하기 위한 침투 작전이 결정된 것이다. 5인의 해병은 침투조에 자원한다. 돌아오지 못할 가능성이 크다는 사실은 모두가 안다. 고향의 가족들이 얼마나 슬퍼할지도 잘 알고 있다. 그럼에도 그들이 가슴에 가족을 품고 적진에 뛰어드는 이유는, 그것이야말로 가족을 제대로 지키는 길이기 때문이다. 임무는 성공적으로 수행된다. 그러나 홍구를 포함한 4명의 해병은 전사한다.

어떤 관객은 그들의 죽음이 부질없고 어리석다고 여겼을 것이다. 그러나 어떤 관객은 그들의 고통에 공감하고, 그들의 희생에 존경을 보냈을 것이다. 백기완의 눈물처럼 이 해병들의 눈물에도 가족에 대한 연민과 자책감, 자신에 대한 연민과 위급한 상황에 대한 원망이 복합적으로 함축되어 있다. 그들의 눈물이 영웅적 실천의 숭고함을, 그 실천을 통해 지켜내고자 했던 정치적 가치의 정당성을 증명하는 것 또한 마찬가지다.

눈물을 탐구하기

눈물이 우리 삶에서 차지하는 위상은 어느 정도일까? 대체로는 대수롭지 않게 여겨지는 것 같다. 하지만 위 두 편의 영상물에서는 그렇지 않다. 서사의 중요한 대목에 눈물이 흐르고 있기 때문이다. 눈물은 수용자의 호응을 끌어내기 위한 효과적인 요소로서 선택·배치되었다. 이를 스크린이나 TV에서 흔히 볼 수 있는 진부한 재현 관습으로 치부해 버린다면 요점을 놓치게 된다. 그것이 관습이라는 사실 자체에 주목할 필요가 있다. 무언가가 재현 관습이 된다는 것은 그것이 현실을 바라보는 유력한 틀과 관련된다는 뜻이기 때문이다.

1960~70년대 한국영화계에는 '된장을 푼다'는 속어적 표현이 있었다. 눈물을 유발하는 상황을 영화에 집어넣는다는 뜻이었다. 된장을 풀지 않고서는 흥행을 장담하기 어려운 시절이었다. 극장을 찾았던 관객 중 상당수는 눈물 흘리는 것을 주요한 목적으로 삼았기 때문이다. 그리하여 그 시기의 한국영화에서 눈물은 거의 빠지지 않는 요소가 됐다. 언제 어디서나 눈물은 영화에 즐겨 채택되는 소재이지만, 한국 관객의 눈물 애호는 유별났던 것으로 보인다. 왜였을까? 그것은 아마도 당시 한국인의 일상 자체가 눈물로 얼룩져 있었기 때문일 것이다. 즉, 눈물을 중심으로 하는 영화적 관습은 실제 삶 속에서 눈물이 차지하는 중요성에 상응한다.

20세기 한국인에게 눈물은 현실을 이루는 주요한 요소이자 현실을 수용하는 주요한 틀이었다. 거시적 구조, 주요 인물과 사건, 학문과 지성뿐만 아니라 미시적 일상, 일반 대중, 통속적 감정에도 관심을 기울인다면 눈물에 주목하지 않을 수 없다. 이러한 견지에서 눈물의 생리적·문화적 기제를 따지고, 실제 눈물과 재현된 눈물을 폭넓게 조사하며, 그것의 사적·공적인 의미와 사회적·경제적·정치적 맥락을 탐구할 필요가 있다. 백기완과 해병들의 눈물을 좀 더 자세히 살펴보자. 이로부터 탐구가 시작될 수 있을 것이다.

익숙한 눈물이라고 했지만, 조금만 유심히 들여다보면 통념과 충돌하는 면이 금세 드러난다. 무엇보다도 남자의 눈물인 점이 그렇다. 사실 남성도 눈물이 많다. 스크린과 TV에서도 꽤 자주 볼 수 있다. 이들의 눈물이 무기력을 뜻하지 않는 점도 주목할 만하다. 백기완의 눈물 많은 성정이야말로 불의에 대한 끈질기고 강력한 항거의 원동력이지 않았을까? 해병들 역시 뜨거운 눈물을 흘리며 적진에 뛰어들었지 않았던가. 그러니 눈물이 무기력을 뜻한다는 통념도 수정되어야 한다. 그것이 위기를 극복하는 실천을 추동했던 사례에 주목해야 한다. 그랬을 때 비로소 수많은 여성이 눈물의 힘으로 한 시대를 살아냈던 것도 알 수 있게 된다.

정치와 관련된 눈물인 점도 눈에 띈다. 우리는 정치적 눈물에 익숙하다. 정치인의 눈물을 쉽게 떠올릴 수도 있다. 2002년 대선에서 노무현 후보가 흘린 눈물이나 2014년 박근혜 대통령이 세월호 참사 앞에서 흘린 눈물이 그렇다. 눈물이 지닌 정치적 힘은 엄청나다. 물론 그 진정성이 의심스러우면 역풍을 맞기도 한다. 눈물과 정치의 관계는 눈물에 실천을 추동하는 힘이 있다는 사실과 밀접히 관련된다. 수많은 정치적 요청이 눈물과 함께 제기됐다. 민족주의, 파시즘, 사회주의, 자유주의 등이 어떻게 눈물로 호소해왔는지는 의미심장한 탐구의 대상인 것이다.

두 눈물 모두 가족과 관련된 것이라는 점도 주목된다. 그 눈물들은 가족과 정치 사이의 날카로운 감정적 긴장을 창출하고 있다. 특히 서로 다른 정치적 지향이 동일한 감정적 기반을 가진다는 점이 주목된다. 이는 그 감정이 사회에서 지배적인 위상을 가지고 있음을 방증하기 때문이다. 실제로 지난 세기 한국인은 가족의 위기를 환기하는 눈물을 참으로 많이 흘렸다. 따라서 정치와 눈물의 관계를 살피기에 앞서 가족적 눈물에 대한 탐구가 선행되어야 한다. 그 눈물이 담고 있는 감정과 의미의 여러 결, 그 눈물을 산출한 맥락들, 그 흘러온 양상들을 분석하고 개관해야 한다. 이를 통해 눈물이 정치와 왜, 어떻게 결합했는지도 논구할 수 있다.

대중의 감정

지난 세기 한국 대중문화는 온통 눈물에 젖어 있었다. 이는 현실도 그러했음을 짐작하게 한다. 그 눈물은 대체로 가족적 위기를 환기하는 눈물이었고, 때로는 정치적 의미가 덧씌워지기도 했다. 그렇지만 눈물과 그것이 수반하는 감정들에 대해서는 적절한 조명이 이루어지지 않았다. 눈물과 정치의 관계에 대한 적극적인 문제 제기도 거의 없었다. 실제 현실 속에서 눈물이 차지하는 비중을 고려하면 이는 정당하지 않은 일이다. 요컨대 눈물은 이제까지 폄하되었다. 왜 그랬을까? 아마도 눈물이 '대중'의 '감정'이기 때문일 것이다. 그저 삼류 극장에

나 어울리는 감정인 것이다.

대중the masses이란 근대에 대두한 거대한 인간 군상에 대한 무시와 혐오의 이름이다. 이는 수동적이고, 소비적이며, 즉물적인, 개성을 상실한 인간들의 무리를 뜻한다. 하지만 역사를 움직여온 이들은 언제나 주변부의 다수였다. 근대의 도래와 함께 이들의 위상은 급상승했다. 경제적으로 자유로워졌고, 정치적 참여의 권리를 부여받았으며, 거대한 문화적 장의 주인공이 됐다. 이런 조건에도 불구하고 대중이 폄하되었던 것은 부와 권력이 소수에 집중되는 경향이 근대에도 지속됐기 때문이다. 대중을 폄하해온 엘리트주의는 그러한 정치경제적 배치의 문화적 표현일 것이다.

하지만 오늘날은 근본적으로 대중의 시대다.[1] 오랫동안 주변적이었던 다수가 근대기에 상대적으로 강력해졌기 때문만은 아니다. 근대 이후 대중이 인간의 보편적인 존재 형식이 됐던 것이 더 중요한 원인이다. 이는 자유주의, 사회주의, 민주주의 등과 같은 다수 인간의 해방을 지향하는 근대의 사회적 배치가 노정할 수밖에 없는 결과였다. 그래서 근대의 시작 이후 엘리트의 영역은 지속적으로 축소되었고, 대중사회의 삶의 방식으로부터 벗어나는 것은 점점 더 어려워졌다. 이제 대중매체를 이용하지 않고서 산다는 건 거의 불가능한 일이 되지 않았는가. 그러니 대중에게 주인공의 자리를 되돌려줘야 한다.

흔히 거론되는 대중의 특징 중 하나는 이들이 감정에 치우친다는 것이다. 결핍된 이성은 그들이 감정적으로 쉽게 동요하고 충동적으로 행동하는 원인이라 여겨졌고, 이는 대중 폄하의 주된 근거로 채택되곤 했다.[2] 그래서 대중을 옹호하기 위해 대중의 지성을 입증하는 노력들도 있었다.[3] 그렇지만 그들의 감정에 대한 관심은 여전히 부재한다. 감정은 정녕 구제할 수 없는 악덕의 원천인 걸까? 그렇지 않다. 감정은 인간 존재의 물질적 기초이기 때문이다. 이성은 언제나 감정을 기반으로 하며, 보다 엄밀히는 감정의 한 양태에 불과하다. 따라서 대중의 복권만으로는 충분치 않다. 감정의 복권도 이루어져야 한다.

바로 이것이 집합적 주체성의 지반으로서 대중감정에 주목해야 하는 이유다. 사회의 가장 낮고 주변적인 층위에 초점을 맞추고 20세기 한국을 조망할 때, 가장 두드러져 보이는 것들 중 하나가 대중의 눈물이다. 물론 한국인이 일상에서 흘린 눈물을 일일이 확인할 수는 없다. 하지만 매체를 통해 재현된 눈물은 확인할 수 있다. 감정들은 저마다 유형화된 서사를 갖는 경향이 있다. 가령 눈물은 '위기로 인한 상실과 그 회복'을 축으로 하는 서사를 수반하거나 그런 서사를 환기하곤 한다. 지난 세기 한국에서 그것이 가장 효과적으로 표현됐던 영역은 대중극, 영화, 방송 드라마다. 그러니 대중감정으로서의 눈물에 대한 관심은 대중문화의 주된 감정에 대한 관심이기도 하다.

민주주의를 근간으로 하는 근대 정치에서 대중의 소구는 필수적인 과제다. 대중에 대한 지속적인 폄하는 모순적이게도 그에 대한 구애와 동시에 이루어졌다. 정치적 지향에 따라 시민, 민족/국민, 무산계급 등 다양한 집합적 주체가 호명됐지만 기본적으로 이들 모두 대중이었다. 대중이 정치적 소구의 주된 대상이었던 만큼 대중문화는 이데올로기의 주된 장이었다. 대중문화를 점철했던 눈물에 정치적 의미가 매우 자주 부여됐던 이유가 여기에 있다. 상이한 정치적 지향들이 동일한 감정에 호소했던 것이다. 그 결과 대중문화에 전형적인 가족적 눈물과 그것이 수반하는 감정들이 지난 세기 한국인의 정치적 주체성의 주요한 기반을 이루게 되었다.

눈물 비평

이 책을 통해 지난 세기 한국에서 흘려진 여러 눈물이 제시될 것이다. 서로 다른 주체, 상황, 매체, 정치 등에 관련된 눈물들에 담긴 감정과 의미를 분류하고 평가하며, 반복되는 것과 차이나는 것들을 따져보려 한다. 이 작업의 이름은 '눈물 비평criticism'이다.

눈물의 전체적인 흐름을 그릴 것이므로 이는 개관적 비평이 될 것이다. 눈물이 정치와 결합하는 양상에 주목한다는 점에서는 정치적 비평이다. 시대적 맥락을 적극적으로 고려하며 연대기적 기술을 담을 것이니 역사적 눈물 비평이기도 하다. 미학aesthetics의 어원은 감성학이다.[4] 그 어원에 충실하면 눈물 비평은 영화를 비롯한 한국 대중문화의 미학적 핵심에 대한 비평이다.[5] 눈물이 순문학과 같이 진지한 예술적 태도가 지배하는 영역에도 흘러들었으니, 20세기 한국문화의 주요한 미적 특질에 대한 비평이기도 하다.

현실과 허구, 매체와 장르의 차이에도 불구하고 유사한 눈물이 흘려졌던 것은 상호 모순적인 원인들이 동시에 작용한 결과였다. 이는 특정한 구성적 힘의 광범위한 작용에 따른 것이지만,[6] 경계를 투과, 범람, 저류하는 눈물의 특성으로 인한 것이기도 하다. 또한 이는 세계가 구조적으로 고정되려는 것 이상으로, 분산되고 새롭게 배치되는 성향을 가지기 때문이다.[7] 눈물의 흐름이 만들어내는 전체상은 거대한 망상의 조직과 같을 것이다.[8] 이는 세계가 그러한 형태를 가지는 것과도 같다.

눈물에 담긴 의미는 전 방향적이지만, 주요한 두 방향에 특히 주목할 것이다. 이는 발터 벤야민Walter Benjamin이 19세기 파리의 풍경에 대해 가졌던 태도와도 유사하다. 그는 계급관계와 생산관계를 기만적으로 은폐하는 그 환등상phantasmagoria 속에서, 혁명의 동력이 되는 유토피아를 향한 집단적 소망이미지를 발견했다.[9] 대중문화도 마찬가지다. 현실 유지를 위한 기만인 동시에, 전복적인 대중적 감정과 이성의 장이기도 하다. 대중적 눈물에 대한 비평도 둘 모두를 포착하고자 한다.

눈물 비평은 한국 대중문화 특유의 감상성인 신파성에 대한 논의의 일환이기도 하다.[10] 신파에 관한 논의는 대체로 그것의 부정성에 주목해왔다. 이것이 곧 대중문화 자체에 대한 폄하는 아니지만, 그것의 징후일 수는 있다. 민중문화가 대안으로 제시된다면 더욱 그렇다. 눈물 비평의 궁극적 대상은 눈물의 역능力能이다. 이는 신파적 감상성이 긍정성으로 가득함을 드러낼 것이다.[11] 민중이 대중과 근본적으로는 다르지 않음을 밝히고, 대중문화에서 급진적 이행의 계기를 발견코자 한다.[12]

최근 "감정으로의 전환"이라고 표현될 정도로 감정에 대한 관심이 급속도로 증대했다.[13] 여러 이론적 접근법이 소개됐고,[14] 한국의 구체적 사례들의 분석과 비평도 이루어졌다. 개별 감정들이 주목됐으며,[15] 그 과정에서 애도, 슬픔, 동정 등과 같은 감정도 다뤄졌다.[16] 감정 그 자체가 논의되기도 했지만, 대체로는 감정의 맥락이 함께 주목됐다. 그래서 '감정의 정치'는 낯설지 않은 논제다. 눈물 비평은 이러한 최근의 논의들과 궤를 같이한다.

대중문화의 눈물을 통해 세계를 바라볼 때, 그것은 완전히 다른 모습을 드러낸다.[17] 가장 낮은 층위에서 올려다본 세계의 그 모습을 최대한 정확히 재현코자 했다. 하지만 보편적 지식의 창출이 눈물 비평의 목표는 아니다. 대상은 바라보는 각도에 따라서 다른 모습일 수밖에 없다. 그러니 진실은 특정한 시점이 포착하는 모습에 있지 않다. 진실은 시점들이 만들어내는 차이에 있다. 따라서 눈물로 바라본 세계의 모습 그 자체보다 더 중요한 것이 있다. 새로운 보기의 행위가 세계의 연속체에 만들어낼 균열과 개입이 바로 그것이다.

눈물과 정치

논의는 크게 두 부분으로 나뉜다. 먼저 눈물과 정치에 대한 일반적인 개념을 규정하고, 근대 한국 특유의 눈물이 흘러온 과정을 개관할 것이다. 이어 눈물과 정치가 결합한 구체적인 양상들을 다루고자 한다.

I부는 '눈물이란 무엇인가'를 살피는 데서 시작된다. "비평의 공리와 전제는 비평이 다루는 대상에서 싹터 나와야" 하는 법,[18] 먼저 눈물의 생리적, 문화적 기제를 따지면서 비평의 기초를 확보할 것이다(1장). 이어서 한국 특유의 가족적 눈물의 흐름이 '신파新派'로 명명될 것

이다. 이는 근대적 눈물의 흐름에서 극문화가 차지하는 각별한 위상을 드러낸다(2장). 눈물이 정치와 관련되는 양상이 이 책의 주된 관심사이므로 이에 관한 이론적 논의도 필요하다. 여기에는 정치와 이데올로기에 대한 개념 규정도 포함될 것이다(3장). 이어서 근대적 눈물로서 신파가 발원해서 흘러온 역사가 개관될 것이다. 이 과정에서 전근대와 근대의 여러 눈물이 가진 특성들과 그들의 역사적 의미가 검토된다(4장).

II부는 민족주의, 파시즘, 사회주의, 자유주의가 눈물과 관계 맺는 양상들을 다룬다. 민족주의 정치는 가족적 눈물로서의 신파와 매우 친연적이다. 먼저 한국에서 눈물의 민족주의가 성립, 지속돼온 과정을 제시할 것이다(5장). 민족주의의 과잉은 자유와 민주주의의 억압으로 이어질 수 있다. 박정희 시대의 파시즘에서 눈물이 동원됐던 양상들이 이어서 논의될 것이다(6장). 한편, 사회주의자들 역시 많은 눈물을 흘렸다. 사회주의 문예의 역사를 추적하면서 눈물이 활용된 양상들을 살펴보고, 신파와의 연관을 밝힐 것이다(7장). 자유주의는 20세기 한국에서 눈물에 가장 강력한 영향을 미쳤던 정치적 맥락이다. 자유주의의 원리와 신파적 눈물의 관계에 주목함으로써 그 영향관계를 드러내고자 한다(8장).

I부에 이론적 내용이 많은 반면, II부에는 구체적인 사례들이 주로 담겼다. 논리적 순서에 따른 것이지만, II부를 이해하기 위해 꼭 I부 전체를 읽어야 하는 건 아니다. 신파에 대한 정의를 담고 있는 2장만 읽어도 큰 어려움은 없을 것이다. 각 부분들이 나름의 완결성을 가질 수 있도록 쓰고자 노력했다. 까다롭거나 흥미롭지 않은 부분은 그냥

지나치더라도 계속 읽힐 수 있을 것으로 기대한다. 만약 단 하나의 장만 읽어야 한다면 파시즘과 눈물에 관한 6장을 추천한다. 이에 착안함으로써 눈물 비평의 기획이 시작됐기 때문이다. 7장은 유독 분량이 많다. 사회주의를 편애해서 그런 건 아니다. 민족주의, 파시즘, 자유주의는 이론적·역사적으로 서로 깊이 얽혀 있다. 따라서 이들은 한 장으로 합칠 수 있는 것을 셋으로 나눠 쓴 의미도 있다. 그러니, 사실은 사회주의에 적은 지면이 할애되었다. 남한에 초점을 맞추었으니 이는 자연스러운 결과로 보인다.

이 책의 과제는 크게 두 가지로 요약된다. 하나는 한국 근대 특유의 가족적 눈물의 특성, 원인, 역사를 밝히는 것이고, 다른 하나는 20세기 한국인에게 정치란 어떤 '느낌'이었는지를 밝히는 것이다. 이를 수행함으로써 근대 한국인의 심성에 접근할 수 있는 하나의 경로를 찾을 수 있기를 기대한다. 가족적 눈물의 심성이 바로 그것이다. 또한 눈물과 대중문화, 정치와 감정에 대한 보다 깊은 이해에도 이 책이 기여할 수 있기를 바란다. 이를 위해 대중문화가 사회의 감정적 하부구조를 이루고, 정치에 주요한 감정적 원천을 제공해온 양상들을 제시할 것이다. 덧붙여서, 이 책이 전환기 한국사회가 지향해야 하는 새로운 정치와 감정을 모색하는 하나의 계기가 될 수 있기를 희망한다. 21세기마저 가족주의적 눈물의 시대로 만들지는 말아야 하지 않겠는가. 이제 가족주의로부터, 눈물의 감상주의로부터 벗어난 새로운 정치와 감정의 배치를 창안해야 할 때다.

I 淚

눈물의 흐름과 근대 한국

1.
눈물이란 무엇인가

인간은 여러 가지 이유로 눈물을 흘린다. 그런데 그 눈물들의 공통점과 차이점은 무엇일까? 눈물을 흘리는 것은 인간에게 대체 어떤 이득을 주는 것일까? 눈물은 기본적으로는 물질이지만 정신과도 깊은 관련이 있어 보인다. 육체와 정신 사이에서 눈물은 어떻게 설명될 수 있을까? 눈물은 감정의 일부 혹은 결과로 여겨지곤 한다. 감정이라는 정신 현상에서 눈물의 자리는 어디이며, 고통이나 슬픔 같은 감정과는 어떤 관계에 있는 걸까? 인간 정신을 이루는 또 다른 중요한 요소로 이성도 있다. 감정과 이성, 구체적으로 눈물과 이성의 관계는 어떠한가? 혼자서, 때로는 누군가 앞에서, 매우 자주는 함께 흘리는 것이 눈물인데, 그렇다면 눈물의 사회적 기능은 무엇일까? 지난 세기 한국인의 눈물을 살펴보기에 앞서 이러한 질문들에 답할 필요가 있다.

왜 눈물인가?

눈물이란 무엇인가? 가능한 대답 중 하나는 감정affect의 한 양상이라는 것이다. 감정은 이성reason과 함께 정신mind을 구성하는 인간 존재의 한 영역이다. 확실히 눈물은 감정의 일부인 것 같아 보인다. 통념에 따르면 인간은 육체와 정신으로 이루어진다. 그렇다면 감정의 일부인 눈물은 육체가 아닌 정신에 속하는 걸까? 그렇게 보기에는 눈물의 육체성이 너무나 자명한 것이 문제다. 눈물은 육체의 분비물이며, 눈물을 흘리는 행위 또한 육체적이다.

지난 세기 한국에서의 눈물의 정치적 흐름을 탐구하는 작업은 일종의 감정 연구에 해당한다. 본격적인 논의의 전개에 앞서서 감정이란 무엇이며 어떻게 구성되는지를 검토할 필요가 있다. 그럼으로써 눈물에 대해서도 더 잘 알 수 있게 될 것이다. 이를 위해 안토니오 다마지오Antonio Damagio의 논의를 참조하자.

그는 감정을 정서emotion와 느낌feeling으로 구분한다.[1] 정서는 자극에 대한 반응으로서 행위act를 뜻한다. 이는 '대사 작용'과 같은 기본적이고 낮은 수준에서부터 '분노'와 같은 복잡하고 높은 수준까지 다양한 양상을 보인다. 느낌은 그런 정서에 대한 지각perception, 즉 정서적 상태에 대한 일종의 지도 그리기를 뜻한다. 이는 정서를 반성적으로 지각할 수 있게 하며, 정서에 어떤 영향을 되돌려주는 것을 가능케 한다.

그의 설명대로라면 감정은 대체로 육체적이다. 행위로서의 정서가 육체적임이 분명할 뿐만 아니라, 느낌도 육체성을 그것의 기초로 포함하기 때문이다. 느낌이 흔히 정신적인 것으로 여겨지는 의미들과 다양하게 관련됨에도 불구하고 궁극적으로는 행위에 대한 지각임을 간과하지 말아야 한다. 나아가서 이는 인간 정신이 육체를 주요한 일부로 포함하고 있음을 뜻하는 것이기도 하다. 감정은 정신의 주요한 일부이니 말이다.

다마지오의 설명은 인간 존재의 여러 영역 간의 선후관계를 이해하는 데에도 유용한 지침을 제공한다. 그에 따르면 정서는 느낌에 선행한다. 그는 실수로 한 환자의 뇌, 그중에서도 눈물을 유발하는 부위를 자극한 적이 있다. 눈물을 흘리기 시작한 환자는 결국 강렬한 슬픔을 느끼기에 이른다. 정서가 느낌에 선행한다는 사실을 일단 받아들이면, 감정은 이성에, 육체는 정신에 선행한다는 추론도 가능해진다. 이는 눈물에 논의의 초점을 맞추게 된 이유와도 맞닿아 있다.

눈물의 탐구는 비슷하거나 연관된 다른 감정으로 그 대상을 바꿀 수도 있다. 고통, 슬픔이 유력한 대체 후보일 것이다. 눈물, 고통, 슬픔은 서로 밀접히 관련되어 있지만 정연한 대응을 이루지는 않는다. 고통은 눈물의 원인 중 하나지만 모든 눈물이 고통에서 비롯되는 것은 아니며, 모든 고통이 눈물 흘리게 하지도 않는다. 슬프지만 눈물을 흘리지 않을 수 있고, 슬프지 않아도 눈물을 흘릴 수 있다. 고통이 슬픔을 낳지 않을 수 있고, 감미로운 슬픔도 있을 수 있다.

하지만 이런 어긋남에도 불구하고 눈물, 고통, 슬픔이 서로 깊이 관련됨은 분명하다. 따라서 고통이나 슬픔에 논의의 초점을 맞추는 것도 얼마든지 가능하고, 눈물에 초점을 맞춘다 하더라도 언제나 고통과 슬픔 또한 함께 다뤄야 한다. 하지만 그럼에도 불구하고 굳이 눈물을 선택한 것에는 이유가 있다. 그것은 눈물이 가지는 육체성에 주목했기 때문이다.

고통, 슬픔, 눈물은 모두 정서, 즉 자극에 대한 반응인 행위다. 그런데 고통과 슬픔은 반성적으로 지각되는 것, 즉 느낌이기도 하다. 하지만 눈물은 그렇지 않다. 눈물은 느껴지는 것이며, 다른 느낌에 의해 촉발될 수 있는 것이지만, 그럼에도 느낌 자체는 아니다. 눈물을 흘리는 것은 언제나 행위이며, 눈물은 순수하게 물질적이다. 인간 존재의 기반은 육체이며, 감정 연구는 이에 특별히 주목하는 인간학이다. 감정은 정신의 육체적 기반이기 때문이다. 그러니 감정 연구라면 눈물에 초점을 맞춰야 할 이유가 있다.

눈물, 고통, 슬픔

우리가 흔히 눈물이라고 부르는 액체는 크게 세 가지 요소로 이루어져 있으며 세 층을 이룬다. 아래쪽에는 안구 표면의 결막과 눈꺼풀 안쪽을 싸고 있는 막에서 분비되는 단백질, 가운데에는 위 눈꺼풀 바깥쪽에 위치한 눈물샘에서 분비되는 물, 위쪽에는 눈꺼풀 아래 검판선에서 분비되는 지방이 있다. 이렇게 만들어진 눈물은 눈 안쪽, 즉 코와 맞닿아 있는 부분에 뚫려 있는 작은 눈물점을 통해 코로 흘러나간다.[2]

우리는 수없이 많은 이유로 눈물을 흘린다. 수없이 많은 양상의 눈물이 흘러내리는 것이다. 그럼에도 눈물은 크게 세 가지 이유로 흐른다. 첫 번째는 기본적인 눈물이다. 눈을 보호하기 위해 항상 분비되는 눈물을 가리킨다. 두 번째는 반사적인 눈물이다. 이는 외부 자극에 대응하는 눈물이다. 눈에 먼지가 들어갔을 때 나는 눈물이 여기에 속한다. 이 두 가지가 육체적인 이유에서 흘려지는 눈물이라면, 세 번째는 정신적인 이유에서 흘려지는 눈물이다. 사랑하는 사람이 죽었을 때 우리는 눈물을 흘린다.[3]

서로 다른 이유에서 흐르는 눈물들이지만 생리적 메커니즘은 같다. 자극에 대한 반응이라는 점도 같다. 기본적인 눈물은 눈이 건조해지는 데 대한 반응이며, 반사적인 눈물은 물리적 자극에 따른 반응이다. 정신적인 눈물은 정신적 자극에서 비롯된다. 자극은 신체가 유지하고자 하는 균형 상태를 깨뜨림으로써 불쾌한 상태를 초래한다. 눈의 건조함, 눈 속 이물질, 신체에 가해지는 폭력, 불치병 선고, 사랑하는 사람의 죽음, 국권 상실 등은 모두 존재를 불쾌한 상태로 만드는 자극이다.

물론 모든 자극이 불쾌를 유발하지는 않는다. 쾌를 유발하는 자극도 있다. 하지만 눈물과 관련된 자극은 불쾌를 유발하는 경우에 국한된다. 그 불쾌한 상태 중 하나가 고통이다.[4] 고통은 다양한 양상으로 나타난다. 양적으로든 질적으로든 수많은 고통이 있다. 또한 고통의 경계는 불분명하다. 자극이 만들어낸 불쾌한 상태 중 어떤 것이 고통인지, 어떤 것은 고통이 아닌지 정확히 말하기가 어렵다. 결국 고통에 대해서 우리는 다음과 같이 매우 포괄적인 정의만 내릴 수 있는지도 모른다. 고통은 존재의 균형이 깨진 결과 유발되어 느끼는 불쾌한 감정이다.

그렇다면 아름다운 풍경이나 예술작품을 볼 때 눈물을 흘리는 이유는 무엇일까? 이 눈물은 고통과 무관하지 않을까? 하지만 예술의 향수享受에도 고통의 국면이 있다. 예술이 종종 담게 되는 고양의 감정은 고통을 유발하는 장애를 전제로 하기 때문이다. 예술의 아름다움이 쉽게 얻을 수 있는 것이라면 눈물을 유발할 수 있을까? 이는 마라톤 우승자가 흘리는 눈물과도 같다. 기쁨의 순간은 종종 고통의 순간들을 환기한다.

고통도 육체적인 것과 정신적인 것으로 구분될 수 있다. 이는 정신과 육체의 구별이라는 문제를 제기한다. 둘의 관계를 이해하는 데에는 '포개 넣기nesting'라는 생명체의 규칙을 참조하는 것이 유용하다. 생명체의 기능은 "단순한 것의 일부가 좀 더 복잡한 것에 편입되는 식으로 조직"된다. 즉, 생명체의 고등한 속성은 항상 하등한 속성을 활용하는 방식으로 발현된다.[5] 그렇다면 고등한 속성이란 엄밀히는 하등한 속성의 한 양태라고도 볼 수 있다. 정신은 육체의, 이성은 감정의, 느낌은 정서의 특수한 양태인 것이다.[6]

따라서 정신적 고통은 언제나 육체적 고통이기도 하다. 마찬가지로 정신적 이유에서 흘려지는 눈물도 언제나 육체의 산물이다. 그렇다면 슬픔은 어떠한가? 고통, 눈물에 비해 슬픔은 좀 더 정신적인 상태로 여겨지는 경향이 있다. 때로 상실감이나 위축감을 불러일으키는 가치의 훼손이 슬픔의 핵심으로 주장되기도 한다.[7] 슬픔을 애도와 구별하면서, 상실 직후 이를 받아들이기 어려워하는 상태의 격한 감정을 애도로, 이후 상실을 인정한 상태의 감정을 슬픔으로 규정하기도 한다.[8]

하지만 슬픔 역시 언제나 신체적 반응을 수반한다. 사랑하는 사람의 죽음 앞에서 우리는 혈류가 빨라지고, 체온이 상승하고, 가슴에는 통증이 오고, 때로는 온몸이 마비되는 것을 느낀다. 그리고 눈물도 흐른다. 이런 복합적인 상태를 육체적 슬픔이라 할 수 있다. 그리고 이는 그에 수반되는 정신적 동요와 결합해서 슬픔의 감정을 이룬다. 하지만 이러한 정의도 충분치는 않아 보인다. 사실 어떤 정의인들 만족스러울 수 있을까?

우리가 슬픔을 설명하려는 순간, 그것은 빠져나가버린다. 사실 우리 모두는 슬픔이 무엇인지 감정적으로는 잘 알고 있다. 하지만 그것을 정확히 개념화할 수는 없다. 슬픔에 대한 어떤 개념도 항상 설명되지 않은 잉여를 남길 수밖에 없는 법이다. 결국 우리는 고통을 정의할 때와 동일한 상황에 봉착하게 된다. 그리고 눈물의 물질적 실체성에 또 한 번 주목하게 된다. 명료한 논의를 위해서도 눈물에 초점을 맞출 필요가 있다.

베네딕트 스피노자Benedict de Spinoza가 기본 감정으로 기쁨, 슬픔, 충동 세 가지만을 제시한 것도 비슷한 이유 때문 아니었을까?[9] 물론 구체적인 감정들을 분별하는 것이 무의미하다는 뜻은 아니다. 스피노자도 다양한 감정의 양태를 구분한다. 그럼에도 그가 세 가지 기본 감정이라는 범주를 택한 것은 감정의 양태가 무한하기infinite 때문일 것이다. 따라서 감정을 측정하기 위한 엄정한 척도는 양적인 것일 수밖에 없다. 흘려진 눈물의 '양extensity'과 그 흐름의 '강도intensity'만이 척도일 수 있는 것이다.[10]

눈물과 실천

눈물, 고통, 슬픔은 모두 존재의 불쾌한 상태와 관련된다. 그런데 우리는 왜 그런 불쾌한 상태에서 이 같은 정서를 느끼는 것일까? 다시 말해서, 어째서 우리는 슬퍼하거나 고통스러워하거나 눈물을 흘리는 것일까? 눈물에 초점을 맞춰 생각해보자.

한 생리학 연구에 따르면, 정신적인 눈물에는 스트레스 호르몬을 분비하는 기능이 있다. 눈물을 흘림으로써 불쾌한 상태, 즉 불균형이 해소되는 것이다. 이것이 눈물이 실제 삶에서 수행하는 역할에 관한 충분한 설명이 되지는 못한다. 하지만 이를 통해 하나의 단초를 얻을 수는 있다. 말하자면 눈물은 불쾌한 상태를 정상으로 돌리는 과정의 일부다. 생물학은 생물의 가장 중요한 속성 중 하나로 항상성homeostasis의 원리를 제기해왔다. 모든 생물에게는 항상 균형 잡힌 상태를 유지하려는 경향이 있다는 것이다. 그렇다면 눈물 역시 항상성을 유지하기 위해 흘러내리는 것 아닐까?[11]

우리는 고통과 슬픔으로 인해 눈물을 흘린 적이 있다. 눈물은 잠시나마 고통을 잊거나 견디게 해준다. 이것이 가장 폭넓게 인정되는 눈물의 기능, 즉 위안일 것이다. 그런데 이는 눈물의 역량을 단순하게 보는 것일 수 있다. 고통스러운 불균형 상태를 고통 없는 균형 상태로 돌리려면 고통을 견디는 것만으로는 부족하기 때문이다. 균형 상태는 좀 더 근본적으로 문제를 해결하는, 즉 고통의 원인을 해소하는 실천을 통해서만 성취될 수 있다. 그렇다면, 혹시 눈물에 그런 실천을 자극하는 힘이 담겨 있는 것은 아닐까?

눈물을 흘린 뒤 우리는 종종 이전에 없던 강인한 의지를 갖게 되곤 한다. 이는 고통을 근본적으로 해소할 수 있는 실천에 나설 힘을 준다. 실천이 고통스러워 의지가 약해질 수 있지만, 이때 다시 눈물이 흘러 실천을 계속할 수 있는 힘을 준다. 그러므로 실천 과정에서 흐르는 눈물에는 실천 자체가 초래한 고통에 따른 눈물과, 여전히 해소되지 않은 최초의 고통에 따른 눈물이 뒤섞여 있다. 두 고통 모두 실천이 완수될 때에야 완전히 해소될 수 있는 것이므로, 눈물은 계속해서 실천을 추동한다. 이 고통, 눈물, 실천의 알고리즘은 위기를 완전히 해소하는 순간까지 반복될 것이다.

다마지오는 감정이야말로 인간이 내리는 판단과 행위의 주요한 근거일 뿐만 아니라, 이를 합리적인 것으로 만들어준다고 말한다. 추론에는 항상 감정의 층위가 있다는 것이다.[12] 이성과 감정은 서로 분리된 상태로 인간 정신을 구성하지 않는다. 대체로 둘은 서로 뒤엉켜 있다. 이성은 의미작용signification에 기초한 정신 현상으로 정의될 수 있다. 그런데 의미작용의 질료가 감정이다. 그러니 이성은 감정의 한 양태이기도 하다. 의미화된 감정인 것이다.

'포개 넣기'의 모형은 이성에 둘러싸인 감정의 상을 그릴 수 있게 한다. 의미가 새겨진 감정, 즉 이성이 주위를 둘러싸고 있고, 한가운데에는 순전히 감정적인 영역이 있다. 그러니 이성을 결여한 감정의 상태는 있을 수 있다. 하지만 감정을 결여한 이성은 있을 수 없다. 인간이 어떤 문제에 당면해 이를 극복해야겠다고 판단하고 노력하는 데에도 항상 감정적인 기반이 있게 마련이다. 눈물은 그 감정의 자리에서 실천의 기반이 되는 추진력을 제공한다.

눈물의 실친력은 항상성을 유지하려는 생명체 특유의 경향에서 비롯된 것이다. 이는 곧 생명체로서의 존재를 유지하기 위한 노력인데, 이렇듯 존재를 유지하려는 경향은 생명체에만 국한된 것이 아니다. 이는 무기체에서도 나타난다. 예컨대 화합물에서도 쉽게 분해되지 않으려는, 존재를 유지하고자 하는 경향을 발견할 수 있다. 스피노자는 만물에 내재하는 이러한 성향을 '코나투스conatus'라고 불렀다.[13] 눈물의 실천력은 바로 코나투스, 즉 존재의 근원적 열정이 실현된 결과다.

목적을 잃은 눈물

눈물은 존재를 유지하기 위해 나쁜 상태를 개선하는 과정에서 흘려지므로 언제나 긍정적이고 생산적이다. 그렇지만 눈물이 추동하는 실천이 항상 좋은 방향으로 향하는 것은 아니다. 결과적으로 적절하지 않은 실천일 수도 있다. 존재의 상태를 정상화하기 위해 흘러야 할 눈물이 도리어 존재를 부적절한 쪽으로 이끈다면, 이는 목적을 잃은 눈물이라 할 수 있다.

이는 눈물과 실천이 전도되는 경우에 자주 일어나는 현상이다. 나쁜 상황이 눈물을 흘리게 하고 그 눈물이 어떤 실천을 자극하는 것이 원래 순서다. 하지만 실천을 위해 일부러 눈물을 자극할 수도 있다. 상황이 나쁘지 않은데도 처지를 비관하거나 굳이 나쁜 상황을 떠올릴 수 있는 것이다. 와신상담의 태도가 이런 예로, 강한 실천력을 얻기 위해 눈물을 자극하는 경우가 있다. 물론 그 눈물이 필요한 실천을 추동해 존재의 상태를 개선할 수도 있다.

하지만 그것이 부적절한 실천일 때에는 문제가 된다. 사실 공연히 느껴진 고통이라면 눈물이 유발하는 실천도 부적절한 것일 공산이 크다. 이는 실천이 수반하는 고통 또한 공연히 겪어야 하는 것으로 만든다. 그리고 결국 존재의 상태를 개선하는 데 기여하지 못한다. 목적을 잃은 눈물인 것이다. 따라서 위기를 판단하는 기준이 중요하다. 무엇이, 얼마만큼 문제인지 판단하는 기준에 따라 느끼는 고통의 정도가 달라지기 때문이다.

예를 들어, 좋은 영양 상태에서보다 영양실조 상태에서 고통을 느낄 가능성이 더 크다. 그러나 정신적 기준에 따라 실제 양상은 다를 수 있다. 단식 중인 승려는 고통에 초연한 성향을 가지므로 영양실조의 고통은 그에게 대단한 것이 못 된다. 그러니 기준이 적절한지 언제나 살펴야 한다. 그 눈물이 객관적으로 타당한 것인지, 주관적 성향이 어떻게 작용했는지 따져봐야 한다. 하지만 이를 어렵게 하는 것 또한 눈물의 특성이다. 눈물은 이성을 약화시키기 때문이다.

정신적 눈물은 기본적, 반사적 눈물과는 달리 대체로 이성과 결합해서 흐른다. 하지만 눈물을 흘리면서 이성이 약해지거나 거의 결여될 수도 있다. 만약 누군가의 부적절한 실천을 유도하고 싶다면 눈물을 자극해보라. 맨 정신으로는 어려울 실천을 기꺼이 할지도 모른다. 이는 자신에 대해서도 마찬가지다. 이때 유발되는 실천은 맹목적이어서 매우 강력한 것일 수도 있다. 눈물과 실천의 반복적 알고리즘이 일단 시작되면 그것을 멈추기가 쉽지 않은 것도 이런 이유에서다.

수없이 많은 눈물이 흘러왔고, 앞으로도 그럴 것이다. 같은 눈물은 없다. 모든 눈물은 서로 다른 상황에서 서로 다른 강도로 흐른다. 심지어 눈물 한 방울의 성격조차 단일하게 규정할 수 없다. 감정이란 끊임없이 변화하는 흐름이며 운동이기 때문이다. 그러므로 눈물이란 무엇인가에 관해 말하는 것은 그것이 담고 있는 무한히 잠재적인 역능 중 일부를 드러내는 것일 따름이다. 실천을 자극하는 힘도 그중 하나다. 그리고 이는 지금부터 펼칠 논의의 가장 기본적인 전제다. 그 실천의 힘이 어떤 양상으로 드러나는지를 살펴보는 것이 이 책의 주된 내용이기 때문이다.

눈물과 사회

감정affect은 영향이다. 이는 언제나 감응이자 촉발이며 변용이다.[14] 생명체는 무리의 일부이기도 한데,[15] 개체들이 관계를 맺거나, 무리로 섞이는 과정에서 감응은 필수적이다. 사회적 관계도 마찬가지다. 감정은 개인들 사이에서 전달되고, 공유되며, 충돌을 일으킴으로써 관계의 기초를 이루고, 사회의 기반을 형성한다. 어떤 관계가 감정에 더 강력하게 기초한다면 어떤 관계는 그보다 덜할 수 있다. 하지만 모든 사회는 감정에 기반한다. 사회를 유지하기 위해 감정을 규정, 제한, 증진하려는 시도가 늘 있었던 이유다.

감정의 사회화는 생물로서의 인간이 문화에 진입함을 뜻한다. 이는 곧 합리화의 과정으로, 이를 통해 감정에 의미가 새겨진다. 감정이란 천변만화하는 것이지만, 의미가 새겨짐으로써 순간적으로 고정되는 효과가 만들어진다.[16] 한편, 의미는 감정에 새겨짐으로써만 성립하여 작동할 수 있다. 그러므로 담론은 감정의 흐름에 젖어 부유하는 이성의 구조물과 같다. 이는 감정의 의미를 결정하려는 시도가 결코 충분할 수 없음을 뜻한다. 담론이 전혀 새겨지지 않은 감정도 언제나 사회를 흐르게 마련이다.

우리가 흘리는 눈물의 상당량은 사회적인 것이다. 남몰래 흘리는 혼자만의 눈물도 타인과의 관계를 함축할 가능성이 크다. 개인은 사회 내의 존재이며, 개인적 눈물 또한 사회적이다. 사회적 관계가 야기하는 눈물은 다양한 양상을 보인다. 타인이 주는 고통에 대한 불만의 눈물도 있고, 정반대로 타인의 고통에 공감하는 눈물도 있다. 그중 공감의 눈물은 다른 존재의 상태를 더 좋게 만드는 실천으로 이어질 수 있다. 눈물에는 사회적 연대를 이끌어내는 힘이 있다.

장 자크 루소Jean Jacques Rousseau는 "인간은 동포의 괴로움을 보고 싶지 않다는 선천적인 감정에서 자기 행복에 대한 욕구를 완화하게 된다"고 말했다.[17] 그에게 윤리의 기초는 이성이기보다 감정이며, 특히 그중에서도 다른 존재의 고통에 대한 공감과 연민이 중심을 이뤘다. 윤리는 사회를 유지하고 그것의 상태를 증진시키는 것을 주요한 목적으로 삼는다.[18] 그리고 눈물은 윤리적 잠재력을 가진다. 사회적 연대의 눈물은 그것이 실현되는 주요한 경로다.

가족, 시민사회, 민족, 계급, 인류 등과 같은 다양한 공동체의 이름이 눈물에 새겨져왔다. 눈물의 실천하게 만드는 힘은 공동체 단위로도 강하게 작동해왔다. 개인적 눈물과 구별되는 그 눈물은 공동체적인 것이다. 이는 공동체의 불균형 상태에 기인한다. 성원들은 눈물을 함께 흘림으로써 위기가 초래하는 고통과 슬픔에 공감하고, 서로를 위안하며, 공동체의 위기를 해소하는 실천으로 나아갈 수 있다. 그 눈물의 중심에는 공동체의 코나투스, 즉 공동체의 존속을 위한 집합적 열정의 작용이 있다.

이 과정에서 개인과 공동체 간의 충돌이 빚어질 수도 있다. 공동체적 실천이 개인의 희생을 요구할 수 있기 때문이다. 그럴 때 개인의 안녕이 당연히 우선시될 것 같지만, 놀랍게도 인간은 꼭 그렇게 행동하지만은 않는다. 인간은 언제나 공동체의 일원으로도 존재하기 때문이다.[19] 공동체는 성원들의 개인성에 기초하여 성립하지만, 때로는 개성이 말살된 유기체적 집단이 되기도 한다. 이는 모든 공동체에 내재하는 성향이다. 그럴 때 원초적 무리의 눈물을 포획한 집단주의적 눈물이 흐를 수 있다.[20] 물론 이는 개인의 희생을 이끌어내는 데 더 효과적이다.

공동체의 차원에서도 눈물과 실천이 전도될 수 있다. 실천을 이끌어내기 위해 공동체의 위기가 상상되는 경우가 그렇다. 즉, 유난히 고통에 예민하게 반응하는 성향의 공동체도 있다. 눈물이 적절한 실천을 이끌어냄으로써 공동체의 상태를 개선할 수도 있지만, 공연히 위기를 상상하고 실천을 행함으로써 불필요한 고통을 느끼는 경우도 있다. 공동체의 눈물 역시 목적을 잃을 수 있는 것이다. 그러나 일단 눈물을 흘리기 시작하면 맹목적으로 실천이 계속될 가능성이 크다. 이성을 잃고 무모하게 행동하는 군중의 전형적인 이미지는 일면적으로는 진실이다. 이때 눈물을 자극함으로써 이익을 얻는 자들이 누구인지 질문할 필요가 있다.

우리는 모두 사회적 눈물을 흘리는 존재다. 때로는 개인적 눈물을, 때로는 공동체적 눈물을 흘린다. 눈물을 가장 선호하는 공동체는 아마 가족일 터인데, 지역, 종족, 민족 등의 공동체도 그와 유사한 성향을 가지는 편이다. 어떤 사회의 성원들이 함께 많은 양의 눈물을 흘린다면, 그 사회가 어려움을 겪는 중일 가능성이 크다. 위기가 주는 고통의 토로와 함께 극복의 의지 또한 증진되고 있을 것이다. 하지만 위기에 대해 예민하게 반응하는 성향이 공유되는 상태일 수도 있다.

지난 세기 이래로 한국사회는 어떠했던가? 혹시 우리가 유난히 많이 울었다고 느껴지지는 않는가? 그렇다면 그 이유는 무엇일까? 이에 대답하기 위해서 그 눈물들의 사회적 의미를 따져봐야 한다. 개인적 눈물과 공동체적 눈물을 구분하고, 공동체의 여러 양상을 분류하며, 눈물에 새긴 공동체의 의미들, 이로 인한 효과들, 그것의 맥락들을 분석할 필요가 있다. 때로 그것은 목적을 잃고 흘러온 눈물은 아니었던가? 지난 100여 년간의 눈물의 흐름에서 두드러진 두 눈물이 있다. 하나는 임선규 연출의 연극 〈사랑에 속고 돈에 울고〉(1936)에서 딸이자 여동생인 홍도가 흘린 여성적 눈물이며, 다른 하나는 나운규 연출의 영화 〈아리랑〉(1926)에서 아들이자 오빠인 영진이 흘린 남성적 눈물이다.

2.
두 눈물과 신파

수많은 눈물이 있지만, 그중에서도 특별히 많이 알려진 눈물이 있다. 연극 〈사랑에 속고 돈에 울고〉에서 흘려진 주인공 홍도의 눈물도 그런 경우다. 이 연극은 1936년 동양극장에서 초연된 이래 다양한 형태로 수없이 많이 상연되며 매번 관객의 눈시울을 적시곤 했다. 그런데 이와 함께 영화 〈아리랑〉의 주인공 영진의 눈물도 살펴보아야 한다. 그의 눈물을 기억하는 이가 상대적으로 적긴 하지만, 이 역시 만만치 않게 중요한 눈물이다. 1926년 경성에서 개봉한 〈아리랑〉은 한국영화사의 실질적인 시작이며, 이후 수십 년간 상영되며 객석을 눈물바다로 만들곤 했다. 두 눈물에 주목하는 이유는 이들이 널리 알려져 있기 때문이기도 하지만, 근대 한국에서 이와 유사한 눈물이 수없이 흘렀기 때문이기도 하다. 매우 흔하고 친숙한 눈물들 중 가장 유명한 사례인 것이다. 또한 이들은 눈물에도 성별gender이 있음을 드러내기 위해서 선정된 것이기도 하다. 여성성과 남성성은 하나의 쌍으로서 상호 규정적 관계에 놓이는데, 이 두 눈물은 여성적 눈물과 남성적 눈물의 특성을 잘 보여주는 사례다.

홍도의 눈물과 여성윤리

〈사랑에 속고 돈에 울고〉의 내용은 다음과 같다. 홍도는 학생인 오빠의 공부를 위해 기생이 된 몸이다. 홍도는 오빠의 친구 광호와 사랑하는 사이지만 주위의 시선은 그리 곱지 않다. 여러 어려움에도 불구하고 둘은 결혼에 성공한다. 그러나 홍도를 싫어하는 시어머니는 원래의 정혼자인 혜숙과 아들을 맺어주고 싶어하고, 결국은 아들이 북경에 홀로 유학을 떠난 동안 홍도에게 부정不貞의 누명을 씌워 쫓아내고 만다. 집으로 돌아온 홍도는 오빠와 함께 눈물을 흘리며, 남편이 올 때까지 참고 기다릴 것을 다짐한다. 하지만 시간이 흘러 돌아온 남편은 홍도를 믿지 않고, 이에 깊이 좌절한 홍도는 극도의 흥분 상태에서 혜숙을 죽인다. 뒤늦게 결백이 밝혀지지만 이미 때는 늦었고, 홍도는 순사가 된 오빠의 손에 체포된다. 모두가 눈물을 흘린다.

홍도의 눈물은 크게 두 가지 종류의 고통에서 비롯된 것이다. 하나는 그가 놓인 여러 어려운 사정으로 인한 고통이다. 그는 부모 없이 오빠와 함께 자랐고, 이 때문에 기생이 되어야 했다. 이런 조건은 홍도가 정상적으로 결혼 생활을 해나가는 데 걸림돌이 되어 결국 시집 식구들의 모함으로 쫓겨나는 상황에까지 이른다. 이런 처지가 주는 고통이 홍도로 하여금 눈물 흘리게 했던 것이다. 그런데 이는 홍도만의 사정이 아니다. 오빠와 함께하는 고통, 바로 가족의 위기에 따른 고통이다. 그래서 남매는 함께 감응의 눈물을 흘린다.

이들이 감응의 눈물을 통해서 얻게 된 것은 무엇일까? 서로에 대한 위안과 함께 "이를 악물고" 살아나갈 힘을 얻는다.[1] 즉 뭔가를 실천할 수 있게 된 것인데, 그 핵심에는 생존의 문제가 있다. 개인적인 것이기도 하지만 가족적인 것이기도 한 이 생존이라는 목표를 성취하기 위해 필요한 홍도의 행동은 무엇일까? 그건 바로 남편이 돌아올 때까지 무탈하게 기다리는 것이다. 그 시점까지 아무리 어려운 일이 있더라도 인내해야 한다. 행여나 적극적으로 문제를 해결하려들어서는 곤란하다. 만약 그런 행동이 필요하다면 그것은 오빠나 남편의 몫일 것이다.

이처럼 홍도의 실천은 참고 기다리는 것으로 요약된다. 그러나 이런 실천은 또 다른 고통을 유발하게 마련이다. 홍도가 오빠와 함께 흘리는 눈물은 실천이 유발한 고통에 따른 것이기도 하다. 가족적 위기를 극복하기 위한 노력이 난관에 봉착한 결과 흘리게 된 눈물인 것이다. 실천이 초래한 고통은 원래의 위기가 초래한 고통과 항상 뒤섞이게 마련이며, 이는 다시 위기 극복을 위한 계속되는 실천으로 이어진다. 원래의 위기가 해소되는 것이 실천의 고통을 끝낼 수 있는 하나의 방법이기 때문이다. 홍도와 오빠 역시 다시 이를 악물고 자신의 자리를 지키기로 결정한다.

눈물은 사회적 배치 속에서 흘려지며, 눈물에는 사회적 의미들이 새겨진다. 홍도의 눈물이 놓여 있는 여러 배치 중에서 가장 중요한 것은 가부장제적 가족이다. 이는 홍도의 눈물을 딸, 여동생, 아내, 며느리의 눈물이 되도록 한다. 홍도의 눈물을 흐르게 한 것은 가부장제적 가족의 위기와 그것의 극복을 위한 실천이다. 오빠의 무능, 남편의 부재, 시어머니의 전횡 같은 요소는 모두 가족의 불균형한 상태를 의미한다. 무엇보다도 홍도의 존재 자체가 그러하다. 현모양처의 자질을 충분히 갖춘 여성이 기생 신분에 처해 있는 형국이기 때문이다. 홍도는 가족의 이런 위기를 해소하기 위한 고통스러운 실천을 계속 이어가야 한다.

단, 이는 가부장제적 규범을 따르는 방식이어야 한다. 가부장제적으로 여성적인 방식이어야 한다는 것이다. 오빠와 남편이 문제를 해결할 때까지 그는 참고 기다려야 한다. 홍도는 일종의 시험에 들어 있으며, 이를 통과해야만 여성이 될 수 있다. 그의 눈물은 이 과정에 흐르고 있다. 위기의 고통과 실천의 고통이 뒤섞인 이 눈물의 중심에는 가부장제적 여성윤리가 있다. 결국 홍도는 그 시험을 통과하지 못했다. 살인은 홍도에게 허락된 행동이 아니기 때문이다. 그것은 지나치게 능동적이다. 누군가를 꼭 죽여야 한다면 자신을 향하는 편이 차라리 나았다. 홍도에게 허락된 가장 극단적인 선택은 자살이었다. 그래서 많은 며느리가 자살을 선택했다. 그중에는 시어머니의 모함을 참지 못하고 철길에 뛰어든 딱지본 소설 『며느리의 죽음』의 주인공도 있다.[2]

홍도의 눈물은 실천과 같이 긍정적인 것과는 무관한, 부정적인 성격을 가지는 것으로 설명되어왔다. 눈물 그 자체에 초점이 맞춰진 것은 아니지만, 홍도의 심리, 이를 중심으로 하는 이 작품 자체, 이를 대표로 하는 당대 대중극 전반의 경향, 그리고 이를 포함하는 근대 한국 대중문화 특유의 경향인 '신파新派'에 대한 평가는 부정적인 것 일색이었다. 이런 관점에 따르면, 홍도의 눈물은 억압적인 세계의 질서에 저항하지 못하고 참고 따르면서 굴복하는 과정에서 흘러내린 것이다.[3] 하지만 이는 세계와 주체의 관계를 정확하게 포착하지 못한다.

홍도는 수동적인 '인종忍從'의 태도를 취한다. 하지만 이 수동적 인종은 능동적으로 실천되고 있지 않은가?

이와 관련해 홍도가 가부장제에 취하는 태도를 자세히 살펴볼 필요가 있다. 홍도는 가부장제 자체에 불만을 드러내지 않는다. 오히려 가부장제가 제대로 유지되지 않는 것에 불만이다. 홍도는 문제들이 해소됨으로써 자신이 가부장제적 가족 속에 안착하기를 열망한다. 물론 결국 실패한다. 그런 의미에서 패배주의적이라고 볼 수도 있겠다. 하지만, 이 패배의 의미를 분명히 해둬야 한다. 홍도는 가부장제적 세계와의 대결에서 패배한 것이 아니라 가부장제적 세계로 편입하려는 투쟁에서 패배한 것이다. 홍도에게서 가부장제 자체에 대한 거부의 태도를 전혀 찾을 수 없는 것은 아니다. 하지만 홍도의 심리에서 가장 큰 비중을 차지하는 것은 역시 가부장제에 안착하려는 욕망이다. 그의 눈물은 그런 능동적인 투항 과정에서 흘려진 것이다.

복잡한 심리적 사정

눈물은 단순한 위안을 제공하기도 하지만, 적극적인 실천을 이끌어낼 수도 있다. 홍도의 눈물 또한 그러하다. 고통을 달래는 동시에, 가부장제적 여성윤리를 실천할 수 있는 힘을 제공한다. 그런데 눈물의 이런 작용은 복잡한 심리적 동학을 수반한다. 홍도의 심리에 관한 설명이 그리 많이 있었던 것은 아니다. 그중 가장 주목되는 것은 이영미의 논의다.[4] 그에 따르면, 홍도의 눈물은 자학과 자기연민이 공존하는 모순적인 심리적 상태를 담고 있다.[5] 이는 홍도가 세계의 전횡에 스스로 굴복한 결과이며, 과잉의 눈물과 탄식으로 표현된다.

하지만 홍도는 세계에 굴복하기보다는 오히려 능동적으로 참여했던 것 아닌가? 이에 답하기 위해서는 권력이 작동하는 방식에 관한 보다 정밀한 통찰이 필요하다. 행위를 이끌어내는 힘으로서 권력은 행위자의 자발성을 필요로 한다. 또한 무엇을 '하지 못하게' 만드는 것 이상으로, 무엇을 '하게' 만드는 것이 중요하다. 이런 견지에서 볼 때, 홍도의 심리에서 주목해야 할 것은 억압적인 규범에 대한 굴복보다는 그 규범을 실천하려는 열망이다.

그러나 자학과 자기연민이라는 모순적인 상태에 대한 지적은 적절하고 중요하다. 이는 "제가 잘못했어요", "이 불쌍한 홍도는"과 같은 대사에서 잘 나타난다.[6] 스스로 괴롭히면서도 스스로 연민하는 이 태도는 일견 몹시 어리석어 보인다. 하지만 양자의 모순적인 공존에는 이유가 있다. 한편으로, 자신을 모자란 존재로 여김으로써 윤리적 위기감에 사로잡히게 되고 결국에는 실천에까지 이를 수 있다. 그래서 자학이 필요하다. 다른 한편으로, 고통스러운 실천을 행할 때는 위안도 필요한 법이다. 그러니 자기연민도 있어야 한다.[7]

하지만 홍도의 눈물에 자학과 자기연민만 있는 것은 아니다. 눈물은 타인과 감응하는 것이기 때문에 타인에게도 비슷한 감정을 가진다. 그러므로 '자기'를 떼어내고 연민과 책망이라는 감정을 중심으로 눈물의 심리를 분석해야 한다. 고통스러운 상태는 한편으로 연민을 유발할 수밖에 없고, 다른 한편으로 고통에 대한 원망 또한 함께 낳게 마련이다. 그 고통의 책임을 묻게 되는 것이다. 연민과 책망은 자신을 향할 수도 있고 타인을 향할 수도 있다. 홍도와 오빠가 함께 눈물을 흘릴 때, 이들은 자학과 자기연민의 감정뿐만 아니라 상대에 대한 연민과 원망의 감정도 느낀다.

이런 감정들 중 자기연민은 타인에 대한 원망, 자책은 타인에 대한 연민과 짝을 이룬다. 이 중 윤리적 실천을 추동하는 것은 두 번째 조합이다. 반면에 첫 번째 조합은 윤리적 궤도로부터의 이탈을 낳을 수 있다. 홍도가 가련하게도 고생하는 것이 다 오빠 탓이고 세상의 탓인데, 자신을 계속 다그칠 이유가 없는 것이다. 이처럼, 눈물의 코나투스는 한쪽만을 향하지 않는다. 거기에는 적어도 두 가지의 대립적 방향이 잠재되어 있다.

이 연극 자체가 윤리적 실천과 이로부터의 이탈을 날카롭게 대비하는 것을 서사의 축으로 삼고 있다. 홍도가 혜숙을 찔러 죽인 행위는 윤리적 궤도로부터의 이탈이다. 그러므로 눈물의 실천이란 기계적으로 이루어지는 것이 아니다. 그것은 복잡한 심리적 갈등을 통해 이루어지는 선택의 결과다. 이런 갈등과 선택이 이루어지는 과정에서 감정이 강렬하게 진동한다. 홍도는 격렬하게 떨리는 감정적 내면을 가졌으며, 그의 눈물은 이와 같은 역동적인 심리에 이어져 있다.

이렇듯 홍도의 눈물이 수반하는 심리란 매우 복잡한 것이다. 두 가지 방향만을 제시했지만 사실 무수히 다양한 방향이 잠재되어 있다. 홍도의 눈물이 담고 있는 자학의 태도에 관해서만 생각해보자. 홍도는 잘못했다고 말하지만 사실은 그리 잘못한 것이 없고, 심지어 자신조차 그것을 안다. 잘못했다고 말하는 홍도에게 "그래, 다 네 잘못이야"라고 싸늘히 대답한다면 홍도도 깜짝 놀라지 않을까? 무수히 많은 감정의 흐름이 있다. 그것이 어떤 힘에 의해 책망과 연민으로 다소 쏠렸을 뿐이다. 그 힘은 가족의 국면과 실천의지를 중심화하는 방향으로 작동한다.

영진의 눈물과 남성윤리

홍도의 눈물에 대한 기존의 논평들은 두 가지 중요한 지점을 놓쳤다. 첫째는 그것이 적극적인 실천과 관련된 것이라는 점이다. 그 눈물에서 코나투스의 실현을 보지 못했던 것이다. 두 번째는 그것이 항상 누군가와 함께 흘린 감응의 눈물이라는 점이다. 이 눈물에는 언제나 개별적인 국면과 함께 관계의 국면이 있다. 그러므로 홍도의 눈물이 중요한 만큼 다른 가족 성원, 즉 오빠의 눈물도 중요하다. 홍도의 눈물에는 항상 '오빠가 있다'. 이는 모두가 아는 사실이다. 하지만 우리는 너무 홍도에만 관심을 기울여왔다.

이제 홍도 오빠, 철수의 눈물에도 관심을 기울여보자. 부모 없이 자라서 동생이 기생이 되는 것을 막지 못한 것도 서러운데, 심지어 동료들에게 기생오라비로 조롱받기까지 하는 신세다. 무능한 자신에 대한 열패감과 자책감, 자신을 위해 희생하는 동생에 대한 미안함과 연민, 자신을 그런 존재로 만드는 세계에 대한 분노 등이 그의 복잡한 감정을 이룬다. 동생이 시집에서 누명을 쓰고 쫓겨나자 그는 칼을 품고 집을 나선다. 하지만 이 또한 홍도가 말리는 탓에 성공하지 못한다. 그의 눈물은 이런 사연 중에 흘려진 것이다.

그 눈물에는 여러 다른 의미가 있을 것이고, 의미화되지 않은 감정의 흐름 또한 이를 통과하겠지만, 역시 가장 두드러진 것은 홍도와 철수로 구성된 가족의 안위를 위한 실천이다. 많은 곤란한 일이 이어졌겠지만, 사실 칼부림도 철수에게는 매우 유력한 선택지 중 하나였다. 어쨌든 철수는 성공하지 못했고, 결국 홍도가 해버리고 말았다. 하지만, 철수와는 달리 실천에 성공했던 오빠들의 사례는 많다. 딱지본 소설 『매부를 죽이기까지』의 오빠는 동생의 남편이 계속해서 외도를 저지르자 결국 그를 칼로 찌르고 만다.[8] 〈아리랑〉의 주인공 영진(나운규)도 이와 비슷했다.

영진은 아리랑고개 너머 농촌 마을 한 소작농의 아들이다. 서울에서 대학을 다니다 미쳐 돌아온 그는, 가난한 농사꾼 아버지, 여동생 영희와 함께 하루하루 살아간다. 그 동네의 마름인 기호는 영희를 호시탐탐 노리고 있다. 급기야 기호는 영희를 겁탈하려 하고, 마침 이를 보게 된 영진은 착란 상태에서 낫으로 기호를 찔러 죽이고 만다. 그러고 나서 비로소 제정신으로 돌아온 영진, 그는 수갑이 채워져 아리랑고개를 넘게 되고, 마을 사람들은 함께 아리랑을 부르며 그를 배웅한다. 필름이 남아 있지 않고 시나리오만 확인할 수 있으므로, 마지막 장면에서 영진이 눈물을 흘렸는지는 분명치 않다. 하지만 마지막 장면이 상영되는 현장은 언제나 눈물바다였다. 그것은 마을 사람들의 눈물이자 관객들의 눈물이었지만, 영진의 마음도 다르지 않았을 것이다.[9]

영진의 살인은 잘한 행동일까? 여러 가지 문제가 남게 되었음에도, 그렇다. 가부장제적인 논리에서는 그렇다는 것이다. 영진의 살인과 홍도의 살인은 여러 가지 면에서 다른 의미를 가진다. 그중 하나는 가부장제 특유의 성별화된 역할 분담에 따른 것이다. 남성이 가족 외부에서 문제를 근본적으로 해결할 것을 요청받는다면, 여성은 남성이 문제를 해결할 때까지 가족 내부에서 참고 기다려야 한다. 두 작품 모두 위기에 처한 가부장제적 가족의 문제를 다루고 있으며, 둘 모두에서 남성인물과 여성인물은 다른 역할을 부여받고 있다. 그들의 눈물은 이처럼 성별화된 가족적 실천의 과정에서 흘려진 것이다.

가부장제에 의해 흘려진 그들의 눈물은 함께 흘러서 하나의 덩어리를 이루지만 비대칭적이다. 이는 성별의 구성이 그러한 것과도 같다. 그래서 영진의 눈물에는 홍도의 눈물에서는 배제된 것들이 있다. 그것은 바로 가족 밖의 세계다. 〈아리랑〉은 〈사랑에 속고 돈에 울고〉에 비해 여러 사회적인 상황을 보다 적극적으로 다루고 있다. 식민지기 소작농의 불공평한 빈곤의 문제가 명시적으로 다뤄지며, 이로써 식민 지배하의 민족의 현실이 은유된다. 영진의 눈물에는 가족적인 의미와 함께 계급적이고 민족적인 의미 또한 담겨 있는 것이다.

홍도의 눈물과 마찬가지로 영진의 눈물은 감응의 눈물이다. 그는 영희를 포함한 가족 성원들뿐만 아니라, 잡혀가는 그를 배웅하는 마을 사람들과도 감응한다. 그의 눈물 역시 위기에 대한 책망과 연민 사이를 오가는 강렬한 감정적 떨림에 기초한다. 이 또한 복잡한 심리적 갈등을 함축하는 것이다. 홍도의 사례와 마찬가지로 영진의 경우에도 윤리적 실천의 여부를 중심으로 한 날카로운 대비가 서사에 구축된다. 영진 역시 감정적으로 격렬하게 떨리는 내면을 가진 존재이며, 그의 실천은 선택의 과정을 거친 것이다. 그의 눈물은 이런 과정에서 흘러내렸다.

눈물이 여성의 것이라는 통념과는 달리, 사실 남성들도 당연히 눈물을 흘린다. 그런데 눈물의 맥락과 성격에는 차이가 있다. 고대 그리스의 남성들도 친지의 죽음이나 상봉에 여성들과 함께 눈물을 흘렸다. 그러나 가족의 명예가 위기에 처할 때 흐르는 눈물은 남성의 것이었다. 이처럼 눈물에는 성별이 있다.[10] 근대 한국의 남성들도 특유의 눈물을 계속 흘렸다. 그것은 가족의 위기 해소를 향한 실천을 추동하며, 가족을 넘어서는 사회적인 의미 또한 적극적으로 부여받는 남성적 눈물이다.

눈물의 흐름과 신파

지난 100여 년간 끊임없이 눈물이 흘렀다. 허구의 눈물도 있고, 실제의 눈물도 있다. 작품 속에서 흘려진 눈물이 있으며, 작품 밖에서 흘려진 눈물도 있다. 흘려진 눈물이 있으며, 삼켜진 눈물도 있다. 모든 눈물은 특이한singular 것이다. 서로 같은 두 방울의 눈물이란 없다는 뜻이다. 그렇다면 눈물의 전체상이란 어떤 경향이나 유형도 발견할 수 없는 혼돈 그 자체인 것일까?

그렇지는 않다. 일단은 매우 많은 양의 눈물이 흘렀다. 그 눈물들은 대체로 섬세한 내적 떨림을 담고 강렬하게 흘러내렸다. 그리고 전체 눈물의 흐름 중에 두드러진 흐름이 발견된다. 눈물은 제각기 다르지만 언제나 서로 영향을 주고받는다. 그 관계의 선들이 중첩되면서 만들어낸 각별히 강한 흐름이 있으며, 그 속에 홍도와 영진의 눈물이 있다. 둘은 그 흐름 속 수많은 다른 눈물 사이의 주요한 교차점에 속한다.

이런 흐름은 눈물을 막고, 가두고, 방향을 바꾸고자 하는 힘이 작용한 결과다. 이 힘은 바로 가부장제로부터 온 것이다. 그러므로 수많은 눈물이 가부장제적 가족의 위기와 관련된 것이었으며, 가부장제적으로 성별화된 윤리를 추동해왔다. 어떤 눈물은 강력하게, 어떤 눈물은 약하게 이를 담아왔다. 전자가 영진과 홍도의 눈물과 강한 영향관계에 있다면, 후자는 약한 관계를 가지는 경우라 할 수 있다.

홍도와 영진의 눈물을 주요한 교차점으로 하는 눈물의 흐름이 가장 뚜렷하게 나타나는 장은 역시 대중문화다. 영화, 대중극, 방송 드라마, 통속소설 등에서 눈물은 대체로 작품의 결정적인 대목에 위치되어 전체를 지배하는 방식으로 흘려졌다. 영화나 대중극같이 압축적인 플롯을 특징으로 하는 장르에서 이는 특히 두드러졌다. 하지만 이런 눈물이 가장 집약적으로 흘려졌던 장르는 대중가요일 것이다. 다음은 1960년대 초 많은 인기를 얻었던 대중가요 〈동백아가씨〉다.

> 헤일 수 없이 수많은 밤을
> 내 가슴 도려내는 아픔에 겨워
> 얼마나 울었던가 동백아가씨.
> 그리움에 지쳐서 울다 지쳐서
> 꽃잎은 빨갛게 멍이 들었소.

동백꽃 잎에 새겨진 사연
말 못 할 그 사연을 가슴에 안고
오늘도 기다리는 동백아가씨.
가신 님은 그 언제 그 어느 날에
외로운 동백꽃 찾아오려나.

님을 기다리며 흘리는 동백아가씨의 눈물이 가족의 위기를 명시적으로 제시하지는 않는다. 하지만 기다림의 행위로 이어지는 그의 눈물은 분명 가부장제적으로 여성화된 것인데, 성별의 가장 주요한 산지가 가족이라는 점에서 이 눈물은 가부장제적 가족을 환기한다. 따라서 '님'이 부재하는 상태는 가부장제적인 가족의 위기를 함축하고 있으며, 동백아가씨의 눈물 또한 홍도의 눈물과 같은 흐름 위에 있다고 볼 수 있다.

〈동백아가씨〉에서 볼 수 있듯이, 대중가요에서 눈물이 다뤄지는 경우에는 눈물이 음악 자체가 된다. 지난 세기 한국의 대중음악은 눈물과 함께 흘러왔고, 그중 상당수는 홍도와 영진의 눈물에 가까운 것이었다. 하지만 이 눈물의 강력한 흐름을 가장 분명히 확인하게 되는 것은 서사 장르에서 작품 전체의 특성과는 무관하게 갑자기 터져 나오는 눈물에서다. 이 또한 가족적 위기의 고통을 호소하며 영진과 홍도의 눈물을 향해왔다.

김수용 연출의 영화 〈동경특파원〉(1968)은 첩보물 특유의 냉정한 분위기로 일관하지만, 북에서 내려온 간첩이 자신의 아들임을 주인공이 알게 되는 시점에 갑자기 가족적 위기의 눈물이 흘러내린다. 방인

근의 소설 『원한의 복수』(1952) 또한 추리물답게 시종 하드보일드하지만, 범인의 눈물 젖은 과거가 밝혀지는 순간은 가족적 위기의 눈물로 얼룩진다. 김말봉의 소설 『찔레꽃』(1938)의 전반적인 분위기는 부르주아 도시문화에 대한 매혹과 달콤한 사랑의 낭만적 감정이다. 그러나 남자 주인공의 몰락해가는 집안 상황에 관한 묘사에서는 예의 쓰라린 가족적 눈물이 돌연히 흘려진다.

이 눈물들은 참으로 집요하게 문화 장을 관통해왔다. 어떤 경우에도 솟아날 수 있었던 것이다. 대중영화에서는 물론 순수문학에서도 그러한 눈물이 강하게 흘러왔다. 무엇보다도 중요한 것은 근대 한국인의 실제 삶에서 이런 눈물이 흘러넘쳤다는 사실이다. 개인들의 사적인 일상은 물론 거시적인 정치적 사건들에 있어서도 그랬다. 바로 이러한 눈물의 흐름, 즉 〈아리랑〉의 영진의 눈물과 〈사랑에 속고 돈에 울고〉의 홍도의 눈물을 향하는, 한국 근대의 눈물의 기나긴 흐름을 나는 '신파新派'라고 부를 것이다.

신파는 크게 두 가지 흐름으로 흘러왔다. 하나는 여성적인 눈물의 흐름인 여성feminine신파이며, 다른 하나는 남성적인 눈물의 흐름인 남성masculine신파다.[11] 전자가 소극적이고 수동적인 실천을 추동한다면, 후자는 적극적이고 능동적인 실천을 추동하는 경향이 있다. 또한 전자가 가족 내에서의 실천을 중심으로 한다면, 후자는 가족 밖에서의 실천과 보다 깊이 관련된다. 이처럼 각각은 서로 다른 성격을 가지고 서로 다른 영역을 통과했지만, 또한 항상 만나서 뒤섞이며 함께 흐른 것이기도 하다.

왜 신파인가?

새로운 흐름이라는 뜻의 이 단어는 근대 이후 여러 영역에서 사용되었다. 정치세력을 분류할 때 신파와 구파라는 단어를 사용했던 것을 떠올려보라. 이 글에서 신파는 눈물의 새로운 흐름을 가리킨다. 홍도와 영진의 눈물을 중요한 교차점으로 하는 이 흐름이 근대의 새로운 것이라는 의미에서다. 그러나 이 단어는 다른 의미도 담고 있다. 신파가 눈물과 관련되어 사용되면, 자연스럽게 대중적 극문화의 어떤 흐름이 떠오른다. 신파극이 바로 그것이다. 근대적 눈물의 흐름을 신파로 명명한 것은 그것이 신파극과 관계를 갖기 때문이기도 하다.

19세기 서양에서는 멜로드라마melodrama라 불리는 대중연극이 큰 인기를 얻었다.[12] 이것이 19세기 말 일본에 들어와 변형되면서 신파극新派劇이 되었다. 신파라는 명명은 전통 연극들과 구분하기 위함이었다. 구파와 구분되기는 하지만 실은 전통적인 요소도 많이 수용했기 때문에, 실제 형태는 가부키歌舞伎 같은 전통극과 멜로드라마를 섞어놓은 것이었다. 과장된 연기를 비롯한 공연과 제작에서의 독특한 관습들이 있었고, 19세기 말에는 정치적 주제를 많이 담았으나, 20세기에 들어서는 가정비극적인 소재를 즐겨 썼다. 여러 레퍼토리가 인기를 얻었는데, 그중에는 〈장한몽〉으로 조선에서 번안되기도 했던 〈곤지키야샤金色野次〉도 있었다.[13]

1910년대에 이르러 식민지 조선에도 신파극이 번안되어 상연되기 시작했다. 처음에는 단순히 일본의 것이 이식된 형태였지만, 시간이 흐르면서 점차 변화했고, 그 과정에서 조선의 대중극이 형성됐다. 초기 형태의 신파극은 점차 사라졌지만, 신파라는 단어는 계속 사용되었다. 물론 상황이 변화함에 따라 그 의미와 용법도 달라졌다. 1910년대에 신파는 말 그대로 새로운 흐름의 연극, 즉 당시 일본으로부터 수입된 신파극 자체를 가리키는 말이었다. 그러나 1920년대에 접어들면서부터 점차 어떤 미적인 열등함을 가리키는 말로 쓰이기 시작했다.[14] 신파극이 점차 사라지는 상황이었기 때문에, 신파가 '신파극적'이라는 뜻의 형용사로 사용되는 경향도 함께 나타났다.

이런 용법은 이후로도 오랫동안 지속되었다. 그 미적 열등함의 구체적 내용으로는 눈물의 인종주의, 이율배반적 태도, 세계에 대한 굴복 등이 제시됐으며, 연극만이 아니라 다른 문화적 영역에서도 폭넓게 사용됐다.[15] 사실 1920년대 이후 신파의 의미는 언제나 다소 불명확했다고 볼 수도 있다. 창작의 규범으로 제언된 것이 아니라, 주로 비난의 수사로 사용되었기 때문이다. 말하자면 이는 미적 미숙함의 불명확한 총체와도 같은 것이었고, 그래서 엄정한 토론의 용어로 채택하는 것이 거부되기도 했다.[16] 통속적인 예술에 대한 통속적인 비평 용어였던 셈이다. 현재에도 그 용법과 위상은 크게 달라지지 않았는데, 아마도 가장 통념적인 의미는 '억지 눈물 짜내기' 정도일 것이다.[17]

이 책에서 신파란 근대적 눈물의 흐름을 뜻한다. 극문화의 어떤 경향을 가리키는 신파와는 다른 말이다. 그러나 이를 환기하기 위한 것이고, 여기에서 차용한 것이기도 하다. 이는 근대적 눈물의 주요한 흐름이 신파로 지시됐던 극문화의 특성들을 담는 경향이 있음을 드러내기 위한 것이다. 인종, 굴복, 이율배반, 눈물 등이 이에 해당한다. 물론 그것이 실은 성별화된 감상적 가족윤리의 실천을 추동하는 적극적이고 능동적인 것임은 설명했던 바와 같다.

또한 이 명명은 한국 근대의 눈물에 있어서 통속적이고 대중적인 극문화가 결정적으로 중요한 위상을 가진다는 사실을 드러내기 위한 것이기도 하다. 문화 장에서 흘려진 눈물은 실제 삶 속에서 흘려진 눈물과 이어져 있다. 신파란 이 흐름 전체를 명명하기 위해 선택된 단어인 것이다. 일단은 연기演技가 중요하다. 슬라보예 지젝Slavoj Zizek은 우리의 행동은 언제나 조금씩은 연기임을 지적한 바 있다.[18] 우리는 혼자 있을 때조차 제3자의 시선을 의식한다. 거의 모든 눈물은 관객을 염두에 두고 흘려지는 사회적 눈물이다.

하지만 더 중요한 것은 이런 명명이 근대기 대중문화가 가지는 각별한 위상을 드러낸다는 점이다. 근대사회의 중심에는 대중이 있고, 대중은 대중매체를 통해서 구성되며, 그 대중문화의 중심에 영화를 비롯한 대중적 극문화가 있다. 근대적 눈물의 흐름을 신파로 명명하는 것은 바로 이와 같은 대중과 대중문화의 실질적 중요성을 드러내기 위한 것이다. 세계는 아래쪽에서 바라볼 때에야 제대로 파악될 수 있다. 이것이 근대 이후의 세계를 대중적이고 통속적인 것을 통해서 봐야 할 이유다. 신파적 눈물은 이러한 시각을 위한 효과적인 렌즈로 기능할 것이다.

신파적 주체와 세계

지금까지 한국 근대 특유의 가족적 눈물의 흐름을 신파로 명명하고, 가장 유명한 두 눈물의 사례를 중심으로 신파의 특성들을 살펴보았다. 이제 그 특성들을 기초로 해서 신파에 담긴 의미들을 좀 더 자세히 분석해보자. 먼저 신파적 주체와 세계의 상을 그릴 수 있다. 가족적 눈물의 흐름이므로 '가족주의'와 '감상주의'가 핵심이어야 한다. 둘은 신파가 담고 있는 주체와 세계 사이의 관계를 만드는 기본적 틀이다.

가족에 과도한 가치를 부여하는 태도로서 가족주의는 존재의 속성을 가족적인 것으로 보게 한다. 이에 따르면, 세계는 가족들로 이루어져 있거나, 그 자체로 하나의 거대한 가족이다. 개별 주체는 가족의 일원으로 규정되어야 하며, 사태는 언제나 가족을 기준으로 파악되어야 한다. 감상주의는 고통을 민감하게 느끼는 태도다. 그러니 이는 주어진 상황을 위기로 비관하려는 성향을 가진다. 감상주의는 느낌을 중시하는 태도이기도 하다. 이는 약화된 이성과 강화된 감정으로 세계를 수용한다.

이 틀을 통해 보았을 때, 세계는 위기에 봉착해 고통받는 가족(들)의 세계다. 가족을 위협하는 세력과 가족을 지키는 세력 사이에서, 혹은 서로 다른 가족들 사이에서 벌어지는 투쟁의 시공간이며, 투쟁이 수반하는 고통, 슬픔, 눈물로 가득한 세계이기도 하다. 그 속에서는 가족을 지키는 행위, 즉 가족주의적 실천만이 윤리적이며, 이는 비합리적 윤리 특유의 강력한 실천력을 가진다. 그 세계에서 살아가는 주체들이 있다. 가족의 일원인 그는 가족적인 위기와 투쟁의 현장에 서 있다. 고통에 매우 섬세하게 반응하며 눈물을 흘리고, 눈물의 힘을 기반으로 가족적 윤리를 실천하는 그는, 바로 신파적 세계를 살아가는 신파적 주체다.

이처럼 신파적 인식론, 존재론, 윤리학이라 할 수 있는 것이 있다. 하지만 이것이 전부는 아니다. 가족주의와 감상주의는 다양한 양상을 가질 수 있기 때문이다. 그래서 다음과 같은 질문들을 추가하게 된다.

첫째, 혈연공동체인 가족은 단일체적 집단이 되기 쉽다. 공동체적 눈물로서 신파는 개인성을 유지하며 흘러왔던가? 둘째, 가족의 위기는 여러 가지 양상으로 나타날 수 있다. 신파가 함축했던 가족의 위기는 대체로 어떤 유형이었을까? 셋째, 감정에 호소함으로써 가족은 강한 실천력의 원천이 되었을 것이다. 하지만 과도한 감상주의가 신파를 목적 잃은 눈물이 되게 하지는 않았을까? 넷째, 가족주의는 보편주의와 상대주의 사이에서 충돌을 일으킬 수 있다. 보편적 가족주의는 다른 가족과의 연대와 공존을, 상대주의는 적대의 태도를 강화할 것인데, 신파는 어느 쪽이었을까? 이에 대해 다음과 같이 간략히 답해볼 수 있다.

첫째, 신파적 눈물이 개인성을 유지하며 흘렀던 경우도 많을 것이다. 하지만 전체의 흐름은 몰개성의 집단주의 쪽으로 기울었던 것으로 보인다. 둘째, 신파적 눈물이 연루되어온 가족의 위기는, 홍도와 영진의 사례에서 볼 수 있듯이 절박한 생존의 문제인 경우가 많았다. 신파는 생존의 눈물인 것이다. 셋째, 신파가 집단심성의 주요한 일부가 되었음은 눈물 흘리기를 권유하는 문화적 압박이 상존해왔음을 의미한다. 이는 목적을 잃은 눈물이 흘려지기 좋은 조건이었다. 넷째, 한국인의 가족주의는 상대주의 쪽으로 치우쳤던 것 같다. 신파적 눈물은 대체로 자기 가족의 고통으로 인해 흘렀다.

한국인은 왜 눈물의 심성을 가지게 되었을까? 눈물은 무한한 잠재성을 가지는데, 왜 한국인의 눈물은 특정한 방향으로 흘러 신파가 된 것일까? 당연하게도 이는 한국사회 특유의 배치에 따른 것이다. 이는 성원들의 행동을 특정한 방향으로 이끌었으므로 정치적이기도 하다. 그러니 정치를 포함하는 사회적 배치의 문제를 살펴볼 필요가 있다. 그 중심에는 가부장제가 있다. 하지만 그에 접속해온 다른 배치들도 중요하다.

3.
신파와 정치

신파가 형성된 이유는 무엇일까? 이 가족주의적이고 감상주의적인 흐름을 만들어낸 힘은 어디로부터 온 것일까? 바로 사회적 배치다. 많은 눈물이 사회 속에서 흘려지며, 신파 역시 그러하다. 그 눈물은 고통을 사회적으로 포획한 결과이기도 하지만, 그러한 포획이 초래한 고통의 결과이기도 하다. 사회가 눈물을 필요로 하는 이유는 무엇일까? 그것은 특정한 배치의 상태를 창출하고 유지하기 위해 인간을 동원할 때, 눈물을 흘리게 하는 것이 효과적일 수 있기 때문이다. 따라서 신파는 인간의 감정에 대한 특정한 정치적 포획의 결과라 할 수 있다.

사회와 배치

사회에 관한 정의는 여러 가지가 있다. 그중 하나는 '인간 간의 집약되고 강화된 관계의 체계'로 정의하는 것이다.[1] 여기서 주목해야 할 점은 사회를 집합이 아니라 관계로 파악하는 것이다. 그리고 이는 질 들뢰즈Gilles Deleuze와 펠릭스 가타리Félix Guattari의 생각과도 맞닿아 있다. 이들은 세계를 여러 흐름의 접속connexion을 중심으로 파악한다. 이는 흐름들이 만나서 새로운 무엇인가를 만들어내는 과정이다.

그들은 접속의 전체적인 양태를 '배치agencement'로 명명했다.[2] 예컨대 눈물은 각기 다른 상황에서 흘려짐으로써 서로 다른 배치의 일부가 된다. 눈물이 상복, 국화꽃, 관 등과 접속하면 장례식이라는 배치를 만들어내며 이때 눈물은 애도의 의미를 가진다. 반면 오륜 휘장, 금메달, 애국가, 태극기 등과 접속하면 시상식이라는 배치를 만들어내며 눈물은 국민적 감격의 의미를 가진다. 인간도, 사회도 모든 것은 배치다.[3]

배치는 물질과 언어로 이루어진다. 다시 말해서 배치란 물질의 흐름에 언어가 새겨진 것이다.[4] 장례식의 배치에서 흘려진 눈물은 애도라는 언어적 의미가 새겨진 육체의 분비물이다. 배치는 언어적인 것이지만 구조structure와는 다르다. 구조란 어떤 질서의 산물인 동시에, 그 자체가 또한 구성력을 가지는 질서를 뜻하기 때문이다. 반면에 배치를 결정하는 질서는 없으며, 배치는 언제나 새로운 접속에 무작위로 열려 있다.[5]

그러므로 세계를 배치로 바라보는 관점은 세계를 규정하는 힘으로부터 이탈하는 흐름들에 주목하게 만든다. 들뢰즈와 가타리는 그 이탈의 흐름을 '탈주선ligne de fuite'으로 명명했다.[6] 물론 세계는 구조화하고 고정되려는 성향을 항상 갖는다.[7] 그래서 우리는 가부장제, 자유주의, 사회주의, 민족국가 등의 배치에 관해 말할 수 있다.[8] 하지만 거기에는 언제나 탈주의 흐름이 있다. 눈물에도 다양한 사회적 의미들이 새겨지곤 했지만, 동시에 눈물은 그 의미들을 이탈하는 흐름들로도 항상 충만했다.

신파의 배치와 한국사회

근대 한국에서 흘려진 눈물 전체를 조망할 때 즉시 확인할 수 있는 특성은 양이 매우 많다는 점이다. 엄청나게 울었다는 것인데, 삶이 그만큼 고통스러웠기 때문이다. 일단 객관적인 고통의 양 자체가 컸다. 척박한 자연, 저개발, 동원과 착취가 그 이유다.[9] 그런데 주관적인 요인도 함께 작용했다. 고통에 적극적으로 반응하는 태도가 있었던 것이다.[10] 이는 강렬한 내적 떨림이라는 눈물의 질적 특성을 초래한 요인들 중 하나였다.

이러한 눈물의 양적, 질적 특성들은 사회적 배치의 산물이다. 근대 한국사회는 객관적으로 강한 고통을 유발하는 동시에, 고통에 예민하게 반응하는 주체 또한 생산해왔다. 여러 사회적 배치가 구축되고 유지되는 과정에서 눈물이 유발되었지만, 그중에서도 가장 강력한 힘을 행사한 것은 가부장제적 가족이었다. 가족의 위기와 그것의 극복을 위한 실천의 과정에서 엄청난 양의 눈물이 흘러내렸고, 그 결과 신파가 형성됐다.

신파는 사회적 배치의 산물이자 그 자체로 하나의 배치다. 배치는 모든 접속에 열려 있으며 언제나 새로운 배치로 생성된다. 신파 역시 가족과 가부장제에 국한되어 흐르지 않았다. 사회의 다른 배치들과 매우 광범위하게 접속했고, 그 결과 다양한 사회적 배치의 눈물들이 신파화하는 경향이 나타났다. 한편으로 이는 가부장제적 가족의 강력한 구성적 힘 때문이었지만, 다른 한편으로는 경계를 무너뜨리는 눈물 특유의 힘 때문이기도 했다. 대중과 감정에 대한 폄하는 이를 무시하고 주변화했지만, 상황을 직시하면 그 강력한 흐름을 외면하기가 어렵다.

그렇게 신파는 사회 전 영역을 가로질러 흐르며 지난 세기 감정의 주류가 됐다. 식민지의 고통, 계급 착취의 고통, 무한경쟁의 시장이 주는 고통으로 인해 흘렀던 눈물들은 매우 자주 가족적 눈물이기도 했다. 가족적 눈물이 민족주의, 사회주의, 자유주의적 실천의 동력이 됐던 것이다. 사회가 성원들을 동원하는 과정에서 신파는 매우 중요한 역할을 수행했다. 정치가 인간의 행동을 이끌어내는 것, 즉 권력의 작용을 중심으로 한다는 점에서, 이는 신파와 정치의 접속에 다름 아니었다. 이것이 바로 '신파와 정치'라는 논제를 제기하는 이유다. 이를 위해 먼저 정치와 이데올로기의 개념부터 살펴보자.

정치와 이데올로기

정치란 무엇일까? '권력의 획득, 유지, 행사를 중심으로 하는 인간의 활동'이 아마도 일반적인 정의일 것이다.[11] 권력을 인간 행위에 작용하는 힘으로 정의한다면,[12] 정치는 '인간의 행위에 영향을 미치고자 하는 활동'이기도 하다. 권력의 작용은 지배와 유사한 것이다. 지배는 인간의 복종을 이끌어내는 행위인데,[13] 복종은 강제에 의할 수도 있고 자발적일 수도 있다. 자발적인 복종을 포함하는 넓은 의미의 지배는 권력의 작용과 같은 뜻이므로, 정치는 넓은 의미에서 '지배의 활동'이기도 하다.

막스 베버Max Weber에 따르면 정치가 추구하지 않았던 목적이란 없으며, 또 정치가 보편적으로 추구했던 목적도 없다. 공통된 것은 오직 수단이다.[14] 그래서 베버는 정치를 "물리적 강제력Gewalt을 수단으로 사용하는 행위"로 정의했다.[15] 하지만 설득을 통해서도 권력이 행사될 수 있다. 이것이 권력의 작용을 정당화하는 담론으로서 이데올로기의 존재 이유다. 그러므로 정치에는 두 가지 수단이 있다. 하나는 물리적 강제력, 즉 폭력이며, 다른 하나는 이데올로기다.[16]

정치에 정해진 목적은 없다. 정의의 실현을 위해서도, 부의 착취를 위해서도 정치는 작동할 수 있다. 권력은 사회 전체에서 작동한다. 예컨대, 경제적 영역에서도 정치가 작동한다. 경제는 "사회의 물질적 안녕에 필요한 것들을 조달"하는 행위를 중심으로 성립하는 배치인데,[17] 그 조달의 과정에서 타인의 행위를 이끌어낼 필요가 있다. 하지만 근대사회에서 정치의 주된 영역은 국가state다. 국가는 시장과 가족을 포함한 사회의 모든 영역에서 적법한 물리적 강제력의 행사를 보장받은 유일한 존재이기 때문이다.

따라서 정치는 수단을 활용하는 방식에 따라서 구분될 수 있다. 설득에만 의존하는 권력이 있고, 강제력도 이용하는 권력이 있다. 근대 사회에서 가부장제 권력은 원칙적으로는 폭력을 사용할 수 없다. 반면에 국가권력은 설득이 통하지 않을 때 물리적 강제력을 활용한다. 물론 가부장제의 권력이 국가를 통해 합법적으로 작동할 수 있다. 예컨대 지금은 폐지된 '호주제戶主制'는 가부장의 위상을 법적으로 보장하는 경우라 할 수 있다.

하지만 가부장제가 그 자체로 물리적 강제력을 행사할 수는 없다. 국가를 경유해야만 하는 것이다. 그러므로 원칙상 폭력이 불허된 정치와 폭력을 독점하는 국가의 정치를 구분할 수 있다. 전자를 미시정치, 후자를 거시정치로, 혹은 사적 정치와 공적 정치로 명명할 수 있겠지만, 대체로는 후자만 정치로 여기곤 한다. 이 책에서도 편의상 그런 용법을 따른다. 그렇다고 해서 이것이 전자가 정치가 아니라는 뜻은 아니다.

근대기에 국가권력이 점차 연성화됨에 따라 이데올로기의 필요성이 증대돼왔다. 폭력이 국가에 집중된 것도 이데올로기가 강화된 것의 한 원인이다. 가부장제와 같은 배치에서의 지배가 이제 이데올로기에만 의존해야 하기 때문이다. 이데올로기는 개인과 세계에 대한 특정한 상을 구성하는 방식으로 작동한다. 사회 성원들은 특정한 세계의 상 속에서 특정한 존재로 '호명'됨으로써 그에 합당한 행위를 요청받는다.[18] 각 배치는 특유의 이데올로기를 가진다. 특유의 호명 양식을 가진다는 뜻이다.

가부장제의 눈물

사랑에 빠진 선남선녀가 있다. 둘은 깊이 사랑하지만 남자는 결혼을 쉽게 결정하지 못한다. 사실 남자는 유부남이었고 결국 들통나고 만다. 그의 부인을 갑작스레 대면한 자리에서 혜영(문희)은 다음과 같이 말한다. "다 제 잘못이에요, 저만 떠나면 모든 게 해결돼요." 절벽에서 떨어져 죽을 생각도 해보았지만, 뱃속의 아이 때문에 그러지도 못한다. "살자, 살아야 한다." 혼자 아들을 낳아 키우기로 하지만 형편은 무척 어렵다. 결국 혜영은 아이의 미래를 위해 성공한 기업가가 된 남자에게 아이를 맡긴다. 그런데 그러고 나니 아이도 엄마도 너무 힘들다. 눈물겨운 고통의 시간이 지난 뒤 결국 엄마는 아이를 데려가기로 결정한다. 물론 이들은 가족이므로 언젠가 "미워도 다시 한 번" 만나게 될 것이다.

한국에서 역대 흥행기록을 경신했던 정소영 연출의 영화 〈미워도 다시 한 번〉(1968)에서도 〈사랑에 속고 돈에 울고〉와 마찬가지로 가부장제적 가족의 위기가 다뤄진다. 이 경우는 외도를 저지른 남자가 문제다. 이와 함께 혜영에게도 위기가 온다. 가족의 위기는 언제나 성gender의 위기이기도 하다. 혜영은 과연 여성의 역할을 제대로 수행할 수 있을까? 그는 여러 차례 눈물을 흘리는데, 눈물은 그가 살게 하는 힘을 준다. 이는 모범적인 여성으로 살아가게 하는 힘이다. 배신을 당한 시점에 혜영은 여러 방향의 갈림길에 놓이게 된다. 아내 자리를 놓고 본부인과 겨루기, 낙태하고 새 출발 하기, 그냥 떨어져 죽기, 혹은 기왕 이리되었으니 막 나가기 등이 가능해 보인다. 하지만 눈물이 이끈 방향은 아이를 낳아 혼자 힘으로 키우는 것이었다. 이는 가부장제가 요청하는 모범답안에 가장 가까운 선택이었다.

비슷한 눈물이 실제의 삶에서도 꽤나 많이 흘려지지 않았을까? 이 영화의 주관객은 여성이었다. '고무신 관객'으로 불렸던 이들에게 영화, 연극, 방송극, 소설 등의 가장 중요한 덕목은 눈물을 제대로 자극하는 것이었다.[19] 이 영화가 성공할 수 있었던 것도 그들의 눈물이 흘러내리게 했기 때문인데, 이것이 그들로 하여금 살아가게 했다. 남편이 너무 미워도 다시 한 번 같이 살아야겠다고 생각하게 되는 것은, 자식이 있고 그래도 가족이기 때문이며, 무엇보다도 그들이 여자이기 때문이다. 그래서인지 관객과 혜영뿐만 아니라 혜영과 본부인 사이에도 공감과 연대감이 흐른다. 문제는 가부장제의 원칙을 깬 남편에게 있으며, 그녀들은 충실하게 성역할을 수행한 모범적인 여성이기 때문이다. 그들은 모두 가부장제의 수호자였다.

근대 한국의 문화 전체를 조망해보면, 가족의 위기가 너무나도 자주 등장했음을 알게 된다. 위기의 원인이 매우 다양했기 때문에, 그 사실이 명료하게 포착되지 않을 수도 있다. 시집 식구와의 갈등, 남편의 외도 같은 내부의 원인일 수도 있고, 식민 지배, 저개발, 전쟁, 불평등 같은 외부의 원인일 수도 있다. 하지만 이들은 대체로 가부장제적 가족의 위기에 접속되는 경향이 있었다. 가족의 위기는 언제나 인물들을 성역할 수행의 시험장으로 떠밀었고, 시험을 치르는 과정에서 눈물이 흘렀다. 가족의 문제가 중심에 놓이는 경우에는 여성적 눈물이, 외부의 문제가 중심에 놓이는 경우에는 남성적 눈물이 주로 흘렀다. 그러므로 이는 모두 가부장제에 의해 포획된 신파적 눈물이었다.

가부장제는 남성 가장을 중심으로 하는 가족이 사회의 기초가 되는, 여성에 대한 남성의 광범위한 지배를 중심으로 하는 사회적 배치로 정의될 수 있다.[20] 그러므로 가부장제를 이루는 가장 중요한 두 개의 축은 분할된 성과 이에 기반하는 가족이다. 물론 가족은 성별에 입각하여 성립되며 이를 재생산하는 주된 영역이기도 하니 두 축은 분리된 것이 아니다. 지배를 중심으로 하므로 가부장제에서도 정치가 작동한다.[21] 특유의 규범에 따른 성과 가족을 구축하는 과정에 인간들을 동원하는 권력의 작용을 수반하기 때문이다.

오랫동안 가부장제 정치는 폭력을 활용해왔다. 강간, 상해, 살해의 가능성에 크게 의존했던 것이다. 여성에 대한 폭행이 가부장제를 수호하는 영웅적 행위로 공공연히 혹은 은밀히 칭송되어온 것이 이를 증명한다. 현재 한국에서 가부장은 더 이상 합법적으로 폭력을 행사할 수 없다. 하지만 가부장제의 권력관계는 여전히 유지되고 있다. 부분적으로 이는 잔존하는 가부장제적 제도를 통해 합법적으로 보장된다. 이는 또한 강고하게 지속되고 있는 비합법적 폭력에도 의존한다. 가정폭력, 성폭력, 혐오와 차별의 폭력 등이 이에 해당한다. 그리고 이데올로기 역시 중요한 수단이다.

이는 주체로 하여금 세계와 자신의 관계에 대한 가부장제적인 상을 영속적인 것으로 받아들이게 함으로써 가능하다. 다시 말해서 가부장제 이데올로기를 수용케 하는 것인데, 신파가 담고 있는 주체와 세계의 상이 그와 같은 것이다. 신파는 여기에 상시적인 위기와 투쟁의 감정을 더함으로써 가부장제적 실천에 감정적 동력을 제공한다. 따라서 신파적 눈물을 흘리는 것은 그런 위치에 놓이는 것에 대한 승인, 즉 가부장제 이데올로기의 호명에 응답하는 행위다. 그것은 위기를 극복하는 실천에 따르는 고통들을 기꺼이 감수하는 것으로 이어질 가능성이 크다.

이런 식으로 부추겨진 신파적 눈물의 실천이 궁극적으로 존재의 상태를 개선하는 데 도움이 되었을까? 물론 그러지 않았을 가능성이 크다. 이는 불필요하게 부추겨진 눈물이고 실천일 것이기 때문이다. 가부장제 이데올로기의 견지에서만 위기일 뿐이다. 더구나 눈물의 감정적 흥분에 사로잡히면 앞뒤를 가리지 않고 희생적 실천에 투신할 가능성도 크다. 이런 이유들로 인해 신파는 종종 목적을 잃어버린 눈물로 흘러왔다.

신파는 근대 한국의 가부장제가 눈물의 역능을 포획한 결과다. 여성적 눈물이 더 많이 흘렀지만, 남성적 눈물도 함께 흘렀다. 양상은 다르지만 남성도 가부장제적 동원의 대상이기 때문이다. 더구나 가부장제적 정치는 약한 남성에 대한 강한 남성의 지배도 추구한다. 가부장제가 착취해온 눈물의 힘은 개인의 것이기도 했지만 공동체의 것이기도 했다. 여성적 눈물과 남성적 눈물은 항상 같이 흘렀고, 성별화된 실천은 매우 자주 자신보다는 다른 가족 성원들과 가족 자체를 위한 것이었다. 그러니 신파적 눈물의 호명은 각각의 개인은 물론, 각각의 가족을 겨냥하는 것이기도 했다.[22]

정치와 가족

눈물은 정치와 다양하게 접속해왔다. 권력을 행사하고자 하는 자들은 대체로 위기감을 선호한다. 위기감이 일단 눈물을 흘리게 만들면, 그들을 동원하는 것이 쉬워지기 때문이다. 근대 한국의 가부장제가 인간을 동원하기 위해 사용했던 주요 방식도 눈물을 자극하는 것이었다. 거시정치적 동원에서도 역시 눈물의 흐름이 강하게 나타났다. 그런데 이 또한 매우 자주 가족적인 눈물이었다. 정치가 눈물과 함께 가족도 포획한 것이다. 그렇게 흘러온 눈물을 '정치적 신파'라 명명할 수 있다.

정치적 신파가 가족과 정치를 관련짓는 양상은 크게 두 가지로 구분된다. 첫 번째는 가족의 위기를 해소하기 위해 정치적 실천을 요청하는 형태다. 식민지기 소작농 가족의 위기는 민족해방을 통해서만 해소될 수 있다는 식이다. 가족적 위기가 민족주의적 실천을 추동하지만, 민족과 가족 사이의 구분은 계속 유지된다. 두 번째는 정치적 가족으로서의 정치체를 위한 실천이 요청되는 형태다. 민족이 가족으로 은유되는 경우가 이에 해당한다. 이제 민족과 가족이 더 이상 구분되지 않는다. 그 결과 정치적 눈물은 자연스레 신파가 된다.

첫 번째 눈물만 흐를 수는 있지만, 두 번째 눈물만 흐를 수는 없다. 가족적 정치체가 성립하기 위해서는 먼저 가족이 있어야 하기 때문이다. 선자는 후자의 조건인 것이다. 하지만 전자도 항상 후자를 환기한다. 가족적 눈물의 힘으로 정치적 실천에 나설 때, 정치체를 가족처럼 여기려는 성향이 생겨나기 쉬워지기 때문이다. 때로 두 눈물은 뒤섞여 흐르기도 했다. 그처럼 의미의 명료함을 훼손하는 것이 감정의 한 속성이다. 하지만 두 눈물의 의미를 명확히 구분해둘 필요가 있다. '신파와 정치'의 논의에서 더 주목되는 쪽은 후자다. 정치가 가족적 눈물을 보다 적극적으로 활용하는 방식이기 때문이다. 하지만 두 눈물 모두 정치와 신파가 전형적으로 접속하는 유형이다. 지금까지 계속 설명했던 것처럼, 눈물은 동원에 강력한 효과를 낸다. 함께 눈물을 흘릴 때 공동체의 실천력은 더욱 강해지는 법이다. 그런데 그 눈물이 왜 가족적이어야 했던 것일까? 정치가 가부장제적 가족을 소환해온 것에는 여러 가지 원인이 있다.

첫째, 가부장제적 가족이 근대사회의 기반적 배치이기 때문이다. 이는 근대기에 공사가 분리되고 사적 영역이 사회의 기반으로 여겨지기 시작한 것의 결과다. 개인을 세계의 중심에 위치 짓는 자유주의는 사적인 것에서 정치적 정당성을 발견해야 했고, 그 결과 가족이 소환됐다. 한편 가족의 조직원리인 가부장제가 사회의 주요한 배치인 것도 원인이다. 사회의 전 영역에서 가부장제적 성별화가 관철되니 눈물도 그렇게 되지 않을 수 없다. 이는 여러 사회적 배치가 성별의 주된 산지인 가부장제적 가족을 지향하게 만드는 조건으로 기능한다. 회사도, 마을도, 민족도 모두 가부장제적 가족이 되는 것이다.

둘째, 가족의 소환이 효율적인 이데올로기 전략이었기 때문이다. 롤랑 바르트Roland Barthes에 따르면, 이데올로기는 역사적이며 사회적인 것을 영속적이고 자연적인 것으로 만드는 방식으로 작동한다.[23] 가족은 사회적 현상이지만 종종 자연적인 것으로 오인된다. 인간은 대체로 가족 내에서 태어나서, 먹고, 자고, 앓고, 죽기 때문이다. 여성에 대한 남성의 권력 행사도 그 기원을 알 수 없을 정도로 오랜 것이다.[24] 이는 가부장제 또한 자연적인 것으로 여겨지게 한다.

정치가 가족을 소환하는 것은 가족에 부여된 그런 자연성을 포획하기 위해서다. 특히 가족과 정치체의 은유는 정치체 또한 자연화하는 효과를 낸다. 이는 이중의 이데올로기 작용이 이루어지는 과정이다. 먼저 가부장제 가족이 자연화되고, 이어서 특정 정치체가 자연화된다. 두 이데올로기는 이러한 결합을 통해 서로를 더욱 강화한다. 그러니 가족의 소환은 단지 불가피했기 때문만은 아니다. 적극적으로 행해져야 할 이유 또한 있었던 것이다.[25]

셋째, 가족과 정치를 관련지음으로써 감정의 효과를 증폭시킬 수 있기 때문이다. 다양한 정치 이데올로기가 신파를 포획함으로써, 신파의 흐름은 더욱 강하게 사회의 중심을 흘러왔다. 그런데 정치와 신파가 서로를 호출, 견인하는 과정에서 충돌이 일어나기도 한다. 가족과 그것을 포획하려는 정치적 배치 간의 충돌이다. 이는 정치적 신파 특유의 감정적 특질을 만들어내는 요인이다.

〈5인의 해병〉에서 해병들은 국가와 가족 사이에서 갈등하며, 이는 강렬한 감정적 떨림을 만들어낸다. 그런데 신파적 눈물 자체에 이미 감정적 떨림이 담겨 있다. 바로 가족적 실천의 여부를 둘러싼 떨림이다. 따라서 정치적 신파에는 이중의 떨림이 있다. 하나는 가족적 실천을, 다른 하나는 정치적 실천을 둘러싼 떨림이다. 이 두 떨림은 하나로 수렴됨으로써 더 강력한 힘을 창출한다. 정치가 가족을 소환했던 것은 이러한 감정의 경제 때문이기도 했다.

눈물의 역설과 탈주

근대 한국인의 코나투스는 감상주의와 가족주의에 추동됨으로써 독특한 눈물의 흐름을 이루어왔다. 하지만 그것만으로 신파가 형성된 것은 아니다. 그 눈물의 흐름에 다른 사회적 배치들이 접속했던 결과가 신파였다. 한편으로, 이는 많은 경우에 신파가 그 자체로 거시 정치의 산물이었음을 뜻한다. 가족의 위기는 실제로 민족, 계급, 국가의 위기로 인해 촉발되었던 것이다. 동시에, 다양한 정치적 구성의 시도가 신파적 눈물을 요청함으로써 그 눈물의 흐름을 강화해왔던 면도 있다. 그 상호작용이 강력한 동원력을 가지는 정치적 감정을 형성했다.

하지만 신파가 언제나 이데올로기로서 작용했던 것은 아니다. 항상 포획을 피해서 빠져나가는 흐름이 있게 마련이기 때문이다. 감정은 배치에 의해 결코 완전히 포획되지 않는 무한한 잠재성을 가지며, 배치 자체도 언제든지 변화할 수 있는 것이다. 신파는 존재의 근원적 열정, 즉 코나투스를 추동한 것인데, 그 눈물의 코나투스는 결코 한 방향으로만 실현되지 않는다.

다시 〈사랑에 속고 돈에 울고〉로 돌아가자. 홍도의 눈물은 가부장제를 유지하기 위한, 그것이 규정한 성역할을 수행하기 위한 실천의 과정에서 흘렀다. 가부장제적 가족의 위기가 주는 고통, 그 위기를 해소하기 위한 성별화된 실천의 과정에서 흐른 눈물이다. 그런데 관점을 바꿔서 바라본다면, 이 눈물의 원인은 가부장제와 가족 자체이기도 하다. 가족을 지키는 것이 위기를 해소하는 방법일 수도 있지만 가족 자체를 부정하는 것, 즉 가족 외부로 이탈하는 것도 위기를 해소하는 방법이다.

신파에는 언제나 어떤 긴장이 있다. 그것은 눈물을 구획한 배치를 유지하고자 하는 힘과 그것으로부터 이탈하고자 하는 힘 사이의 긴장이다. 그 힘이 가족적 실천의 동력이 되는 것이 신파의 기본 논리이지만, 여기에는 이탈의 힘이 항상 잠재한다. 완전히 다른 방향으로 나아갈 수도 있다는 것이다. 영진은 그러지 않았지만, 홍도는 그런 실천을 향했다. 홍도가 차라리 죽는 것이 가부장제적 답이었지만, 그의 선택은 경쟁자를 찌르는 쪽이었고 그럼으로써 탈주했다.

여기서 우리는 신파적 눈물의 역설이라 할 수 있는 것을 보게 된다. 홍도가 흘린 눈물의 양에 비례하는 것은 가부장제의 유지를 위한 실천의 동력만이 아니다. 그로부터 이탈하려는 동력 또한 이에 비례해서 커진다. 그래서 눈물의 여왕, 신파의 화신과도 같은 홍도라는 존재에서, 다시 말해 신파의 정점에서 마주치게 되는 것은 다름 아닌 그로부터의 이탈이다. 한국 근대의 문화 장에서는 그렇게 다른 방향으로 향한 사례들도 자주 만날 수 있다.

그중 하나로 여귀女鬼들이 등장하는 공포영화들의 사례를 생각해보자. 그들은 모두 칼부림하는 홍도의 친구들이 아닌가.[26] 홍도가 가부장제의 성역할을 따라 얌전히 목을 매 자살하는 결말을 상상해보자. 곱게 떠날 수도 있지만 원귀가 되어 돌아와 무시무시한 피바람을 몰아칠 수도 있다. 그렇다면 홍도의 눈물은 전혀 다른 의미를 가지고 있는 것으로도 설명될 수 있다. 이 눈물은 괴물의 탄생, 탈주의 시작을 뜻하는 것이기도 하다.

사실 모든 신파적 눈물이 그렇다. 포획되어 신파로 정향된 눈물이지만, 거기에는 언제나 다른 길들도 있다. 정치적 신파 또한 마찬가지다. 그것은 언제나 정치적 구성을 기반에서부터 무너뜨리고, 그로부터 이탈하는 흐름이기도 하며, 그 흐름은 전방위적이다. 눈물에는 언제나 순수한 코나투스의 국면이 있으며 그것은 무한히 다른 것이 될 수 있는 잠재성을 가진다. 그 잠재성의 궁극적인 위치는 눈물에 새겨지는 언어적, 문화적, 사회적 의미가 아니라 눈물의 물질성이다. 존재를 정상화하기 위해 흘려지는, 독성물질을 배출하기 위한 바로 그 물질적 국면이 잠재성의 자리인 것이다.

사실 정치가 포획하려 드는 눈물의 힘이란 결국 이러한 탈주의 잠재성에 다름 아니다. 정치적 배치를 생성하고 유지하는 과정은 언제나 다른 배치를 허물고 그로부터 벗어나는 힘의 작용이기도 하기 때문이다. 새로운 생성과 접속을 거부하고 특정 배치에 고착되어 흐르는 눈물조차도 다른 가능한 배치로부터의 이탈의 힘이 실현된 결과인 것이다. 그러니 탈주란 존재의 예외적 상태가 아니다. 존재란 본원적으로 해방적이며, 눈물은 그러한 해방적 열정의 산물이다.

4.
근대의 눈물

동서고금을 막론하고 눈물은 항상 흘려졌다. 조선시대에도 사람들은 가족과 친구, 군주와 국가로 인해 눈물을 흘렸다. 눈물이 고통과 슬픔을 달래주고, 그것의 해소를 위한 실천을 추동한 것은 언제나 마찬가지이며, 또한 가족은 언제나 눈물의 주요한 산지였다. 따라서 신파는 예전부터 흘러온 것일 수 있다. 그렇다면 이를 신파, 즉 새로운 흐름으로 부를 수는 없지 않을까? 사실 눈물의 성격 자체가 완전히 달라졌다고 말하기는 어렵다. 시대의 차이에도 불구하고 변하지 않는 인간 성정의 속성들이 있기 때문이다. 하지만 세상의 모든 눈물은 서로 다르다. 그것은 서로 다른 배치 속에서 서로 다른 강도로 흘려지기 때문이다. 근대로의 전환과 함께 눈물의 흐름에 있어서도 주목할 만한 변화가 분명 있었다. 조선시대의 눈물과 근대 초기의 눈물을 비교해볼 필요가 있는 것이다.

조선시대의 눈물

조선시대의 지배적 이념은 성리학性理學이다. 유학은 심心을 성性과 정情으로 나누는데, 주자朱子는 성즉리性卽理라 함으로써 성을 더 중시하는 입장을 취했다.[1] 이런 맥락에서 서사문학보다는 시가문학이 더 존중받았다. 시는 형이상, 즉 이理에 해당하고, 문은 형이하, 즉 기氣에 해당하기 때문이었다.[2] 문학의 주체는 주로 사대부 남성이었다. 여성과 하층신분은 문학으로부터 소외되어 있었고, 그들이 창작하고 향수하는 것에는 주변적인 지위가 부여됐다. 조선시대 문학 전체를 놓고 볼 때, 감상은 대체로 절제되는 편이었다고 할 수 있다. 하지만 사람들의 삶에서 고통, 슬픔, 눈물이 사라질 수는 없는 법, 이 시기의 문학작품 속에서도 눈물은 흘렀다.

여성문학에서 홍도의 눈물과 유사한 사례를 찾는 것은 어렵지 않다. 시가문학으로는 규방가사, 그리고 서사문학으로는 전, 행장, 회고록, 소설 등이 여성인물을 다루는 경우 많은 눈물이 흘렀다. 규방가사에 있어서 '한탄'은 전형적인 요소였으며, 여성소설은 상대적으로 보다 강한 감상성을 특징으로 했다. 이 시기 여성문학에서 눈물은 흔히 여성이기 때문에 겪어야 하는 고난에 얽힌 것이었는데, 대부분은 여성의 도리를 지키는 것이 불가피하다는 식으로 마무리된다.[3] 이는 가부장제적 여성윤리를 구축한다는 점에서 홍도의 눈물과 닮았다.

반면, 영진의 눈물과 유사한 남성적 눈물의 사례는 상대적으로 드물다. 사대부 남성의 한시, 시조, 가사 등이 조선시대 문학의 중심에 있었다고 할 수 있는데, 격렬한 감정을 드러내는 것보다는 절제되고 승화된 서정을 표현하는 것이 높이 평가됐다. 물론 자신의 신세를 한탄하거나, 가족이나 친구의 불행을 애통해하거나, 시국을 통탄하는 사례를 종종 볼 수 있지만, 가족적 생존을 위한 실천을 추동하는 영진의 눈물과 유사한 사례는 그리 흔치 않다. 예컨대, 고통을 토로하다가도 안빈낙도安貧樂道, 물아일체物我一體, 충군애국忠君愛國 등과 같은 결론으로 마무리되곤 했다. '정'은 '성'으로 다스려질 수 있으며 또 그래야 한다. 고통스러운 상황이 제시되더라도 결국 이상주의적으로 마무리되는 이유다.

조선시대 전체를 통틀어 보았을 때, 가족의 위기가 초래한 눈물이 가장 강하게 흐른 때는 역시 전쟁기다. 이 시기의 문학작품들에서 신파와 유사한 사례를 가장 많이 만나게 된다. 전쟁의 경험은 여러 형태의 시문으로 다양하게 토로되었다. 서사문학의 경우 실제 경험을 기록한 것도 있고, 전기, 몽유록, 소설 등의 허구도 있다. 일본에 포로로 잡혀갔다 돌아온 노인魯認이 『금계일기錦溪日記』에서 흘린 눈물은 영진의 그것과 유사하다. 그는 "고향의 부모가 무사할 수 없겠고 친지나 친척들도 다 죽어 짐승의 밥이 되었을 것을 생각해 피눈물이 흐르고 오장이 찢어지는 것 같다"고 하면서 "귀국해서 다시 싸울 것을 열망"하고 "피로써 경험한 바를 살려 복수하겠다고 다짐했다."[4]

전쟁이란 이상주의적 관념을 처절하게 해체하는 실재적 경험이 될 가능성이 크다. 그것이 유발한 원초적인 슬픔, 연대감, 분노, 의지와 같은 것들이 노인이 흘린 피눈물에 담겨 있다. 전쟁을 배경으로 하는 군담소설에서 흘려지는 허구의 눈물도 이와 유사한 것으로 볼 수 있다. 전쟁기 문학과 군담소설에서 흐르는 눈물은 정치적 의미를 가진다는 점에서도 주목된다. 많은 전쟁기 문학작품은 개인과 가족의 수난과 함께 왕가와 국가의 수난도 담고 있었다. 가족적 눈물이 정치와 접속하는 이런 양상 또한 신파와 닮은 면이라 할 수 있다.

『사씨남정기』와 『유충렬전』의 눈물과 신파

조선시대 문학작품에서 흘려진 눈물 중 여성신파와 유사한 사례로 김만중의 『사씨남정기』에서 사씨가 흘리는 눈물이 있다. 이 소설은 명대 한림학사인 유연수의 현숙한 처 사정옥에게 닥친 위기를 중심으로 한다. 첩으로 들어온 교씨의 갖은 모함으로 사씨는 집에서 쫓겨난다. 그는 계속적인 위험에 빠지고 결국 죽음을 결심하나 천상계의 도움으로 위기를 벗어난다. 유연수 또한 교씨와 그의 정부情夫인 동청의 농간으로 귀양길에 오르게 되면서 집안이 풍비박산의 지경에 이른다. 그러나 동청의 음모가 드러나면서 유연수는 유배에서 풀려나고, 우여곡절 끝에 가족이 상봉함으로써 가족의 위기가 해소된다.

사대부 작가가 쓴 17세기 말의 이 국문소설은 이후 조선 후기 여성소설의 주요한 모범이 됐다.[5] 따라서 소설 중에 흘려지는 사씨의 눈물 또한 조선시대 여성적 눈물의 주요한 사례라고 할 수 있다. 사씨는 가족의 위기, 여성으로서의 위기가 초래한 고통으로 인해 눈물을 흘리는데,[6] 이는 그가 가부장제적 여성윤리를 일관되게 실천하는 것으로 이어진다.

부인이 탄식하여 가로되 (…) "이제 내 신세를 생각하건대 화를 자취함이라" (…) 인하야 강물을 향하야 뛰어들려 하니 유모와 차환이 붙들고 울어 가로되 "소비 등이 천신만고하야 부인을 모셔 이에 이르렀으니 마땅히 사생을 한가지로 할지라. 원컨대 부인과 함께 물에 빠져서 지하에 돌아가 모시기를 바라나이다." 부인이 가로되, "나는 죄인이니 죽음이 마땅하거니와 너희들은 무슨 죄로 나를 따르리오. (…)"[7]

사씨가 고생 끝에 결국 자살을 기도하며 눈물을 흘리는 대목이다. 역시 눈물은 감응하는 것, 사씨는 혼자 눈물을 흘리는 법이 없다. 자신의 여성성을 유지할 수 없을 때에는 자살도 가부장제가 허락한 윤리적 실천의 한 방법일 터, 지금 눈물이 그 동력을 주고 있다. 눈물과 함께 그가 뚜렷이 드러내는 심리 상태는 자책이다. 하지만 그와 함께 자신과 아들에 대한 연민, 세계에 대한 원망도 있을 것이다. 소설의 다른 대목에서 그는 이런 감정을 드러내기도 한다.[8] 여러모로 사씨의 눈물에는 여성신파적인 면이 있다.

그러면 남성적인 눈물은 어떨까? 『유충렬전』이 한 사례가 될 수 있다. 이 소설은 전생에 천상의 선관仙官이었다가 익성翼星들과 대결한 죄로 인간세계에 적강謫降한 유충렬의 일생을 다루고 있다. 함께 적강한 익성들이 조정의 간신배가 되어 그의 아버지를 역적으로 몰아 가족을 흩어지게 만든다. 유충렬은 정혼한 처가로 피신하지만 이마저도 간신들의 공격을 받아 붕괴된다. 간신들은 마침내 오랑캐와 함께 황실을 공격하는데, 이에 충렬은 뛰어난 능력으로 이어지는 전투들을 승리로 이끌어 황실을 구하고, 결국 자신의 가문과 처가도 되살려

낸다. 다음은 간신들의 모략으로 인해 아버지를 잃고 어머니와 함께 도망치던 어린 충렬이 통곡하며 복수를 다짐하는 대목이다.

> 충렬이 이 말을 듣고 모친의 손을 받들며 슬피 통곡 왈, "모친은 비회를 진정하소서. 소자가 비록 어리고 미거하오나 수삼 년만 지내오면 부친을 살해한 원수를 갚고 공명을 취하여 금일 곤욕을 설하리이다."[9]

『유충렬전』은 18세기 중엽 이후 많은 인기를 얻었던 군담소설의 대표작이다. 그러므로 충렬의 눈물 역시 중요한 남성적 눈물 중 하나라고 할 수 있다. 이 소설은 유충렬이 가족과 국가를 위기에서 구해내는 남성윤리의 실천을 중심으로 한다. 이 과정에서 그는 여러 차례 눈물을 흘리는데, 이 역시 남성신파적 눈물과 유사해 보인다. 변란은 충렬의 가족, 황실 그리고 모든 백성의 삶을 도탄에 빠뜨린다. 그러므로 눈물이 추동하는 실천은 가족, 황실, 천하의 위기를 해소한다. 영진의 눈물처럼 충렬의 눈물에서도 가족과 정치가 관련되고 있음을 볼 수 있다. 이 또한 신파와 유사한 면이다.

눈물의 전근대적 배치

이처럼 조선시대에도 신파와 유사한 눈물이 흘렀다. 인간의 눈물이란 시공간을 넘어 언제나 비슷한 성격을 가지는 법이다. 그렇다면 이는 아주 오래된 흐름 아닌가? 역시 신파라는 명명은 잘못된 것일까? 물론 그렇지 않다. 홍도와 영진을 주요한 교차점으로 삼는 그 눈물의 흐름은 분명 근대적이고 새로운 것이다. 그렇다면 눈물의 흐름에 있어서 전근대와 근대의 차이는 무엇일까?

첫째, 눈물의 위상이 달랐다. 조선사회는 눈물을 절제하는 경향이 있어서 눈물은 주로 여성의 것이었으며, 『유충렬전』의 주된 독자는 사대부가 아닌 주변부 남성들이었다.[10] 물론 근대에도 대중의 눈물이 썩 존중받지는 못했다. 하지만 근대는 결국 대중의 시대이고 눈물이 대중적 심성의 주된 요소이니, 대중적 눈물의 위상은 실질적으로는 상당한 것이다. 반면에 사씨와 유충렬의 눈물이 가지는 문화적 비중은 근대의 신파적 눈물에 비해 크지 않았다. 지금에 비해 눈물은 주변적이었다.

둘째, 눈물의 특성도 달랐다. 전체적으로 볼 때 눈물의 양이 적었다. 신파적 떨림을 결여하는 면에서는 질적인 차이도 볼 수 있다. 약하고 담담하게 흘렀던 것이다. 이러한 특성들은 눈물에 담긴 코나투스의 강도가 약했음을 뜻한다.[11] 실제로 조선시대 사람들이 그런 눈물을 흘렸는지는 확인할 수 없다. 하지만 눈물의 감정을 적극적으로 표현하지 않는 편이었던 것은 분명해 보인다. 아무래도 조선시대는 다소 무정한 시대였던 것 같다.

이 무정함은 세계를 안정과 조화를 중심으로 보는 이상주의에 크게 기인했다. 사씨는 누명을 쓰고 쫓겨나지만 이는 사실 그리 심각한 위기가 아니다. 남편 외의 모든 사람이 그의 정당함을 알고 있고,[12] 무엇보다도 하늘이 이를 안다. 『사씨남정기』의 세계는 홍도를 사정없이 파멸로 몰아넣고 마는 근대와 달리 안정적이다.[13] 사씨 또한 그 세계의 일부다. 현숙함의 화신인 그가 윤리적 궤도로부터 이탈할 가능성은 없다. 그래서 사씨에게는 내적 갈등이 없다. 그의 눈물이 섬세하면서도 격렬한 신파의 감정적 떨림을 담을 이유가 없는 것이다.

『유충렬전』의 세계 또한 안정적이다. 잠시 혼란이 왔지만 이내 해결되도록 예정되어 있다. 충렬의 심리는 사씨보다도 단순하다. 사씨는 그나마 여러 복잡한 감정을 드러내지만, 충렬은 항상 단지 통곡할 뿐이다. 그는 어떤 감정적인 갈등도 느끼지 않는 것 같다. 실천을 결심하고 행하기까지 오랜 갈등을 겪어야 하는 근대적 주체들과는 많이 다르다. 단지 천상에서 마련한 예정된 상황을 통과하는 존재와도 같은 그가 강한 내적 떨림의 눈물을 많이 흘려야 할 이유는 없다.[14]

세 번째 차이는 눈물에 새겨진 사회적 의미의 양상이 달랐던 데 있다. 눈물의 위상과 특성의 차이가 사회적 배치에서 비롯되는 것이니, 눈물에 담긴 사회적 의미도 다를 수밖에 없다. 일단 가족적 눈물이 그리 강하게 흐르지 않았다. 가족 생각만 하면 주르르 눈물을 흘리는 20세기 한국인의 심성이란 참으로 유별난 것이다. 조선시대에 그런 성향이 약했던 것은 가족의 특성, 기능, 위상 등이 근대와 달랐기 때문일 것이다. 특히 가족 내의 감정적 친밀성이 근대보다 약했던 것이 큰 이유다.

눈물이 정치와 관계를 맺는 양상도 달랐다. 일단 정치적 눈물 자체가 그렇게 많이 흘려지지 않았다. 여성의 눈물이 정치와 거의 관련되지 않았던 것도 눈에 띈다. 근대의 여성적 눈물도 가족에 집중되는 경향이 있지만, 조선시대에는 그 정도가 훨씬 심했다.[15] 가족적 눈물과 정치적 눈물이 관련되는 방식도 달랐다. 근대 한국에서 정치적 눈물의 주요한 특성 중 하나는 신파화한다는 것이다. 정치체와 가족의 은유, 즉 가족적인 정치공동체의 의미화도 이루어지는데, 조선시대에는 이런 양상을 쉽게 찾아볼 수 없었다.

〈아리랑〉의 소작농 가족은 위기에 빠진 조선민족을 은유하며, 이를 통해 민족은 거대한 가족으로 의미화된다. 그러나 『유충렬전』은 충렬의 가족, 황실, 국가, 천하가 겹쳐지는 방식의 의미화를 담지 않는다. 영진의 눈물에서 가족적인 것과 민족적인 것이 겹쳐지고 뒤섞이는 것과 달리, 충렬에게 효심의 눈물과 충성심의 눈물은 뚜렷이 구분된다. 충렬은 가족, 황실, 국가, 천하의 위기를 한꺼번에 해결한 것이 아니라 각각 해결한다. 이는 영진의 살인이 가족적인 실천인 동시에 민족적인 실천이기도 한 것과 다르다.

장부의 마음

조선시대의 눈물은 위상, 특성, 사회적 의미에서 근대의 눈물과 차이를 보인다. 두 장부의 마음을 비교함으로써 이를 확인할 수 있다. 먼저 『해동악부』에 실린 심광세의 「지기사知己死」를 보자.

三軍苦戰力已竭　삼군이 고전해서 힘조차 다하고,
國事安危在一決　나라의 안위가 한 번 결단에 달렸도다.
士爲知己死無辭　선비는 지기를 위한 죽음을 사양하지 않는 법,

不然安用大夫爲	그렇지 않다면 누가 장부라 할 것인가?
丁寧一語付僕夫	정녕 한마디 노복에게 남긴 말은
的奉郎君事老母	주인을 봉양하듯 노모를 섬기라는 뜻이다.

임란, 병란기를 살았던 한 문인이 쓴 이 한시는 신라와 백제의 전쟁에서 "김유신 막하의 비령자가 단신으로 전쟁터에 뛰어들어 전사한" 역사 속의 사건을 다루고 있다.[16] 가족에 대한 연민과 자책이 교차하는 화자의 감정은 〈아리랑〉 속 영진의 감정과 유사한 면이 있다. 후방의 가족을 가슴에 품고, 전쟁에 뛰어들 때의 감정은 〈5인의 해병〉의 남성적 감정과도 유사하다. 하지만 둘 사이에는 차이가 있다.

일단 감정이 매우 절제되어 있다. 화자의 단호한 어조 속에 신파적인 눈물이 흘려질 여지는 거의 없어 보인다. 그는 아예 눈물 자체를 흘리지 않을 것만 같다. 설사 눈물을 흘린다 하더라도 아주 조금만 흘릴 것 같다. 노모를 두고 전장으로 떠나는 아들의 마음에 내적 떨림이 없을 수 없겠지만, 이 시에는 그 또한 절제되어 있다. 이는 "죽음을 사양"치 않는 장부의 길이 갈등 끝에 선택되지 않았음을 뜻한다. 그것은 당연히 해야 할 일일 뿐이다.

노모가 있는 집안의 일과 지기와 함께하는 나라의 일이 완전히 분리되어 있는 점도 주목된다. 다시 말해서 가족과 정치체가 겹쳐지거나 뒤섞이는 의미화가 이루어지지 않는다. 〈5인의 해병〉이 위험한 전투에 뛰어들 때, 가족과 국가는 수렴한다. 그들은 가족을 위해 국가적 전쟁에 뛰어드는 것일 뿐만 아니라, 정치적 가족으로서의 국가를 위한 실천을 행하는 것이기도 하다. 하지만 이 한시에서는 이러한 의미들을 찾기 힘들다. 전쟁터에 나설 때 그는 그저 나랏일을 할 뿐이다. 이를 유호 작사의 〈선선야곡〉(1950)과 비교해보자.

가랑잎이 휘날리는 전선의 달밤
소리 없이 내리는 이슬도 차가운데
단잠을 못 이루고 돌아눕는 귓가에
장부의 길 일러주신 어머님의 목소리
아~ 그 목소리 그리워

방아쇠를 잡은 손에 쌓이는 눈물
손등으로 씻으며 적진을 노려보니
총소리 멎어버린 고지 위에 꽂히어
마음대로 나부끼는 태극기는 찬란해
아~ 다시 한 번 보았소

1950년대의 이 대중가요가 환기하는 감정은 앞의 한시와 다르다.[17] "아~"로 강렬하게 표현되는 감정적 떨림이 먼저 눈에 띈다. 전선에 뛰어들 때 감정이 동요하는 것이 이제 자연스럽다. "방아쇠를 잡은 손에 쌓인 눈물"에는 가족적 의미와 국가적 의미가 겹쳐진다. 지난 세기 한국에서는 가족적 눈물이 수없이 흘렀고, 종종 정치의 영역에도 흘러들곤 했다. 〈전선야곡〉만 하더라도 너무나 많이 불렸던 노래 아니던가. 그렇게 사회의 중심을 관통해왔으니 근대와 함께 눈물의 위상 또한 달라졌다고 봐야 한다. 이제 그 강력한 눈물의 흐름이 발원했던 순간을 찾아가보자.

옥련과 유림척로의 공적 눈물

한국 근대문학에 있어서 눈물은 참으로 중요한 요소다. 그 기원의 지점에 위치하는 신소설 중에 이인직의 『혈의 누血一淚』(1906)가 있다. 제목에서부터 새로운 흐름을 선명히 드러내는 이 소설의 줄거리는 다음과 같다. 청일전쟁 중 옥련의 가족은 뿔뿔이 흩어진다. 아버지는 미국으로 유학을 가고, 어머니는 집에 남고, 옥련은 일본인 군의의 양녀가 되어 일본으로 간다. 소학교를 일본에서 마친 옥련은 우여곡절 끝에 미국에 유학을 가게 되고, 구완서라는 청년을 만나 조선의 미래를 이끌 것을 다짐하며 정혼한다. 미국에서 유학 중이던 옥련의 아버지는 옥련의 졸업 소식을 신문에서 보고 찾아간다. 상봉한 부녀가 함께 집으로 돌아옴으로써 가족이 복원된다.

> 옥련이가 신문 광고와 명함 한 장을 가지고 그 부친 앞으로 가서 남에게 처음 인사하듯 대단히 서어한 인사를 하다가 서로 분명한 말을 듣더니, 옥련이가 일곱 살에 응석하던 마음이 새로이 나서 부친의 무릎 위에 얼굴을 폭 숙이고 소리 없이 우는데, 김관일의 눈물은 옥련의 머리 뒤에 떨어지고, 옥련의 눈물에 그 부친의 무릎이 젖는다.[18]

'피눈물'은 옥련과 그의 가족이 역경을 겪는 중에 흐른 것이다. 이는 서로를 적시는 가족적 감응의 눈물이다. 그런데 이런 일을 겪는 것이 그들만은 아니다. 구완서는 기차에서 우연히 만난 옥련에게, 청일전쟁은 우리나라 사람 모두가 당한 일이었음을 알아야 한다고 역설한다.[19] 그러고는 옥련의 미국 유학을 책임지겠노라고 약속한다. 계속되는 시련에 눈물을 흘려야 하지만, 눈물은 그로 하여금 어떤 실천을 하게 만드는 원동력이기도 하다. 옥련에게 요청되는 실천은 '공부'로, 이것이 가족은 물론 민족의 위기도 극복하게 만들어줄 것이다. 구체적으로는 조선 여성의 교육을 맡아서 그들 또한 "나라에 유익한 백성이 되고 사회상에 명예 있는 사람이 되도록" 하는 것이다.[20]

『혈의 누』의 눈물에는 주목할 만한 몇 가지의 새로움이 있다. 첫째, 눈물의 위상이 변화했다. 사씨나 충렬도 눈물을 적잖이 흘렸지만, 눈물이 소설의 중심에 있지는 않았다. 반면, 『혈의 누』는 눈물을 전경화한다. 관비 유학생으로 일본을 다녀왔던 이인직은 신소설의 작가이자, 신문사의 주필이었고, 원각사를 세워 신극 공연을 시작한 인물이기도 하다. 그가 쓴 소설에서 눈물이 전경화됐다는 것은, 눈물이 신문, 신소설, 신극 등이 만들어내는 신문물의 중요한 일부가 되었음을 뜻한다.

둘째, 정치가 눈물과 관계 맺는 방식이 달라졌다. 이 소설은 조선인 독자를 정치적으로 동원하려는 의도로 쓰였다. 이를 위해 정치적 눈물이 가족을 경유케 하는 기획이 도입됐다. 옥련 가족의 위기가 조선의 위기와 겹쳐짐으로써 국가를 위한 실천이 곧 가족을 위한 것이라는 논리가 성립한다. 이는 가족적 눈물의 실천적 힘이 국가적인 실천을 추동하는 것을 가능케 한다. 정치적 동원을 위해서 눈물을 자극하는 것, 그리고 눈물을 가족과 정치로써 이중적으로 포획하는 것도 『혈의 누』의 새로움이다.

여성의 눈물에 정치적 의미가 부여되기 시작했던 것도 주목된다. 이는 자유주의의 수용과 함께 여성의 위상에 변화가 있었음을 보여준다. 하지만 가부장제적 성별화는 여전히 작동한다. 20세기에도 여성적 눈물은 대체로 가족적인 문제에 국한되어 흘렀으며, 정치와 연관되는 경우에도 제한적인 의미만을 부여받는 경향이 있었다. 옥련에게 기대되는 정치적 실천은 여성 교육을 담당하는 정도인데, 이는 구완서가 국제정치적 실천을 꿈꾸는 것과 비교된다. 그는 "우리나라를 독일국같이 연방도를 삼되, 일본과 만주를 합하여 문명한 강국을 만들고자 하는 비사맥 같은 마음"을 갖고 있다.[21]

눈물에 중요한 사회적 위상을 부여하면서 이를 적극적으로 정치화한 것이 『혈의 누』만의 특징은 아니었다. 1900년대 정치담론 전반에 눈물에 호소하는 경향이 있었다. 그것의 수사학은 피, 눈물, 칼 등의 이미지가 난무하는 격정적인 것이었고,[22] 『혈의 누』도 이를 공유했다. 바야흐로 사회 전반에 걸쳐 눈물이 쏟아져 흐르기 시작했다. 특히 정치적 눈물은 역시 이 시대의 새로운 경향이고 대세였던 것으로 보인다. 이는 박은식의 『서사건국지』(1907)의 한 대목에서도 잘 나타난다.

> "(…) 그때 우리의 원한을 풀고 우리의 집을 찾고 우리의 주권을 펼쳐서 그 도적떼를 벨 것이니, 바라옵건대 잠시 기뻐하고 부질없이 성내지 마소서." 말을 마치매 더운 눈물이 두 줄기 흘러 부용꽃 같은 뺨

에 내리거늘 (…) 마치 배꽃이 비에 지는 듯하였다. 이들 부인의 애국하는 이야기 지금 세상에 장한 기백을 가진 남자가 미칠 사람이 몇인가? 그 아들 화록타가 곁에 있다가 그 부모의 이야기를 듣고 또 격분을 머금고 눈물을 흘리며 분격함을 보매 또한 가슴 가득 뜨거운 피가 끓어올랐다. (…) "이제 양친께서 곤경에 빠져 서로 통곡만 하심은 무용한 일인 줄 아옵니다. (…) 이 같은 눈물로 저 일이만 인을 달아나게 할 수 있겠습니까? 어서 빨리 거사하여 (…)" 유림척로는 처가가 다 한마음으로 애국함을 보고 슬픔이 기쁨으로 바뀌어짐을 금하지 못해 (…)[23]

이는 스위스의 윌리엄 텔 이야기를 번안한 것이다. 한 농부 가족이 민족이 침탈당한 현실에 분개하며 민족의식을 고취하고 있다. 실천을 추동하는 눈물 특유의 힘이 민족주의와 결합하며, 이는 특히 가족적 감응을 통해 촉발된다. 이처럼 가족적 눈물과 민족주의가 결합해서 정치적 실천을 추동하는 양상이 나타나기 시작했다. 민족주의 신파가 발원했던 것이다. 이런 감정의 흐름은 시간이 지날수록 점차 더 강하고 정교한 양상으로 나타나게 된다.

수일과 순애의 사적 눈물

『혈의 누』와 『서사건국지』의 눈물에는 새로운 사회적 위상과 정치적 의미가 부여되고 있지만, 어딘가 고소설의 눈물을 떠올리게 하는 면들도 잔존한다. 먼저 남성의 눈물이 여전히 절제되는 점이 주목된다. 물론 두 소설은 여러 남성의 눈물을 담고 있다. 하지만 주요 남성인물인 구완서나 유림척로 부자의 눈물은 없다. 눈물에서 섬세한 떨림이 만들어내는 감정적 강렬함이 느껴지지 않는 점도 고소설적이다. 홍도나 영진이 흘렸던 눈물의 강도를 느끼기 위해서는, 그리고 그런 눈물이 남성의 눈에서도 흘러내리는 것을 보기 위해서는 『장한몽』이 나오기까지 기다려야 했다.

『장한몽』은 오자키 고요尾崎紅葉의 소설 『곤지키야샤』를 조중환(조일제)이 번안한 것으로, 1913년 『매일신보』에 연재되면서 큰 인기를 얻었다. 〈곤지키야샤〉는 일본의 대표적인 신파극 레퍼토리 중 하나이기도 했는데, 이는 조선에서의 〈장한몽〉도 마찬가지였다. 이후 〈장한몽〉은 오랜 시기에 걸쳐 연극, 소설, 영화, 방송, 음악 등의 다양한 매체와 장르에 걸쳐 재생산됨으로써 근대 한국을 대표하는 대중적 서사물이 되었다.[24] 그러니 신파적 눈물의 흐름에서도 당연히 중요하다.

어려서 부모를 잃은 이수일은 심택의 집에서 데릴사위로 자랐다. 그런데 부호의 아들 김중배가 수일의 정혼녀 심순애에게 반해 혼인을 청하자 심택은 파혼하고 딸을 중배에게 시집보내려 한다. 순애 또한 중배의 부에 혹하여 이에 응하자 수일은 깊은 분노와 좌절에 빠진다. 이후 수일은 지독한 고리대금업자로 변신한다. 순애는 뒤늦게 자신의 잘못을 깨닫고 결혼 후에도 정절을 지키며 수일을 그리지만 여의치 않다. 수일 또한 위악적인 생활을 하며 번민에 계속 시달린다. 결국 순애는 광증까지 얻게 되는데 그제야 수일이 그의 마음을 받아들임으로써 행복한 결말을 맺는다.

『혈의 누』에서 눈물이 중요하다지만 『장한몽』만큼은 아닐 것이다. 매우 자주 많은 양의 눈물이 흐르는데, 그 눈물은 격렬한 내적 떨림과 날카로운 성적 분할을 특징으로 한다. 몇몇 중요한 눈물의 순간이 있다. 수일이 파혼을 당하는 순간, 순애가 자신의 실수를 뉘우치며 수일을 그리워하는 순간, 수일이 순애를 용서해가는 순간 등이다. 이들 장면에서의 눈물은 홍도와 영진이 흘리게 될 눈물을 떠올리게 한다. 상호 매개된 책망과 연민의 감정을 담고 있기 때문이다.

수일은 순애를 원망하지만 동시에 그를 연민한다. 또한 수일은 자신을 연민하지만 그 이상으로 자신의 무능을 자책한다. 순애 역시 이런 눈물, 즉 자신과 상대에 대한 책망과 연민의 감정으로 점철된 눈물을 흘린다. 그 결과 눈물은 실천의 동력이 된다. 순애의 눈물이 집에서 꾹 참고 기다리게 만든다면, 수일의 눈물은 밖에서 악착같이 돈을 벌게 만든다. 이들이 흘린 눈물의 최종적 결과는 바로 재결합, 즉 "단란한 가정"의 탄생이다.[25] 그러므로 이들의 눈물과 실천은 가부장제적 가족의 가치를 중심에 두고 있다.

그런데 이는 사씨와 충렬의 눈물, 옥련과 유림척로 가족의 눈물에서도 어느 정도는 볼 수 있었던 특성이다. 원래 눈물이란 이런 종류의 감정을 수반하게 마련인 것이다. 하지만 이전에 없었던 섬세하면서도 격렬한 내적 떨림이 주목된다. 흘려진 눈물의 양도 엄청나다. 수많은 대목이 눈물로 넘쳐나는 것이다. 그러니 이전의 눈물에서보다 훨씬 더 강력한 코나투스가 감지된다. 상황, 감정, 행위에 관한 자세한 묘사와 영탄조의 감정적으로 과잉된 대사는 이를 더 강화한다.

수일은 홀연 대성통곡하며 순애의 신체를 붙잡고 엎드려진다. 슬프도다, 순애여! 순애가 생전에 그 사람을 위하여 얼만큼 애정을 두었던고! 이제는 수일의 일천 줄기로 흘러내리는 눈물이 다만 무심히 길게 잠들어 있는 순애의 얼굴을 적시건만 순애의 영혼은 이를 알지 못하는도다. (…) "어, 순애! 여보 순애, 기어이 죽었구려. (…) 이 모양으로 하는 것을 보니까 내가 도리어 부끄럽소. 여보, 순애! 내가 정말 면목이 없소. 이토록 마음이 결단할 줄을 알지 못하고 그대를 죽인 것이 내가 잘못한 일이요. 여보, 순애 (…)"[26]

소설의 막바지에 등장하는 수일의 악몽 대목이다. 순애가 격한 자책감으로 자살하는데, 상당히 길게 이어지는 묘사는 강렬한 떨림의 눈물로 온통 뒤범벅된다. 남성의 눈물이 그려지는 것도 주목된다. 수일은 순애 못지않게 눈물을 흘리고, 이는 둘 사이에 강력한 감응을 일으키는 요인으로 작용한다. 눈물은 이제 확실히 중요한 사회적 위상을 가지게 됐다. 남성 가부장에게도 눈물이 권장되는 시대가 열렸으니 말이다.

따라서 『혈의 누』와 『서사건국지』의 눈물은 과도기적인 것이다. 그것은 가족과 정치를 결합한다는 점에서는 새롭지만, 남성과 충분히 친화적이지 않으며 상대적으로 약한 코나투스를 담는다는 점에서는 전근대적이다. 이처럼 『장한몽』에 이르러서야 본격적인 신파가 흐르기 시작했다. 하지만 『장한몽』의 눈물에는 정치가 결여되어 있다. 많은 신파적 눈물이 사적인 것에 국한되어 흘렀지만 정치와 결합되는 것 또한 신파의 중요한 특성이다. 그런 정치적 신파는 이광수의 『무

정』(1917)에 이르러서야 비로소 발원한다.[27]

무정의 시대에서 눈물의 시대로

경성학교 교사로 재직 중인 형식 앞에 어느 날 박 진사의 딸 영채가 나타난다. 이들은 과거에 한 식구로 지냈지만 박 진사 집안의 몰락 이후 오랫동안 만나지 못한 사이이다. 우여곡절 끝에 영채는 기생이 되고 형식과 어렵사리 상봉하지만, 형식의 학교 동료에게 성폭행을 당하고 다시 종적을 감춘다. 형식은 괴로움을 견디며 김 장로의 딸 선형과 약혼하고, 자살을 결심했던 영채는 병욱이라는 신여성을 만나 새로운 사상에 눈뜬다. 병욱을 따라 일본 유학길에 오른 영채는 기차에서 미국 유학을 함께 떠나는 형식, 선형 부부와 마주친다. 그들은 과거의 아픔을 극복하고, 조선 사람들의 구제를 위해 함께 힘쓸 것을 굳게 다짐한다.

『무정』에서 눈물은 주로 형식과 영채의 관계에서 흐른다. 둘은 가족적 관계로 맺어져 있다. 형식이 박 진사의 집에서 아들처럼 자라면서 둘은 오누이 같기도 하고 정혼한 사이 같기도 했다.[28] 그래서 형식은 자책감을 느낀다. 자신에게 좀 더 능력이 있었다면 영채는 고생을 하지 않고 기생도 되지 않았을 것이기 때문이다. 당장 기생을 관두게 하고 싶지만, 영채의 몸값인 천 원이 없어 그러지 못한다. 영채 또한 갈등에 시달린다. 영채는 자신이 기생인 것이 치명적인 결함임을 잘 알고 있다. 하지만 기생이 된 것은 잡혀간 아버지와 오빠를 위해서였고, 결정적으로 그는 형식과의 만남을 기다리며 지금껏 정절을 지켜 왔다. 이런 복합적인 감정이 그들이 흘리는 눈물에 응축되어 있다.

> 형식의 눈에서도 굵은 눈물이 뚝뚝 떨어진다. 형식은 비창한 목소리로, "아아, 영채 씨로구려. 고맙소이다. 나같이 은혜 모르는 놈을 찾아주시니 고맙소이다. 아아." 두 사람은 한참 동안 말이 없고 여자의 흑흑 느끼는 소리뿐이로다. 따라온 계집아이도 주인의 손에 매어달려 운다.[29]

형식과 영채가 수년 만에 재회하는 순간이다. 박 진사 가족의 몰락 이후 영채가 겪어야 했던 숱한 고난, 특히 기생이 된 자신의 신세, 이 때문에 형식을 찾고도 당장 만나러 오지 못하고 망설여야 했던 기억들은 영채의 감정을 신파적인 것으로 만든다. 자기연민과 자책, 아버지, 오빠 그리고 형식에 대한 원망과 연민이 공존하는 상태인 것이다. 형식의 눈물 또한 신파적이다. 고생 끝에 기생이 된 영채에 대한 연민, 오빠 혹은 정혼자로서 책임을 다하지 못한 자책, 그리고 여기에 더해 기생이 되고 만 영채에 대한 약간의 책망과 역시 고난의 길을 걸어온 자신에 대한 은근한 연민까지 복잡한 감정이 담긴 눈물이다.

이렇게 섬세하면서 강렬한 감정적 떨림은 『혈의 누』의 눈물에서는 볼 수 없었던, 『장한몽』에 와서야 볼 수 있게 된 것이다. 형식의 눈물이 여성들의 눈물과 함께 흐르면서 서로 강하게 감응하는 것도 그렇다. 이 눈물은 고통을 덜어주는 위안과 함께, 위기를 해소하기 위한 가족적 실천을 자극할 것이다. 그런데 『무정』의 눈물은 『장한몽』에서는 찾아볼 수 없는 의미 또한 함께 담고 있다는 점에서 주목된다.

> 영채의 눈에서는 눈물이 뚝뚝 떨어진다. 선형은 이제야 형식에게 영채의 말이 모두 참인 줄을 깨달았다. 그리고 가만히 영채의 손을 잡고 속으로 "형님, 잘못했습니다" 하였다. 영채도 선형의 손을 마주 쥐며 더욱 눈물이 쏟아진다. 형식도 울었다. 병욱도 울었다. 마침내 모두 울었다.[30]

『무정』의 마지막 대목에서 여러 인물은 모든 과거의 문제를 잊고 "사회에 공헌"하기를 다짐하면서 함께 눈물을 흘린다.[31] 그런데 이들의 선택은 가족적인 실천이 아닌 사회적이고 민족적인 실천이다. 따라서 두 인용문에서 제시된 눈물들은 성격이 서로 다르다. 앞의 것이 가족적이라면, 뒤의 것은 민족적이다. 하지만 둘은 밀접하게 관련되어 있다. 가족이 민족을 은유하기 때문이다. 조선사회를 위한 그들의 실천은 오누이로서, 연인으로서 감응하는 힘에 기반한 것이다.

유학길에서 그들은 수해의 참상을 대면하게 된다. 그들은 수해의 고통을 가족의 고통이자 조선인의 고통으로 느낀다. 조선의 위기와 고통을 감응하는 과정에 가족이 매개된 것이다. 이를 통해 조선이라는 정치적 공동체는 확장된 가족이 된다. 이러한 의미작용은 이미 『혈의 누』와 『서사건국지』의 눈물에서부터 볼 수 있었던 것이지만, 『무정』에 이르러서는 강렬한 감정적 떨림이 그에 더해진다. 정치적 신파가 등장한 것이다.

이 소설은 '무정'한 세계에 대한 비판을 담고 있으며 동정sympathy을 중심으로 새로운 인간 간의 관계를 찾고자 하는 생각에 기초한다.[32] 그 '동정'은 가부장제적으로 성별화된 것이며, 가족적 감응을 통해서 구축된다. 하지만 『무정』의 눈물을 신파의 가장 중요한 교차점으로 여기기는 어렵다. 이는 질보다 양의 문제다. 『무정』이 대중독자의 호응을 널리 받았으니 그 눈물의 파급력도 엄청났을 것이다.[33] 그럼에도 신파적 눈물이 더 광범위하게 식민지 대중과 접속했던 것은 영화와 연극에서였다. 그래서 〈아리랑〉과 〈사랑에 속고 돈에 울고〉가 중요하다.

『혈의 누』에서 시작되어 〈사랑에 속고 돈에 울고〉에까지 이르는 눈물의 흐름은 이전과는 구별되는 새로운 방향을 향했다. 근대의 눈물은 첫째, 주요한 사회적 위상을 부여받았고, 둘째, 섬세하면서도 격렬한 내적 떨림을 담고 더 많은 양으로 흘렀으며, 셋째, 가족과 정치를 중심으로 하는 새로운 사회적 의미들과 결합했다. 그렇다면 왜 이런 변화가 일어난 것일까?

투쟁의 세계관과 내면의 발견

눈물의 새로운 흐름은 근대로 전환되는 과정에서 일어난 여러 층위에서의 변동들이 복합적으로 작용한 결과다. 성리학적 전통을 해체하는 새로운 사유방식의 수용도 그중 하나다. 다양한 지적 원천과 역사적 변형에도 불구하고 그러한 사유의 중심에는 자유주의가 있다. 이는 사회 전 부문에서 진행된 해체적 운동의 주된 지적 동력이었다. 특히 생존경쟁과 적자생존을 사회의 원리로 채택하는 사회진화론이 눈물의 흐름에 많은 영향을 미쳤다. 이와 함께 개인의 내밀한 감정에 강화된 가치를 부여하는 새로운 인간관의 영향도 있었다.

> 금일 20세기에 이르러 개인과 국가를 막론하고 이 한마디를 알면 생존의 안락을 얻고, 모르면 복멸覆滅의 참상을 드러내게 되는 것이 있으니, 그것의 '생존의 경쟁'이라는 한마디이다. (…) 생존경쟁을 알지 못하면 개인은 노예의 수치를 면할 수 없으며, 국가는 판도의 색이 변하는 것을 면할 수 없다.[34]

적자생존을 법칙으로 하는 세계에서 요구되는 지적 역량은 어떤 것일까?[35] 경쟁에서 승리할 수 있게끔 책략을 세우는 도구적인 이성 아닐까? 진화론보다 더 근본적인 진리, 생존경쟁을 지양하는 윤리, 생존의 문제를 넘어 고양된 아름다움을 추구할 수 있는 보다 근본적인 이성은 도리어 방해가 될 수도 있다.[36] 원초적 감정을 제어하는 '인의예지'와 같은 유교적 덕목들도 마찬가지다. 단지 도구적 이성만이 필요하다. 그렇다면 이에 부응하는 감정은 어떤 것일까?

사회진화론에 따르면 세계는 경쟁의 고통으로 점철된다. 이는 주로 강자보다는 약자의 감정인데, 20세기 초 한국인의 처지가 그랬다. 세계가 고통, 슬픔, 눈물의 시공간이지 않을 수 없었던 것이다. 이제 눈물의 위상이 달라지고 있었다. 경쟁에서 승리하기 위해서 냉정함이 필요할 수도 있다. 하지만 어려운 도전에는 역시 눈물이 효과적인 법, 보다 많은 눈물이 더 절실히 흘러야 했다. 경쟁이 자유롭게 열려 있다는 점도 변화의 이유였다. 투신이 선택의 문제이고 승리는 노력에 달렸으니, 결단에 이르는 내적 떨림을, 의지의 강력함을 담은 눈물이 흘려져야 했다.

어떤 인간이 다른 인간보다 더 강한 코나투스를 가질 수 있을까? 잠재적으로는 그렇지 않겠지만 그것이 실현되는 양상과 강도는 서로 다를 수밖에 없다. 근대의 한국인은 이전보다 훨씬 더 강렬한 코나투스를 실현해온 것으로 보인다. 이를 촉발했던 가장 주요한 요인이 진화론적 세계관이었고, 투쟁의 눈물은 실현된 코나투스의 주된 양태였다. 성공의 가능성이 열려 있지만, 어떠한 안정도 기대하기 어려운 새로운 세계에서, 눈물은 강력한 존재의 열정을 담고 사회의 중심을 흘러왔다.

사회진화론은 자유주의의 한 계열이지만, 한국인은 공동체에도 그 교의를 적용했다. 특히 민족주의자들이 민족 간의 경쟁을 중심으로 세계를 보기 시작했다. 투쟁의 세계관이라는 점에서 사회진화론은 계급투쟁을 중심으로 하는 사회주의자들의 관점과도 유사한 면이 있다. 좌우를 막론하고 20세기 한국인에게 세계는 강렬한 투쟁의 시공간이었던 것이다. 구질서에 대한 강력한 해체적 운동은 근대기 자체의 특징이지만, 그것이 언제나 투쟁적 세계관을 수반했던 건 아니다. 그러니 이는 분명 근대 한국인의 독특한 성향이 위치하는 지점이었다.

투쟁적 세계관의 수용이 눈물의 위상과 특성을 변화시킨 주요 원인이었지만, 다른 원인들과 함께 복합적으로 작용했음을 간과하지 말아야 한다. 그중 하나가 주체의 내면에 대한 강화된 관심이다. 가라타니 고진柄谷行人은 객관적인 세계에 대한 발견이 지각자로서 주체의 성립과 궤를 같이함을 지적한 바 있다.[37] 근대로의 전환이 세계에 대한 과학적 인식을 주된 요소로 포함한다면, 이는 그것의 상관자로서 주체의 탄생 또한 필연적으로 수반한다. 근대는 객관 세계 못지않게 주체에 대한 관심 또한 커졌던 시대다. 근대 철학이 인간 이성에 대한 탐구에 주력했던 것에서도 이는 잘 드러난다. 그러니 인간 감정에 대한 관심도 함께 증대하지 않을 수 없었다.

미셸 푸코Michel Foucault에 따르면, 근대기의 개인은 "자기 자신에 대해 말할 수 있거나 말해야 하는 진실의 담론을 통해 존재의 정당성을 인정받게 되었다."[38] 개인의 존재에 있어서 그의 내면이 특별히 중요하게 주목되기 시작했던 것이다. 그런데 내면을 깊숙이 파고들어갔을 때 만나게 되는 진실은 이성적이기보다는 감정적인 것일 가능성이 크다. 감정은 인간 정신의 지반이기 때문이다. 그러니 내밀한 감정을 드러내고 교환하는 것이 중요해졌다. 투쟁의 세계관을 받아들이는 과정에서도 그것이 수반하는 감정에 특별한 관심이 투여되어야 했다.

이처럼 주체의 감정에 대한 관심이 커졌던 것도 눈물의 위상과 특성이 변화한 원인의 하나였다. 생존경쟁에 나선 개인 하나하나의 내밀한 눈물들이 중요하게 여겨지기 시작했으니, 이는 개인의 중요성 증대, 그리고 사적인 것의 자율성에 대한 보편적 승인과 궤를 같이하는 것이기도 했다. 공동체의 위기를 느끼고 극복하기 위해 투쟁하는 과정도 개인의 내밀한 감정과 매개되어야 할 필요가 있었다. 하지만 내밀한 눈물의 흐름과 교환이 이루어지다 보면, 때로 그 눈물들은 몰개성의 집합적 눈물로 뒤섞여 흐르기도 했다.

사적 눈물과 가족

이처럼 여러 조건이 복합적으로 작용하면서 더 많은 눈물이 더 강력한 떨림을 담고 사회의 중심을 흘렀다. 이 흐름에는 이전 시대와는 다른 사회적 의미들이 새겨졌다. 가장 두드러진 것은 가족적인 의미다. 이는 근대기에 개인의 내밀한 감정이 중시되기 시작한 것과 깊이 관련된다. 근대 가족은 사적 영역의 주요한 일부이기 때문이다. 공동체와 개인, 국가와 시장 등으로 분할되는 자유주의적 공·사의 배치 속에서 가족이 사적 영역에 놓이게 되었고, 그 결과 가족은 개인의 내밀한 감정의 영역이자 눈물의 주된 산지가 되었다.

근대의 기준에서 볼 때 전근대 가족은 사적 영역이 아니었다. 조선시대에 가족은 부계 친족집단으로서 가문을 의미했다. 자연히 그 범위도 넓어서, 집성촌을 이루는 경우에는 마을 전체가 하나의 가족이라고 할 수도 있었다. 여러 대代에 속하는 다수의 성원이 함께 모여 사는 경우가 많았고, 친족 간의 관계도 지금에 비해 현저히 긴밀했다. 따라서 그 역할도 매우 다양했다. 기본적으로 경제적 생산의 단위였고, 교육의 장이기도 했다. 때로는 지역자치의 단위였고, 사회적 출세의 가장 결정적인 조건이었으니 강력한 공적 기능을 부여받았다.

근대화와 함께 전통적인 가족은 크게 두 가지 방향에서 해체됐다. 첫째, 경제적인 방향이다. 공장제 생산을 중심으로 하는 자본주의로의 전환은 생산의 단위로서 가족의 역할을 시장으로 이전했다. 둘째, 정치적인 방향이다. 왕가와 주요 사족士族 가문들이 정치권력을 장악했던 조선시대 특유의 정치적 배치가 붕괴함에 따라 가족은 공식적인 정치적 단위로서의 역할을 상실했다. 이 과정에서 확대/대가족이 해체되고 핵/소가족이 부상했다.

그렇게 정치경제적 기능이 외부로 양도되고 난 뒤 남겨진 것은 '재생산'이었다. 가족의 기능은 먹고, 자고, 쉬는 것과 같은 성원들의 육체적 재생산과 출산·육아라는 세대의 재생산에 한정되기 시작했다. 이로써 가족은 새롭게 분할된 세계의 한 편인 사적 영역의 일부가 되었고, "사회적 연관으로부터 분리"되는 "순수한 인간성의 영역"이자 "심리적 해방"의 영역이 되었다. 가족이 근대인의 내밀한 감정적 영역이 됨에 따라, 근대의 가족 성원들 사이에는 이전에 비해 더 강하고 "지속적인 친밀성"이 성립했다.[39]

한국에서는 산업화가 본격화되었던 1960년대에 이르러서야 근대적 가족으로의 전환이 일단락됐다.[40] 하지만 그 전환의 시작은 조선 사회의 질서가 급격히 해체됐던 19세기 말부터일 것이다. 1920년대에는 서구 근대의 가족담론들이 한국에 널리 소개되었다. 이 시기에 서구의 부르주아 가족을 모델로 하는 '스위트 홈'의 상이 널리 유포되었는데, 그것을 구성하는 새롭고 중요한 요소 중의 하나가 바로 '친애'였다.[41]

이광수는 「자녀중심론」에서 가족의 중심이 부모에게서 자식에게로 옮겨 가야 한다고 주장했다.[42] 이는 곧 '효'보다 '자애'가 더 중요하다는 뜻인데, 후자가 감정적으로 보다 자연스럽고 강렬할 것임은 쉽게 짐작할 수 있다. 한편, 선동직 가족에서 부자의 관계가 중요했다면 새로운 가족의 상에서는 부부가 더 중요해졌다. 이제 연애가 가족의 성립에 있어서 핵심어가 되기 시작했으며, 이 역시 가족의 감정적

친밀도를 강화했다.[43]

따라서 근대적 눈물의 흐름에 가족의 의미가 강하게 새겨진 것은 당연한 일이다. 하지만 그렇다고 해서 가족적 눈물이 반드시 주류여야 할 이유는 없다. 사적 영역에서 가족보다 더 중요한 것은 개인 그 자체이기 때문이다. 내밀한 사적 감정이 중시되는 시대에 가장 강력한 눈물의 흐름은 개인적인 것이어야 정상일 터, 가족적 눈물이 주류인 것은 분명 특이한 현상이었다. 왜 그런 일이 일어났던 것일까?

이는 한국의 가족이 구성원들의 개인적 영역을 상대적으로 덜 인정하는 것과 관련된다. 확실히 한국인은 가족 구성원 간에 매우 밀착한 관계를 유지해온 경향이 있다.[44] 이러한 현상의 한 원인으로 가족을 주요 사회단위로 삼았던 유교적 전통의 지속을 들 수 있다.[45] 서구 근대의 가족제도가 도입되는 과정에서도 전통적 가족주의가 변형, 습합되어 지속됐고, 그럼으로써 자유주의적 개인성의 수용을 어렵게 했다.

그런데 유난한 가족 중심성이 불가피하게 선택될 수밖에 없었던 삶의 방식이었던 점도 고려해야 한다. 조선 말기 이후 지속됐던 시민사회와 국가의 취약 혹은 부재가 다양한 공동체적 삶의 가능성을 위축시켰기 때문이다. 개인의 위치가 여러 공동체로 분산될 수 있는 기회가 차단된 상황에서, 한국인은 거의 유일하게 허락된 공동체인 가족에 강하게 종속되지 않을 수 없었다. 그리고 이는 가족이 역으로 공적 영역을 압박하고 잠식하는 현상 또한 초래했다.[46]

이렇듯 여러 조건이 겹쳐지면서 가족에 과부하가 걸려온 지난 100년이었다. 한국인이 진입했던 근대적 생존경쟁의 장에서 투쟁의 단위는 가족이었고,[47] 그 결과 '가족주의'는 지상의 윤리가 됐다. 새롭게 조명되기 시작했던 개인의 내면은 가족관계에 의해 강하게 규정되었고, 종종 가족의 흡수력에 몰개성화된 집단주의적 내면이 되기도 했다. 이것이 근대적 눈물에 가족적인 것이 그토록 강력하게 새겨지게 된 사정이다. 또한 가족의 눈물이 정치의 영역에 넘쳐흘렀던 이유의 하나이기도 하다.

전쟁과 혁명

가족과 함께 근대적 눈물에 새겨진 또 하나의 중요한 의미는 정치적인 것이다. 왜 근대의 눈물은 그토록 자주 정치화됐던 것일까? 이는 근대가 개인의 층위에서뿐만 아니라 공동체의 층위에서도 격렬한 변동기였기 때문이다. 구체제의 붕괴와 함께 다양한 정치적 가능성이 열리고 실험됐다. 이는 언제나 광범위한 정치적 동원을 수반했는데, 그것은 폭력적 강제가 아닌 설득을 통한 자발적 참여의 방식이어야 했다. 근대의 정치는 기본적으로는 동원의 대상들에게 평등한 결정권을 보장하는 민주주의에 기초하기 때문이다. 그 과정에서 정치적 눈물의 강력한 흐름이 만들어졌다.

시민, 민족/국민, 무산계급, 민중 등과 같이 다양한 이름이 정치적 주체로 부상한 거대한 인간집단에 부여됐다. 그런데 이들은 언제나 대중이기도 했다. 물론 대중이라는 명명은 주로 문화적인 것이다. 대량매체의 수신자, 저급한 대량문화의 취향을 가진 자들의 이름인 것이다. 그런데 정치적 설득은 문화 장을 필요로 한다. 그래서 근대 정치는 언제나 대중정치일 수밖에 없었다. 대중을 설득하기 위해서는 그들의 언어, 이미지, 행위의 양식을 경유할 필요가 있다. 20세기 한국의 대중문화가 눈물에 흠뻑 젖어 있었으니, 정치가 눈물에 호소했던 것은 자연스럽다.

근대 정치의 주체가 거대한 인간 군상이라는 이유에서도 눈물이 필요했다. 감정의 공유는 연대의 강력한 기초이며, 눈물이 만들어내는 감응은 그중에서도 탁월한 역량을 가진다. 이는 투쟁의 세계관이 공동체의 차원에서도 널리 수용되었음을 뜻한다. 공동체의 위기를 느끼고, 고통과 의지의 눈물을 흘리며, 위기의 극복을 위해 투쟁할 것이 요청돼왔다. 민족주의자는 이민족 혹은 반민족 세력과의 투쟁, 사회주의자는 자본계급과의 투쟁, 자유주의자는 공산주의 혹은 파시즘 세력과의 투쟁, 그리고 민주주의자는 반민주 세력과의 투쟁에 따른 고통, 슬픔, 눈물에서 정당성을 찾았다. 그 결과 다양한 정치적 의미가 새겨진 눈물이 끊임없이 흘러내렸다.

전쟁과 혁명은 정치적 투쟁의 가장 격렬한 순간일 것이다. 근대로의 전환과 함께 한국인은 전쟁과 혁명의 시대를 맞이했다. 청일전쟁, 러일전쟁, 의병항쟁, 중일전쟁, 항일무장투쟁, 태평양전쟁, 한국전쟁, 베트남전쟁 같은 수많은 전쟁을 직간접적으로 경험했고,[48] 동학혁명, 3.1운동, 북의 사회주의혁명, 4월 학생혁명, 광주 민중항쟁, 6월 민주항쟁, 11월 촛불혁명까지, 실패하거나 성공한 여러 혁명을 경험했던 것이다.

전쟁과 혁명이 초래한 고통으로 흘려진 눈물도 있었고, 전쟁과 혁명에의 참여를 추동하기 위해 요청된 눈물도 있었다. 그 결과 정치적 눈물은 더 많이, 더 강하게, 더 강렬한 떨림을 담고서 사회의 중심을 통과했다. 그리고 이는 가족적 눈물과 뒤섞임으로써 새로운 눈물의 흐름을 만들었다. 전쟁과 혁명이 수많은 가족의 눈물을 유발했기 때문이기도 했지만, 이는 정치가 가족적인 눈물을 요청했기 때문이기도 했다.

자유로운 개인이 사회의 기초가 된 시대에 정치적 감정은 사적 영역을 경유해야 했다. 대중에게 소구하기 위해 대중문화의 주된 감정을 자극하는 것이 자연스럽기도 했다. 그래서 근대 정치는 어떤 공동체를 추구하건 가족적 감정을 포획하는 것에 이끌렸다. 그러니 정치적 눈물과 가족적 눈물이 단지 뒤섞여 있었던 것만은 아니다. 정치와 가족은 정교하게 겹쳐져 있었고, 개인과 공동체의 관계에 대한 명확한 규정도 담고 있었다. 하지만 한국의 정치는 유난히 강력하게 가족적 눈물에 호소했다. 가족주의가 주된 원인이었으니, 그것은 가족이 개인과 사회를 잠식해온 현상과도 궤를 같이했다.

정치적 신파와 공공성

정치적 신파에서 가족과 정치체의 관계는 여러 양상으로 나타난다. 어떤 가족의 위기를 해소하기 위해 정치적 실천이 행해질 때, 그 가족과 정치체는 명확히 구분된다. 그런데 둘의 구분에 근거해서 정치체가 해당 가족에 은유될 때 그 구분은 무너지기 시작한다. 다음 단계에는 정치적 가족의 일반적 은유가 이루어진다. 즉, 가족과도 같은 민족, 국민, 계급이라는 의미가 생산되는 것이다. 최종적으로는 양자가 압축되어 '정치 가족'의 의미가 만들어진다. 여기까지 오면 은유가 아니라 직설이다.

이 의미작용에서 최초의 은유가 이루어지는 지점에 초점을 맞춰보자. 특히 '임의의' 가족이 정치체를 은유하는 것에 주목하자. 예컨대, 〈5인의 해병〉에서는 다섯 장병들의 가족 모두가 국가를 은유한다. 이는 근대 특유의 현상이다. 그래서 주목해야 한다.

조선시대의 문학작품에서는 임의의 가족이 정치체, 즉 국가를 표상하는 경우를 보기가 어렵다. 평범한 농민 가족은 물론, 사대부 가문도 마찬가지다. 임란기의 「지기사」에서도 집[家]과 나라[國]의 은유가 성립하지 않았다. 단, 왕가王家라면 나라를 표상할 수 있을 터인데, 이는 왕가가 국가 그 자체라는 의미에서다. 물론 '국國'이 '가家'와 다르지 않다는 식의 생각은 언제나 있었고, 이것이 국가國家라는 단어가 한자문화권에서 사용된 이유이기도 하다. 하지만 그 의미는 근대인의 생각과 달랐다.

전통사회에서 '가'는 부자 사이의 불평등한 헌신의 관계를 규정짓는 규범으로서 '효'를 중심 원리로 했다. 이는 자녀가 중심이 되고, 친애가 주된 원리가 되는 근대 가족과 크게 달랐다. 고대 중국에서 최초로 국가라는 단어가 사용되었을 때, 이는 '국'의 원리가 곧 '가'의 원리와 다르지 않다는 생각, 즉 '효'가 군신 간의 불평등한 헌신관계의 규범인 '충'과 같다는 생각에 기초한 것이었다. 이런 관념 속에서 국가란 왕을 중심으로 하는 헌신의 주종관계를 뜻한다.[49]

따라서 이는 근대인이 '가족국가'와 같은 단어에서 상상하는 혈연으로 맺어진 친애의 인간집단과는 거리가 멀었다. 그런 상은 근대 민족국가의 성립 후에 등장했다. 물론 비슷한 점도 있다. 조선시대 사람들이 스스로를 '족류族類'로 칭했던 것이나, 조선 후기에 사용된 '동포同胞'라는 말에는 그런 생각이 담겨 있다.[50] 하지만 일반적인 생각은 아니며, 오히려 상식을 거스르는 것이다. 엄격한 신분사회에서 국가가 혈연공동체라는 생각은 현실적이지 않았다. 가족이 국가를 은유할 수 없었던 이유다.

임의의 가족이 국가를 은유하는 것이 가능해지기 위해서는 서로 연동된 두 가지 변화가 필요했다. 먼저 어떤 가족이라도 정치체를 표상할 수 있어야 하니 가족이 균질화돼야 했다. 신분제의 폐지와 벌열閥閱 가문의 해체, 다양한 확대/대가족의 균질적인 핵/소가족들로의 재편이 필요했다. 이와 함께 국가도 변해야 했다. 국가가 특정한 지배집단을 뜻하는 것이어서는 안 된다. 국가state는 전체 구성원으로서 국민/민족nation을 의미해야 한다. 즉, 민족국가nation state와 같은 정치체가 요청됐다.

구한말 이후 신분제가 폐지되고, 민족국가의 관념도 널리 수용되기 시작했으며, 핵/소가족이 점차 지배적인 가족 형태가 되었다. 그런데 한 가지가 더 필요했다. 은유의 원관념과 보조관념은 상호 '대체'의 관계에 놓인다. 그러니 둘은 함께 있을 수 없다. 가족과 정치체의 은유를 위해서는 양자가 다른 사회적 층위에 놓일 필요가 있었다. 근대기에 국가는 공적 영역에, 가족은 사적 영역에 위치되었다.[51] 이것이 은유를 가능케 한 또 하나의 조건이었다.

조선시대에는 '가'도 공적인 의미를 가지고 있었다. 효는 충과 마찬가지로 공적 규범이었다.[52] 부계친 원리에 입각한 '종법宗法'은 관료의 재생산을 위한 것이었으니, 이에 입각한 가란 정치의 일부였다.[53] 가와 국이 대체가 아닌 '병렬'의 관계에 놓여 있었으니,[54] 유충렬 가문은 국가를 은유할 수 없었다. 가의 위기가 국의 위기가 되는 것은 오직 왕가에만 가능했다. 하지만 이 경우에는 어떤 의미작용도 일어나지 않는다. 국가는 왕실과 사실상 동의어이기 때문이다.

이처럼 정치적 신파는 공·사의 근대적 구분을 통해서만 성립할 수 있었다. 하지만 가족과 정치체의 은유가 양자의 명확한 구별에서 비롯됐음에도 불구하고 결국 양자의 수렴과 압축으로 이어졌던 것과 같이, 정치적 신파도 그 태생의 조건을 훼손하는 성향을 담고 있었다. 결과적으로는 공·사의 구분을 무화시키는 모순이 발생하곤 했던 것이다. 이는 정치적 신파가 말 그대로 공적인 것을 사적인 것처럼 여기는 태도이기 때문이다. 한국인은 신파를 통해 강력한 코나투스의 실현에 성공했지만 그것의 부작용에도 시달려야 했다.

가족국가의 은유는 국가의 작동원리를 가부장제적 온정주의에 입각하도록 하고, 국가의 전제적 지배를 정당화할 가능성이 크다. "따뜻이 먹여주고 입혀주는 나라님"이 고마워 눈물 흘리는 유신체제 지지자의 모습에서 이는 잘 드러난다.[55] 물론 북한의 '어버이 수령'은 이보다 더 심한 경우일 것이다. 한편, 정치적이지 않는 신파도 공공성을 훼손해왔다. 특유의 가족주의는 공적 영역을 가족 간 이익투쟁의 장으로 만들곤 했던 것이다. 그 투쟁은 유사가족들 사이에서도 일어났다. 직장, 동문, 향우회, 심지어 동호회까지도 가족이 될 때, 정실情實

이 난무하고 공공성은 압살돼야 했다.

근대의 눈물과 정치

근대의 도래와 함께 사회의 중심을 관통하는 새로운 눈물의 흐름이 출현했다. 이전에 볼 수 없었던 양과 강도의 그 눈물은 새롭게 도래한 무한투쟁의 세계 속에서 강력한 코나투스를 실현하며 흘렀다. 전쟁과 혁명으로 대표되는 정치적 배치를 통과했던 눈물이었지만, 근대 특유의 사적 개인의 내면을 담고 있었고, 근대 한국의 유난한 가족 중심성에 연루되어 있는 눈물이기도 했다. 공·사의 자유주의적 재편성은 가족과 정치체를 연관 짓는 정치적 신파 특유의 의미작용을 초래한 주요한 맥락이었다.

신파는 『혈의 누』의 정치적 눈물, 『장한몽』의 사적 눈물을 거쳐, 『무정』에서 본격적으로 흐르기 시작했다. 가장 두드러진 눈물의 첨점尖點은 〈사랑에 속고 돈에 울고〉(1936)의 여성적 눈물과 〈아리랑〉(1926)의 남성적 눈물이었다. 1920년대 이후 이 눈물의 흐름은 한국의 대중적 문화와 심성의 주요한 일부를 형성해왔다. 또한 이는 근대 한국의 다양한 정치적 배치에 의해 포획되고 조장되어 거대한 정치적 신파의 흐름 또한 형성해왔다.

이 눈물의 발원지는 자유주의적 배치다. 시장으로 대표되는 진화론적 경쟁의 장에 던져진 가족들의 눈물인 것이다. 동시에 그것은 그 탄생의 순간에서부터 민족국가에 의해 포획된 눈물이기도 했다. 우리는 눈물의 민족 아니던가. 그래서 이 눈물은 한국적 파시즘의 동력이 되기도 했다. 근대 사회주의자들의 문제의식은 자유주의에 기초한 자본주의 세계의 모순으로부터 출발했다. 자유주의적인 신파적 눈물이 사회주의적 각성과 실천의 촉발점이 되었던 이유다.

I부에서는 눈물에 대한 포괄적이고 이론적인 접근과 근대 한국에서의 눈물에 대한 개관이 이루어졌다. 이를 기반으로 해서, 특정한 정치적 눈물들의 여러 양상에 대한 조명이 가능할 것이다. II부에서는 신파적 눈물의 흐름이 정치적 배치와 접속했던 구체적 양상들을 살펴보려 한다. 이를 통해 근대 정치가 대중감정과 어떻게 관련되어왔는지, 신파적 눈물이 지난 세기 한국인의 심성에서 얼마나 중요한 비중을 차지해왔는지 확인할 수 있을 것이다.

II 淚

눈물의 정치

5.
민족주의와 눈물

1945년 8월 15일, 일본의 식민 지배에서 해방되던 그날, 이후 개신교계의 주요 인물이 될 박형규는 20대 청년이었다. 해방의 소식을 전해들은 그는 친구들과 함께 〈울 밑에 선 봉선화〉를 부르며 울었다.[1] 경사가 났는데도 이들은 도리어 함께 눈물을 흘렸다. 그들만 그랬던 것은 아니다. 20세기의 한국인은 참 많이도 울었다. 1991년 두만강변의 중국 땅을 방문한 역사학자 이이화는 북쪽 사람들을 만나서 눈물을 참지 못했다. 그는 민족적 정서의 조화를 토대로 통일을 이루어야 하며, 이를 위해서는 눈물을 많이 흘려야 한다고 호소했다.[2] 눈물은 삶의 고통으로 인해 흘렀을 뿐만 아니라, 고통스런 실천에 기꺼이 뛰어들기 위해서도 흘렀다. 그러한 눈물과 실천의 알고리즘은 주로 가족을 단위로 작동했지만, 정치적으로 규정되고 요청됐던 것이기도 하다. 그 정치적 포획의 힘들 중에서 가장 강력했던 것이 민족국가다.

눈물의 애국가

2010년 밴쿠버 동계올림픽 시상식에서 김연아가 흘린 눈물을 모두 기억할 것이다. 시상식에 선 운동 선수들의 눈물은 낯선 것이 아니다. 최고의 선수가 되기 위해 감내해야 했던 고통이 새삼 슬픔으로 밀려오기 때문일 터, 매우 자연스러운 일이라고도 할 수 있다. 하지만 한국의 운동 선수들은 유난히 자주 눈물을 흘리는 것 같아 보인다. 그들이 각별히 많은 연습을 했기 때문일 수 있다. 아니면 눈물을 잘 흘리는 성향이 한국인의 DNA에 새겨져 있는 것일까? 분명한 것은 그들의 눈물이 촉발되는 데에 애국가가 한몫한다는 사실이다.

애국가에는 한국인의 눈물을 자극하는 무언가가 있는 게 틀림없어 보인다. 그날은 왈칵 터뜨리고 말았지만, 김연아는 애국가를 들을 때면 언제나 눈물이 나려 해서 꾹 참아야 하곤 했다.[3] 하지만 과거와 비교한다면 그의 눈물은 매우 절제된 것이다. 요즘 한국인의 감정 자체가 대체로 절제된 편이라고 해야 할 터인데, 물론 이는 과거에 비해서 그렇다는 뜻이다. 1976년 몬트리올 올림픽에서 레슬링 자유형 68kg급에서 한국의 양정모가 우승했을 때의 풍경을 살펴보면 이를 잘 알 수 있다.

> 부동자세로 태극기를 주시하던 양梁 선수의 두 볼에 어느새 눈물이 흘러내렸다. 옆자리에서 지켜보던 김택수 대한체육회장, 최재구 선수단장, 선수와 임원들 그리고 교포들도 모두 마찬가지였다. 자랑스런 승리의 눈물이었고 조국에 그 승전보를 알리는 숙연한 순간이었기

에 (…) 양정모 선수는 금메달이 목에 걸리자 "어머니 금메달을 땄습니다. 그토록 고대하던 금메달을 조국에 바쳤습니다"라고 울먹이면서 "후원해주신 대통령 각하를 비롯, 국민 여러분의 성원에 감사할 뿐"이라며 말을 잇지 못했다. 양 선수의 우승이 확정 발표되자 누가 선창했는지도 모르게 현장의 동포들은 소리 높여 애국가를 합창하며 흐르는 눈물을 닦을 생각도 잊은 채 조국의 영광과 양 선수의 쾌거에 함께 자랑스러워했다. (…) 부산의 부모와 통화하기 위해 양 선수가 대사관 전화복스로 들어가자 권응팔 레슬링협회장과 대사관 직원들도 일제히 볼을 비벼대며 감격의 눈물을 흘렸다.[4]

한마디로 눈물바다다. 이 기사의 제목은 '승리의 태극기, 목멘 애국가'였다. 애국가는 매우 오랜 기간 동안 한국인의 눈물을 강하게 자극해왔으며, 정도가 덜하긴 하지만 현재에도 여전히 그러하다. 애국가가 눈물의 노래인 것은 한국인에게 국가state가 그런 의미를 가짐을 뜻한다. 즉, 한국인에게 국가는 위기, 극복, 투쟁, 고통 등과 관련된 무언가다. 민족nation 또한 마찬가지다. 민족은 국가를 수립하고 국민이 될 자격과 의무를 가진 존재이기 때문이다.

중국 근대기의 계몽사상가 량치차오梁啓超는 "민족이란 동일한 언어, 풍속을 가지고 동일한 정신과 성질을 가지며, 그 공동심이 점차 발달하여 건국의 계제를 이루는 것"이며, "일국을 만들어내지 못했을 때에는 (…) 민족이라 하지 국민이라 하지 못한다"라고 규정했다.[5] 이는 현재 한국인이 가지는 국민과 민족에 관한 통념에도 잘 부합하는 듯하다. 약소민족으로 식민 지배를 받아 국가를 수립하지 못했던 기억 때문일까? 한국인에게 민족은 고통, 슬픔, 눈물을 환기해왔다. 그러므로 김연아와 양정모가 대한민국이라는, 아직은 미완성인 민족국가nation state로 인해 흘린 국민적 눈물은 정부 수립 이전의 민족적 눈물에 이어져 있다.

개인적 눈물과 민족적 눈물

김연아가 눈물을 흘렸던 이유는 무엇일까? 수없이 훈련을 반복하면서 겪었을 고통에 기인하지 않았을까? 그가 성공을 위해 기울였던 노력은 그간 여러 매체를 통해 알려졌다. 고통이 강했던 만큼 눈물샘에 가해진 자극의 강도도 커졌을 것임이 분명하다. 그러나 시상식에서의 눈물에는 뭔가 더해져 있었다. 밴쿠버 동계올림픽에서 마지막 연기를 펼치던 날, 김연아는 두 번 눈물을 흘렸다. 프리 스케이팅 연기를 마친 뒤 첫 번째 눈물을 흘렸고 시상대에 올라 두 번째 눈물을 흘렸다. 세상의 모든 눈물은 서로 조금씩 다르다. 그렇다면 그날 김연아가 흘린 두 눈물을 서로 다른 것이 되도록 만드는 요인은 뭘까? 이는 올림픽 시상식의 여러 요소와 관련될 가능성이 크다. 즉 국민적인 것이다. 국기가 게양되고 국가가 연주되는 시상식은 국제international, 즉 국민 간의 경쟁을 중심으로 하는 올림픽의 배치가 가장 첨예하게 드러나는 순간들 중 하나이기 때문이다.

첫 번째 눈물은 올림픽 결승전에서 프로그램을 완벽하게 수행함으로써 금메달이 유력해진 것과 관련된다. 그러므로 이는 대체로 개인적인 눈물이다. 하지만 시상대 위에서 흘린 두 번째 눈물에서는 국민적인 것이 상당히 큰 비중을 차지한다. 이는 올림픽을 준비하는 과정에서 김연아가 감내했던 고통이 국민적인 것이기도 함을 뜻한다. 김연아가 개인적 성취를 위해 투쟁하는 과정은 조국의 열악한 빙상환경이라는 장애를 극복하는 과정이기도 했던 것이다. 이는 국민의 고통이기도 하며, 오랜 약소민족의 기억까지도 환기한다.

때문에 그의 눈물은 혼자만의 것이 아니었다. 그를 지켜보면서 다른 많은 사람도 함께 눈물을 흘렸다. 한 시인은 김치찌개를 먹다가 속울음을 터뜨린다.[6] 그는 "13년 동안 훈련을 하면서 그 수를 헤아릴 수 없을 만큼 엉덩방아를 찧었고, 얼음판 위에 주저앉아 수도 없이 눈물을 흘렸다. 하지만 그런 고통이 있었기에 지금의 자리에 한 걸음 한 걸음 올라설 수 있었을 것이다"라는 김연아의 자서전 속 구절들을 떠올리며, 눈물의 힘을 새삼 깨닫는다. "가슴을 쿵쾅쿵쾅 뛰게 하고, 다시 각자의 가슴속으로 들어가 어떤 의지를 들썩들썩하게 하는" 눈물이 그로 하여금 "대한민국 국민인 것을 너무나 자랑스럽"게 여기게 한다.

사실 김연아에게 국위 선양은 그렇게까지 중요한 과제가 아니었을 수 있다. 개인적 성취가 훨씬 더 중요했을 수 있다. 하지만 그 눈물에는 개인적인 고통이 분명 국민적인 그리고 민족적인 것과 겹쳐져 있다. 물론 이는 그와 함께 눈물을 흘렸던 사람들에게도 마찬가지다. 사실 우리는 이런 유형의 눈물에 매우 익숙하다.

식민시 말기 배경의 김내성의 소설 『청춘극장』(1952)의 주인공 허운옥도 그런 눈물을 흘렸다. 독립운동가 아버지가 세상을 떠나고 운옥은 지난한 인생경로를 걷게 된다. 그런데 그의 아버지가 남긴 유언

이, 힘들 때면 애국가를 부르라는 것이다. 그래서 운옥은 고난에 처할 때마다 애국가를 부르며 눈물을 흘린다. 이는 정확히 개인적인 것을 민족적인 것으로 포획하려는 힘이 작동하는 순간이다. 하지만 이것만으로 그들의 눈물을 충분히 설명할 수 없다. 이 눈물들이 신파적이라는 점도 동시에 포착되어야 한다. 개인과 민족의 관계의 설정에 다른 종류의 집단과 정체성, 즉 가족과 성gender이 매개된 것이다.

민족주의 신파

운옥은 어려서 정혼한 백영민에게 버림받는다. 그는 일본으로 유학을 떠나 오유경이라는 신여성과 결혼한다. 집을 나와 떠돌게 된 운옥은 여전히 정혼자 영민을 남편으로 생각하며 그를 찾아 헤맨다. 우여곡절 끝에 중국에서 펼쳐지는 첩보전에까지 투신하게 된 운옥은 학도병으로 참전했던 영민이 병원에 입원해 있다는 사실을 알게 되고, 눈을 다쳐 앞을 보지 못하는 영민을 찾아 자신을 유경으로 속인 채 정성껏 간호한다.

운옥의 눈물은 남성의 무능과 부재로 인한 가족의 위기가 초래한 것이다. 때로 이 눈물은 자기연민과 다른 가족에 대한 원망의 감정을, 때로는 다른 이들에 대한 연민과 자책을 담기도 한다. 즉, 이는 가족적인 연민과 책망 사이에서 떨리는 감정을 담은 신파적 눈물이다. 눈물에는 실천을 추동하는 힘이 있다. 그렇다면 이 눈물은 운옥이 어떤 실천을 하도록 만들었을까?

첫째, 계속되는 위기에서도 고통을 참고 자신의 생존을 유지할 힘을 주었다. 둘째, 여성으로서 지켜야 할 것, 즉 가부장제적 규범에 따라 남성이 무언가를 할 때까지 인내할 힘을 주었다. 운옥이 거친 세계에 던져지기는 했지만 문제의 근본적인 해결을 요청받지는 않는다. 남성이 문제를 해결할 때까지 잘 기다리는 것이 그의 몫이다. 이렇듯 운옥의 눈물은 홍도의 눈물과 닮았다. 여성신파적 눈물인 것이다.

하지만 슬플 때마다 애국가를 부르며 운다는 점에서는 홍도와 다르다. 이는 운옥의 눈물이 가능케 한 실천이 하나 더 있음을 의미한다. 바로 민족적 실천이다. "전형적인 조선의 어여쁜 아내가 될 사람"인 그녀가 일제 순사의 겁박과 추격을 피해 결국 살아남은 것은 일제 지배에도 민족이 명맥을 유지한 것과 공명한다.[7] 그러므로 운옥의 눈물은 민족주의 신파로 명명할 수 있음직한 것이다.

여성신파는 언제나 남성신파와 쌍을 이룬다. 운옥이 고통받을 때 주위의 모든 남자는 근심하고 책임감에 괴로워하며 눈물을 흘린다.[8] 운옥의 눈물이 조신하게 참고 기다릴 힘을 준다면, 남성의 눈물은 가족과 민족의 위기를 근본적으로 해소하기 위한 남성적 실천을 추동한다. 그런 점에서, 운옥의 눈물은 멀리 양정모의 눈물과도 쌍을 이룬다. 양정모는 조국에 금메달을 바치는 과정에서 눈물을 흘렸지만, 그것은 가족의 생존과 번영을 위한 아들로서의 투쟁 중에 흐른 눈물이기도 하다. 그리고 이는 다시 김연아의 눈물로 이어진다.

한국 근현대 신파적 눈물의 흐름을 되돌아볼 때, 정치적 접속의 여러 양상이 발견된다. 그중에서도 가장 두드러진 것은 역시 민족주의와의 접속이다. 민족의 위기는 대체로 가족의 위기로 재현됐고 그 과정에서 민족은 매우 자주 가족으로 은유됐다. 그 결과 민족은 거대한 가족이 되고, 민족을 위한 실천은 가족을 위한 실천과 같은 것이 되어 그 절실함을 전유했다. 민족주의가 신파의 힘을 포획했던 것인데, 몹시 자연스럽게 느껴졌으니 매우 성공적인 이데올로기였다.

민족과 국민

민족주의는 신파와 특별한 친화성을 가진다. 민족과 가족의 은유도 잘 성립한다. 이는 양자가 유사한 것으로 여겨지기 때문인데, 정말로 그런 걸까? 민족은 흔히 영어 '네이션nation' 계열의 서양어 단어들의 번역어로 채택된다. 근대의 정치적 공동체로서 네이션이 역사에 부각된 주요한 계기는 프랑스혁명이다.[9] 혁명기 의회에 네이션이라는 이름이 붙었고, 인권선언에서도 주권의 소재를 네이션으로 규정했다.[10] 이때 네이션은 "자유, 평등, 박애라는 정치적 이념을 공유하는 사람들에 의한 계약공동체"를 뜻했다.[11] 여기에는 가족을 규정하는 가장 중요한 요소인 혈통이 빠져 있다. 네이션의 구성은 합리적 판단에 따른 계약에 의한 것이니, 선택이 불가능한 혈통은 구성 조건에서 빠지는 것이 이치에 맞다.

한자문화권에서 이와 같은 계약공동체는 민족보다는 '국민'으로 명명되는 것이 더 적절하게 여겨지는 듯하다. 민족은 문화, 혈통의 공동체이며, 국민은 법적 공동체이기 때문이다. 앞에서 인용한 량치차오의 생각 또한 그러하고, 한국에서도 프랑스 제헌의회를 흔히 '국민의

회'로 번역하곤 한다. 이처럼 '네이션'은 때로는 국민으로 때로는 민족으로 번역되는데, 이는 결국 네이션에 두 가지 의미가 모두 담겨 있기 때문이라고 할 수 있다. 즉, 민족과 국민은 네이션의 두 측면을 각각 지시한다. 네이션의 이런 이중적 의미를 이해하기 위해서는 근대적 국가의 특성을 살펴볼 필요가 있다.

막스 베버는 국가state를 "어느 일정한 영역 안에서 정당한 물리적 폭력 행사의 독점을 실효적으로 요구하는 인간공동체"로 정의했다.[12] 이는 국가가 반드시 특정한 영역 안의 '모든 인간'의 공동체를 지칭하는 것이 아님을 알려준다. 폭력을 독점한 특정인들의 지배를 받으면서도 그들에 포함되지 않는 인간들이 오랫동안 존재해왔다. 국가의 지배를 받으면서도 국가에 포함되지 않는 존재들이 있어온 것이다. 그런데 근대기에 국경선이 명확히 그어지고, 신분제 폐지로 인간들의 동질성이 성립되면서, '영토 내'의 '동질적인 인간집단'이 국가와 등치되는 현상이 일어나기 시작했다. 그 인간집단이 바로 네이션이며, 이런 형태의 국가를 '네이션국가nation state'로 칭한다.

프랑스혁명의 사례에서 보듯이, 이는 계약공동체로서 출발했다. 따라서 네이션은 국민으로 명명하는 것이 더 적절하다. 하지만 모든 공동체가 그러하듯이, 탄생과 동시에 네이션 또한 유기적 단일체가 되고자 하는 성향을 가진다. 그 결과 국민은 문화적·혈통적 공동체를 지향하는 경향, 즉 민족으로 재구성되고자 하는 경향을 가지게 됐다. 또한 프랑스혁명 이후 실제로 종족공동체에 기초한 네이션-국가의 수립운동이 세계적으로 발생하기도 했다. 이 경우에는 네이션이 민족으로 명명되는 것이 적절해 보일 수 있다. 하지만 이들도 계약에 기초한 동질적인 인간집단, 즉 국민임을 간과하지 않아야 한다. 그러므로 국민과 민족 중에 규정적인 것은 국민이다. 민족은 사후적으로 구성되는, 국민의 상상적 보충물이다.[13]

그러니 네이션이 민족 혹은 국민으로 번역되는 것이 단지 혼란을 초래하는 것만은 아니다. 그것은 네이션에 본래 내재한 분열을 표현하는 효과가 있다. 네이션이 그 존재방식의 특성상 언제나 민족과 국민 사이에서 분열되어 있으니, '민족/국민'이야말로 적절한 번역일 수도 있다. 사실 한국, 중국, 일본은 오랫동안 정치체가 문화적·혈통적 공동체와 긴밀하게 관련된 역사를 가진 매우 독특한 경우에 해당한다.[14] 그래서 동북아시아에서 민족과 국민을 구분하고자 하는 경향이 강했을 수도 있다. 그럼에도 불구하고 민족은 근대적인 네이션국가의 탄생에 의해 구성된 것이다. 반복하면, 민족이 전근대의 종족집단과 등치된다면 그것은 상상에 불과하다.

그러나 한국에서는 근현대의 역사적 경험 속에서 민족과 국민의 분할이 실제로 이루어졌다. 우리는 식민체제하에서는 일본국민과 조선민족 사이의 분열을, 분단체제하에서는 민족과 대한민국민 혹은 조선민주주의인민공화국민 사이의 분열을 경험했다. 그래서 한국인은 국민과 민족을 완벽하게 구분해서 쓸 수 있다. 하지만 이 경우에도 하나의 국민이 되고자 하는 의지, 즉 독립과 통일에의 열망이 민족을 구성함을 잊지 말아야 한다. 민족이 국민의 상상적 보충물이며, 그것의 전통이 초역사적으로 소급되는 것이 허구임도 간과할 수 없다.

그러므로 대한민국의 국민과 조선민주주의인민공화국의 국민은 실제로는 각각 독립적인 네이션을 이루고 있으며, 독립된 민족으로서의 성격도 가진다. 두 국민은 국제연합United Nations에 독립된 회원자격을 가지고 있다. 각각은 한반도 북쪽과 남쪽 지역의 혈통적·문화적 특성을 근거로 해서 얼마든지 독자적인 민족이 될 수도 있다. 고대사의 '삼국', '남북국' 등의 분할은 그것을 정당화해주는 역사적 증거로 쓰일 수 있을 것이다. 통일된 정치적 공동체로 살아온 전통이 강하기 때문에 쉽지는 않겠지만, 불가능한 일은 아니다.

이제 처음의 질문으로 되돌아가자. 민족과 가족은 서로 유사한가? 그렇다. 단일한 혈통으로 묶을 수 있는 국민이란 없다. 하지만 민족은 다르다. 민족은 스스로를 혈통공동체로 상상하는 국민이기 때문이다.[15] 믿는다면 이루어질 것이다. 바로 그 상상된 바가 민족의 성격을 구성한다. 민족이란 정의상 "상상의 공동체"인 것이다.[16] 민족은 종족공동체로부터 기원하며, 종족은 혈통의 공동체로서 가족의 확장태라는 허위의식이 넓고 깊게 수용되어왔다. 이는 민족정치를 정당화하기 위한 이데올로기로 창안되어, 실제로 수많은 민족국가가 성립하는 데 매우 중요한 역할을 했다. 요컨대, 민족은 종족, 씨족 그리고 가족과 상상적으로 유사한 유형의 공동체다.[17] 그래서 우리는 해외에서 한민족을 만났을 때 마치 가족을 만난 듯 기뻐할 수 있는 것이다.

눈물의 민족

민족은 가족을 지향함으로써 그와 여러 가지 동일한 성격을 공유한다. 그중 하나는 가부장제적 성격이다. 가부장제가 근대 가족을 구성하는 기본 원리로 작용하기 때문이다. 민족주의는 가부장제적 성별화를 구성원들에게 요청한다. 남성에게는 문제의 근본적 해결이, 여성들에게는 그것을 보조하는 역할이 부여된다. 나치는 소녀에게 "정숙하여라, 순결하라"고 요청한 반면, 소년에게는 "충실히 살아라, 용감히 싸워라, 죽을 때 웃어라"고 요청했다. "소년의 민족적 의무는 민족을 위해 살고 죽는 것"이지만, "소녀들은 행동할 필요가 없"었다.[18]

'감정'에 기반을 두는 것 또한 민족과 가족이 공유하는 성격이다. 가라타니 고진은 민족이 "농업공동체에 뿌리를 둔 상호 부조적 감정에 기반을 두고 있다"고 지적한 바 있다.[19] 여기에서 주목해야 할 것은 무엇보다도 감정이다. 교환관계에는 크게 세 가지 방식이 있다. '등가교환', '강탈', '상호 증여'가 그것이다.[20] 등가교환에는 이성이, 강탈에는 폭력이 필수적이라면, 상호 증여의 관계에서 '감정'이 요구된다. 가족, 종족 그리고 민족 내의 관계에서 감정은 특별한 중요성을 가진다. 특히 감정의 상호 교환, 즉 성원 간의 감응이 필수적이며,[21] 함께 눈물을 흘리는 것도 여기에 포함된다. 그래서 민족주의 주창자 중 하나인 에른스트 르낭Ernest Renan도 "함께하는 고통은 기쁨보다 훨씬 더 사람을 단결시"키며, "애도의 기억들은 의무를 부과하며 공통의 노력을 요구하기 때문"에 "민족적인 추억이라는 점에서는 애도가 승리보다 낫"다고 주장했다.[22] 그러니 민족주의는 신파에 친화적일 수밖에 없다. 가부장제적으로 성별화된 가족주의적 눈물의 감응은 모든 민족에 공통적으로 나타날 수밖에 없는 성향이다.

하지만 그것이 반드시 지배적인 민족감정이어야 할 이유는 없다. 히틀러 유겐트들에게 요구된 것은 눈물이 아니라 웃음 아니던가. 확실히 한국의 민족주의는 눈물과 유난히 강하게 결합해온 편이다. 감응은 고통, 슬픔, 눈물뿐만 아니라 쾌락, 기쁨, 웃음을 통해서도 가능한데도 말이다. 그렇다면 과잉의 눈물을 한국 민족주의의 주된 감정적 특질로 볼 수 있지 않을까? 다음은 1930년대의 독립군가 〈님생각〉 중 일부(3절)다.

> 날마다 오는 신문 받아 들고서
> 혹시나 우리 님이 아니 잡혔나
> 자세히 몇 번이나 읽어보지만
> 그러나 거기서도 님소식 몰라
> 기다려 고은 얼굴 다 늙습니다.

남편이 독립운동을 위해 떠난 후 고향에 홀로 남겨진 아내가 고통을 토로한다. 그런데 감정적으로 좀 처지는 감이 있다. 찬란한 민족의 미래를 위해 독립운동을 하러 떠난 자랑스러운 남편을 생각한다면, 아내도 부끄럽지 않도록 늠름하고 강인한 면모를 보여달라고 요구할 수도 있다. 하지만 독립군가는 매우 자주 고통, 슬픔, 눈물을 다루었다. 이런 정서는 일반적이지 않다. 전쟁 중 일본의 민족주의가 구성한 여성상인 '군국의 어머니', '황군의 어머니'가 씩씩함, 사랑과 힘 등의 형용사로 수식되었던 것과도 비교된다.[23] 우리가 눈물의 민족인 것이 점점 분명해진다.

한민족이 눈물과 각별한 관계를 가진다는 생각은 우리 민족 특유의 감정을 '한恨'으로 규정하는 것과도 관련된다. 이는 두텁게 쌓인 고통, 이로 인한 슬픔, 그리고 눈물과 깊게 관련된 감정이기 때문이다. 우리는 주요한 민족주의의 순간들에 흘려지는 눈물에 매우 익숙하지 않은가. 예컨대 장준하의 자서전에서도 그런 순간을 만날 수 있다. 그는 일본군 학병으로 끌려간 후 목숨을 건 탈영을 시도한다. 그러고는 천신만고 끝에 충칭에 도착해서 드디어 임시정부 인사들을 만나는 감격적인 순간을 맞이한다.

김구가 임정 인사들을 대표해 환영사를 하자, 학병 대표로 장준하가 답사를 한다. "저희들은 왜놈들의 통치 아래서 태어났고 (…) 우리나라의 국기조차 본 일이 없었던 청년들입니다." 답사가 끝날 즈음 장준하는 노인 각료들이 이미 흐느끼고 있었음을 깨닫는다. 결국 김구의 "흑" 하는 울음소리가 터져 나오자, 환영회장은 이내 통곡의 바다가 되어버리고 만다. 장준하는 그 북받쳐 올랐던 설움이 결국 나라 없는 설움이었다고 회고한다.[24] 이런 민족주의적 눈물은 그 이전부터 흘렀던 것이고, 이후에도 계속 흘러 21세기에는 국민 스케이터의 눈물로 흘렀다.

피식민 약소민족의 설움

우리는 왜 눈물의 민족이 된 것일까? 가장 큰 이유는 역시 피식민 지배의 경험일 것이다. 민족주의는 18세기 말 프랑스혁명기에 탄생하여 유럽 전역으로 퍼져 나간 근대 정치 특유의 현상이다.[25] 이는 곧 서구의 다른 근대적 발명품처럼 전 세계로 수출됐다. 비서구 지역에서 민족주의를 받아들이게 된 전형적인 계기는 제국주의와의 대면이다. "국민국가가 정복자로 등장하면 반드시 피정복 민족의 민족의식과 주권에 대한 열망"을 고취하게 마련이다.[26] 이러한 피지배 민족주의는 그 탄생에서부터 상실과 훼손을 특성으로 가질 수밖에 없다.

한국의 민족주의도 이런 상황이었다. 제국주의의 침탈 속에서 한국의 민족주의가 탄생하던 1890년대의 어느 날, 김구는 스승인 고능선과 시국을 논하며 함께 눈물을 흘린다. 그리고 "죽음으로 충성하는 일사보국一死報國 한 가지 일만"을 다짐한다.[27] 눈물을 흘리며 한성을 떠나 압록강을 건넌 박은식은 "고금의 망한 나라의 참상이 우리 한국보다 더 심한 경우를 어디에서도 그 유례를 찾아볼 수" 없다고 하며 "아픔을 울부짖고 원통함을 호소"하는 『한국통사韓國痛史』를 쓴다.[28]

이런 민족적 눈물은 일제 지배하에서 수없이 흘러내렸다. 조선 땅에서는 공공연히 표현할 수 없었지만 외국에서는 그렇지 않았다. 3.1운동 이후 만주의 독립군들은 "한 줄기 눈물로써 압록강 건너 부모형제 처자들과 이별"했던 것을 기억하는 군가를 불렀다(〈3.1운동가〉 2절).[29] 1919년부터 1926년까지 상하이에서 발행된 『독립신문』의 지면에서 해월은 국치를 되새기며 "조국강산 얼마나 그대의 가슴 위에 피눈물 자취"가 남았는지, "몇 번이나 단장의 곡성이 울리었"던지를 상기했던 것이다(〈아아 강무팔월 이십구일〉).[30]

이처럼 고통, 슬픔, 눈물을 민족적 특성으로 여기는 것은 당대의 민족주의 역사학에서도 발견된다. 민족의 소장성쇠消長盛衰를 기준으로 역사를 서술했던 신채호는 중세 이후의 쇠망사에는 무관심했다.[31] 박은식은 근대사를 기술하되 고통을 중심에 놓았다. 구한말 이후 민족이 외세의 침탈과 지배에 놓이게 되는 과정을 담은 책에 그는 '고통의 역사[痛史]'라는 이름을 붙였다. 함석헌은 이런 관점을 극단적으로 강화한다. 그에 따르면, "한국의 역사는 고난의 역사"이고, "눈물과 피로 걸었다기보다 기었고, 기었다기보다 발길에 채어"온 길이다. 한민족은 "길가에 앉은 거지처녀"이자 "수난의 여왕", "머리를 깎이고 꼼짝을 못"한 채, "눈물과 한숨"을 짓는 삼손과도 같다.[32]

여기에서 정체성停滯性론과 같은 식민사학의 영향을 발견할 수도 있다. 함석헌은 한국의 예술이 비애의 예술임을 인정한다. "그 생활이 수난"인데 이를 반영하는 예술이 "슬픔, 아픔이 아닌 것이" 있을 리 없는 것이다.[33] 하지만 이것이 내면화된 문화제국주의의 표현만은 아니다. 한국 민족주의의 성격 자체에 그런 면이 있다. 한국에서 민족주의자가 된다면 가장 먼저 느낄 감정은 슬픔일 것이다. 눈물은 그 진정성의 징표가 될 것이며, 나아가 실천 동력을 제공할 것이다. 안중근이 "눈물로 어머니와 작별하고 손가락을 끊으며 맹세하고" 거사에 나섰듯이 말이다.[34]

신파적 민족주의

식민 지배하에서 박은식은 민족의 현실에 관한 두 권의 책을 집필했다. 하나는 『한국통사』이며, 또 하나는 외세에 맞서 투쟁한 역사를 서술한 『한국독립운동지혈사』다. 『한국독립운동지혈사』에 덧붙인 글에서 중국의 한 무정부주의자는 이렇게 썼다. "『통사』는 눈물이요, 『독립운동사』는 피라. 전날의 눈물이 두 해에 걸친 혁명의 피가 되고, 오늘의 피는 다시 온 세상의 동정 어린 눈물을 널리 얻게 될 것이다."[35]

중국 대륙을 가로질러 임정을 찾아온 장준하를 환영하던 날 눈물을 흘렸던 김구는 홍코우 공원의 거사를 위해 윤봉길을 떠나보내는 날에도 눈물을 흘렸다. 두 사람은 함께 조국을 향해 무릎 꿇고 기도를 올린다. "조국을 위해 마지막 가는 이 젊은이를 보호하소서." 김구의 "어깨는 격하게 흔들리고 있었"고 "두 눈에는 눈물이 하염없이 흐르고 있었다." 그리고 윤봉길의 의거는 조선의 "삼천리 방방곡곡에 전해"져 "설움에 북받친 민중의 가슴을 쓸어내렸다."[36]

눈물은 그것을 유발한 고통을 해소하는 실천에 나설 힘을 준다. 민족주의적 눈물도 그러하다. 많은 민족주의적 실천이 눈물과 결합해 왔다. 그런데 이 눈물과 실천은 혼자만의 것이어서는 안 된다. 이는 언제나 함께 흘려지는 감응의 눈물이며 함께하는 실천의 눈물이어야 한다. 임정 인사들이 탈출한 학병들과 함께 흘린 눈물이 그랬고, 안창호가 군중과 함께 흘렸던 눈물도 마찬가지였다.

> 도산은 최후의 단안을 내렸다. 우리 애국자에게는 남은 길이 오직 하나가 있다. 그것은 눈물을 머금고 힘을 길러 장래를 준비하는 것이다. 우리가 망국의 비운을 당한 것은 우리에게 힘이 없는 까닭이니 힘이 없어 잃은 것을 힘이 없는 채로는 찾을 수도 없다는 것이다. (…) 민력을 배양하는 것이 조국을 회복하는 유일한 길이라고 도산은 낙루하였다. 만좌가 느껴 울었다.[37]

함께 흘린 이 민족주의의 눈물은 남성적인 것이다. 이는 위기에 처한 민족에 대한 연민과 자책, 세계에 대한 원망과 자기연민을 담고 있으며, 위기를 해소할 근본적인 실천을 추동한다. 이 눈물의 다른 한편에는 그와 쌍을 이루는 여성적 눈물이 있다. 남성이 문제를 해결할 때까지 참고 기다리는 〈님생각〉의 눈물이 집집마다 흐른다. 두 눈물은 합류하여 거대한 민족주의적 가족들의 눈물, 혹은 가족적 민족주의의 눈물의 흐름을 이룬다.

민족이 가족을 지향하는 공동체이니 민족주의의 눈물이 가족을 경유하는 것은 자연스럽다. 하지만 지난 세기 한국에서는 그러한 경향이 유난히 강했다. 한국인의 삶이 매우 가족 중심적이었던 것이 주요한 원인일 것이다. 그러니 신파와의 접속은 한국 민족주의의 주요한 감정적 특성이다. 민족의 눈물과 가족의 눈물은 서로 겹쳐지며 상승효과를 냈고, 이런 과정을 거치면서 민족주의 신파의 흐름은 더욱 강해졌다.

그래서 한국인은 일상의 고통에 눈물 흘리면서도 민족주의적 감정을 동시에 느낄 수 있게 되었고, 애국가를 들으면 자신의 개인적 고통을 상기하며 눈물을 흘리는 기제도 갖게 되었다. 근대 한국의 눈물의 흐름 전체를 조망했을 때 두드러지는 것은 여성신파지만, 정치적 눈물의 흐름에서는 남성신파가 더 두드러진다. 신파가 기원하는 가부장제 특유의 성별 분할에 따를 때 정치란 남성의 영역이기 때문이다. 민족주의 신파의 흐름에서도 마찬가지다.

물론 여성신파도 능동적인 정치적 실천과 결합하는 경우가 있다. 총을 들고 첩보전에 나선 『청춘극장』의 허운옥이나, 국가를 대표해서

올림픽 무대에 선 김연아의 경우가 그러한데, 이런 상황을 비정상적이고 애처롭게 그리는 것이 가부장제의 전형적 시각이다. 이는 잔 다르크와 같은 존재가 "여성들이 남성들과 같이 전쟁영웅이 될 수 있음"을 보여주기보다는 "자연스럽지 못한 존재로 구성"되는 것과도 같은 이치다.[38] 결국 이는 정치의 영역에까지 불려나온 여성들이 주는 애처로움일 터, 더 나아가면 위안부 소녀들을 볼 때 느끼는 감정과도 같은 결을 가진다. 소녀들의 눈물은 남성의 눈물을 유발하고, 남성적 실천을 동기화한다. 〈님생각〉의 눈물과 같은 흐름에 있는 것이다.

현실 속에서 민족주의적 눈물이 얼마나 많이 흘렀을까? 이를 확인하기란 불가능하다. 하지만 문화적 재현의 영역에서는 확인할 수 있다. 민족주의가 탄생한 이후 100년 이상의 세월 동안 수많은 민족주의적 남성의 눈물이 흘러내렸다. 그중에서도 가장 많이, 가장 강하게 눈물이 흘러내렸던 영역은 다소 뜻밖이다. 강력한 무력을 전시하는 마초들의 장, 바로 액션영화이기 때문이다. 그들의 민족주의적 눈물은 언제나 가족적 위기와 겹쳐졌다. 다시 말해, 그들의 눈물은 언제나 민족주의 남성신파의 눈물이었다.

액션영웅들의 눈물

액션영화는 '인물들 사이에서 벌어지는 무력의 강력한 대결의 순간을 서사 속 주요 지점들에 위치 짓는 영화'로 대략 정의될 수 있다. 물론 인물, 시공간, 전개방식 등에 따라 여러 유형이 있다. 이 모두를 묶어서 액션영화라고 칭하되, 그에 속하는 여러 유형은 그것의 하위장르라 할 수 있다.

21세기 한국에서 가장 중요한 액션영화 전문 감독은 누구일까? 아마 류승완이라는 대답이 꽤나 많을 듯하다. 그는 〈피도 눈물도 없이〉(2002)라는 제목의 영화를 연출한 적 있다. 이 제목에서처럼 강력한 힘의 대결에 눈물 따위는 어울리지 않는다. 오늘날의 관객은 확실히 액션영화의 눈물에 익숙지 않다. 하지만 1960~70년대의 한국 액션영화는 달랐다. 언제나 눈물로 얼룩져 있었던 것이다. 그 눈물은 의외로 남성들의 것이었다.

당시의 영화들에서 액션영웅은 연인, 가족, 친구 그리고 자신이 처한 위기로 인해 눈물을 흘렸다. 이는 대체로 자신이 지켜주지 못한 존재들에 대한 연민과, 그 무능에 대한 자책의 눈물이다. 그리고 위기를 근본적으로 해결하기 위한 실천이 이어진다. 서사의 절정부에서 길고 강력한 육체적 대결이 펼쳐지기 직전, 그들은 연민과 자책의 감정에 젖은 남성신파적 눈물을 흘리곤 했다.

그런데 상당수 액션영화의 위기와 실천은 민족과 관련된 것이기도 했다. 1960~70년대의 액션 장르에는 전쟁물, 대륙물, 마도로스물, 항일 협객물, 무국적 갱스터물, 첩보물, 무협물 등이 있다.[39] 이 중 한국전쟁을 다루는 전쟁물, 냉전기 북한과의 관계를 중심으로 하는 첩보물, 전근대를 배경으로 하는 무협물을 제외한 하위장르들에서는 민족적인 상실의 고통과 그것의 회복을 위한 실천이 서사의 중요한 내용이 되는 경향이 있었다.

이는 민족주의와 무관할 것으로 보이는 하위장르에서조차 그랬다.

바다를 배경으로 힘, 의리, 모험의 판타지를 구축했던 마도로스물이나 도시의 암흑가를 배경으로 무국적의 미장센을 보여주었던 갱스터 영화들에서도 민족적 고통이 다뤄지곤 했다. 권철휘 연출의 〈남〉(1968)에서 해운업자인 리처드 정(장동휘)은 과거 일본인들과의 투쟁 과정에서 자신을 배신했던 자를 응징하기 위해 귀환한다. 이장호 연출의 〈동경사자와 명동호랑이〉(1970) 속 폭력조직 대결도 과거 독립운동 과정에서 자행된 배신 때문에 벌어진 것이다.

그러나 민족주의가 가장 뚜렷이 나타났던 유형은 역시 대륙물이었다. 식민지기 만주를 배경으로 하는 액션영화인 대륙물에서 항일독립투쟁은 언제나 주요 모티프였다. 강범구 연출의 〈소만국경〉(1964)은 독립군 자금을 유용한 뒤 범죄조직의 보스가 된 권춘조(장동휘)가 주인공이다. 처자가 독립군 기지에서 자신을 기다리고 있지만 그는 무심하게도 완전히 변절한 듯하다. 진실이 드러나는 것은 영화의 후반부에 이르러서다. 그는 비적들에게 군자금을 빼앗긴 후 죄책감에 시달리며 과오를 씻고자 노력해왔던 것이다.

시종 냉정한 표정으로 일관했던 춘조는 진실을 드러냄과 함께 억눌렀던 감정도 터뜨린다. 가족과 동료에 대한 연민, 자책 그리고 자기연민이 뒤섞인 춘조의 눈물은, 이어지는 전투에서 영웅적 투쟁의 동력이 된다. 절정부의 전투에서 총상을 입은 그는 동료와 처자가 보는 앞에서 숨을 거둔다. 죽어가는 춘조를 둘러싸고 모두가 눈물을 흘린다. 그리고 그를 추모하며 함께 애국가를 부른다. 민족주의 신파가 흐르는 순간이다.

1970년대에 인기를 끌었던 항일 협객물에서도 민족주의 신파가 두

드러졌다. 이 하위장르를 대표했던 인물인 김두한과 시라소니는 언제나 민족적 울분에 찬 신파적 눈물을 흘리곤 했다. 김효천 연출의 〈실록 김두한〉(1974)은 수표교 아래에 버려진 김좌진의 아들이 늠름한 청년으로 자라나서 항일 협객이 된다는 대중적 전설을 다룬 영화다. 이 영화에서 김두한(이대근)이 흘리는 눈물의 양과 강도는 당대를 대표하는 최루영화 〈미워도 다시 한 번〉에서 혜영이 흘리는 눈물보다 결코 덜하지 않다.

수표교 아래의 거지 아우들과 헤어질 때 흐르는 눈물도 절절하지만, 가장 처절한 고통을 담은 것은 역시 오른팔과 같은 아우와 자신의 연인이 야쿠자에 의해 살해됐을 때 흐르는 눈물이다. 이 눈물은 어김없이 절정부의 액션으로 이어진다. 두한과 그를 따르는 조선 팔도의 협객들은 야쿠자들을 상대로 큰 싸움을 벌이고 결국 승리한다. 하지만 그들을 기다리는 것은 일제의 수갑이고, 순사에 끌려가는 두한의 뒷모습은 또다시 눈물을 자아낸다.

이는 의미심장하게도 〈아리랑〉의 마지막 장면과 정확히 겹쳐진다. 마름을 죽인 영진의 손에 수갑이 채워지고 순사의 손에 이끌려 그가 고개를 넘어가는 장면이 그것이다. 이는 〈아리랑〉이 1960~70년대 액션영화의 원조임을 알려주는 지점 중 하나다. 〈아리랑〉이 활극을 주요한 영화적 즐거움의 요소로 삼았던 점에서뿐만 아니라,[40] 영진의 눈물이 액션영웅들의 눈물과 함께 남성신파를 이룬다는 점에서도 그러하다. 이 눈물들이 모두 민족주의적이라는 것 또한 빼놓을 수 없다.

물론 〈아리랑〉에서 민족주의적 요소가 명시적으로 드러나는 건 아니다. 마름과 소작농의 착취관계는 식민 지배를 단지 은유할 수 있을 뿐이다. 엄혹한 식민 지배하에서 민족주의를 직설적으로 드러내는 것은 사실상 불가능했다. 그러나 수용의 과정까지 고려한다면 이 영화가 민족주의적이었음은 명백하다. 관객들은 절정부에서 〈아리랑〉을 부르며 함께 눈물을 흘렸다. 일제 당국에 의해 이 영화의 상영이 금지됐던 것은 관람의 그러한 양상이 민족주의적이었기 때문이다.[41]

한국영화에서 민족주의 남성신파가 가장 강하게 흘렀던 시기는 1960~70년대였다. 하지만 그것의 기원은 1920년대의 〈아리랑〉이었으며, 다소 흐름이 약화되기는 했지만 지금도 계속해서 흐르고 있다. 박훈정 연출의 〈대호〉(2015)에서 아내와 자식의 죽음으로 인해 흐르는 과거의 명포수 천만덕(최민식)의 눈물은 남성신파이지 않은가. 민족주의 액션영웅들이 함께 흘렸던 연대의 감정은 명포수와 한국 호랑이의 관계에서 다시 공유된다. 이는 〈아리랑〉에서부터 이어진 유장한 민족주의적 남성신파에 합류한다.

그런데 〈대호〉의 이 민족주의적 남성신파는 강력한 실천으로까지는 이어지지 않는다. 민족적 남성 주체의 동반자살은 극히 소극적인 저항일 따름이다. 그러므로 천만덕의 눈물은 〈아리랑〉으로부터 분기했으나, 이와는 다른 방향으로 흘렀던 눈물의 흐름에도 일부 합류한다. 바로 예술적으로 승화되어 고통의 생생함을 잃고 실천적 동력을 상실한 흐름이다. 그런데 사실 이런 눈물이야말로 우리 민족 특유의 감정으로 널리 인정되었던 것 아닌가? 눈물이 코나투스의 산물이라는 생각만큼이나, 우리 민족 특유의 감정이 실천적 의지라는 것도 통념적으로는 낯선 것일 수 있다.

눈물의 예술적 승화

우리 민족 특유의 정서로 여겨지는 '한'에는 크게 두 가지 유형이 있다. 하나는 좌절과 상실의 정한情恨이고, 다른 하나는 원망과 분노로서의 원한怨恨이다.[42] 지금까지 다룬 민족적 눈물은 후자의 감정에 가까운 것이다. 김두한의 남성적 눈물은 물론, 허운옥의 여성적 눈물도 강력한 생존의지와 관련된 것이기 때문이다. 그런데 오히려 우리 민족 특유의 감정으로 여겨지는 것은 무기력을 한탄하는 정한이 아니던가?

〈아리랑〉이 경성을 눈물바다로 만든 지 6년 뒤인 1932년, 이규환 연출의 〈임자 없는 나룻배〉(1932)가 개봉한다. 이 영화는 "조선영화계에서 일찍 보지 못했던 새로운" 연출로서 "조선영화의 패권을 잡을 만"하다는 호평을 받았다.[43] 이는 "서정시"적인 것으로 요약할 수 있는 것이었는데, 그것의 새로움은 기존 연출과 대비되는, 즉 〈아리랑〉과 달랐던 점에 있었다. 이 영화의 줄거리는 다음과 같다.

고향에서 살길이 막막해진 수삼(나운규)은 가족과 함께 도시로 향한다. 하지만 그곳에서 더욱 피폐한 삶을 경험한 그는 어린 딸과 함께 고향으로 되돌아와 뱃사공이 되어 가난한 목숨을 부지한다. 시간이 흘러 외지인들이 강에 다리를 놓는 공사를 시작하고, 공사장이 딸(문예봉)에게 흑심까지 품자 격분한 수삼은 결국 그를 죽이고 만다. 수삼은 철교에 부질없는 도끼질을 하다 달려오던 기차에 목숨을 잃고, 딸 또한 집에 불이 나면서 죽음을 맞는다.

줄거리만 보면 〈아리랑〉과 크게 다르지는 않다. 둘의 결정적인 차

이는 분위기에 있었다. 〈임자 없는 나룻배〉는 "최후의 씬을 제외하고는 전부가 성석으로 되어 있"는 영화였던 것이다.[44] 그리고 결말도 달랐다. 부녀가 모두 죽는 결말은 〈아리랑〉보다 훨씬 더 비극적인데, 이는 극장의 분위기를 더욱 가라앉혔을 것이다. 이 영화가 만들어내는 감정은 원한보다는 정한 쪽에 가까운 것이었다. 그런데 바로 이것이 상찬을 받게 된 요인이었다. 절제의 미덕이 있기 때문이었다.

절제는 두 가지의 효과를 낳았다. 첫 번째는 튀는 부분 없이 전체적으로 균형 잡힌 형식의 창출이다. 두 번째는 대상과의 거리의 확보다. 고통, 슬픔으로부터 떨어져서 이를 바라보는 것이 가능해진 것이다. 이 두 가지 효과는 근대적 미와 예술의 주요 구성요건과 관련된다. 임마누엘 칸트Immanuel Kant가 미적 판단을 무관심한disinterested 태도와 관련짓고, 그 판단의 대상을 형식으로 보았던 것이 대표적이다.[45] 그러니 이 영화에 대한 호평은 수긍할 만한 것이었다. 신파가 예술로 승화되었기 때문이다.

하지만 이 과정에서 신파 특유의 생생함은 상실된다. 미적 관조의 대상이 됨으로써 고통과 슬픔이 완화되고, 그것을 해소할 수 있는 실천의 동력도 사라진다. 눈물은 영원히 흘러야 하는 것, 숙명적인 것이 되며, 그저 무기력한 자아에 대한 한탄이 남는다. 이런 정한의 눈물 또한 신파의 지류를 이루며 흘러왔다. 실천을 이끌어내는 동력이 약화되므로 이는 정치와 주로 접속해온 흐름은 아니다. 여기에서 정치는 예술에 의해 내제된다.

1930년대 조선영화계의 지배적인 흐름은 '조선미'를 창출하는 것이었다. 당시의 많은 영화인이 포착하고자 했던 조선의 향토색, 자연미와 잘 어울릴 수 있는 감정은 원한보다는 역시 정한이었다. '미'의 구축에는 승화된 감정인 정한이 더 적절한 선택일 수도 있다. 그러나 순수한 미와 예술이란 존재할 수 없다. 미와 예술은 문화적으로 구성되는 것이며, 그 과정에서 정치가 개재되게 마련이다. 이 경우에는 식민주의였다.

조선예술 연구자였던 야나기 무네요시柳宗悦가 1920년대에 비애를 중심으로 조선미를 규정했던 정황이 식민주의의 혐의를 드러낸다. 1930년대 영화평론가 하즈미 쓰네오筈見恒夫가 조선영화의 특색을 "영탄적이며 여린 듯한" 것이라고 규정할 때, 이는 승화된 눈물의 정서를 가리키는 것이었다.[46] 식민 지배자의 시각에서 조선은 무력해서 슬픈 존재로 비쳤고, 또 그런 존재여야만 했을 것이다. 정한의 감정 그 자체는 아무런 문제가 없다. 하지만 정한이 한민족을 대표하는 정서라는 생각에는 식민주의 정치가 연루되어 있었다.

예술로 승화된 신파는 영화뿐만 아니라 문화의 다른 영역에서도 널리 흘러졌다. 이는 1930년대 이전에도, 그 이후에도 오랫동안 흘러왔던 것이다. 예컨대 1920~30년대 김동인, 나도향, 이태준 등의 낭만적인 단편소설들에서도 그런 흐름이 발견된다. 물론 그 소설들은 제각기 서로 다른 감정을 담고 있다. 하지만 어떤 지점에서는 서로 연결되어 있기도 하다. 다음은 김동인의 단편소설 「배따라기」(1921) 중 한 대목이다.

> 영유, 이름은 모르지만 X산에 올라가서 내려다보면 앞은 망망한 황해이니, 그곳 저녁때의 경치는 한 번 본 사람이면 영구히 잊을 수가

없으리라. 불덩이 같은 커다란 시뻘건 해가 남실남실 넘치는 바다에 도로 빠질 듯 도로 솟아오를 듯 춤을 추며 거기서 때때로 보이지 않는 배에서 '배따라기'만 슬프게 날아오는 것을 들을 때엔 눈물 많은 나는 때때로 눈물을 흘렸다.[47]

소설의 화자는 〈배따라기〉를 구슬피 부르는 한 남자를 우연히 만나 기구하고 슬픈 사연을 듣게 된다. 한때 그는 어촌마을에서 자신의 아내, 동생 부부와 함께 행복하게 살기도 했다. 그러나 자기 동생과의 관계를 억측하고 아내를 내쫓으면서 그의 행복은 끝을 맺는다. 다음 날 아내는 시체가 되어 바다에 떠오르고, 동생은 정처 없이 떠나갔으며, 그 또한 동생을 찾아 끝없는 방랑의 생활을 시작했던 것이다.

여기에서 고통은 감상鑑賞의 대상이다. 화자의 눈물은 현실의 고통에 직접적으로 반응한 결과가 아니라, 예술적인 향수를 경유한 승화된 눈물이다. 이러한 예술적 고양은 〈배따라기〉라는 서도민요에 의해 매개되며, '시뻘건 해'가 만들어내는 풍경에 의해서도 매개된다. 남자의 동생은 "새빨간 불빛을 등으로 받으면서 터벅터벅 아무 말 없이 어둠 가운데로 스러"지며, 그 또한 이야기를 마친 뒤 "뻘건 저녁 해를 잔뜩 등으로 받고 을밀대로 향하여 더벅더벅 걸어간다."[48]

한국영화에서도 이런 눈물의 흐름이 있다. 물론 영화적 눈물의 주류는 〈사랑에 속고 돈에 울고〉와 〈아리랑〉, 〈미워도 다시 한 번〉과 〈실록 김두한〉의 생생하고 강력한 눈물이었지만, 이와 함께 예술적으로 승화된 눈물의 줄기도 흘러왔던 것이다. 〈임자 없는 나룻배〉가 그 시작이라면 그 마지막에는 임권택 연출의 〈서편제〉(1993)가 있다. 송화

(오정해) 남매의 그 기구한 인생고가 한 판 눈물의 소리로 펼쳐지는 절정부는 예술로 승화한 신파적 감정의 정수를 보여준다. 이는 우리 민족의 기구한 운명을 보여주는 것 같아서 더욱 서럽다. 하지만 그 눈물이 민족을 대표하는 정서로 여겨진다면,[49] 거기에는 식민주의의 시선이 미약하나마 잔재한 것이리라.

이산가족 찾기와 민족의 눈물

우리가 눈물의 민족이 되었던 결정적인 이유는 탄생 순간의 결핍이었다. 일제의 식민 지배는 그런 결핍이 극단화된 경험일 터인데, 여기에 하나를 더해야 한다. 바로 분단의 경험이다. 〈아리랑〉에서처럼 피식민 지배의 경험은 외부의 가해자에 의한 가족의 위기로 서사화되는 경향이 있다. 반면에 분단은 주로 가족의 이산으로 서사화됐다.

종전 후에 한국에서 만들어진 수많은 영화가 가족 이산의 문제를 다루었다. 전혀 무관할 것 같은 영화들에서도 뜬금없이 그런 설정이 끼어들어 결국 가족 상봉의 결말로 이어지는 것을 보게 된다. 영화 속 가족들은 여러 가지 이유로 헤어지곤 했지만, 그중에서도 가장 자주 등장한 것은 역시 한국전쟁이다. 특히 휴전선을 사이에 두고 남북으로 헤어진 가족은 언제나 가장 강한 눈물을 자아내곤 했다. 김기덕 연출의 〈남과 북〉(1965)도 그런 영화 중 하나다.

전쟁 중에 장일구(신영균)라는 북한군 소좌가 귀순한다. 그는 난리통에 헤어진 아내를 찾으러 왔으며, 그녀를 찾아준다면 군사기밀을 공개할 것이라고 한다. 그를 담당하는 이해로(최무룡) 대위는 큰 충격에 사로잡히는데, 공교롭게도 장일구가 찾는 여인이 지금 자신의 아내이기 때문이다. 그가 괴로워하고 있는 동안 상부에서 아내 고은아(엄앵란)를 부대로 데려온다. 결국 삼자대면이 이루어지고, 그들은 울부짖고 혼절한다. 상대와 자신에 대한 연민, 원망과 자책이 뒤섞인 눈물이 엄청나게 흘러내린다.

이들의 눈물과 함께 흐른 영화의 주제곡은 〈누가 이 사람을 모르시나요〉다. 그런데 이 노래가 사람들 귀에 가장 자주 들린 건 영화가 개봉한 지 18년이 지난 시점이었다. 1983년 여름, KBS 1TV는 〈이산가족을 찾습니다 — TV 특별 생방송〉 방영을 시작한다. 전쟁 통에 헤어져서 남한 땅에 살면서도 서로 소식을 모른 채 살아온 가족들의 상봉을 주선하는 프로그램이었다. 이 기획은 충격적일 정도로 성공적이었다. 무려 138일 동안 계속되었고, 이산가족 53,162건의 사연이 소개되었으며, 10,189건의 상봉이 이루어졌다. 영화들에서 수없이 등장했던 순간이 폭발적으로 실현된 것이다.

이 기간 동안 한국은 눈물바다였다. 동서고금을 막론하고 어떤 공동체의 구성원들이 단기간에 이토록 많은 눈물을 함께 흘렸던 경우는 찾아보기 힘들 것이다. 당시 한국갤럽의 조사에 따르면, 한국인의 88.8퍼센트가 방송을 보면서 눈물을 흘린 경험이 있었으며, 53.9퍼센트는 〈이산가족을 찾습니다〉를 새벽 1시까지 시청한 적이 있었다.[50] 그들이 흘린 것은 가족의 위기에 따른 고통, 상대와 자신에 대한 연민, 자책과 상대에 대한 원망이 뒤섞인 신파적 눈물이었다. 이는 개별 가족들의 눈물인 동시에 민족의 눈물이기도 했다. 거대한 민족적 신파가 흐르는 순간이었다.

민족주의적 눈물은 오래된 흐름이다. 근대로의 전환과 함께 흐르기 시작했고, 식민지기에는 민족의 해방을, 해방 후에는 민족의 융성과 통일을 지향하며 흘렀다. 1950년대 반공 국제주의의 위세에 잠시 위축됐지만, 1960년대 민족주의가 고조되며 다시 강하게 흐르기 시작했다.[51] 1980년대에도 그 흐름은 계속됐다. 한편으로는 이산가족 찾기와 같은 관제적 행사에서, 다른 한편으로는 대학을 중심으로 했던 민족주의적 사회주의운동에서 눈물이 쏟아졌다.

그런데 1990년대에 들어서면서부터 흐름이 약화되기 시작한다. 1980년대 말 경제호황을 거치며 한국경제가 저개발 단계를 완전히 벗어난 것이 하나의 원인일 것이다. 더 이상 약소민족의 설움을 느낄 필요가 없어졌다. 두 번째 이유는 북한과의 관계에 있었다. 경제적으로 몰락하고 핵 위협으로 버티는 북한은 통일의 대상으로 매력을 점차 상실해왔다. 민족 이산의 아픔도 점차 옅어진 것이다. 이는 한국인의 눈물 자체가 감소한 것과도 궤를 같이한다.

1980년대 중반 이후 한국영화에서도 눈물이 줄어들기 시작했다. 가족의 위기가 등장하는 빈도도 줄어들면서, 신파가 현저히 약화되기 시작했다. 대중의 심성이 구성되는 주요한 장인 영화에서 가족적 눈물의 흐름이 약화된 것은, 실제 삶에서도 그랬을 것임을 방증한다. 김연아의 사례에서 보듯이, 21세기에도 한국인은 눈물을 잘 흘리는 편이다. 하지만 예전 같지는 않다. 눈물의 민족이라는 정체성은 상당히 약화되었다. 물론 그런 특성이 완전히 사라진 건 아니다.

신파적 눈물은 여전히 흘려지고, 한국의 민족주의 또한 여전히 신파적인 면이 있다. 약소민족의 상처는 콤플렉스로 계속 남아 있고, 무엇보다도 분단이 지속되고 있다.[52] 2000년대에 민족주의 신파가 강하게 흘렀던 영화 중 하나는 강제규 연출의 〈태극기 휘날리며〉(2003)다. 이 영화에서 분단은 가족의 분리, 형제의 이별로 은유된다. 영화의 시작과 끝부분에서 형의 유골을 수습하며 흘리는 아우의 눈물은 〈남과 북〉에서 흐르던 가족적이며 민족적인 눈물과 같은 흐름 위에 있다.

기반적 정치이념으로서의 민족주의

20세기 한국에서 민족주의적 눈물이 강하게 흘렀던 데에는 여러 이유가 있다. 두 가지는 이미 설명했던 바와 같다. 첫째는 훼손을 주요한 속성으로 하는 한국 민족주의의 특성이다. 식민지 민족주의의 경험과 분단, 냉전이 우리를 눈물의 민족으로 만들었다. 둘째는 20세기 한반도에서의 삶이 수반한 극심한 고통이다. 그 눈물이 민족주의적으로 포획되는 과정에서 민족주의 신파가 흘렀다. 여기에 또 하나의 이유를 추가해야 한다. 바로 민족주의에 부여된 기반적 정치이념의 위상이다.

한국의 자유주의자들은 오랫동안 자신들을 사회주의에 대항하는 민족주의자로 규정해왔다. 그러나 사실 한국 사회주의운동의 주류는 민족주의자들이었다. 그래서 사회주의자들도 자유주의자들을 친일, 친미, 반통일의 반민족 세력이라고 비난해왔다. 남한의 반독재투쟁을 이끌었던 민주주의자들 또한 대부분은 민족주의자였다. 그런데 그들이 맞서 싸웠던 독재자들도 민족주의의 이름으로 독재를 자행했다. 이처럼 민족주의는 대부분의 정치운동이 공유하는 기반적 정치이념의 성격을 가지고 있었다. 민족적 고통의 환기와 민족주의적 눈물의 요청이 끊임없이 이어질 수밖에 없는 상황이었던 것이다.

> 젊은 어머니가 불행히도 소련 병정에게 끌려 쌀더미의 뒷모퉁이로 돌아간 뒤 다시 돌아오지 않았다 (…) 저 무지한 놈이 엄마 등에 업혀 불같이 보채는 애기를 귀찮다고 덥석 한 손으로 낚구채어 바다 속으로 던져버리는 (…) 몽둥이를 들고 굶주려 야윈 다리를 휘청거리며 로스께에게 덤벼드는 남편의 이글거리는 성난 눈, 다음 순간 로스께의 윈도카(보총) 앞에 쓰러지며 쏟는 선지피가 (…) 그녀, 아니 애기 엄마, 아니 우리의 젊은 어머니는 다시 설움과 분노와 모성애가 어울어 터지는 순간 겉치마를 거슬러 머리에 푹 쓴 채 애기 따라 풍덩 뛰어들고 말았다. 아! 이것이 약소민족의 어머니요 굴종자의 아내들이었다. (…) 이렇게 보면 결단코 적에게 지지도 먹히지도 말아야 하겠다.[53]

1968년 『자유』라는 잡지에 실렸던 글의 일부다. 당시의 지배적인 정치 이데올로기였던 반공자유주의는 이처럼 민족주의적 감정에 호소한다. 이 글은 공산주의를 외세와 동일시한다. 해방기에 김구가 "일부 소위 좌익의 무리는 혈통의 조국을 부인하고 소위 사상의 조국을 운운"한다고 비판했던 것과 동일한 논리다.[54] 하지만 휴전선 북쪽의 사회주의 국가는 오랫동안 파시즘 못지않은 초강력 민족주의ultra nationalism를 과시해왔다. 다음은 1986년 민족해방(NL) 계열의 학생들이 발간한 『해방선언』이라는 제호의 잡지에 실렸던 글의 일부다.

> 1950년대 한국전쟁에 뛰어든 양키군들이 한국 민중을 어떻게 유린했는가. (…) "미국은 가는 곳곳마다 흰옷 입은 사람은 모두 죽이는 것을 당연시했고 여자는 보이는 대로 강간을 서슴지 않았다. 13세 먹은 소녀도, 애를 안고 사정하는 부인도 미군에게 강간당하고 버려져 죽어갔으며 어떤 미군통치지역에서는 한국 민간인 200여 명이 학살당해 동굴 속에 시체 더미로 쌓여 있었는데 여자는 모두 생식기가 총검에 잘려나간 상태였다." 한편 전쟁이 끝나고 이 땅을 계속 강점해온 주한미군들에 의해 저질러진 만행은 이루 헤아릴 수 없을 정도였다. (…) 한맺힌 절규로 대답하고 있다. (…) 이제 우리는 감춰진 분노의 역사를 치 떨리는 마음으로 들추어내고 똑똑히 외쳐야 한다. "양키놈들을 이 땅에서 몰아내자!"[55]

이번에는 사회주의자가 외세와 결탁한 자유주의를 비난하기 위해 강력한 민족주의적 감정을 부추긴다. 두 인용문의 정치적 입장이 상호 대결적임에도 불구하고, 한국전쟁의 기억과 강간의 자극적인 상황을 환기하며 민족주의적 감정에 호소하는 것은 동일하다. 이 과정에서 자연스럽게 민족주의 신파가 공유된다. 둘 다 가족의 위기를 통해 신파적 눈물을 유발하는 수사를 구사하고 있는 것이다. 이처럼 민족주의 신파는 기반이 되는 정치적 감성으로 흘러왔다.

이는 모든 근대 정치가 공유해온 정치이념인 민주주의와의 관계에서도 발견된다. 근대의 정치적 주체로서 민족은 성원들 간의 평등을 전제한다. 이는 신분의 해체와 함께 가능해진 것으로, 민족주의와 민주주의의 역사적 친연성을 창출하는 요인이다. 평등한 정치적 결정의 원리로서 민주주의democracy의 주체인 '민demos'은 내적으로 평등한 집합적 주권자를 가리키는데, 민족이 주권자가 되는 근대의 민족국가체제에서 이는 민족과 등치되어야 했기 때문이다.

따라서 식민지기 독립에 대한 요구는 언제나 민주주의에 대한 요구이기도 했다. 민족이 평등한 성원들의 집합적 주체이므로 민족주권의 획득은 민주주의의 실현과 같은 뜻이 될 수 있었다. 정부 수립 이후에도 민주주의는 언제나 민족의 통일, 자립과 함께 요구되었다. 이는 한국에서 민주주의의 지반에도 민족주의 신파가 항상 저류하게 했던 조건이었다. 민주주의의 억압으로 인한 고통의 눈물은 침략당하고 분단된 민족의 눈물과 합쳐져서 신파적으로 흐르곤 했던 것이다. 그러므로 평생을 민주주의의 실현을 위해 싸워온 백기완이 북녘땅이 보이는 산에 올라 어머니를 그리며 흘리는 눈물에는 여러 의미가 겹쳐져 있다. 그것은 가족의 복원을, 민족의 통일을, 민주주의의 실현을 동시에 염원하는 눈물이다.

이탈의 흐름과 해방의 흐름들

민족주의는 신파적 눈물을 가장 강력한 힘으로 포획했던 정치적 배치였고, 이는 전체 눈물의 흐름을 더욱 강화해왔다. 20세기를 살았던 한국인이라면 적어도 한두 번쯤은 민족주의적 눈물을 흘리지 않았을까? 하지만 그 눈물들이 언제나 민족주의로 충만하지는 않았을 것이다. 아무리 순도 높은 정치적 눈물이라 할지라도 그것에서 빠져나가는 감정적 흐름을 담게 마련이다. 신파적 눈물에 담긴 갈등의 떨림 자체가 사실 그런 이탈하는 힘들의 산물이다. 민족주의 신파 또한 마찬가지였다.

〈소만국경〉의 권춘조는 자신의 실체를 여간해서 드러내지 않는다. 마지막 순간에 가서야 민족과 가족에 대한 자신의 진정성을 드러낸다. 그는 대체로 만주를 누비는 무법자의 모습으로 등장하는데, 사실 이런 면모야말로 영화의 주된 쾌락과 관련된다. 이국적인 시공간, 무법의 자유, 폭력과 성애 등이다. 그렇다면 마지막의 눈물은 액션영화의 위반적 쾌락을 숨기는 거짓 알리바이일 수 있다. 마음껏 일탈한 뒤 변명처럼 흘려지는 눈물일 수 있는 것이다.[56] 따라서 그 눈물은 장르에 부과된 억압이기도 하다. 이는 실천의 눈물이 가지는 역설을 떠올리게 한다. 그것은 실천에 나서지 않았다면 겪지 않았을 고통의 눈물이다. 그러니 권춘조의 눈물은 민족주의의 억압을 입증하는 것이기도 하다.

민족주의적 눈물의 이면에는 그로부터의 이탈의 흐름이 항상 있다. 때문에 민족주의적 신파의 압박 속에서 어쩔 줄 몰라 길을 잃은 경우도 많다. 아내를 찾아 월남한 남성이 아내의 새 남편과 대면하는 비극을 담은 〈남과 북〉도 그런 경우다. 눈물바다가 펼쳐지고 나면 이제 가족과 민족의 위기를 동시에 해결하기 위한 실천이 이어져야 한다. 그런데 두 남편이 서로의 남성성에 매혹되고 자책하기 시작하면서 영화는 이상한 방향으로 흐른다. 결국 이 대위는 위험한 임무에 자원해서 전사하고, 장 소좌는 자책감에 그를 따라 목숨을 던진다. 기이한 결말이다. 결국 그들은 가족주의도, 민족주의도 실천하지 않은 것이다.

그러니 민족주의 신파의 압박을 아예 거부하는 것도 하나의 가능성이다. 『청춘극장』의 친일파 최달근은 신파적 눈물이 정치적으로 포획되는 것을 거부한다. 백정의 아들인 그는 "사람들 앞에서 머리를 굽실거리던" 아버지를 생각하며 눈물 흘린다. 김 참봉에게 능욕을 당하고 우물에 빠져 죽었던 어머니를 생각하며 그는 다짐한다. "올라서라! 사람의 머리 위에 진흙발로 올라서라!"[57] 그리고 그는 일제 헌병 오장 기무라 다카오木村隆雄가 된다. 그의 친일은 정치적 신념과는 무관하다. 단지 생존을 위해서 선택된 것일 뿐이다. 이 또한 익숙하지 않은가?

이러한 이탈의 흐름들도 함께 고려하며 눈물을 비평해야 한다. 민족주의가 눈물의 전 방향적 흐름 위에 떠 있는 위태로운 구조물임을 간과하지 않아야 하는 것이다. 더 중요하게는 그 이탈의 흐름이야말로 정치적 신파에 담긴 힘의 원천임을 포착할 수 있어야 한다. 어떤 배치의 성립이란 언제나 다른 배치로부터의 이탈일 수밖에 없다. 그러니 정치가 눈물에서 포획하고자 하는 역능도 결국 무한히 이탈하는 잠재성에 다름 아니다. 민족주의도 탈주하는 눈물의 흐름에 민족해방을 정향함으로써 더욱 강력해질 수 있었던 것이다.

신파적 민족주의와 파시즘

신파는 민족주의와 결합하고, 때로 다른 정치적 배치들을 경유하며, 거대한 물길을 이뤄 흘러왔다. 그렇게 한 세기가 눈물의 시대가 되었다. 그런데 그 눈물은 과연 원래의 목적, 즉 존재의 상태를 개선하는 데 부합하는 것이었을까? 목적을 잃어버린 채 흘러온 건 아니었을까? 이는 신파와 접속한 한국 민족주의가 제대로 작동했는지의 여부와 깊이 관련된다. 민족주의는 눈물을 포획함으로써 강력한 호명의 힘을 갖게 됐다. 그렇다면 신파와의 결합을 통해 민족주의에 초래된 질적 변화는 없는 걸까?

근대적 정치공동체로서 민족은 자유주의, 사회주의, 민주주의 등과 관련되면서 탄생했다. 하지만 모든 공동체가 그러하듯, 민족주의도 대내적으로 개인의 자유를 억압하고 민주적 참여를 통한 의사결정을 봉쇄하며, 대외적으로는 타 국민들과 적대적인 투쟁을 지향하는 쪽으로 잘못 이끌릴 가능성이 있다. 더구나 민족은 스스로를 유구한 혈통의 자연적 공동체로 상상하는 성향을 가진다. 이는 민족주의가 오도될 가능성을 강화한다.

민족을 가부장제적 가족으로 은유하는 민족주의 신파는 그러한 가능성을 증폭시킬 수 있다. 눈물의 비합리성은 오도된 민족주의의 실행에 맹목적인 강력함을 부여할 수도 있다. 내적으로 전체주의적·권위주의적이며, 외적으로는 적대적·비합리주의적으로 경도된 민족주의는 근대 정치의 대표적인 타락, 즉 파시즘의 주된 구성요소다. 그렇다면, 신파와 민족주의의 접속은 파시즘의 등장에 좋은 조건이 될 수 있다. 실제로 한국의 민족주의가 파시즘으로 오도되는 경향을 종종 보였던 점에서 위험은 배가된다.

국권 상실의 위기를 맞았던 1900년대에는 사회진화론에 바탕을 둔

유기적 민족관과 경쟁논리가 팽배했다. 국가 간 경쟁에서 이기려면 개인의 생명을 희생해야 한다는 것이었다.[58] 1920년대에 이광수는 「민족개조론」에서 사적 영역을 허용하지 않는 반자유주의적 정치관과, 국가 이외의 정치적 주체를 인정하지 않는 반민주적인 정치관을 피력했다.[59] 해방 후에는 국가지상과 민족지상주의를 기치로 내건 민족청년단이 등장했고, 1950년대에 이승만 세력은 단일민족론과 가족국가관에 입각해 '뭉치면 산다'는 구호 아래 일민주의를 주장했다.[60]

1960년대가 되면 신파적 눈물을 강력하게 환기하며 파시즘적인 민족주의를 내세우는 세력이 정치의 전면에 나섰다. 바로 5.16쿠데타로 집권한 박정희 군사정부다. 민족주의가 반미·용공의 혐의를 받으며 억압되었던 1950년대와 달리,[61] 4.19혁명 이후 통일 논의와 함께 자유주의적인 민족주의가 부상하고 있던 시점이었다.[62] 다른 한편으로, 당시는 신파적 눈물의 영화들이 본격적으로 극장을 점령하기 시작한 시점이기도 했다.

군부 세력은 권위주의적·전체주의적으로 오도된 민족주의를 내세웠고, 이를 정당화하기 위해서 신파적 눈물에 호소했다. "우리가 서로 한 핏줄로 얽혀진 겨레임을 깨닫고 눈뜰 때 비로소 겨레의 혁명, 온 국민의 혁명이 이룩될 것이"며,[63] "피와 땀과 눈물 이것으로 '민족'이라는 싹은 비로소 자라나는 것이"라고 강력한 민족주의적 감정을 환기할 때,[64] 신파적 민족주의의 위험이 실제 정치로 현실화되고 있었다. 목적을 잃어버린 눈물의 강력한 흐름이 창출되는 순간이었다.

6.
파시즘과 눈물

한국영화 100년을 돌이켜볼 때 가장 많은 눈물이 흐른 시기는 1960~70년대였다. 그 가족주의적 눈물은 식민지기에 발원했지만 전쟁 후의 남한에서 가장 강하게 흘렀다. 전쟁 직후에는 눈물이 많이 흐르지 않았다. 그러다가 10년 가까운 시간이 지나고 나서 많은 눈물이 흐르기 시작했고 이후 20년 이상 계속되었다. 물론 이 시기에 갑자기 삶이 더 고통스러워진 건 아니다. 고통의 감각은 상대적이다. 같은 상황에서도 눈물을 흘리는 이가 있는 반면 흘리지 않는 이도 있다. 따라서 1960년대에 접어들면서 한국인은 상황을 좀 더 강하게 비관하기 시작했다고 볼 수 있다. 고통에 보다 예민하게 반응하게 만드는 사회의 배치가 형성된 것이다. 이는 그들로 하여금 눈물을 흘림으로써 현실의 고통을 참고 힘겨운 실천들에 기꺼이 투신할 수 있게 했다. 그것은 기본적으로 가족주의적인 것이었지만 민족주의가 그 위에 덧씌워졌고, 그 결과 1960~70년대는 강력한 민족주의 신파의 시대가 되었다. 그런데 이는 자유의 억압과 민주주의의 훼손을 수반하는 동원의 정치를 정당화하는 근거가 되기도 했다. 그 과정에서 흘려진 신파적 눈물은 파시즘에 의해 포획된 것이었다.

우리 민족의 나아갈 길

> 오늘날 우리는 역사상 일찍이 경험하지 못한 최대의 민족적 위기에 직면하고 있다는 사실을 깨닫지 않으면 안 된다. 사느냐 죽느냐, 흥하느냐 망하느냐 하는 실로 민족사활의 판가름을 짓는 엄숙한 순간에 놓여 있다. 이 위기는 이미 우리의 발등에 떨어진 불꽃이며 우리가 봉착하고 있는 갖가지 불리한 여건과 곤란과 비극적 사태 바로 그것이라 하겠다. (…) 도피와 방관은 우리의 무력과 비겁성을 드러내는 것뿐이며, 결국에 가서는 우리를 파멸로 이끌 것이다.[1]

쿠데타 이후 민정으로의 전환을 앞두고, 박정희는 『우리민족의 나아갈 길』이라는 책을 발표한다. 당시의 상황을 민족적 위기로 규정하는 이 책은, 세계가 민족 간 생존경쟁의 원초적인 투쟁의 영역임을 환기하면서 전체 분량의 반 이상을 조선시대 이후 민족의 수난사를 다루는 데 할애한다. 우리 모두는 "슬픔과 굴욕만이 있던" 역사를 "자신을 책하는 뜨거운 눈물로 씻어버"려야 했다.[2]

이는 앞서 살펴봤던 함석헌의 역사관과 매우 유사하다. 하지만 제시되는 실천의 방향은 상이하다. 함석헌은 고난으로 점철된 비천한 삶을 있는 그대로 받아들여야 한다고 주장한다. 순교자적인 태도로 고난을 받아들임으로써 세계의 죄악을 대속하라는 것이다. "생존경쟁 철학 위에 서는 애국심은 이 앞의 세계에서는 배척"되어야 한다.[3] 경쟁이 있다면 그것은 힘의 경쟁이 아니라 도덕적 경쟁이 되어야 할 것인데, "이때까지의 역사는 폭력으로 하는 쟁탈의 역사였으나, 인류

가 망하기를 자처하지 않는 한, 이 앞으로의 역사는 도덕적 싸움의 역사일 수밖에" 없기 때문이다.[4]

반면, 박정희는 세계 속에서 투쟁하여 살아남아야 한다고 호소한다. 고통을 강조하고, 슬픔을 환기하며, 눈물을 자극하는 것은, 실천을 보다 강력하게 요청하기 위함이다. "설움과 슬픔과 괴로움에 시달리던 이 민족의 앞길에는 반드시 갱생의 길이 있을 것이다."[5] 그러므로 그가 설파하는 눈물의 민족사에는 또 다른 눈물이 함축되어 있었다. 그것은 바로 위기를 극복하는 과정에서 흘려야 할 눈물이었다.

박정희는 집권 기간 동안 이런 세계관을 지속적으로 설파했다. 이는 무한경쟁, 적자생존의 진화론적 공간관과, '과거의 부정', '현재의 실천', '미래의 풍요'라는 선형적 시간관으로 구성됐다. 가장 중요했던 시간대는 물론 현재다. 실천이 고통스러울 것이므로 이를 이끌어내기 위한 설득의 논리가 필요했다. 그의 선택은 눈물이었다. 일단 사람들이 집단적인 위기감을 느끼고 울기 시작하면 그들을 동원하는 것은 쉬워지는 법이다.

『우리민족의 나아갈 길』에 따르면, 현재의 위기는 민족애의 결핍, 특권주의, 파당의식, 사대주의 등의 왜곡된 민족성에 기인한다. 이는 정체성론, 타율성론 같은 식민사관의 영향을 깊이 받은 것이었다. 그러나 탈식민의 시대에 식민사관의 이데올로기적 기능은 크게 달라졌다. 이는 위기를 극복하는 실천을 강력하게 요구하기 위한 것이었다. 이제 "살아도 같이 죽고 죽어도 같이 죽는다"라는 운명공동체로서의 민족의식으로 수난을 극복할 시점이었고,[6] 이 과정에서 "진실로 우리에게 필요한 것이 있다면 모든 국민의 피와 땀과 눈물과 내핍

과 근면뿐"이었다.[7]

박정희의 민족주의

이렇게 박정희는 민족주의를 강력하게 제기하며 등장했다. 그의 민족주의는 고통, 슬픔, 눈물의 수사를 수반하는 익숙한 유형이었다. 내용에 있어서도 이는 한국 민족주의의 특정한 흐름을 잇고 있었다. 세계를 민족 간의 진화론적 경쟁의 상황으로 바라보는 것은 대한제국기와 식민지기 민족주의자들의 주요한 관점이었다. 박정희는 4.19 직후 강하게 제기되던 통일 논의를 봉쇄하면서 '선 건설, 후 통일'의 논리를 내세우는데,[8] 이는 3.1운동 이후 국면에서 독립에 앞서 실력 양성을 주장했던 민족주의 우파의 흐름을 떠올리게 한다.

민족주의 우파의 상당수가 결국 친일로 흘렀으니, 박정희의 민족주의를 진정성 없는 것으로 의심할 수도 있겠다.[9] 무엇보다도 그 자신이 일제 말기 만주국 장교 출신이다. 하지만 1960년대의 박정희가 여전히 친일적이었다고 볼 수는 없다. 해방을 거치면서 생각이 바뀌었으리라고 추정하는 것이 합리적이다. 보다 중요한 것은 그가 민족관을 형성하는 과정에서 참조했던 대상이다. 그가 한국 민족주의자들의 영향만 받았던 건 아니다. 일제 괴뢰정부의 군인 다카키 마사오高木正雄 소위는 일본의 민족주의도 당연히 참조했다.

본래 민족주의는 봉건적 신분질서를 타파하려는 해방의 이념으로 등장했다. 그것이 최초로 강하게 대두된 순간은 프랑스혁명기였다. 그런데 일본의 민족주의는 이와는 다른 유형에 속한다. 19세기 전반기에 유럽 전역에서 자유주의적 민족주의의 위세가 급격히 증대하자, 군주들이 민족주의를 전용하기 시작했다.[10] 즉 "민족과 왕조제국의 의도적인 결합물"이 등장한 것이다. 이는 새로운 종류의 민족주의가 등장했음을 의미했다. 그것은 '관 주도official'적인 것으로서, "대중 민족운동에 대한 반동"의 성격을 가지고 있었다.

새롭게 등장한 위로부터의 민족주의는 내부적으로는 취약한 자유주의를, 외부적으로는 팽창주의의 성격을 강하게 띠었다. 이는 정치공동체로서의 민족이 집단주의적으로 오도될 때 향할 수 있는 상태였다. 이는 인종, 종족, 혈통의 초역사적 정체성에 호소했고, 20세기에는 파시즘의 토양이 되어 제국주의적인 국제전쟁의 주요한 원인이 되었다. 관 주도 민족주의가 등장했던 대표적인 지역이 독일이다. 그리고 일본의 '천황제 내셔널리즘'도 이런 유형에 속했다.[11]

일본인은 '현인신現人神'인 천황과 우월한 '국체國體'를 정점으로 하는 거대한 가족으로 자신들의 민족국가를 규정했다.[12] 그리고 이를 근거로 반민주적 독재, 전체주의적 동원, 자유의 억압, 팽창주의 전쟁의 추진을 정당화했다. 1961년 일본을 방문한 박정희는 당시 일본 총리였던 이케다 하야토池田勇人를 만나서 "나는 메이지유신을 지도한 일본 지사들의 기개를 본받아 앞으로의 행동을 결정하겠다"고 말했던 것으로 전해진다.[13] 이광수 등 우파 민족주의자들이 일제에 부역할 수 있었던 까닭은, 그들의 세계관과 민족관의 구조가 일제의 그것과 유사했기 때문일 것이다. 박정희도 마찬가지였던 것으로 보인다.

박정희 정권은 폭력적으로 언론을 억압하고 정치적 비판자들을 탄압함으로써 민주적 결정을 불가능하게 했다. 이런 권위주의 정치, 즉 독재는 계엄령과 소위 긴급조치권의 남발을 통한 기본권의 유린에서 극에 달했다. 전체주의적인 국민 생활의 통제와 자유의 억압도 함께 자행되었다. 이는 노동운동의 철저한 분쇄, 지문날인을 포함하는 과잉 주민등록제도를 통한 국민 감시, 고등학교 교육과정에 군사교육을 도입하는 것을 포함하는 사회의 병영화, 통금제·두발 단속·혼분식 강제·산아제한과 같은 미시적 삶의 영역에 대한 통제에 이르기까지 사회의 전 영역에 걸쳐 이루어졌다.[14]

이 모든 것의 목적은 민족중흥이었다. 구체적으로는 반공국가의 수호와 자본주의적 발전이 목표였다. 이는 사활의 위기에 봉착한 "우리 민족이 나아갈 길"이었다. 이 과정에서 일본의 사례가 적극적으로 참조되었고, 관 주도 민족주의 특유의 권위주의, 전체주의 정치가 실행되었다. 그렇다면 박정희 시대의 정치를 파시즘적이었다고 할 수 있는 것일까? '파쇼정권 타도'라는 시위대의 구호는 당연히 그러하다고 말한다. 그런데 이는 사실 논쟁적인 문제다. 이는 파시즘을 어떻게 정의하느냐에 달려 있는데, 그 정의들이 다소 분분하기 때문이다.

박정희체제와 파시즘

'파쇼 타도'라는 구호는 파시즘에 대한 마르크스주의적 정의에 의거한 것일 가능성이 크다. 이에 따르면, 파시즘은 자본주의의 위기를 방어하기 위해 자본가들이 선택하는 테러적인 독재체제다.[15] 따라서 자본주의 국가의 모든 독재체제가 파시즘으로 규정된다. 박정희체제 또한 예외일 수 없다. 하지만 파시즘에 대한 정의는 그 외에도 다양하다.

파시즘은 본래 이탈리아 파시스트당의 정치운동을 가리키는 단어이지만, 이탈리아 외부의 유사한 현상들을 가리키는 용어로도 널리 사용됐다. 즉, 근대 특유의 정치적 현상인 '일반적generic 파시즘'을 상정할 수 있다.[16] 이에 대한 여러 정의가 공유하는 특성은 국가장치의 권위주의적이고 전체주의적인 작동이다. 또한 파시즘이 '초강력 민족주의'에 기초한다는 생각도 매우 폭넓게 수용된다. 로저 그리핀Roger Griffin에 따르면, "일반적 파시즘은 대중적인 초민족주의의 재생에 그 신화적 핵심을 가지는 정치 이데올로기의 한 종류다."[17] 물론 여기에 다른 특성들이 추가되어야 한다.

파시즘은 반공산주의, 반여성주의라는 점에서는 보수적이지만, 민족의 이익을 위해서는 급진적이다.[18] 자본주의를 비판하면서 혁명적 포즈를 취하지만, 자본 축적과 사적 소유 자체를 건드리지는 못한다. 신화화된 과거에 의존하지만, 기술적 모더니티에는 매혹된다. 모호한 생철학에 기반하고, 영속적인 전쟁의 세계관을 가지며, 군사적 행동주의를 취하는 경향이 있다.[19] 탈종교 시대에 정치를 신성화하려는 태도와 관련 있으며, 미학화된 양식에 의존하는 경향이 있다.[20] 대중의 참여를 기초로 하는 아래로부터의 정치운동의 성격을 가지며,[21] 대중의 습속과 심성의 영역에서 작동함으로써 헤게모니를 획득한다.[22]

이런 특성들을 고려할 때, 박정희 시대의 정치가 파시즘적이었다고 판단할 근거는 상당히 많다. 일단 강력한 민족주의에 입각한 국가장

치의 권위주의적, 전체주의적 작동이 이루어졌다. 반공주의의 전경화, 가부장제의 강화, 민족적 위기의 강조와 재생에의 열망, '하면 된다'의 행동철학, 민족영웅들에 대한 제의의 제도화, 자본주의 건설을 지상과제로 삼았던 점, 그리고 군사적 대치상황의 끊임없이 환기 등, 박정희체제의 여러 양상에는 파시즘의 소지가 충분하다. 하지만 박정희 시대의 정치를 파시즘으로 규정하기 어렵게 하는 면들도 있다.

그중 하나는 대중 동원이 주로 위로부터 이루어졌다는 점이다.[23] 그러니까 박정희체제의 지배블록이 파시스트로 채워졌던 것만으로는 부족하다. 그것이 대중의 참여를 통해 지지되고, 강화되어야만 파시즘 정치가 성립한다. 박정희체제의 모델이 되었던 전쟁기 일본의 전체주의 독재도 아래로부터의 운동에 기초하지 않았다. 때문에 일본에서는 자국의 근대 정치를 '위로부터의 파시즘'으로 규정하는 경향이 있다.[24] 하지만 대중정당이나 대중운동에 기초하지 않았다는 이유로 이를 기각하는 입장 또한 폭넓게 제기되었다.[25]

그러나 '대중독재론'의 입장은 이와 다르다. 근대의 독재dictatorship는 전제정despotism과 달리 반드시 일정한 수준의 대중적 동의, 혹은 합의에 기초하기 때문이다. 그것은 일상적인 습속과 심성의 심층 차원에서 이데올로기가 작용한 결과로 성립하는 헤게모니적 지배다.[26] 대중독재론은 근대 정치의 배치 특유의 복잡하고 중층적인 작동을 잘 보여준다. 그리고 일본 군국주의나 박정희체제 역시 아래로부터의 동의에 기초하지 않을 수 없었음을 입증한다.

박정희체제도 적극적인 대중운동을 수반하지 않았고, 체제 유지의 결정적인 기초는 폭력이었으며, 부마항쟁의 영향하에서 결국 붕괴됐다. 하지만 이런 사실들이 박정희체제의 헤게모니가 취약했음을 증명하지는 못한다. 유신헌법이 국민투표를 통해 승인된 것은 박정희체제에 대한 대중적 동의를 명시적으로 드러내지 않는가. 근대의 우파독재로서 박정희체제는 파시즘의 한 유형임이 분명하다. 그러니 질문은 체제의 헤게모니가 성립했던 영역인 습속과 심성의 동학을 향해야 한다.

그에 대한 대답의 실마리는 박정희의 장례식에서 찾을 수 있다. 수많은 사람이 흘린 그 엄청난 눈물은 박정희의 호명에 대한 강력한 응답의 증거였기 때문이다. 박정희는 눈물을 자극함으로써 한국인의 심리 깊숙한 곳에 접속하는 데 성공했던 것으로 보인다. 정권의 파시즘적 지향이 대중에 의해 충분히 공유되지 않았을지라도 헤게모니적 지배가 가능했던 것은, 그들이 눈물로 맺어진 사이였기 때문이다.

눈물의 파시즘

박정희의 파시즘이 유래한 원천들 중 하나는 일본의 것이다. 그 영향관계가 드러나는 사례는 많다. 무엇보다도 5·16쿠데타 자체가 일본 파시스트 청년장교들의 실패한 쿠데타인 2·26의 영향을 받은 것일 가능성이 크다. 박정희가 일본의 대표적인 파시스트인 기타 잇키北一輝로부터 깊은 영감을 받았다는 지적도 제기됐다.[27] 일제의 조선 통치는 현역 육해군 대장 출신 총독이 입법·사법·행정을 독점하는 억압적인 절대권력을 통해 이루어졌다.[28] 박정희의 군인정권은 해방 이전의 익숙한 정치적 상태로의 회귀로 느껴지는 면이 있었다.

쿠데타 직후의 국가재건범국민운동은 일제 말기 동원체제를 계승한 것이었다. "재건체조는 일제 말기의 '라디오(보건)체조'를, 신생활복은 국민복을, 재건순보는 주보를, 국민가요는 그대로 국민가요를 연상케" 했다.[29] 새마을운동과 일제하 농촌진흥운동의 연관성이나 국민교육헌장과 일제의 교육칙어 사이의 유사성 또한 널리 지적됐다. 군대식의 사회조직을 통해 병영국가화한 것에서는 일본 군국주의의 흔적을 찾아볼 수 있다.

사실상 두 번째의 쿠데타라고 할 수 있는 과정을 통해 성립한 유신체제에서 초월적인 권한을 대통령에게 부여했던 것이나 충효의 논리에 기초한 가족국가관을 설파했던 양상 또한 천황제 내셔널리즘과 많이 닮아 있다. 유신체제하의 긴급조치권 남용은 식민지기 조선 통치가 법률이 아닌 제령, 칙령 등의 '명령'에 의해 이루어졌던 것을 떠올리게 한다.[30] 하지만 다른 점도 있었다. 그중 가장 두드러지는 것은 바로 감정이 배치되는 방식이었다.

일본의 파시즘은 자국을 세계 만국의 근본으로 여겼다.[31] 이는 황통의 우월성에 대한 그들의 믿음에 기인하는데, 황통은 신으로부터 비롯된 것이고, 한 번도 끊어지지 않고 계속 이어져왔다는 것이다.[32] 일본 파시즘이 자민족의 정체성을 가리키는 단어로 사용했던 '국체'의 영어 번역은 "the glory of fundamental character of our empire"였다.[33] 이런 '영광'의 민족 정체성에 고통, 슬픔, 눈물이 들어갈 자리는 없다. 이는 민족의 고통, 슬픔, 눈물을 전경화했던 박정희 시대의 파시즘과 확연히 구별된다.

눈물을 중요한 구성요소로 가지는 한국 민족주의는 박정희 시대에 와서 더 증폭되었다. '수난의 민족'이라는 관념이 성립된 것은 조선 말 민족 개념이 도입되면서였다. 이는 1910년의 일제 강점으로 인해 더욱 강화되었고, 1920~30년대를 거치면서 일반화되었던 것으로 보인다. 한국전쟁 후 민족적 눈물의 흐름은 함석헌과 박정희라는 두 중요한 계기를 통해 강화되었다. 함석헌이 기독교적 윤리의 실천을 유도하기 위해 눈물을 요청했다면, 박정희는 파시즘체제에 대중을 동원하기 위해 그랬다.

박정희체제의 가장 중요한 두 개의 의제는 반공과 개발이었다. 개발이 곧 자본주의의 개발을 의미한다는 점에서 양자는 서로 긴밀하게 연관된 것이기도 했다. 반공과 개발의 기치하에 박정희 정권은 억압적이고 착취적인 폭력정치를 밀어붙였다. 한편으로는 이런 동원에 기꺼이 참여하도록 만드는 것이, 다른 한편으로는 그것의 억압성을 감추는 것이 필요했다. 이를 위해 고통, 슬픔, 눈물이 강하게 환기됐다. 민족적 위기로서 저개발의 빈곤의 고통을 절감하고, 국가 주도의 자본주의적 개발에 참여함으로써 그 위기를 극복할 것이 주창된 것이다. 이렇게 눈물의 파시즘이 탄생했다.

〈쌀〉

쿠데타가 일어났던 1960년대 초 한국의 가장 심각한 사회문제는 빈곤이었다.[34] 유현목 연출의 영화 〈오발탄〉(1961)은 한 가난한 가족의 고통스러운 일상을 당시 월남민들이 모여 살던 남산 해방촌의 처절한 풍경을 배경으로 담아낸다. 군사정부는 이 영화를 좋아하지 않았다.[35] 절대빈곤의 상황을 제시한 것이 문제가 되지는 않았을 것이다. 당시의 상황을 심각한 위기로 규정하고 자행된 쿠데타였으니 말이다. 문제는 절망적인 분위기를 객관적으로 포착했다는 점에 있었다. 전쟁에서 부상당해 불구가 된 전직 장교가 은행강도로 전락한다는 식의 설정이 그랬다.

군사정부의 마음에 들려면 어땠어야 할까? 신상옥 연출의 〈쌀〉(1963)이 모범답안을 제시한다. 이 영화에도 다리를 저는 상이군인이 등장한다. 술로 세월을 허비하던 용이(신영균)는 아버지가 위독하다는 편지를 받고 원치 않는 귀향을 한다. 비포장도로에 덜컹거리는 버스를 타고 돌아온 고향의 모습은 차마 눈뜨고 볼 수 없을 지경이다. 마을 어귀에서 처음으로 마주친 것은 흙을 음식으로 잘못 알고 먹는 바보 처녀의 모습이다. 아버지는 영양실조로 사경을 헤매고, 오랜만에 돌아온 아들에게 내놓을 쌀 한 톨이 없다.

그 처절한 가난 앞에서 눈물을 흘리지 않을 수가 없다. 이는 가족에 대한 연민, 자신의 무능함에 대한 자책이 뒤섞인 신파적 눈물이다. 그리고 그는 문제를 해결하기로 결심한다. 문제는 바로 쌀! 쌀이야말로 궁극의 문제다. 절대빈곤은 비단 용이 가족만의 문제는 아니다. 온 마을의 가족들이 모두 같은 위기에 처해 있다. 그러니 협동이 필요하다. 가족의 위기는 온 마을이 합심해야만 극복할 수 있다. 용이는 돌산을 뚫어 물길을 내 황무지를 논으로 바꾸기로 한다. 그리고 마을 사람들을 모아서 작업을 시작한다.

하지만 기계장비 없이 돌산을 뚫는 일이란 불가능에 가깝다. 가족의 위기를 극복하고자 시작한 일이지만 이는 도리어 가족의 위기를 심화시킨다. 자금을 대기 위해 용이는 집문서를 내놓아야 하고, 여동생은 오빠를 돕기 위해 도시로 가 술집 여급이 된다. 가족을 살릴 오빠를 위해 화류계에 몸을 던지는 대목은 〈쌀〉이 〈사랑에 속고 돈에 울고〉와 접속하는 지점이다. 이는 오빠를 더욱 강한 실천으로 이끈다. 돌산을 뚫는 것이야말로 위기를 근본적으로 해결하는 방법이기 때문이다. 이렇게 가족의 문제는 공동체의 문제로 확장된다.

마을 사람들의 회의주의, 구태의연한 사고를 가진 지주 송 의원의 반대, 관청의 비협조 등이 번번이 용이의 발목을 잡는다. 이런 장애물 앞에서 용이는 여러 차례 눈물을 흘린다. 하지만 이 눈물은 다시 실천의 의지를 불태우게 하고, 결국 피나는 노력 끝에 작업은 성공에 이른다. 영화의 절정부에 쿠데타로 정부가 바뀌고, 젊은 군인들의 시원시원한 협조가 성공의 주요 동력이 되는 것도 지나칠 수 없는 대목이다.

〈쌀〉은 〈오발탄〉에 비해 감정으로 충만하다. 그 신파적 감정은 어떤 어려움에도 굴하지 않을 강한 실천을 추동한다. 민족주의적인 실천은 과잉의 가족주의적 감상과 접속함으로써 가족윤리의 당위성과 감상주의적 윤리 특유의 비합리적 힘을 얻는다. 퇴역 군인이 그 실천의 중심에 있다는 점도 의미심장하다. 이는 명백히 『우리민족의 나아갈 길』의 요청에 대한 응답이었다.[36] 그 요청과 응답은 눈물로써 이루어진 것이었으니, 이 영화에서 흘러내린 눈물의 다른 한편에는 박정희의 눈물이 있었다.

박정희의 눈물

박정희는 집권 기간 내내 특유의 세계관을 설파하고 조국 근대화에 동참할 것을 요청했다. 1967년 신년사에서 그는 "수난과 빈곤의 역사는 끝나고 번영과 영광의 새로운 역사가 이미 우리 앞에 전개되었"다고 선언하면서도, "우리 국민이 지난 몇 년 동안 발휘했던 그러한 의욕과 자신과 인내와 용기를 다시 한 번 발휘"할 것을 호소한다.[37] 1971년에 출판한 『민족의 저력』에서도 그는 "영광된 과거를 자랑하는 것보다 차라리 불운한 과거를 돌이켜보는 것"이 더 바람직하다며 다시 한 번 "고난과 불행"의 민족사를 회고한다.[38] 그리고 "중단하는 자는 승리하지 못하며, 승리하는 자는 중단하지 않는다"고 주장한다.[39] 현실은 계속해서 위기로 인식되고, 고통은 계속 절절히 느껴져야 했다. 그래야만 중단하지 않을 수 있기 때문이었다. 이 과정에서 박정희는 끊임없이 피, 땀, 눈물을 요청했고, 그 자신이 눈물을 흘리기도 했다. 1964년에 흘린 눈물은 그중 가장 유명한 사례일 것이다.

1964년 12월 10일, 박정희 부부는 서독 방문 일정 중에 한국인 광산노동자들과 간호사들을 만난다. 서독에서 들여온 상업차관 1억 5,000만 마르크를 보증하기 위해 파견된 노동자들이었다.[40] 이들이 마련한 환영식장에 들어서자마자 벌써 육영수는 눈물을 흘리기 시작했고, 간호사 중에서도 눈물을 훔치는 사람들이 있었다. 박정희 일행은 대형 태극기가 걸린 강당의 단상에 올라 노동자들과 함께 애국가를 부르기 시작했다. 그런데 합창은 점점 목멘 울음으로 변해갔고, 마지막 소절에서는 울음 때문에 가사가 들리지 않을 정도였다. 박정희가 연설하는 중에도 울음은 이어져, 결국엔 박정희 자신도 울음을 터뜨렸다. 연설은 중단되고 강당은 눈물바다가 됐다. "대한민국 만세!"를 외치는 노동자들을 뒤로 한 채 떠나는 차 안에서도 박정희는 눈물을 애써 참아야 했다. 조갑제는 이를 '박정희의 결정적 순간' 62가지 중 하나로 기록하고 있다.[41]

이날의 눈물은 노동자들의 고통으로 인해 흘렀을 것이다. 박정희 부부의 눈물도 그랬고, 노동자들의 눈물 또한 자기연민 때문이었을 것이다. 그런데 그 연민은 가난한 한국인 전체를 향한 것이기도 했다. 그리고 간호사 대표가 "우리는 왜 이렇게 못삽니까. 좀 더 고생을 해서라도 잘살아야겠습니다"라고 외쳤을 때 터져 나온 눈물에는 자책의 감정도 있었고, 어떤 비장한 각오와 의지의 감정 또한 있었다.[42] 박정희는 그날 연설에서 "조국의 명예를 걸고 열심히 일"해서, "우리 생전에는 이룩하지 못하더라도 후손을 위해 남들과 같은 번영의 터전이라도 닦아"놓자고 호소했다.[43]

애국가를 부르며 함께 눈물을 흘리는 이 순간은 참으로 익숙하다. 전형적인 민족주의적 눈물의 순간인 것이다. 개인의 고통과 민족의 고통이 겹쳐지며 눈물이 흐른다. 후손을 위해 희생할 것을 호소할 때 그것은 가족적인 실천인 동시에 민족적인 것이기도 하다. 함께 흘리는 눈물은 실천을 이끌어내는 데 도움이 됐을 것이다. 눈물에는 그런 힘이 있다. 많은 이들이 눈물의 힘으로 고통의 시대를 살아냈다. 하지만 그 눈물은 전체주의적 독재를 정당화하는 기제의 일부이기도 했다. 눈물을 흘리며 자유의 억압, 민주적 권리의 박탈로 인한 고통도 참아야 했기 때문이다.

파시즘의 미학

서독에서 그들이 감격적인 대면을 하고 함께 울었던 것은 사실이지만, 조갑제의 묘사가 얼마나 정확한지는 확인하기 어렵다. 하지만 애달프면서도 비장한 느낌이 박정희 정권이 내내 환기하고 자극했던 분위기에 부합하는 것은 분명하다. 민족의 고통과 슬픔을 절감하고, 눈물로써 영웅적 실천의 의지를 고취하는 그 분위기는 흡사 〈사랑에 속고 돈에 울고〉와 〈아리랑〉을 동시에 무대에 올려놓은 것과도 같다.

벤야민은 파시즘이 정치를 예술화하는 경향이 있음을 지적한 바 있다.[44] 이는 예술을 정치화하는 것과는 완전히 다르다. 즉 파시즘의 미학을 탐구하기 위해 파시즘적인 문학, 미술, 연극, 영화를 분석 대상으로 삼는다면 그건 최선의 선택이 아니다. 그보다는 파시즘이 어떻게 정치에 미감을 부여하고, 어떻게 일상을 정치적 드라마가 되도록 만드는가에 주목해야 한다. 박정희는 자신의 삶이 불행하고 고된 것이었지만 구국의 결단과 실천의 영광이 함께한 것이었음을 강조하곤 했다. 이는 그의 삶을 극적인 미감으로 가득 채웠다.

『우리민족의 나아갈 길』은 "고달픈 몸이 한밤중 잠 못 이루고 우리 겨레가 걸어온 어려움이 많았던 일을" 생각하면서 시작된다.[45] 『국가와 혁명과 나』는 폭우가 쏟아지는 밤, "비 때문에 수없이 울고 있을 동포와 더불어 이 밤을 지새워보고 싶은 격정"과 함께 시작된다.[46] 이렇게 묘사된 박정희의 삶은 마치 액션영화의 민족주의적 영웅의 그것과 비슷한 면이 있다. 따라서 박정희 파시즘의 미학이 무엇인지 묻는다면, 신파적인 것이었다고 대답할 수 있다. 박정희는 그 비애의 절감, 비장한 결단, 단호한 실천의 과정에 국민도 동참함으로써 모두의 삶을 신파적 미감으로 채우기를 요청했다.

1974년 육영수의 죽음은 그런 정서를 더욱 강화했다. 아내가 저격당한 후에도 연설을 계속하는 결기를 보였던 박정희였지만, 죽음에 직면하고는 여러 차례 눈물을 흘렸다. 아들에게 "어머니는 내 대신 저승에 갔다"고 말하며 흘린 눈물은 액션영웅들이 여인들의 죽음 앞에서 흘린 신파적 눈물이었다.[47] 박정희가 빈소에서, 운구차 앞에서, 홀로 남겨진 청와대 접견실에서 흘린 눈물을 당시 언론은 꼼꼼히 보도했다. 이는 마치 민족중흥을 주제로 하는 드라마의 한 순간을 박정희가 주인공이 되어 연기하는 것과도 같은 느낌을 준다. 많은 사람이 텔레비전 앞에서, 아니면 직접 장례식장을 찾아서 함께 눈물을 흘렸다. 그때 흐르던 배경음악은 〈어머니 은혜〉였다.

신파적 미감으로 채워진 삶에 대한 요청에는 일정한 호응이 있었다. 박정희 정권 말기 고교생이었던 권인숙은 자신이 경험한 기이한 눈물의 순간을 다음과 같이 회고한다.[48] 그는 신사임당수련원에서 전국의 여고 학도호국단 간부들을 대상으로 한 교육에 참여했던 적이 있다. 그곳에서의 생활은 교련복과 한복을 거듭 바꿔 입으며 이루어졌는데, 이는 그것이 어떤 성격을 띤 교육이었는지를 단적으로 보여준다. 어느 날 교육생들은 느닷없이 어두운 강당으로 호출됐다. 조명이 조금씩 밝아지자 걸려 있던 태극기가 보이기 시작했다. 이와 동시에 그들 모두 울기 시작했다. 통곡과도 같은 격한 울음이었다.

국가에서 실시한 정신교육은 이렇듯 감정의 격화를 중요한 장치로 포함하곤 했다. 입대 후 훈련소에서 〈어머니 은혜〉를 부르며 울어본 한국 남성이라면 누구든 알 것이다. 공장 새마을운동 교육에 참가했던 노동자들이 수료하면서 '혈서전'이라고 이름 붙은 게시판에 "나와 동지는 공동 운명체임을 확신한다", "나와 이웃은 공동 심정체임을 확신한다"며 감정을 토로할 때 그것이 효과를 거두었음을 알 수 있다.[49] 한국인 대부분이 그런 감정으로부터 완전히 자유롭지는 못했다. 학도호국단 교육에서 울지 않았던 권인숙도 1979년 박정희가 죽었을 때에는 눈물을 흘렸다.

수많은 사람이 눈물을 흘린 날이었다. 그중에 경기도 평택의 새마을지도자 김기호도 있었다.[50] 그는 장례식 전날 아내와 서울에 올라와 하룻밤을 보낸 뒤 새벽 4시 반쯤부터 중앙청 앞에 자리를 잡았다. 그날 그곳은 수많은 인파에 마치 콩나물시루 같았다. 그들은 함께 눈물을 흘렸다. 김기호의 옆에 있던 버스 차장아가씨는 울다가 쓰러졌고, 그 또한 가슴이 찢어지게 울어댔다. 저녁에 마을에 돌아오니 80세 마을 할머니들이 모여 앉아 땅을 치며 울고 있었고, 상수도 공사를 하러 온 기술자와 인부들도 덩달아 울었다. 박정희의 눈물이 공허한 울림으로 그치지는 않았던 것이다. 이에 응답해 많은 눈물이 흘렀고, 이는 그들의 일상을 강렬한 투쟁의 정치적 드라마로 만들었다.

조국 근대화의 눈물들

김기호는 1934년 경기도 송탄에서 태어났다. 두 형이 세상을 일찍 떠나 실질적인 장남 역할을 하며 살아왔다. 명문 중학교 입학도 가능한 실력이었지만 아버지 일을 돕느라 국민학교만 마치고 진학을 포기한다. 어려서는 소년단을 만들어 생활개선운동을 했고, 나중에는 이를 청년회로 바꾸었다. 산림계를 결성해 산림녹화에 성공하는 등 모범적인 농촌부락을 만드는 데에도 앞장섰다. 새마을운동은 그에게 하늘에서 금덩이가 떨어진 것 같은 사건이었다. 1970년대에 그는 우수한 새마을지도자로 언론에 널리 소개되고 국가로부터 많은 상을 받았다.

김기호의 회고록에는 몇 차례의 눈물이 등장한다. 그는 제대로 교육받지 못한 것이 후회스러워 눈물을 흘렸고, 가난으로 처자식을 감당하지 못하고 처가로 보내던 날 미안함에 눈물을 쏟았다. 소년단 시절 어른들에게 도박을 하지 말아달라 부탁하며 눈물을 흘렸고, 산림계 활동 중 작업이 좌절될 위기에 또 눈물을 흘렸다. 1976년 새마을훈장을 대통령에게 수여받을 때 그는 다시 눈물을 흘렸다. 함께 수상한 한일합섬의 여공들이 부설고교에 입학하는 모습을 담은 슬라이드에 가슴 찡했기 때문이기도 했지만, 영부인도 없이 오로지 국가와 민족을 위해 희생하는 대통령이 안쓰러워서이기도 했다.[51]

김기호는 〈쌀〉의 용이가 현실에 실제로 존재했음을 보여준다. 그의 눈물은 절대빈곤을 극복하는 과정에서 흘려진 신파적인 것이다. 어쩌면 김기호가 〈쌀〉을 봤을지도 모르겠다. 마을과 가족 중에 하나를 선택하라는 아내의 투정은 갈등을 만들어내지만 결국 이는 마을의 협동으로 고양된다. 용이와 김기호의 눈물은 박정희의 눈물과도 호응한다. 박정희가 아내를 추모하며 흘렸던 눈물에는 자신의 공적 지위로 인해 희생된 데 대한 미안함이 있다. 하지만 이는 아내에게 "겨레를 지켜주소서"라고 기원함으로써 고양된다.[52] 신파가 공적인 실천의 동력으로 전환되는 순간이다. 이 박정희의 눈물에 여러 눈물이 응답했다. 남성적 눈물은 물론 여성적 눈물도 흘렀고, 농촌뿐만 아니라 도시에서도 응답의 눈물이 흘렀다.

홍순혜는 1935년 충북 중원에서 태어났다. 국민학교만 겨우 졸업하고 식모살이 고생 중에 전쟁이 터진다. 결혼하고 사정이 잠시 좋아졌지만 남편의 사업 실패로 미아리 산동네까지 밀려난다. 절대빈곤 속에서 그는 물 나르기, 공사장 잡역, 부엌 수리, 고추 장사, 파출부, 양재 등 닥치는 대로 일한다. 무기력하던 남편도 이에 감화받아 직업을 가지게 되자 살림이 서서히 나아진다. 중요한 것은 그가 단지 저 자신만을 위해 노력하지 않았다는 사실이다. 그는 같은 처지에 있는 마을의 주부들을 돕고, 모으고, 이끌면서 함께 노력한다. 어머니회를 조직해 파출부 일감을 나누고, 육아를 함께 하며, 마을금고를 운영하는 과정에서 마을은 몰라보게 달라진다. 그는 도시 새마을운동 대통령 표창을 받기에 이른다.[53]

홍순혜의 이야기는 1976년 〈억새풀〉이라는 제목의 KBS 특집 드라마로 제작·방영되었고, 이듬해 자서전도 출간됐다.[54] 임권택 연출로 〈아내〉(1977)라는 제목으로 영화화되어 그해 우수영화에 선정되기도 했다.[55] 홍순혜의 삶도 눈물로 얼룩져 있다. 자신의 고통 때문만은 아니다. 타인의 고통 때문에도 그렇게 운다. 그는 이웃을 가족처럼 여겨 함께 눈물 흘리고 그들을 위해 발 벗고 나선다. 그의 이웃사랑은 가족들의 불만을 사지만 갈등은 결국 해소되고 가족애는 공적으로 고양된다. 어머니회의 회훈이 이를 잘 보여준다. "나라 사랑하는 어머니가 되자, 봉사하는 어머니가 되자, 내조하는 어머니가 되자."[56] 자서전은 보육원에 있는 양아들에게 보내는 홍순혜의 애절한 편지로 마무리된다.

홍순혜와 김기호의 삶의 양상은 비슷하다. 모두 어려운 가정환경에서 자랐으며, 마땅한 교육을 받지 못했다. 하지만 이들은 강인한 의지로 노력해 역경을 이겨냈다. 특히 이 과정에서 협동정신을 발휘하여 공동체의 발전에 기여했다는 점을 빼놓을 수 없다. 이들의 삶은 강렬한 생존투쟁의 드라마와도 같으며, 그 투쟁적인 삶을 관통하며 눈물이 흐른다. 가족적인 고통, 슬픔, 눈물은 그들로 하여금 희생적 실천으로 향하게 한 주요 원동력을 제공했으며, 나아가서는 마을, 기업, 민족공동체를 위한 헌신 또한 가능케 했다. 이는 박정희체제가 요구했던 모범적인 삶의 형태였고, 박정희의 호명에 대한 응답의 결과이기도 했다.

수기의 정치

당시에 얼마나 많은 사람이 그 호명에 응답했던 것일까? 이는 정확하게 대답하기 불가능한, 단지 짐작만 할 수 있는 질문이다. 어쨌든 그 시대는 매우 많은 응답의 사례를 기록해두었다. 그 주요 형식들 중 하나가 수기手記다. 당시 수기는 매우 인기 있는 글쓰기의 유형이었다. 신문, 방송, 잡지 등에서 상금을 걸고 수기 현상공모를 하는 일이 흔했다. 수기의 형식은 기본적으로 '응답'이라는 성격을 가지고 있었다. 일방향 소통을 주된 특성으로 하는 대중매체가 독자·청취자·시청자로부터 수신 응답을 확인하는 방법 중 하나가 수기 공모였던 것이다. 국가는 이를 이데올로기적 호명에 대한 국민의 응답을 받는 방식으로 활용했다.

수기는 자신의 체험을 직접 서술하는 글쓰기 형식이다. 이는 주체가 자신을 드러내는 행위로서의 글쓰기, 즉 자기반성을 수반하고, 이를 통해 자신의 삶을 재현하며, 궁극적으로 자신이 어떤 사람인지를 공표하는 글쓰기인 것이다. 이데올로기가 작동하는 방식 중 하나는 정체성을 구성하고 호명하는 것이다. 당시 국가기관의 수기 공모는 특정한 요소들로 수기의 내용을 채울 것을 요청했다. 여기에 응모한다는 것은 그것이 요청하는 주체성을 수용함을 의미했다. 이는 한국인에게 지금까지도 끊임없이 요청되고 있는 신원증명의 행위와 궤를 같이하는 것이기도 했다.

1970년대 노동청이 발간했던 『산업과 노동』(이하 『노동』)은 여성·연소근로자 생활수기를 정기적으로 현상 공모했다. 그런데 이 공모가 반드시 포함하기를 요청한 내용 중 하나는 "고난과 역경 속에서도 굳센 투지로써 사업체나 조직체를 성공적으로 발전시킨 경험담"이었다.[57] 심사위원들은 단순히 고생을 많이 했다는 것만으로는 부족하다는 점을 강조하곤 했다. 극복 과정이 있어야 하는 것이다.[58] 즉, 〈오발탄〉 같은 식이어서는 안 되며, 불굴의 의지로 이를 극복하는 〈쌀〉과 같은 식이어야 했다. 그 결과 선정된 수기들의 내용은 모두 유사할 수밖에 없었다.

이재선은 1956년 충남 청양에서 가난한 농부의 딸로 태어났다. 국민학교 내내 1등이었고 중학교에 장학생으로 합격했지만 끝내 진학하지 못했다. 돈을 벌어야 했기 때문이다. 4년간 눈물 젖은 식모살이 생활을 하면서 열심히 돈을 모았고, 그 돈으로 고향에 돌아와 돼지 사육을 시작했다. 이 일도 쉽지 않아 때때로 눈물을 흘려야 했지만, 마침내 상당한 소득을 올리게 됐고 덕분에 어머니 병원비도 낼 수 있었다. 18세에는 동일방직에 입사해서 여공으로 일하기 시작했고, 남동생 고교 학비도 댈 수 있었다. 그는 살아오면서 자주 눈물을 흘려야 했다. 하지만 "웃음은 눈물 없이 오는 것이 아니"기에, 오늘도 "저금통장을 어루만지며", 자신이 "근대화의 역군임을 자부"하며 전진하고 있다.[59]

김용일은 1962년생으로, 아버지와 어머니는 모두 사고와 지병으로 장애인이 됐다. 반장을 도맡아하던 우등생이었지만 그 또한 중학교에 진학할 수 없었다. 담임선생이 입학금을 내주겠다고까지 했지만 그는 돈을 벌어야 했다. 나무하고, 밭 매고, 품을 팔며 남몰래 울기도 많이 울었다. 하지만 더 고생하는 누나를 보면서 흔들리지 않겠다고, 자신의 포부를 반드시 이루겠다고 결심한다. 16세에 그는 동양활석광업소에 사환으로 입사해 피나는 노력 끝에 정식사원이 된다. 19세인 그는 중학교 공부를 독학으로 하고 있다. 자선가가 되어 자신처럼 "못 배우고 가난한 사람을 돕고 장차 이 나라를 걸머질 청소년을 위해 무엇인가 보람 있는 일"을 꼭 하고야 말 것이다.[60]

당시 수기에는 전형적인 유형이 있었다. 그것은 특정한 서사 요소들로 구성됐다. 지독히 가난하다, 교육을 제대로 받지 못한다, 위기에 고통스러워한다, 포기하지 않고 노력한다, 결국 역경을 이겨낸다, 자신이 속한 공동체를 성공적으로 발전시킨다, 실천이 알려지고 포상을 받는다. 눈물이 매우 중요한 요소라는 점도 전형적이었고, 서사 속 눈물의 위치도 일정했다. 진학을 포기할 때, 일이 힘들어 좌절할 때, 결국 성공에 이르렀을 때 눈물이 흘러내리곤 했다. 이런 관습이 형성된 이유는 무엇일까? 근원적으로는 당시 한국인의 경험이 유사했기 때문일 것이다. 그러나 직접적으로는 수기 공모가 그렇게 요구했기 때문이었다.

그 전형적 유형은 『노동』의 두 수기에서뿐만 아니라 앞서 소개한 홍순혜, 김기호의 자서전에서도 발견된다. 당시 수기의 문화적 구성력이 얼마나 강력했는지 알 수 있다. 이는 체제가 요구하는 모범적인 삶의 구성이라는 정치적 역할을 수행했다. 김기호, 홍순혜가 아버지와 어머니의 사연이라면, 이재선과 김용일은 그 딸과 아들의 사연일 수 있으며, 모두 합쳐지면 민족중흥의 새마을 가족사가 만들어진다. 그것은 중요한 대목마다 신파적 눈물을 담은 격정적 드라마가 될 것이다. 이처럼 수기는 '현실의 예술화'라는 파시즘의 전략에도 복무하는 바 있었다. 그렇다면 이들의 눈물 또한 박정희의 눈물과 마찬가지로 파시즘적인 것으로 보아야 하는 걸까?

수기의 형식을 통한 이데올로기적 호명은 두 가지 명령을 담고 있었다. 하나가 명시적인 것이며 긍정의 형식을 가졌다면, 다른 하나는 암시적이며 부정의 형식을 가졌다. 첫 번째는 예의 모범적인 삶을 살라는 명령이다. 그런데 이 명령은 두 번째 명령을 함축한다. 모범적 삶 이외의 것은 쳐다보지도 말라는 명령이다. 그 수기들에서 다뤄지지 않은 수많은 것을 생각해야 한다. 무엇보다도 자본의 착취, 국가의 폭력은 반드시 감춰져야 할 것이었다. 김기호나 홍순혜는 국가에 대해서 뭔가를 바라거나 불만스러워하지 않는다. 이재선과 김용일이 회사에 대해 가지는 마음 또한 마찬가지다. 시멘트 몇 포대 내려주니, 월급 푼이라도 주니, 그저 감사할 따름이다. 이들의 '자조'정신의 핵심에는 구조적 모순에 대한 맹목이 있다.

박정희의 언술은 호소와 설득을 특징으로 한다. 물론 자신이 제시하는 모범적인 삶에 동참할 것에 대한 호소다. 그런데 이는 기만적이다. 호소는 정의상 그것의 대상이 되는 존재들이 거부할 수 있음을 전제로 한다. 그렇지 않다면 그것은 호소가 아니라 명령이다. 박정희의 호소란 사실상 명령이었다. 파시즘적 눈물을 함께 흘리기를 거부하는 것은 불가능했다. 모범적인 삶이란 억압과 착취에 대한 저항이 없는, 국가의 의사결정에 참여할 수 없는 반자유·반민주의 삶을 뜻했다. 투쟁적 생존의 드라마에 투신했다는 것만으로 그들을 파시스트라고 부를 수는 없다. 요점은 '모범적 삶 이외의 것'에 대한 배제에 동의했는가 여부다. 그런 동의가 담겨 있는 한에서 그 눈물은 파시즘적인 것이었다. 문제는 그 눈물이 그런 동의로 이어지기가 쉽다는 데 있었다.

'고생의 영화'들과 '한강의 기적'

1960~70년대는 한국영화에서 매우 많은 눈물이 흘렀던 시기다. 수많은 영화가 고통의 상황을 매우 절절하게 다루었다. 대체로 그것은 가족의 위기와 관련된 고통이었다. 때로는 가족 내의 원인 때문이

었다. 외도하는 남편, 구박하는 시모는 아내이자 며느리인 여자 주인공을 고통에 빠뜨리고 가족을 위기로 몰아갔다. 가족 외부의 원인도 많았다. 식민 지배, 전쟁 그리고 저개발이 대표적이다. 이로 인해 가족은 이별하거나 가난에 시달렸다. 그래서 이 시기의 영화들은 매우 신파적이었다. 어머니, 딸, 아버지, 아들의 눈물들로 넘쳐났다.

당시 영화의 분위기를 한국인이 즐겨 쓰는 하나의 한자어로 표현해볼 수 있을 것 같다. 바로 '고생'이다. 영화 속 인물들이 지독히 고생하던 시대였다. 그런데 고생이라는 단어에는 '고苦'만 있는 것이 아니라 '생生'도 있다. 즉, 이 단어는 고통의 토로만을 담고 있는 것이 아니다. 고통에도 불구하고 '산다'는 의미 또한 담겨 있다. 그래서 이는 신파를 설명하기에 적합한 단어이기도 하다. 신파에는 위기를 극복하기 위한 실천을 추동하는 힘이 있기 때문이다. 당시의 영화에서 그 실천은 대체로 성공했다. 대중서사의 관습적 결말은 해피엔딩이게 마련이다. 이 시기 한국영화의 고생에 관한 해석은 〈오발탄〉보다는 〈쌀〉의 방식에 가까웠다.

그러므로 1960~70년대가 '고생의 영화'의 시대였다는 것은, 당시 한국영화들이 생에 대한 열정에 고취되어 있었음을 뜻한다. 이는 가족적 위기의 절감과 그것의 극복을 위한 실천으로 표상됐다. 상황을 위기로 절감해서 울었고, 위기를 극복하는 실천이 고통스러워 울었다. '고생의 심성'이라고 할 수 있음직한 이런 성향은, 앞서 살펴봤던 모범새마을지도자와 모범근로자의 수기에서도, 박정희의 호소와 연출에서도 볼 수 있었던 것이다. 이렇다면 이 고생의 영화들은 박정희의 호명이 광범위한 응답을 받는 데 성공했다는 증거일까?

꼭 그렇게 보이지는 않는다. 신파적 영화의 전성기는 박정희체제보다 앞서 시작되었고, 그 체제가 몰락하고 나서도 일정 기간 이어졌기 때문이다. 1950년대의 한국영화에는 눈물이 많지 않았다. 이는 전후의 사회 분위기가 의외로 유쾌했음을 뜻한다. 전쟁이 끝났다는 것만으로 사람들은 만족할 수 있었던 것 같다. 눈물이 흐르기 시작한 것은 대중극 레퍼토리가 대거 영화화되었던 1950년대 말부터였다. 이영일은 이런 "신파물의 범람"이 "민중사회에 욕구불만"의 경향이 팽배했기 때문이라고 설명한다.[61] 전쟁이 끝나고 몇 해가 지나고 보니 이제 살아남았다는 것만으로는 만족하기 어려워지고, 현실의 문제들에 불만을 가지기 시작했다.

이 시기 영화들 중 하나로 신상옥 연출의 〈이 생명 다하도록〉(1960)이 있다. 이는 1959년부터 큰 성공을 거두었던 라디오 드라마를 영화화한 것으로, 당시 대중심리의 일단을 잘 보여준다. 한국전쟁 중 척추 부상을 입고 하반신을 못 쓰게 된 김 대위(김진규)와 아내 혜경(최은희)은 아이들과 함께 피난길에 오른다. 피난 중에 둘째 딸을 잃는 아픔을 겪는 등 불행이 이어지지만, 아내의 좌판장사로 생계를 유지하며 결국에는 서울로 다시 돌아온다. 그들은 전쟁미망인과 그 자녀들을 수용하는 시설인 모자원을 운영하며 희망을 찾지만, 다시 첫딸이 교통사고로 죽는 불행을 겪게 된다. 그러나 이들은 포기하지 않고 모자원 사람들과 함께 다시 전진할 것을 결심한다.

고난의 회고와 재건에의 호소가 영화의 주된 내용으로, 이는 가족의 위기와 그것의 극복으로 표상된다. 하지만 재건은 단지 한 가족의 문제가 아니라, 모두의 협동을 통해 성취 가능한 공동체의 문제다.

이는 당시 한국인이 공유한, 사회의 재배치에 대한 강렬한 요구를 보여준다. 먼저 가족적 위기 극복에 대한 요구가 있다. 이는 가부장제의 복원을 주된 내용으로 포함한다.[62] 공동체적 위기 극복에 대한 요구도 있다. 영화에서 명시적으로 드러나지는 않지만, 이는 해방 후의 가장 주요한 정치적 의제였던 민족국가 건설에 수렴될 수 있는 것이었다. 1960년 4.19혁명 이후부터 민족주의적 열정이 급속히 고취되기 시작했던 것도 주요한 정치적 맥락이었다.

이런 재배치의 요구는 현실의 상황을 위기로 느끼는 방식으로 표현됐다. 이는 먼저 가족적인 신파를 낳았다. 영화에서나 현실에서 사람들이 흘렸던 눈물들은 엄청난 신파의 흐름을 만들어냈다. 그리고 이는 다시 민족주의 신파로 의미화되었다. 수난의 민족사라는 관념이 폭넓게 공유됐고,[63] 이는 자연스럽게 민족주의적 눈물을 산출했다. 민주당 정부의 국토건설본부 요원들이 훗날 발간한 회고록의 제목은 『헐벗은 들판에서 한없이 울었다』였다.[64] 김구에서 장준하로 이어졌던 눈물이 그들에게 증폭되어 흐르고 있었다. 액션영화에서 민족주의 신파가 흐르기 시작했던 시점이 1960년인 것도 이와 무관치 않다.

그러므로 고통을 절절히 느끼며 생존에의 의지를 불태우는 태도가, 근면·자조·협동의 정신이 이미 존재했다. 한편으로는 가족주의적인 열정이, 다른 한편으로는 민족주의적인 열정이 들끓고 있었다. 이는 영화에서 신파적 눈물로 흘렀고, 실제 삶에서의 눈물로도 흘렀다. 박정희체제의 정치적 상상력은 결국 당시의 그러한 분위기에서 가져온 것이었다. 쿠데타 세력은 대중의 열정을 포획하여, 그것의 흐름에 파시즘의 배를 띄우려 했던 것이다.

이런 정황에 관한 이해는 박정희 시대와 관련된 해묵은 논쟁에 대답하는 것을 도와준다. '한강의 기적'은 대체 누구의 공인가? '고생의 영화'들은 민족국가의 개발에 대한 대중적 열정이야말로 경제성장의 주된 힘이었다고 대답한다. 최근 연구들은 1960년대 노동자계급과 농민계급의 역량을 실증적으로 밝히고 있다. 경기도 이천군 농촌운동의 사례는 "새마을운동 이전에 농촌운동가들이 존재하고 있었"음을 보여준다.[65] 대한조선공사 노동조합의 존재는 노동자들이 "민주적이고 풍요로운 민족국가를 건설하는 과정"에 앞장서고자 했음을 알려준다.[66] 최소한의 합리성과 진정성을 가진 어떤 정부였더라도 경제성장에 결코 실패할 수 없었을 것이다.

동시에, 이는 박정희체제의 파시즘이 한국인이 공유한 심성을 기반으로 성립한 것이라는 사실도 알려준다. 그가 쏟아낸 그 수많은 것은 대중이 듣기 원했던 말과 눈물이었다. 이들의 관계는 "마이크와 스피커"의 관계와 같았다.[67] 그러니 파시즘은 신파적 눈물에 함축된 전체주의적, 권위주의적 가능성의 실현이기도 했다. 그 눈물을 창조한 것은 박정희가 아니었다. 그가 한 일은 이미 흐르고 있는 눈물의 정치적 의미를 포착하고 그것을 파시즘의 이데올로기로 증폭하여 전용한 것이었다. 그러니 박정희에게만 책임이 있는 건 아니다. 그 눈물의 주인인 대중도 파시즘의 과오로부터 자유로울 수 없다.

파시즘의 눈물

박정희는 강력한 투쟁의 세계관을 환기하고, 의지의 생철학을 주장했으며, 유기체적인 민족의 재생을 약속하고, 고강도의 자본주의 개발의 과정에 국민을 동원했다. 이 과정에서 사회는 권위가 압도하고 자유가 억압되는 군대와 같은 영역이 되었고, 민주주의적 참여의 권리는 무참히 억압되었다. 부는 부당하게 소수의 재벌에게 집중되었고, 대다수 성원의 기회는 불공정하게 박탈당했다. 박정희가 파시스트였음은 명백하다. 그렇다면 당시의 한국인은 그에게 얼마나 호응했던 것일까? 파시즘 이데올로기의 원천이었던 그들의 눈물로부터 대답을 찾을 수 있을 것이다.

그 눈물이 파시즘에 대한 지지를 명시적으로 드러낸 것은 아니었다. 대체로는 그저 가족과 공동체의 위기를 극복하는 과정에서 흘린 눈물이었다. 박정희 장례식에서의 눈물도 추모 이상의 의미를 담지는 않았다. 하지만 신파적 눈물을 함께 흘리는 것만으로도 파시즘 체제에 대한 동의가 될 수 있었다. 체제를 적극적으로 지지했던 이도 있고, 그저 참고 살았던 이도 있다. 그러나 고생의 시대에 신파적 눈물을 흘렸다는 점은 공통적이며, 그 눈물에 적어도 약간씩은 파시즘 이데올로기가 새겨져 있었다. 먼저 적극적 지지자들의 눈물에서부터 이를 살펴보자.

정치적 신파는 그 자체로 파시즘과 친연성을 가진다. 가족화된 정치체는 내부의 자유주의와 민주주의를 억압할 수 있고, 눈물은 그런 억압을 비합리적으로 승인할 가능성이 크다. 신파적 눈물을 흘리면서 많은 한국인은 파시즘에 쉽게 접속할 수 있었다. 어쩌면 그들이 동의했던 것이 자유와 민주주의의 훼손이 아니라 민족갱생의 투쟁이었을 수도 있다. 하지만 후자를 위해 전자를 감수할 수 있다고 느꼈을 것이다. 그러지 않았다면 그토록 많은 이들이 국가의 동원에 기꺼이 호응하지도, 유신헌법이 국민투표를 통과하지도, 국가의 비판자들에 대한 무자비한 탄압이 그렇게 묵인되지도 않았을 것이다. 21세기 노년층의 박정희에 대한 향수와 찬양도 이를 방증한다.

하지만 이념의 층위에서만 당대의 한국인이 박정희체제에 보낸 지지의 성격을 규정하는 것에는 한계가 있다. 이는 진화론적 경쟁, 권위주의, 전체주의에 친화적인 가족적 눈물이 그들 심성의 요체를 이루었던 것이 의미하는 바를 정확히 포착하지 못한다. 그들의 동의는 더 깊은 층위에서 이루어졌다. 그것은 맹목적인 가족적 신뢰와도 비슷한 것이었다. 어떤 잘못을 저지르더라도 용서할 수 있는 관계에 가까웠던 것이다. 아버지, 큰아들, 혹은 큰형님의 진정성을 의심할 수는 없지 않은가. 그저 마음으로 믿고 따라야 한다. 잘못된 방향으로 이끌 수도 있지만 그런 경우에조차 마구 비난할 수는 없는 법이다. 신파적 눈물의 이데올로기적 힘이 참으로 유감없이 발휘되는 상황이었다.

> 우리의 지나온 가난! 기어코 이겨보자고 따뜻이 먹여주고 입혀주며 우리 공업의 역군을 만들려 하시는 나라님의 뜨거운 마음씨. 나는 그것이 너무나 좋아서 자꾸만 눈물이 났다. 이제 그네들은 결코 가난하지 않을 것이다.[68]

이런 가부장제적 지배관계는 자연스럽게 강한 의존적 상태를 창출한다. 가부장의 권위는 보살피고 지켜주는 것을 대가로 성립하게 마련이기 때문이다. 그럴 때 지배받는 자들은 자율성을 상실한 수동적인 존재가 될 수밖에 없다. 박정희의 죽음으로 인해 흘린 눈물은 오랫동안 굳게 의지해온 권위가 상실된 것에 대한 반응이기도 했다. 대중의 역능으로부터 비롯한 눈물은 이렇게 전도된 정치적 의미를 창출하며, 도리어 그들의 무능을 표상하며 흘렀다. 그런 와중에 자신들의 힘으로 성취한 것들을 박정희의 공으로 돌리는 일도 벌어졌던 것이다.

박정희는 신파적 눈물을 통해 대중과 깊이 교감함으로써 그들을 대표할 수 있었다. 근대의 독재는 성원들의 동의가 없이는 성립할 수 없다. 그것에는 언제나 민주주의적 요청의 국면이 포함되어 있다는 뜻이다. 박정희체제에도 그런 면이 있었다. 그에 대한 지지는 눈물에 기초했으니 이를 눈물의 민주주의라고도 할 수 있다. 물론 이는 민주주의 자체를 부정하고 훼손한다는 점에서는 타락한 민주주의이기도 했다. 민주주의의 타락에 신파적 눈물의 책임도 있었던 것이다.

박정희체제의 파시즘은 눈물로써 강력한 감정적 동의를 획득할 수 있었다. 하지만 체제가 유지될 수 있었던 데에는 소극적인 방조자들의 역할도 크다. 박정희체제에 굳이 반대하지는 않는 태도를 가졌던 이들도 매우 많았다. 박정희는 자신의 집권, 경제개발의 성공 등과 관련해 데드라인을 계속 제시했다. 그때까지 참겠다고 생각한 이들이 많았을 것이다. 하지만 그 과정에서 많은 이의 권리와 생명이 훼손되고 위협받았다. 이를 외면한 것은 방조일 뿐만 아니라 암묵적 공모이기도 했다. 그런데 이런 기회주의도 신파적 눈물과 관련되어 있었다.

신파는 무한경쟁하는 가족들로 구성되는 세계의 상을 함축한다. 신파적 주체는 특정 가족의 일원인 것이다. 이때 그가 다른 가족에게 가질 수 있는 태도는 두 가지다. 하나는 무관심 혹은 적대의 태도다. 타인의 생존은 자신이 도태되는 원인이기 때문이다. 다른 하나는 자신의 가족과 동일한 위상을 가진 공존의 대상으로 존중하는 것이다. 이 중 후자만이 공공성을 가능케 하지만, 두 태도 중 규정적인 것은 전자다. 생존의 위기에서 흘려지는 눈물에는 타인에 대한 적대가 기본값일 수밖에 없기 때문이다.

파시즘에 방조했던 이들이 타인에게 가졌던 주된 태도도 무관심 혹은 적대였을 것이다. 이처럼 자신의 가족에만 위기가 닥치지 않는다면 국가권력의 전횡도 무방하다는 태도는 공공성을 결여한다. 권력이 자신에게 위해를 가할 때에만 그에 저항한다면 그 실천은 사적인 것인가, 공적인 것인가? 이처럼 신파적 눈물은 파시즘을 방조하는 기회주의의 요인 중 하나이기도 했다.

그러니 만약 신파적 눈물의 주체가 다른 가족에게 호의를 가진다면, 그것은 타자성을 인정하는 공존의 태도가 아니라 하나의 거대한 가족의 일원으로 파악하는 태도가 될 가능성이 컸다. 이것이 바로 박정희와 함께 민족갱생의 눈물을 흘렸던 이들의 태도였다. "아랫집 윗집"의 관계를 "단군의 자손"인 "한겨레"로 파악하는 동요 〈서로서로 도와가며〉의 가사가 이를 잘 보여준다. 이는 사적인 것으로 공적인 것을 은유함으로써 공·사의 구분을 모호하게 한다. 그것의 효과는 사적 자유를 억압하는 반자유주의, 그리고 공적 결정을 권위주의에 의존하는 반민주주의다.

이는 정치적 신파의 주체가 두 가족 사이를 진동하는 존재임을 알려준다. 자신의 가족과 정치체가 바로 그것이다. "조국을 위한다는 것은 나의 조상과 부모와 형제와 나 자신을 위한다는 것"이라는 생각 속에 다른 가족의 삶은 없다.[69] 그러므로 적극적 지지자의 태도에는 방조자의 태도도 함께 담겨 있었다. 다른 가족이 위기에 처하더라도 내 가족의 위기, 혹은 국가의 위기와 무관하다면 문제가 되지 않았다.

신파적 눈물은 박정희체제의 파시즘이 성립하고 작동하는 데 주요한 기반이 되었다. 그 눈물은 대중으로부터 비롯됐지만, 국가에 의해 부추겨짐으로써 과도하게 흘렀다. 또한 이성적 판단력을 가로막고 부당한 고통을 감수케 함으로써 한국사회의 상태를 악화시켰다. 고생의 시대 한국인의 코나투스는 파시즘적 눈물로 포획되어 증진되는 과정에서 왜곡되고 착취되었다. 박정희체제가 남긴 구조적, 관행적 불합리와 부조리에 이렇게 신파적 눈물의 책임이 있다. 눈물은 그렇게 원래의 목적을 잃고 흘렀다.

박정희의 약속은 끝내 지켜지지 않았고, 부마항쟁의 함성 속에서 체제는 결국 붕괴했다. 하지만 마음은 그렇게 쉽게 변하지 않았다. 1990년대 말부터 박정희가 복권되기 시작한 것이다. 문민정부의 경제 실패는 자유와 민주를 대가로 경제성장을 추구했던 박정희를 떠올리게 했고, 설문조사에서는 가장 훌륭한 대통령, 한국사의 대표적 위인으로 박정희가 꼽히는 일이 벌어졌다.[70] 이는 그의 복권을 필요로 하는 세력이 집요하게 노력한 결과이기도 했다. 박정희를 영웅적으로 묘사한 이인화의 소설과 조갑제의 전기를 비롯한 박정희 신화가 유포되고 있었다.[71] 신파적 눈물의 추억도 이와 함께 소환됐다.

박정희의 귀환

2003년에 출판된 김기호의 수기 『이제는 울지 않으련다』의 마지막에는 유정회 국회의원 출신인 김영광의 「가슴 적신 어떤 사연」이라는 글이 덧붙어 있다. 어느 날 고향 가던 날 그는 전철에서 40대 후반 여인이 무엇인가를 읽으며 눈물 흘리는 것을 본다. 궁금해 사연을 물었더니, 여인은 자신이 읽던 유인물을 그에게 보여준다. 이는 서울 계신 큰오빠로부터 "시골에 내려가거든 아이들에게 꼭 읽어주라"며 전해 받은 것이다. 김영광은 버스에서 그것을 펼쳐 드는데, 그 또한 눈물을 멈출 수가 없다. 그는 이를 복사해 친구들에게 보내주었다. 받은 이가 모두 눈물을 흘리며 젊은이들에게 읽혀야 한다고 입을 모았다.

그 사연이란 다름 아닌 1960년대 초 박정희가 흘린 눈물에 관한 것이다. 특히 독일에서 광부, 간호사들과 함께 흘린 눈물을 중심으로 윤색되어 허구나 과장을 담고 있다. 예컨대 서독 대통령이 함께 울면서 지원을 약속했다는 식이다. 결론은 한국이 잘살게 된 것은 박정희의 지도력과 지난 세대의 피, 땀, 눈물 덕분이라는 것인데, 기성세대를 수구세력이라 몰아붙이는 젊은이들에게 이 사실을 강변, 훈계하는 것으로 마무리된다. 이 내용은 2000년을 전후한 시기에 유통되기 시작해 2003년경에 널리 퍼졌고, 『조선일보』, 『월간조선』에 소개되기도 했다.[72] 2004년 박근혜가 한나라당 대표로 선출되기 직전의 상황이었다.

이처럼 박정희의 귀환은 '신파의 추억'을 건드리면서 이루어졌다. 그날 전철에서 여인이 읽은 것은 박정희에 관한 이야기일까, 아니면 고생의 시대에 관한 이야기일까? 기본적으로는 젊은 시절 자신의 고생과 눈물을 떠올렸을 것이다. 하지만 그 기억 속에는 박정희도 한자리를 차지하고 있었다. 이렇게 부흥한 박정희에 대한 지지는, 심정적 공감과 신뢰는 물론 구체적인 정치적 지향도 담았다. 박정희체제의 파시즘에 대한 지지가 공공연히 표명됐다. 일부는 이를 표현하기 위해 단체에 가입하고 집회에 참석했다. 과거에는 관제단체와 관제집회에 동원된 이들이었지만 이제는 자발적으로 참여했다. 그렇게 그들은 좀 더 순도 높은 파시스트가 됐다.

21세기의 한국인은 더 이상 예전처럼 눈물을 흘리지 않는다. 개인적으로나 정치적으로나 눈물의 흐름은 확실히 잦아들었다. 그러니 지금에 와서 '신파의 추억'을 되씹는 것은 익숙한 상태의 지속에 대한 완강한 고집일 따름이다. 과거에도 과도하게 흘려져 종종 목적을 상실했던 눈물 아니었던가. 한나 아렌트Hannah Arendt는 악이 우매함이 아니라 '사유하지 않음'에서 비롯된다고 보았다.[73] 이데올로기는 언제나 클리셰cliché로서 습관적으로 작동한다. 사유를 결여한, 습관적으로 흐르는 그 눈물은 2008년에 시작되었고 2013년 이후 가속화된 전체주의, 권위주의 정치의 작동을 단단히 지지했다. 정치적 반동의 이데올로기적 동력이 됐던 것이다.

다른 길들

신파적 눈물의 흐름이 파시즘에 일조했음은 분명한 사실이다. 하지만 어떤 눈물이건 그것을 포획하는 의미들을 이탈하는 흐름으로 가득한 법, 파시즘 시대의 신파적 눈물도 마찬가지였다. 1960~70년대는 한국영화가 신파적 눈물로 점철되었던 시기다. 하지만 그 양상은 시기에 따라 조금씩 달랐다. 1960년대 말부터 눈물은 양과 강도에서 이전보다 훨씬 과도해진다. 마치 영화들이 눈물에 빠져 익사할 것만 같았다. 이 시기의 대표적인 최루영화인 〈미워도 다시 한 번〉(1968)도 그런 사례였다. 그런데 왜 그랬던 것일까?

이에 대답하기 위해 최인현 연출의 〈오월생〉(1968)을 살펴보자. 시멘트회사를 경영하는 박대종(박암)은 강력한 국가관과 성실, 근면, 절약의 화신이다. 그에게는 영범(신성일)이라는 대학생 아들이 있다. 아들은 아버지와는 달리 경쟁에서 뒤처진 사람들과도 함께 살아가야 한다는 입장이다. 부자는 결국 충돌하게 되고 그 과정에서 아들의 눈물이 흐른다. '오월생'인 아들에 가해진 억압으로 인해 흐른 그 눈물은 5.16으로 성립한 박정희체제가 초래한 동원의 피로를 은유한다. 이는 1960년대 말부터 시작된 과도한 눈물의 흐름이 그런 피로의 산물임을 짐작하게 한다.

이러한 눈물의 흐름은 1970년대 말까지 계속 이어졌다. 강한 민족주의적 남성신파를 담았던 '김두한' 연작들도 그런 피로감의 징후를 드러냈던 사례다. 고영남 감독의 〈김두한(속, 4부)〉(1975)의 민족주의적 건달들은 가정에서는 무능하기 이를 데 없다. 새로 등장한 악당들을 일망타진하고 거리의 정의를 세우는 짜릿한 순간은 잠시일 뿐이다. 경찰이 그들 손에 수갑을 채울 때 그들의 가정은 다시 방치된다. 이렇듯 〈김두한〉 연작에는 국가의 동원에 대한 짙은 회의가 있다. 영화 전체를 흐르는 건달들의 과도한 눈물은 그런 회의와 무관치 않다.

그러므로 1960~70년대에 흐른 눈물이 파시즘의 동력으로만 기능했던 것은 아니었다. 그것은 파시즘의 고통으로 인해 흐른 눈물이기도 했다. 또한 그 울음이 끝없이 이어질 때, 눈물은 어떤 의미도 없이 흐르기도 했다. 박정희가 죽었을 때 사람들이 흘렸던 엄청난 눈물도 그랬을 것이다. 파시즘의 동력이 되었고, 파시즘이 주는 고통으로 인해 흘려진 눈물이었지만, 그와 무관하게 그저 흐르기만 하기도 했던 것이다. 이때 그 눈물은 코나투스 자체, 어떤 포획에도 사로잡히지 않는 흐름 자체였다. 그래서 그 긴 눈물이 멎었을 때, 시선은 완전히 다른 방향을 향할 수도 있었다.

1960~70년대에는 절대빈곤의 절망적 상황을 담은 영화가 많았다. 그중 한 편이 김수용 연출의 〈저 하늘에도 슬픔이〉(1965)다. 아버지는 병들고, 집 나간 어머니는 소식이 없다. 장남인 열한 살 윤복이(김천만)는 동생들과 함께 어떻게든 살아가야 한다. 이 영화는 수많은 신파적 눈물의 순간을 담고 있으며, 윤복이의 눈물은 〈쌀〉에서 용이가 흘리는 눈물과 같은 성질을 가졌다. 이는 물론 윤복이로 하여금 가족의 위기를 극복하기 위한 노력을 계속하게 만든다. 마침내 윤복의 수기가 출판돼 사연이 널리 알려지면서 희망이 생긴다.

이 영화는 실화를 기초로 한 것으로, 수기집 『윤복이의 일기』를 영화화한 것이다. 그래서인지 모범근로자 수기의 내용과 매우 흡사하다. 일차적으로는 수기의 형식이 갖는 구성력 때문이지만, 근본적으로는 당시에 그런 유형의 삶이 매우 많았기 때문이리라. 윤복이는 수기집이 출판되면서 겨우 살길이 열렸지만,[74] 대부분의 사람들은 그러지 못했다. 절체절명의 위기에 놓여 있던 수많은 윤복이가 있었다. 1970년대 광주에 살았던 박홍숙도 그중 한 사람이다.[75]

박홍숙은 1957년 전남 광주에서 태어났다. 그가 어릴 때부터 가난했던 가족은 아버지가 사망하자 뿔뿔이 흩어졌다. 국민학교를 졸업하고 독학으로 검정고시에 합격한 홍숙은 제 손으로 무등산에 무허가 판잣집을 짓는다. 가족이 모여 살 수 있는 것이 그에게는 큰 행복이었다. 시가 무허가 주택 철거를 압박해오기 전까지는 그랬다. 1977년 4월, 시는 결국 무허가 주택 강제 철거를 실시한다. 그 과정에 집이 무너지고 모아둔 돈이 불타자 박홍숙은 분노한 나머지 철거반원 4명을 살해한다. 그에게 사형이 집행된 것은 이로부터 3년 뒤인 1980년의 일이었다.

박홍숙은 고시를 준비했다. 우리는 비슷한 시기에 많은 사람이 고시를 준비했던 것을 알고 있다. 공부를 잘했던 박홍숙은 변호사가 될 수도 있었다. 하지만 그에게 그런 기회는 오지 않았다. 물론 그것은 그가 선택한 길이었다. 박홍숙이 눈물을 얼마나 흘렸는지는 알 수 없다. 확인할 수 있는 것은 그가 중학교에 갈 수 없게 됐을 때 서러워서 울었다는 것이다.[76] 철거반원이 담을 무너뜨리고 어머니가 울기 시작했을 때에도 그는 참으로 비통했다.[77] 그러고는 네 사람을 죽인 살인귀가 된다.

홍숙의 눈물은 수기의 주인공들이 흘렸던 눈물과 달랐던 것일까? 그렇다. 모든 눈물은 서로 다르다. 그리고 하나의 눈물에조차 무한한 잠재적 선이 있다. 눈물의 코나투스는 한 방향만을 향하지 않는다. 박홍숙도 수기의 주인공들처럼 되고자 했다. 그가 코피를 흘리고 눈알

이 빠지는 아픔을 느끼도록 공부하며 육사 지원을 꿈꾸었을 때, 박정희가 유신으로 다시 영구집권의 길을 열었던 날 일기에 "대통령 각하에게 축복이 있기를 빕니다"라고 썼을 때,[78] 그에게는 모범근로자가 될 수 있는 자격이 있는 듯하다. 하지만 홍숙은 그 길을 가지 않았다. 그가 선택한 길은 괴물이 되는 것이었다.

사실 수기 주인공들의 눈물에도 이런 길들이 잠재되어 있었다. 수많은 영화의 눈물들에도 그러했다. 물론 이런 파국적인 탈주의 선만 있는 것은 아니다. 박홍숙은 질서를 파괴하는 것에 그쳤지만, 그것은 새로운 질서를 요청하는 방향일 수도 있었다. 그 눈물들은 정치적 억압에 저항하는 자유의 실천이나, 자본의 착취를 거부하고 체제의 전복을 꿈꾸는 사회주의의 실천으로 이어질 수도 있었다.

7.
사회주의와 눈물

고준석은 해방공간에서 사회주의자로 활동했다. 아내 김사임도 사회주의자였다. 인천 상륙작전 직후 아내는 아이들을 데리고 아리랑고개를 넘으려다 실패했다. 결국 특무대에 붙잡힌 아내는 고문 끝에 갓난아이와 함께 살해당했다. 고준석은 일본으로 도피했다. 그가 한국에 남겨둔 네 명의 아이 중 세 명은 죽거나 실종됐다. 1959년에 차남 철수가 천신만고 끝에 일본에 와서 아버지를 만났다. 고준석은 눈물을 흘리지 않을 수 없었다. "나는 한 가닥 한다는 '직업혁명가'인 체하며 싸워왔는데 그것은 처자를 희생시켰을 뿐이었다. 그것은 자책의 눈물이었다. 나는 비정한 남편이고 무책임한 아버지였다." 그는 절규했다. "나의 생애가 끝나기 전에 조국의 통일이 실현되기를 바란다! 아니 반드시 나의 생애 중에 조국의 통일을 실현시키지 않으면 안 된다."[1] 수많은 사회주의자가 눈물을 흘렸다. 착취당하고 핍박받는 거대한 인간집단의 고통이 그들로 하여금 눈물 흘리게 했고, 그 눈물이 그들로 하여금 실천하게 했다. 실천의 고통이 다시 눈물 흘리게 했지만, 눈물로써 고통을 달래고 의지를 담금질했다. 현실에서 흘려진 눈물은 작품으로 이어졌고 다시 현실로 흘렀다. 그 눈물의 주요한 경유지는 언제나 가족적 고통과 슬픔이었다.

덕산골의 눈물과 민중주의

1977년 당시 박흥숙이 살았던 무등산 자락 덕산골은 '사이비 종교의 아성'으로 보도됐다. 박흥숙은 '무당촌의 실력자'이자 무술로 단련된 괴력의 소유자로 묘사되곤 했다. 물론 이는 사실이 아니다. 그곳에는 무당이 없었고, 소년은 하루 20시간 공부를 해내기 위해 체력을 단련했을 뿐이다.[2] 그러나 언론에 비친 그는 이질적인 존재였고, 심지어 괴물이었다. '타잔'이라는 별명은 그가 사회 밖 존재였음을 은연중에 드러낸다. 이것이 한국사회가 가난한 사람들을 바라보던 지배적 시각이었다. 덕산골의 고통, 슬픔, 눈물은 눈에 들어올 여지가 없었다. 그가 비정상이고 위험한 존재이므로 제거되어야 한다는 생각뿐이었다.

하지만 마당극 〈덕산골 이야기〉(1978)는 다른 시각에서 바라보았다. "사회의 죄악이 착하고 아름다운 한 젊은이를 어떻게 죽여가고 있는"지를 드러내고자 했을 뿐 아니라,[3] 박흥숙 자신의 목소리도 들려주었다. 가난한 서민은 국민 대접을 제대로 받지 못한 채, "늘 산동네로 밀려나 설움받다 그곳에서마저 쫓겨나야 하는 이 사회"에 대한 원망이었다.[4] 극 중에 낭송됐던 김지하의 「황톳길」과 「서울길」을 합치고 개작한 시에는, 누대에 쌓인 농민의 설움과 도시화 과정에서 빈민이 겪었던 고통이 절절히 담겨 있다. 여기에 착취당하는 노동자들의 상황이 병치됨으로써 보다 광범위한 인간집단의 상황에 대한 문제 제기가 이루어졌다. 억압과 착취에 놓인 그들에게 부여된 이름은 바로 '민중'이었다.

당시 대표적인 연극운동가 임진택은 "민중의 시선"이 필요함을 역설했다.[5] 〈덕산골 이야기〉는 그러한 주장에 잘 부합했던 사례다. 1970년대 남한 반정부운동에 주요한 사상적 기반을 제공했던 김지하 역시 민중을 중시했다. 그는 민중에 대한 깊은 신뢰에 기초해 민중이 "스스로의 운명의 열쇠를 가질 때 모든 문제가 올바른 해결로 이끌어질 것"이며, "그러한 위대한 민중의 날이 반드시 오고야 말리라"고 확신했다.[6]

이처럼 압제와 착취에 놓인 인간집단에 집합적 주체성을 부여하고, 이들의 사회적 중심성을 요청하는 태도를 '민중주의'라고 부를 수 있다. "모든 억압과 수탈을 증오"하는 이런 태도는 강력한 평등주의를 담고 있었다.[7] 이는 정치적 결정의 권리뿐만 아니라, 부의 분배를 둘러싼 경제적 권리에서의 평등이기도 했다. 개인주의는 대체로 거부됐고, 존재의 핵심은 '공동체'에 있다고 주장되곤 했다.[8] 김지하는 자신을 '자생적 공산주의자'로 규정한 검찰의 기소 내용에 강력히 반발했다. 진심이었던 것으로 보인다. 그러나 객관적으로 따진다면 꼭 그렇다고만 할 수는 없었다.

사회주의socialism는 기본적으로 세계의 존재방식에 있어 개인보다는 사회society를 중시하는 이념, 실천, 제도로 정의될 수 있다. 공산주의communism 또한 공동체commune를 중심에 놓는 것으로 비슷하게 정의될 수 있다. 사회 혹은 공동체를 중시하므로 경쟁보다는 협동을, 차별이 아닌 평등을 지향하는 것은 자연스럽다. 실제 용례에서 사회주의와 공산주의가 명확히 구별되기도 했지만, 그렇지 않았던 경우가 더 많았다. 카를 마르크스Karl Marx와 프리드리히 엥겔스Friedrich Engels

는 사회주의의 높은 단계로 공산주의를 정의하기도 했지만, '과학적인 사회주의'를 주창할 때에는 구별 않고 사용했다.[9] 이 책에서도 양자를 구별하지 않고 '사회주의'로 통칭할 것이다.

사회주의의 깃발 아래 수없이 다양하고 때로는 서로 대립되는 주장들이 제기됐고 실천들이 행해졌다.[10] 그런 차이에도 불구하고 최소한의 공약점을 찾아내고자 한다면, 그것은 아마 소유의 귀착점에 관한 생각일 것이다. 즉, 사회주의는 가장 간단하게는 소유의 사회화에 대한 요청으로 요약될 수 있다. 사회주의적인 지향은 고대에서부터 항상 존재했지만, 명시적이고 강력하게 제안된 것은 19세기 이후다. 이는 사회주의가 사적 소유를 주요 내용으로 하는 자유주의와, 그에 입각해 구축되는 자본주의체제에 대한 대안으로서 대두했음을 뜻한다.[11] 1970년대 한국의 민중주의 또한 급속하게 성장 중이던 자본주의의 대안으로 떠올랐다. 선명하게 드러나지는 않았지만 분명 사회주의적인 면이 있었다.

민중이 중심이 되는 세계를 만들기 위해 먼저 해야 할 일은 그들의 고통, 슬픔, 눈물을 드러내는 것이었다. 또한 위기를 극복하는 민중의 역량도 발견해야 했다. 〈덕산골 이야기〉는 박흥숙 가족의 눈물겨운 처지를 통해 민중의 고통을 드러낸다. 이는 박흥숙의 폭력에 새로운 의미를 부여한다. 지배적 시각에서 보면 일탈적 살인마의 만행에 불과했던 행위가, 민중주의의 논리에서는 자본주의의 모순이 불가피하게 산출할 수밖에 없었던 비극이 된다.

하지만 이것만으로는 충분하지 않다. 사실 박흥숙을 괴물로 바라보았던 시각은 어떤 면에서 정확했다. 그의 실천에는 분명 섬뜩한 사회적 의미가 있었기 때문이다. 그것은 자본주의사회에 복수로 되돌려 줄 민중의 강력한 힘의 순간적인 출현이었다. 〈덕산골 이야기〉는 이를 명시적으로 드러내지 않지만, 사실 그 힘은 민중주의의 견지에서라면 결코 감춰둘 수 없는 것이었다. 이 와중에 신파적 눈물이 흘러내렸다. 민중의 고통은 가족의 고통으로 제시됨으로써 더욱 절절해진다. 가족적 위기로 인해 흘러내린 눈물은 민중의 저항적 폭력을 더욱 강력하게 요청한다.

이렇게 박홍숙 가족의 눈물은 민중주의적 신파라 부를 수 있는 흐름에 합류한다. 신파적 눈물을 경유함으로써 특정한 정치적 요청을 정당화하고 강화하려는 시도는 20세기 한국에서 매우 자주 이루어져 왔다. 사회주의도 예외는 아니었다. 억압되고 착취당하는 가난하고 힘없는 가족들의 눈물이야말로 가장 강력한 혁명적 실천의 동력이 됐던 것이다. 이제 그 시원으로 거슬러 올라가보자. 그곳에서 우리는 박홍숙의 선조들을, 그 신파적 눈물의 흐름을 만나게 된다.

한국 사회주의의 기원

1920년대는 한국에서 사회주의운동이 본격적으로 시작된 시기다. 사회주의적 눈물도 이 시기부터 흐르기 시작했다. 당시 한국인들이 사회주의자가 된 것은 러시아혁명의 영향이었다. 19세기 이래로 다양한 사회주의가 존재했지만 한국인들은 러시아혁명의 공식 이념이었던 마르크스주의Marxism를 받아들였다. 이는 이후에도 한국 사회주의자의 주된 이념적 기반이었다. 따라서 사회주의의 눈물의 흐름에 진입하기에 앞서, 마르크스주의의 특징과 한국 사회주의가 성립했던 과정을 간략하게나마 살펴볼 필요가 있다.

마르크스주의는 마르크스에 의해 창안되었고, 엥겔스를 필두로 이후의 수많은 사회주의자에 의해 정리, 해석, 보충된 사회주의의 이론적, 실천적 체계다. 1840년대에 주창되기 시작했고, 1870년대에는 유럽 사회주의운동의 중요한 원천이 되었으며,[12] 1917년 이후에는 세계 각지 사회주의혁명의 이론적 근거가 되었다. 마르크스주의의 핵심에는 '생산과 생산물의 교환을 모든 사회질서의 기초'로 보는 '유물론적인 역사관'이 있다.[13] 그 내용은 다음과 같이 요약될 수 있다.

생산력이 증대되어 낡은 생산양식과 충돌할 때 새로운 생산양식이 출현하며, 이는 계급투쟁을 통한 새로운 지배계급의 출현을 수반한다. 자본주의의 생산력 증대 또한 자본주의의 파멸로 이어지며, 그것은 인구의 다수를 차지하는 프롤레타리아, 즉 임노동자계급이 주도하는 혁명에 의해 실현될 것이다. 혁명은 국가를 장악하는 것으로 시작해서, 모든 계급을 점진적으로 지양함으로써 궁극적으로는 국가의 사멸에까지 이르게 될 것이다.

19세기 말 30여 년 동안 마르크스주의는 자본주의에 대한 가장 강력한 대안으로 대두했다.[14] 그리고 1917년에는 러시아에서 실제로 일어난 사회주의혁명의 이론적 배경이 되기에 이르렀다. 당시 러시아 사회민주노동당 내의 급진파(볼셰비키)는[15] 자본주의의 고도화가 자동적으로 혁명을 산출할 것이라는 마르크스주의의 통념을 거부했다. 차르를 폐위한 민주주의혁명 이후에 전개된 불안정한 정국에서, 블라디미르 레닌Vladimir Lenin을 중심으로 한 볼셰비키는 가장 급진적인 행보를 취했다. 이는 군대를 포함한 대중의 광범위한 지지를 얻었고, 마침내 최초의 사회주의혁명이 성사되기에 이른다. 이는 마르크스주의에 러시아의 혁명적 경험이 더해져야 함을 의미했고, 이제 마르크스-레닌주의가 사회주의의 정전적 교의가 되었다. 자본주의가 고도화되지 않은 지역에서 혁명이 추진되기 시작했으며, 혁명에서 전위의 중요성이 절대적으로 강조되기 시작했다.[16]

한국인의 사회주의화는 러시아혁명의 성공 직후부터 시작되었다. 먼저 러시아 극동 지역에서 한국인 사회주의자들의 활동이 본격화되어, 1918년에는 하바롭스크에서 최초의 사회주의 정당인 한인사회당이 창립된다.[17] 국내에서 사회주의운동이 본격화된 것은 1919년 3.1운동 이후였다. 바야흐로 사회주의가 "일대 유행적 사조"가 되었다고 할 정도로 강력한 사회주의의 바람이 불었다. 1920년대 전반기 서울에는 이미 다수의 사회주의 비밀결사가 조직돼 있었고,[18] 1925년에는 조선공산당이 비합법 지하당으로 건설됐다.

이런 열풍이 분 것은 당시 한국인에게 사회주의가 민족주의적 요구에 부합하는 것으로 여겨졌기 때문이었다. 혁명 직후 러시아 소비에트 공화국은 러시아 내 각 민족의 평등과 자결을 약속했다.[19] 이는 식민지 치하의 한국인에게 고무적인 소식이었다. 민족자결주의 선언으로 촉발된 독립청원을 파리강화회의의 열강들이 싸늘하게 거절하자 한국인들은 사회주의로 급속히 전환하기 시작했다.[20]

마르크스와 엥겔스는 "노동자들에게는 조국이 없다"고 선언한 바 있다.[21] 프롤레타리아의 혁명이 형식적으로는 민족적이라고 말한 적은 있지만, 그것의 정확한 의미는 일단 민족 내에서의 혁명이 선취돼야 한다는 것이었다.[22] 그러나 한국의 사회주의자들은 대체로 그렇게 생각하지 않았던 듯하다. 어느 정도는 오해도 있었을 것으로 보인다. 레닌은 민족 간international 전쟁인 제1차 세계대전에 참전한 유럽의 사회주의자들을 사회-국수주의자social-chauvinist라고 맹렬히 비난했고,[23] 이후에 요제프 스탈린Joseph Stalin도 민족주의에 대한 명확한 반대 입장을 견지했으니 말이다.[24] 그러나 그들이 식민지 민족주의자들과 연대하기를 결정한 순간 사회주의와 민족주의의 결합은 불가피한 결과였다. 식민지에서 무산대중의 이익이 국제주의보다 민족주의를 통해 즉각적으로 옹호될 수 있었던 것도 한 요인이었다.

시간이 흐르면서 민족주의가 청산되거나 사회주의가 포기되기도 했지만, 그럼에도 불구하고 한국에서 양자의 결합은 오랫동안 강고하게 지속됐다. 사회주의자는 한국의 독립운동에서 지대한 역할을 수행했고,[25] 해방 이후 한반도의 북쪽에 세워진 사회주의 국가는 극단적으로 민족주의적이었으며, 1970년대 이후 남한 사회주의운동의 주류 역시 민족주의자들이었다. 이를 마르크스주의에 대한 오해라고 표현하는 것은 적절치 않을 것이다. 한국적 변형이라고 보는 것이 합당하다. 이는 사회주의 신파가 강력하게 흘렀던 원인 중 하나다. 한민족은 눈물의 민족 아니던가. 사회주의 또한 눈물에 젖어왔던 것이다. 1920년대에 작가이자 비평가로 활동했던 박영희에게 '조선'은 "입속으로 중얼거려도 곧 눈물이" 나는 그린 존재였다.[26]

신경향파의 눈물

조선공산당이 창립된 1925년 당시 사회주의운동은 문화예술 영역에서도 빠르게 진행되고 있었다. 카프KAPF(조선프롤레타리아예술동맹)가 결성되어 활동하기 시작했으며, 계급사회의 모순에 따른 고통을 비판하고 이에 저항하는 문예작품도 다수 등장했다. 카프의 발기인들 중 한 명이었던 박영희는 그런 작품들을 '신경향'으로 명명했다. 이는 "무산無産적 조선을 해방하려는 의지"를 중심 삼았으므로 사회주의적이었다.[27] 러시아혁명 이후 국제적으로 진행되고 있었던 프롤레타리아(이하 '프로') 문예운동에 한국인들이 동참하기 시작했던 것이다.

1927년 '방향 전환'을 통해 마르크스-레닌주의 문예의 원칙이 전면적으로 강화되면서 신경향은 초기 프로문예를 가리키는 이름이 되었다. 신경향파 작품들에서 저항은 절규, 폭행, 살인, 강도, 방화와 같이 격렬하지만 단발적인 폭주 양상을 띠었다. 이들은 1970년대 덕산골에서의 유혈극을 떠올리게 한다. 1920년대 문예작품에는 수많은 박흥숙의 선조가 등장하고 있었다. 〈덕산골 이야기〉가 박흥숙에 부여한 사회주의적 의미는 암시적이거나 징후적인 것이었다. 하지만 그의 선조들은 좀 더 명시적으로 사회주의와 연결되고 있었다.

최서해의 단편소설들이 대표적 사례다. 「홍염」(1927)에서 소작농 문서방이 소작료를 내지 못하자 중국인 지주는 그의 딸을 납치해 간다. 아내가 딸 얼굴 한 번 보지 못한 채 피를 토하며 죽은 다음 날 밤, 문서방은 지주의 집을 찾아간다. 그러고는 지주의 머리에 도끼를 박고, 집에 불을 지른 뒤 딸을 안고 나온다. 1977년 무등산에서 일어난 끔찍한 사건을 떠올리게 하는 결말이지만, 〈덕산골 이야기〉와는 사뭇 다른 분위기다. 〈덕산골 이야기〉에서는 은밀했던 의미가 「홍염」에서는 뚜렷이 드러나고 있기 때문이다. 더 이상 자신과 같은 '기형아'가 등장하지 않아야 된다고 말했던 박홍숙과 달리,[28] 문 서방은 자신의 힘에 무한한 기쁨을 느낀다. 이는 사회주의혁명을 가능케 할 폭력의 잠재적 양태에 대한 예찬에 다름 아니었다.

신경향파를 줄이면 신파가 된다. 근대 이후 한국인은 새로운 것을 수없이 경험했고 그만큼 신파라는 말도 많이 사용했다. 그중에 사회주의 사상도 있었고, 이 책에서는 새로운 눈물의 흐름을 신파라고 명명하고 있기도 하다. 그런데 신경향파는 매우 신파적이었다. 계급 착취의 모순에 대한 문제 제기가 가족의 고통, 슬픔, 눈물을 경유해서 이루어졌던 것이다. 이는 결코 우연이 아니었다. 강력한 가족적 감상성으로서 신파는 한국의 근대화 과정 속에서 생성된 대중적인 집단 심성의 주요한 일부였기 때문이다. 신경향파 문예물에서 흘렀던 사회주의 신파는, 북한의 예술을 거쳐 남한의 사회주의 예술에까지 오랜 시간에 걸쳐 이어졌다. 「탈출기」(1925)의 눈물은 그런 흐름의 기원적 지점에 해당할 것이다.

> 귤껍질을 쥔 나의 손은 떨리고 잇자국을 보는 내 눈에는 눈물이 괴었다. 김군! 이때 나의 감정을 어떻게 표현하면 적당할까? — 오죽 먹고 싶었으면 길바닥에 내던진 귤껍질을 주워 먹을까, 더욱 몸 비잖은 그가! 아아, 나는 사람이 아니다. 그러한 아내를 나는 의심하였구나! 이놈이 어찌하여 그러한 아내에게 불평을 품었는가. 나 같은 잔악한

놈이 어디 있으랴. 내가 양심이 부끄러워서 무슨 면목으로 아내를 볼까? — 이렇게 생각하면서 나는 느껴가며 눈물을 흘렸다.[29]

'나'는 어머니, 아내와 함께 가난을 피해 간도까지 떠밀려왔지만 여전히 절박한 상황이다. 굶주림에 시달리다 아내가 무언가를 먹고 있는 것을 본다. 그는 변변찮게도 은근히 불쾌함을 느끼지만, 그것이 귤껍질인 사실을 알고서는 눈물을 흘리지 않을 수 없다. 이는 아내에 대한 연민과 자신에 대한 책망이 함께 담겨 있는 신파적 눈물이다. "나는 나에게 닥치는 풍파 때문에 눈물 흘린 일은 이때까지 없었다. 그러나 어머니가 나무를 줍고 젊은 아내가 삯방아를 찧을 때 나의 피는 끓었으며, 나의 눈은 눈물에 흐려졌"던 것이다.[30] 하지만 그 눈물에 자기연민은 왜 없겠는가. 세계에 대한 원망 또한 함께 담겨 있을 것이다. 신파적 눈물은 가족의 위기를 해소하기 위한 실천을 추동하는 법이다.

귤껍질을 쥔 채로 이를 악물고 울었다. (…) '내가 와 우노? 울기만 하면 무엇하나? 살자! 살자! 어떻게든지 살아보자! 내 어머니와 내 아내도 살아야 하겠다. 이 목숨이 있는 때까지는 벌어보자!' 나는 이를 갈고 주먹을 쥐었다. 그러나 눈물은 여전히 흘렀다. 아내는 말없이 울고 섰는 내 곁에 와서 손으로 치마끈을 만적거리며 눈물을 떨어뜨린다.[31]

첫 번째 선택은 돈을 버는 것이다. 그렇지만 이것이 제대로 되지 않자 그는 새로운 사상에 눈을 뜨기 시작한다. 이대로 사는 것이 어린것에게 "다리 밑이나 남의 집 문간에" 버려지는 운명을 맞게 하는 일임을 알게 된 것이다.[32] 그는 ××단에 가입할 것을 결정한다. 사회주의적인 동시에 민족주의적인 이 정치적 실천은 그가 이전까지 투신해온 가족을 위한 노력과는 모순되는 듯 보인다. 때문에 그는 자신의 가족이 겪을 고통을 생각하면 가슴이 찢어진다. 하지만 그는 사회주의적 실천을 통해서만 가족의 고통이 근본적으로 해소될 수 있다는 사실을 안다. 그것만이 "'집'을 지킬 지름길"인 것이다.[33] 출가 이후에도 계속 떠오르는 가족 생각에 고통스럽지만, 그것은 도리어 그로 하여금 "비바람 밤낮을 헤아리지 않고 벼랑 끝보다 더 험한 선"에 설 수 있게 하는 의지의 원동력일 것이다.[34]

여성신파와 사회주의

「탈출기」에서 두드러지는 눈물은 남성의 것이다. 그런데 언제나 여성적 눈물도 함께 흐르게 마련이다. 아내의 눈물이다. 그렇다면 아내의 눈물이 산출해내는 실천은 어떤 것일까? 무수히 많은 잠재적 방향이 있겠으나, 신파가 가부장제의 산물임을 고려한다면 유력한 선택지 중 하나는 가부장제적 성역할일 것이다. 눈물은 남편이 ××단에 있는 동안 아내가 꿋꿋이 가정을 잘 유지할 힘을 줄 수 있다. 이는 남편이 유학을 무사히 마치고 돌아오기까지, 홍도가 눈물의 힘으로써 며느리 역할을 잘 수행해야 하는 것과도 같다. 여성신파와 사회주의의 이러한 접속은 김영팔의 희곡 「부음」(1927)에서도 나타난다.

정숙은 사회운동으로 수배 중인 경수와 사랑하는 사이다. 경수의 어머니는 병중이고 여동생 숙자는 아직 어리다. ××단에 들어간 「탈출기」의 화자처럼, 경수도 사회를 위해 가족을 희생한다. 어린 숙자가 흘리는 눈물은 홍도의 눈물을 연상케 한다. 어머니의 부음이 전해지자 경수, 숙자, 정숙은 함께 눈물 흘리며 슬퍼한다. 하지만 수배 중인 경수는 그곳을 떠나야 하는 처지, 정숙은 그와 부부의 연을 맺기로 한다. 정숙은 눈물을 흘리는 숙자에게 살아남아서 끝까지 싸워야 함을 역설하고, 경수에게는 가정을 잘 지키겠노라 다짐한다. 정숙은 훌륭한 '사회주의적 현모양처'가 될 재원임이 분명하다.

「부음」에 담겨 있는 의미 중 하나는 사회주의가 실현되더라도 가부장제적 성별은 계속 유지된다는 것이다. 이는 마르크스주의에 부합하지는 않는다. 엥겔스는 가족을 사유재산제의 산물이자 하나의 억압적 기제로 파악했다. 여성은 가족 밖으로 나와서 사회적 노동에 참여함으로써만 압제와 착취로부터 벗어날 수 있다.[35] 1925년부터 『신여성』에 게재되기 시작한 사회주의적 논설에서도 여성은 "피착취계급" 내지 "피억압계급"으로 규정되었다.[36] 당시 한국의 사회주의자들은 엥겔스의 생각을 받아들이고 있었던 것이다. 하지만 다수가 남성이었던 그들이 마르크스주의적 가족관을 수용한 양상은 다소 모순적이었다.

남성 사회주의자들은 여성의 성적 자유에 대체로 부정적인 입장을 취했다.[37] 올바른 사회주의적 여성상으로 여겨진 러시아의 여학생들은 "혁명가의 아내 되기를 희망"하는 것으로 묘사되었다.[38] 투옥되거나 도피 중인 사회주의자의 아내는 수절할 경우에 한해 동지로 인정받았으며,[39] 사회주의 여성이 수행했던 '아지트 키퍼'는 가부장제적 성역할의 사회주의적 변형이라는 성격이 강했다.[40] 사실 마르크스주의 자체에 가족제도를 부차시하는 문제가 있었다. 엥겔스는 가족제도와 가부장제가 사적 소유라는 경제적 층위에 규정되는 것으로 보았다. 그러나 가부장제는 그 자체로 자율적인 사회적 배치로 보는 것이 합당하다.[41]

그러나 이런 모순들에도 불구하고 원칙은 분명 성역할을 철폐하는 것이었다. 박영희의 소설 「피의 무대」(1925)는 여성신파적 눈물을 제시하는 동시에 지양하는 태도 또한 담고 있다는 점에서 「부음」과 다르다. 숙영은 부모가 불의의 죽음을 당한 뒤 기구한 인생을 살아왔다. 그에게는 한 부자 청년과의 사이에서 낳은 아이를 빼앗기고 버림받은 과거가 있다. 신파적인 공연을 하던 중 숙영은 문득 자신의 배역과 실제 삶이 유사하다는 것을 깨닫는다. 이내 눈물이 쏟아지기 시작하고, 자신의 고통이 부당함을 자각한 그 대사를 바꿔서 약한 자의 권리 찾기를 주장한다. 관객들은 열광하기 시작하고 극장은 폭동 직전의 상태에 이른다. 숙영은 과도한 흥분으로 뇌일혈을 일으킨다. 그는 죽어가며 이렇게 말한다. "가난한 사람을 위해서 나는 배우가 될 터입니다."[42]

신경향파 특유의 분위기가 살아 있는 결말이다. 연극의 신파적 순간이 사회주의적 각성의 계기가 된다는 설정도 흥미롭다. 신경향파 문예의 신파적 감정과 의미의 배치를 반성적으로 드러내고 있기 때문이다. 그러나 지금은 다른 지점에 주목해야 한다. 그것은 숙영이 보여주는 적극적이고 능동적인 행동이다. 가부장제의 규범에 따르자면,

이는 남성적이다. 아버지는 '가난한 이들의 벗'으로 행동하다 옥사했지만, 어머니는 그저 고통 속에 죽어갔을 뿐이다. 숙영이 가난한 사람들을 위해 배우가 되겠다고 선언할 때, 그는 어머니보다는 아버지를 따르고 있다.

이처럼, 「부음」과 「피의 무대」에서 사회주의적 실천은 여성신파적 눈물을 거쳐 촉발된다.[43] 그러나 눈물이 산출하는 실천의 방향은 서로 다르다. 이들은 신파가 사회주의와 접속하는 두 가지의 주요한 양상을 보여준다. 가부장제적인 것을 유지하는 것과 그러지 않는 것이다. 가부장제적 가족의 눈물로서 신파는 민족주의, 파시즘과 매우 잘 결합했다. 하지만 사회주의와는 그러지 않은 면이 있어 보인다. 사회주의적 눈물은 가부장제적 가족에 대한 수용과 지양 사이를 오가며 흘러왔다. 이는 사회주의운동이 가부장제와 가족에 대해 가졌던 태도와 궤를 같이했다.

사회주의 신파

프로문예의 초기 2~3년 동안의 작품들, 즉 1920년대 신경향의 문예작품들에서 신파적 눈물은 매우 흔히 볼 수 있는 요소였다.[44] 피착취계급이 처한 참혹한 현실의 고통은 가족을 경유함으로써 보다 효과적으로 드러날 수 있었고, 그로 인해 흘려지는 눈물은 무산계급의 투쟁에 강력한 동력을 제공했다. 그러니 신파적 눈물은 자주 등장하는 요소였을 뿐만 아니라, 매우 중요한 요소이기도 했다. 조명희의 산문시 「짓밟힌 고려」(1928)도 이를 잘 보여준다.

부르주아의 종이 된 어머니가 보고 싶어 울다 지친 어린 복남이, 품팔이하러 일본에 간 소식 없는 남편에 눈물짓는 젊은 순이, 경찰에서 매 맞고 죽은 공산당원 성룡의 시체를 부둥켜안고 우는 어머니, 정치범 아들 얼굴 한 번 보려다 간수 발길에 채여 바닥에 구르며 탄식하는 아버지의 모습이 그려진다. "그놈들은 이와 같이 우리의 형과 아우를, 아니 온 고려 프롤레타리아트를 박해하려 든다." 하지만, "우리는 낙심치 않는다. 우리의 힘을 믿기 때문"이다. 그러므로 "다만 이 싸움이 있을 뿐이다."[45]

신경향파의 특징이었던 단발적이고 파편적 행동은 구체적이고 지속적이자 연대된 실천으로 점차 대체됐다. 이는 다량의 창작과 치열한 논쟁의 결과였다. 마르크스주의적 문예의 성격을 제대로 획득하는 것이 그 과제였다. 1927년에 격렬한 논쟁이 있었고 9월에 마르크스-레닌주의적 문예의 원칙을 강화하는 내용을 담은 '방향 전환'이 선언됐다. '완결된' 사회주의자 인물이 작품에 등장하기 시작했고,[46] 그들의 실천 또한 다른 성격을 띠게 되었다. 그와 함께 눈물이 흘려지는 양상들도 다양해졌다.

조명희의 단편소설 「낙동강」(1927)에서 박성운은 병보석으로 출옥하여 고향 마을로 돌아가기 위해 낙동강을 건넌다. 한때 "억대호" 같았던 혁명가가 이제 몰라보게 쇠약해진 몸을 배에 싣는다. 동지이자 연인인 로사에게 노래를 청하고서, 그는 한 방울의 굵은 눈물을 흘린다. 로사도 참 많이 울었다. 백정 집안에서 힘들게 공부시킨 딸이 동맹이니 하며 나섰을 때 부모의 실망이 컸다. 그런 부모가 밉고 불쌍

해서 울었고, "모든 것에 반항하라"는 성운의 격려에 또 울었다. 며칠 뒤 성운의 영구가 나오고, 로사는 성운의 말처럼 "최하층에서 나오는 폭발탄"이 되기 위해 기차에 오른다.[47]

「낙동강」은 어부의 자식 성운이 살아온 길을 자락자락 눈물과 함께 돌이켜 보여준다. 독립운동으로 살림이 박살나고, 늙은 아버지와 서간도를 떠돌다가 송화강 자락에 이르렀을 때, 그는 고향을 생각하며 울었다. 그런 눈물이 성운을 운동에 뛰어들게 했을 것이다. 고향 땅에 돌아와, 사회주의운동 하다 모진 고문에 다 망가진 몸을 이끌고 낙동강을 건널 때, 성운은 다시 눈물을 흘린다. 하지만 그 눈물이 성운을 멈추게 하지는 못했다. 그의 "생무쇠쪽 같은 의지"는 그렇게 눈물에 담금질된 것이다.

실천에 이르게 한 눈물이 있고, 실천의 과정 중에 흘리는 눈물이 있다. 「낙동강」은 두 가지 눈물을 모두 담고 있다. 첫 번째가 가족적 눈물이라면, 두 번째는 동지적 눈물이다. 전자는 당연히 신파적인 눈물인데, 후자는 꼭 그래야 할 이유가 없다. 그런데 「낙동강」에서 동지는 곧 연인이기도 하다. 이는 사회주의적 연대와 가족관계가 겹쳐지게 하고, 그 결과 동지애의 눈물마저 신파적인 것이 되고 만다. 이런 양상은 당시의 다른 프로문예 작품들에서도 쉽게 발견된다.

송영의 「석공조합대표」(1972)는 한 노동계급 가족이 사회적 모순에 저항하는 중에 동지적 연대를 획득해나가는 과정을 다룬다.[48] 임화의 시 「우리 오빠와 화로」(1929)는 여동생이 오빠에게 느끼는 동지적 연대감을 다룬다. 사회주의적 연대가 홍도와 그 오빠의 관계로써 표상되는 것이다. 자연적인 존재로 여겨지는 가족을 정치와 관련지음으로써 정당성을 창출하는 전략이 이처럼 사회주의적으로도 강하게 작동했다.

이는 강렬한 감정적 동력을 운동에 투여하는 효과를 냈을 것이다. 하지만 가족주의에 빚짐으로써 사회주의적 해방의 가능성이 위축되는 부정적 효과도 주시해야 한다. 가족의 위기를 극복하기 위해 혁명에 나설 때, 최종의 목적지는 가족의 행복이 보장되는 세계를 넘어서기 어려웠다. 더욱이 무산계급과 가족의 은유는 혁신된 세계의 공적 영역을 자유주의의 사적 영역으로 표상하는 것이었으니 심각한 문제가 아닐 수 없었다. 만약 그 가족이 가부장제적이라면 부정적 효과는 더 컸다.

「부음」의 가부장제적 모순에 대한 맹목도 그런 문제가 드러나는 사례다. 성운과 로사의 관계는 가부장제로부터 해방된 가족의 양상을 띤다는 점에서 다소 다르다. 성운은 로사에게 모든 것에 저항하라고 요청하는데, 여기에는 가부장제에 대한 저항 또한 포함된다. 하지만 그 요청이 여성에 대한 남성의 계몽이라는 형식을 갖는다는 점에서 여전히 가부장제적이다. 로사가 연인이 밟던 길을 따라 기차에 오를 때, 그것은 곧 사회주의적 부덕婦德의 실현일 수도 있다.

그렇다면 프로문예는 신파를 완전히 배제해야 했던 것일까? 신파를 어떻게 처리해야 훌륭한 사회주의 예술이 될 수 있는 것일까? 좀 더 구체적으로 질문해보자. 가족적 눈물을 어떻게 처리하면 마르크스주의에 합당한 문예물이 될 수 있을까? 이에 대답하기 위해서는 마르크스주의자의 이상적인 심성에 대한 상이 먼저 전제돼 있어야 한다. 이를 추론하면서 신파적 눈물과의 관계도 검토해보자.

이상적인 마르크스주의자의 심성

마르크스주의는 일견 신파와는 잘 부합하지 않아야 할 것으로 보인다. 마르크스주의가 지향하는 과학적 인식에 눈물은 장애물일 수 있다. 개인을 넘어서는 계급적 연대를 요청하니 가족주의와도 맞지 않는다. 그런데도 사회주의 신파가 강하게 흘러왔던 이유는 무엇일까? 한국 사회주의 특유의 민족주의적 성향이 하나의 이유가 되겠지만, 사실 마르크스주의 자체에 신파에 친연적인 요소들이 내재하는 것이 더 큰 이유다. 신파의 속성을 눈물과 가족으로 나눠서 이 문제를 살펴보자.

첫째, 마르크스주의에 있어 눈물이란 무엇인가? 이에 대답하기 위해서 감정 없는 이성의 상태가 불가능함을 상기할 필요가 있다. 이는 마르크스주의의 과학적 체계도 당연히 감정을 함축할 수밖에 없음을 알려준다. 마르크스주의 정치는 '프롤레타리아의 투쟁, 혁명, 해방'으로 요약되는데, 이는 '고통의 감각, 표현, 반발, 해소의 욕구와 의지' 등을 기반으로 할 수밖에 없다. 눈물의 자리도 그곳이다. 궁극적으로는 존재의 열정이 포획돼야 한다. 상호 결속된 개체들, 혹은 개체성이 용해된 원초적 무리의 코나투스에 마르크스주의는 의존할 수밖에 없는 것이다.

사실 강제가 아닌 설득을 통해 집단의 동원을 추구하는 모든 정치가 집합적 코나투스에 의존한다. 그러니 감정의 층위에서 마르크스주의와 신파의 접속은 자연스럽다. 오히려 눈물 없는 사회주의가 이상한 것이다. 하지만 담론의 층위에서는 충돌이 일어난다. 과학을 지향하는 마르크주의 담론은 고통, 슬픔, 눈물을 중심으로 하는 신파의 감상주의와 어긋날 수밖에 없기 때문이다. 이는 감정을 적극적으로 승인하는 민족주의, 파시즘과는 차이를 보이는 지점이다.

그러므로 마르크스주의자의 심성에는 하나의 균열이 있다. 고통을 감각하고 눈물로 실천하는 감정적 주체와 과학적으로 인식하고 기획하는 이성적 주체 사이의 균열이다. 그러니 실천이 인식으로, 인식이 다시 실천으로 전화하는 변증법적 유물론의 논리는 다음처럼 변형될 수 있다. '눈물로써 인식하고, 인식으로써 눈물을 감내한다.' "신화적" 사회주의자 이재유도 그래서 "정이 있고 눈물이 있"는 지도자로 그려졌던 것이다.[49] 물론 감정과 이성의 균형은 필요하다. 하지만 눈물이 배제될 수는 없다.

둘째, 마르크스주의에 있어 가족이란 무엇인가? 물론 마르크스주의의 체계 내에 가족의 자리도 있다. 하지만 그것은 사회적 층위에서는 지양되어야 할 상태이기도 하다. 혁명적 실천을 위해, 가족은 계급적으로 지양돼야 하는 것이다. 가부장제적, 자본주의적 가족의 경우에는 그 자체로 혁파의 대상이기도 하다. 이는 사회주의적 사생활의 양식으로 대체돼야 한다. '자연발생성spontaneity'과 '의식성consciousness'의 구분은 이러한 여러 상태를 명명하는 데 도움이 된다.[50]

전자는 주체가 사회주의적으로 각성되기 이전의 상태를, 후자는 각성된 상태를 가리킨다. 그러니 전자는 후자에 의해 지양되어야 한다. 하지만 후자의 등장을 위한 조건으로 전자가 필요하다. 자본주의적 사적 영역으로서 가부장제적 가족은 자연발생적인 상태에 속하니 지양되어야 하지만, 사회주의적 실천을 추동하기 위해 필요한 조건이기도 하다. 그러므로 마르크스주의자의 심성에는 또 하나의 균열이 있다. 이는 자연발생적인 것과 의식적인 것 사이를 가른다.

이 균열들을 확인하고 나면, 마르크스주의자의 심성이 어떤 상태인지 알 수 있다. 이는 네 개의 영역—자연발생적 이성, 의식적 이성, 자연발생적 감정, 의식적 감정—으로 나뉜다. 이를 근거로 이상적인 마르크스주의자의 심성은 어떤 것일지 추론해보자. 그 네 영역이 균형을 이뤄야 하지 않을까? 그는 냉철한 과학적 이성과 함께 굳센 의지와 뜨거운 눈물도 가진 자다. 그는 목적의식적 사회주의 전위이지만 자연발생적 상태의 대중에 깊이 공감하고 그들을 이해한다.

그렇다면 신파적 눈물의 자리는 어디일까? 물론 자연발생적 감정이다. 이 영역이야말로 마르크스주의에 내재한 신파와의 친연적인 요소다. 따라서 사회주의 문예가 신파적 눈물을 담았던 것은 지극히 자연스럽다. 그러나 과도하지 않아야 한다. 눈물이 이성을 압도하거나, 신파적 눈물이 의식적인 영역을 침범하지 않아야 한다. 따라서 무산계급과 가족의 은유는 마르크스주의와 명백히 충돌한다. 그렇다면 「낙동강」이 제시하는 성운의 심성은 어떻게 평가할 수 있을까?

가족적 고통과 사회주의적 실천 간의 적절한 균형이 있고, 역사법칙에 대한 이성적 인식과 실천하는 주체로서의 감정 사이의 균형도 있다. 가족의 고통에 따른 눈물도 있지만, 낙동강에 비유되는 역사에 대한 유장한 감회도 있다. 단지 한 방울의 눈물만 흘렸을 뿐이니 감정과 이성도 균형을 잡는다. 하지만 동지의 관계와 연인의 관계가 겹쳐짐으로써 의식성의 영역으로 신파적 눈물이 넘치는 건 문제다. 물론 아주 심각한 정도는 아니니 대체로는 이상적인 상태에 가깝다.

많은 사회주의자가 이상적인 심성의 상태를 구축했고 지켜냈다. 하지만 신파적 눈물이 의식적 영역으로 넘쳐흘렀던 적도 많다. 정치적 동원을 수월하게 하는 눈물의 자극은 언제나 매력적인 이데올로기 전략이었고 사회주의도 예외가 아니었다. 하지만 가족적인 것에 관한 한, 신파의 과잉은 마르크스주의가 노정할 수밖에 없는 혼란의 산물이기도 했다. 마르크스주의가 가부장제를 부차시했고,[51] 가족, 성별, 성애sexuality와 같은 사적인 것에 관심이 부족했기 때문만은 아니다.[52]

마르크스주의가 지향하는 미래의 상이 불명확했던 것도 한 원인이었다. 미래의 상상에 익숙한 가족의 형상이 담길 수밖에 없었고, 그래서 사회주의 신파가 흘렀던 것이기도 했다. 하지만 이는 그 자체로는 결코 문제가 아니었다. 진보란 미지의 잠재성으로 충만한 시간대의 열림이기 때문이다. 그러니 특유의 결정론적 역사법칙이 오히려 문제일 수 있었다. "현존하는 모든 사회질서의 타도"를 추구할 때, 마르크스주의는 분명 진보적이었다. "역사의 연속체를 폭파"하려는 그 시도 앞에 미래는 활짝 열려 있었다.[53]

하지만 시도가 반드시 성공으로 이어지지는 않는 법이다. 만약 그들이 건설한 것이 실은 낡은 것에 불과했다면? 사회주의자들의 심성에 가부장제가 강고하게 존속했던 것은 미래의 창조가 녹록지 않았음의 한 증거일 것이다.[54] 사회주의사회에서 가부장제적 가족은 여전히 사적 영역의 주된 질서일 뿐만 아니라 공적 영역의 준거로까지 기능하곤 했다. 신파는 이처럼 진보가 지체되는 중에 호출되기도 했다. 지양되어야 할 낡은 질서에 의존해 신세계를 창안코자 했던 현실의 난관과 모순을 표상하며 흘렀던 것이다.

열정의 시대

사회주의운동이 시작되었던 한국의 1920년대는 참으로 다양한 방식으로 규정되곤 했다. 정치 중심의 역사 서술은 일제의 문화통치로의 전환을 중심으로 이 시기를 파악했다. 당시 한국인 사이에서도 문화는 중요한 범주였다. 민족 개량, 실력 양성 등을 중심으로 하는 문화운동이 사회운동의 한 흐름을 형성하고 있었다. 1920년대는 '문화의 시대'였다. 그런데, 문화에서도 가장 중심적이었던 것은 문학이었다. 1920년대 초 문학동인지가 다수 등장해 다양한 문학적 흐름을 선도했다. 이 시기 한국문학은 서구의 여러 성취를 소화하면서 일정한 궤도에 오르기 시작했고, 사회 내에서 매우 중요한 위상과 역할을 부여받아 수행했다. 1920년대는 '문학의 시대'이기도 했다.

근대문학의 성립기에 유력한 문학론을 제기했던 이광수는 문학의 핵심을 '정情'이라 보았다.[55] 그렇다면 문학의 시대였던 1920년대는 '정의 시대'이기도 했다. 정 중에서도 제일은 연정일 터, 이 시기는 자유연애에 대한 강력한 요청이 있었던 '연애의 시대'이기도 했다.[56] 1920년대 전반기의 문학은 '정' 가운데에서도 특히 고통의 감정, 즉 감상感傷을 중시했다.[57] 고통은 슬픔을 유발하고 눈물샘을 자극했으므로, 1920년대는 또한 '비애의 시대'였다.[58] 비애는 언제나 공감될 수 있는 것, 그럼으로써 윤리적 실천의 동력이 될 수 있는 것이어서, 타인의 비애와 고통에 대한 '동정'으로 이 시대가 규정되기도 했다.[59] 비애와 동정은 대체로 가부장제적으로 젠더화된 가족적 눈물을 수반했다. 그러니 1920년대는 신파적 눈물의 시대이기도 했다.

이처럼 문화, 문학, 정, 연애, 감상, 비애, 동정, 신파 등이 1920년대를 규정하는 단어일 수 있다. 그런데 이 모두를 포괄하면서도 핵심을 포착할 수 있는 다른 단어는 없는 것일까? 이는 본원적인 층위에서 찾아야 할 것이다. 이들 중에서는 '정'이 조건에 가장 부합하지만, 좀 더 특징적인 면모를 드러낼 필요가 있다. 이를 위해 이 시대에 대한 또 다른 규정을 참조해보자. 1920년대는 모든 것을 파괴하고 새롭게 건설하고자 하는 '낭만주의'의 시대이기도 했다.[60] 이런 근본적 파괴와 급진적 건설에의 충동에 다른 이름을 붙여보고자 한다. 그것은 바로 '열정熱情'이다.[61] 최서해는 자신의 열정을 다음과 같이 토로했다.

> 나는 다만 참인간의 참생활이란 목표 아래서 내가 옳다고 믿는 것이면 고기가 찢기고 뼈가 부스러져서 피투성이가 되더라도 해보려고 한다. (…) 나는 이 세상 사람과 같이 그렇게 미적지근한 자극 속에서 살고 싶지 않다. 쓰라리면 오장이 찢기도록, 기꺼우면 삼백육십사절골이 막 녹듯이 강렬한 자극 속에서 살고 싶다. 내 앞에는 두 길밖에 없다. 혁명이냐? 연애냐? 이것뿐이다. 극도의 반역이 아니면 극도의 열애 속에 묻히고 싶다.[62]

왜 오장을 찢고 뼈를 녹여버리고 싶은가? 그것은 존재의 가장 근본에 도달함으로써 현 상태를 파괴하고 새로운 상태가 되고 싶은 충동 때문이다. 자해가 존재의 물질성을 감각함으로써 자신을 확인하는 극단적 방식이며, 자살이 언제나 다른 삶에 대한 열망의 산물인 것과 같은 이유다. 1920년대는 초유의 대규모 대중운동인 3.1운동이 일어난 직후에 시작됐다. 3.1운동은 비록 실패로 돌아갔지만, 이미 그 자체로 거대한 성취이기도 했다. 실제로 이는 사회질서에 일정한 변화를 만들어냈다. 기만적이나마 연성화된 식민통치의 질서가 3.1운동으로 인해 성립했다.

더불어 모든 것을 근본적으로 파괴하고 급진적으로 건설하고자 하는 열정의 시대 또한 함께 활짝 열렸다. 들뢰즈와 가타리는 이런 존재의 운동에 '탈주'라는 이름을 붙였다. '혁명 혹은 연애'라는 낯선 병치가 성립 가능한 것은 이 두 가지가 인간 존재에서 가장 강력한 탈주의 행위이기 때문일 것이다. 그런 점에서 1920년대는 탈주의 시대였다고도 볼 수 있다. 탈주의 열정은 개인과 집단의 다양한 현실을 발견했고, 수많은 '-주의ism'와 조우했다. 문화, 문학, 감상, 비애, 동정은 그 발견과 조우의 산물이었다. 거기에 눈물도 있었다.

눈물이란 언제나 존재의 본원적 열정, 코나투스의 실현이다. 신파적 눈물은 상호 등질적인 소가족들이 사적 영역의 기본 단위가 되는 자유주의적 배치로의 전환 속에서 대중감정의 주요한 일부로 성립돼 왔다. 1910년대의 번안소설과 『무정』이 문해력 있는 소수의 눈을 적셨다면, 눈물의 신파극은 외연을 확장했다. 1920년대의 열정은 눈물의 흐름을 더 강화했고, 억압받고 착취당하는 인간집단의 현실을 만나서는 사회주의적 신파가 되어 흘렀다. 러시아혁명은 사회주의로의 이행이 물질적 발전과 함께 자연스럽게 이루어지는 것이 아님을 증명했다. 그러므로 강력한 열정이 필요했다. 1920년대 사회주의 전위는 인간군의 거대한 고통에 눈물을 흘림으로써 열정을 확인하고 실천의 동력을 확보하고자 했다.[63]

그들은 무산계급이 고통을 자각하고 눈물 흘리기를 열망했다. 그것이 결코 메아리 없는 외침은 아니었던 것 같다. 이와 관련해 소작농 가족의 눈물과 복수의 살육극인 영화 〈아리랑〉이 보여주는 신경향파적 성격에 주목할 필요가 있다. 임화는 이후 "나운규의 고유한 열정"에 관해 언급하면서, 그것이 당대의 문학과 영향관계 속에 있었음을 지적한 바 있다.[64] 당시 수많은 관객이 〈아리랑〉을 봤다. 영화관에서 함께 노래하고, 외치고, 울었던 관객들의 반응은 「피의 무대」를 방불케 했다.[65] 신경향의 열정은 의외로 폭넓은 대중적 공감을 얻고 있었다.

혁명은 언제나 열정을 필요로 한다. 그것도 응축된 것이어야 한다. 자본의 역사에 비유해보자면, 이 시기는 사회주의적 열정이 시원적으로 축적된 시기였다고 할 수 있다. 한편, 신경향으로서 사회주의의 기원은 또 다른 신경향으로서 영화의 기원과 겹쳐지는 것이기도 했다. 그리고 이후 한국인이 그렇게 많이 흘리게 될 신파적 눈물도 이 시기에 이르러 본격적으로 흐르기 시작했다. 1920년대 특유의 강력한 열정이 이처럼 여러 새로운 흐름을 동시에 창출하고 있었다.

신파적 프로문예의 퇴조

프로문예에서 신파적 눈물의 흐름은 1927년을 기점으로 해서 점차 약화되다가 1930년경부터는 거의 사라졌다. 1920년대 사회주의 예술운동은 두 차례 '방향 전환'을 시도했다.[66] 이 과정에서 마르크스-레닌주의의 관철이 일관되게 추구됐고, 이는 신파적 눈물이 퇴조하는 데 직접적인 원인이 됐다. 1927년의 카프의 1차 방향 전환은 신경향파 문학의 '자연생장성'에 대한 비판과 '목적의식적' 전환에 대한 요청을 중심으로 했다.[67] 1930년의 2차 방향 전환은 예술운동에 있어서 전위당의 지도를 강화하는 '볼셰비키화'가 중심이었다.[68] 또한 '프롤레타리아 리얼리즘'이 제기되면서 리얼리즘 창작 노선이 본격화되었다.[69] 가족적인 것과 감상성은 계속 도마에 올랐다.

1차 방향 전환기에 박영희는 눈물을 '싸구려'로 폄하하면서, 사회를 감격의 눈물로써만 보지 말 것을 요청한다.[70] "문예운동이란 비탄하는 사람"으로 하여금 "분투할 의식을 성장"토록 하는 것이므로 "비통한 호소에서 발랄한 투쟁"으로 전환할 것이 요청되었다.[71] 2차 방향 전환기에 안막은 '소부르주아적인 센티멘털한 로맨틱한 심리'를 비판했으며,[72] 함께 볼셰비키화를 이끌었던 임화 또한 "다만 흥분된 감정으로 **(혁명)을 노래하여보고 공장이나 신문의 3면 기사에다 눈물을 쏟아본 적밖에" 없었다며 자기비판했다.[73] 눈물의 감상성은 리얼리즘의 이성적 시각을 훼손하는 것으로 여겨졌다.

신유인은 "한 사람의 농민운동자의 가족"의 "침체한 신파 비극적 모멘트"만으로는 문제가 해결되지 않음을 주장했다. 중요한 것은 "계급적 분화"에 대한 의식이었다.[74] 임화의 자기비판은 "누이동생과 연인을 까닭 없이 ****(혁명투사)를 만들어서 자기중심의 욕망에 포화되어 나자빠졌다"던 것까지 포함했다.[75] 권환은 창작에 연애요소를 넣는 것도 불순한 의도로 규정했다.[76] 이처럼 가족은 '자연생장적', '개인적'이라는 이유에서 비판되었고, 사적 유물론의 관점이 요청됐다.

물론 이와 대립되는 입장도 있었다. 김기진이 그 대표적인 논자였다. 1차 방향 전환기에 여러 평자에 의해 비판받은 「낙동강」을,[77] 김기진은 "감격으로 가득 찬" "눈물겨운 소설"이며 "다수 독자들의 감정의 조직"에 성공한 작품으로 호평했다.[78] 더 나아가서 그는 대중을 설득하기 위해서는 대중소설, 통속소설의 방법을 참조할 필요가 있다고 주장했다.[79] 그렇다면 마르크스주의 예술에서도 눈물이 필요하다. 하지만 이런 주장은 전혀 받아들여지지 않았다. 프로문예 작품들에서 신파적 눈물은 점차 사라졌다.

한설야는 「홍수」라는 제목의 단편소설을 1928년에 한 편, 1936년에 한 편 발표했다. 두 작품을 비교하면 신파적 눈물의 퇴조를 뚜렷이 확인할 수 있다. 둘 다 홍수로 인해 논이 침수될 위기에 놓인 농민들의 이야기다. 침수를 막으려면 아래쪽 논둑을 허물어야 한다. 위법행위이지만 농민들은 결국 둑을 허물기로 한다. 1928년에는 박 서방의 사정을 주로 다뤘다. 아내는 병들어 누워 있고, 아이들은 굶주리고 있으며, 박 서방은 눈물을 흘린다. 1936년에는 이러한 가족적 상황이 거의 다뤄지지 않으며, 눈물도 거의 흐르지 않았다. 농민들은 가족의 일원이기보다는 계급의 일원임이 강조된다.[80]

1930년대 프로문예의 대표작으로 평가받곤 하는 이기영의 소설 『고향』(1933)에서도 신파적 눈물이 보이지 않는다. 여러 가족의 위기가 제시되기는 하지만 담담하게 묘사될 뿐이며, 각성한 주인공인 희준의 실천도 가족적 감상에 의해 추동되지 않는다. 농민 가족들의 위기가 계급, 사회를 은유한다기보다 그저 계급적 현실의 일부로 제시되는 정도다. 계급의 위기도 고통, 슬픔, 눈물을 유발하지 않는다. 다만 냉철하게 관찰됨으로써 이성적 판단과 기획의 근거가 된다.

1930년대의 주요 프로문예 작가들인 이기영, 한설야, 이북명, 김남천 등의 소설에서는 눈물이 거의 흐르지 않았다. 가족의 위기보다는 노·농 생산 현장에서의 문제가 중심에 놓이는 경향이 강했다. 이 시기에 약간의 감상성이 허락되는 유일한 영역은 동지적 관계였다. 『고향』에서 희준은 "사랑 중에 우정의 사랑이 제일 큰" 것이라고 말한다. "개인적 연애는 단 두 사람의 즐거움"일 뿐이다.[81] 한설야의 장편소설 『황혼』(1936)에 허락된 아주 짧은 감상적 순간 또한 동지적 감격을 위한 것이었다. 하지만 이 또한 매우 절제되어 나타나며, 무엇보다도 더 이상 가족과 매개되지 않았다.

이처럼 1930년대의 프로문예에서 신파적 눈물은 크게 줄어들었다. 자생적 저항보다는 의식적 실천에 초점을 맞추었고, 감정을 최대한 절제하는 경향이 두드러졌다. 이는 마르크스-레닌주의적 문예의 원칙을 관철하려는 노력의 결과로 보인다. 그런데 과연 눈물의 배제가 그 원칙에 합당한 것일까? 마르크스주의자의 이상적 심성이란 감정과 이성, 자생성과 의식성 간의 균형을 잡는 것이어야 하기 때문이다. 이 시기에 공식화된 사회주의 리얼리즘 노선의 관점에서도 이는 문제일 수 있었다. 자연생장적 '현실'로서 가족의 위기가, 감정적 '현실'로서 고통, 슬픔, 눈물이 다뤄질 필요가 있었기 때문이다.

카프가 해산되던 1935년경에 이루어진 자기비판은 이런 문제에 대한 것이었다. "우리들 가슴속에는 평화를 갈망하고 행복을 기대하고 사람을 기대하는 로맨틱한 감정이 있는 것"이다. 프롤레타리아 문예는 "인간의 로맨티시즘을 부정하는 것이 아니라 모순"으로 지양해야 하는 것이다.[82] 어쩌면 이 시기의 진짜 문제는 낭만주의의 시대가 지나간 것, 열정이 식은 것에 있었을지도 모른다. 파시즘의 시대가 시작됐고, 사회주의자들은 지독한 탄압에 지쳐가고 있었다. 역사의 진보에 대한 이성적 확신에도 불구하고, 혁명의 실현을 도저히 실감할 수 없었던 것이 1930년대 사회주의자들의 마음 아니었을까? 이 또한 눈물이 찾아들게 된 이유였을 것이다.

북쪽의 눈물

1930년대 프로문예에서는 눈물이 대체로 메말랐지만, 한국 사회주의자들의 눈물이 완전히 메말랐던 것은 아니었다. 당시 많은 한국인이 이주해서 살고 있었던 만주에서는 분위기가 좀 달랐던 것 같다. 간도의 용정에 살던 강경애는 가족의 눈물을 담은 소설을 썼다. 단편소설 「소금」(1934)은 그중 하나다. 이 소설은 삶을 처절하게 유린당하는 한 농민계급 여성의 이야기를 담고 있다. 참상의 결정적 순간들에는 계속되는 죽음이 있다. 남편은 공산당의 총에 맞아 죽고, 아들은 공산당 활동을 하다 죽고, 두 딸은 열병으로 죽는다. 질긴 목숨이라, 그러고도 계속 살아야 한다. 긴 눈물의 시간이 지나고 나서야 그녀는 비로소 깨닫는다. 공산주의가 유일한 해답이라는 것을.

식민지기 한국인들의 만수 이주에는 일제 주도의 근대화에 따른 농민층 분해가 주된 원인으로 작용했다.[83] 1916년 이후 이주민의 수가 크게 증가했고, 1930년대까지 지속적인 이주가 이루어졌다.[84] 가난을 피해 찾아간 곳이지만 그곳에서의 삶도 힘들기는 매한가지였다. 이들의 상황은 "실로 죽음의 광란과 같은 참상"으로 표현되었을 정도다. 그 이주는 "기지의 사지로부터 미지의 사지로의 흐름"이라 할 만했다.[85] 그래서인지 만주를 배경으로 하는 사회주의 문예물들은 매우 강렬한 고통, 슬픔, 눈물을 드러내는 경향이 있다.

1930년대 국내 사회주의운동이 침잠했던 것과 달리, 만주에서는 격렬한 전쟁이 벌어지고 있었다. 당시 만주는 한반도에서는 사그라진 열정이 계속되고 있는 곳이었다. 이 또한 강력한 눈물이 흘려질 수 있는 조건이었다. 김일성은 중국인들과 연합한 부대인 동북항일연군 소속 지휘관으로 한국인들을 이끌고 항일 유격전을 수행했다.[86] 그 과정에서 대원들과 대중을 교육하기 위한 공연도 필요했을 것이다. 그 연극들의 원래 형태를 확인할 수는 없다. 하지만 이후 북한에서 영화, 연극, 소설로 개작된 판본은 다양하게 접할 수 있다. 〈피바다〉, 〈꽃 파는 처녀〉, 〈한 자위단원의 운명〉은 그중에서도 3대 혁명문예로 꼽히는 대표작이다.

〈꽃 파는 처녀〉는 한반도 북부가 배경이지만, 나머지 둘은 만주를 배경으로 한다. 셋 모두 농민계급 가족의 위기를 중심으로, 계급적·민족적인 고통을 처절하게 제시한다. 그 과정에서 신파적 눈물이 엄청나게 흐른다. 가족을 위한 갖은 실천이 이루어지지만 결국 모든 노력이 실패한다. 고통의 극단에 이르면 각성의 순간이 오고 항일혁명전쟁에 참여하게 된다. 이 작품들의 교훈은 명쾌하다. 혁명전선에 서는 것만이 가족을 지킬 수 있는 유일한 길이다.

3대 혁명문예는 각각 가족 내의 다른 위치를 중심으로 사회주의

혁명의 정당성을 역설한다.[87] 〈피바다〉는 어머니가 주인공이다. 항일운동으로 남편을 잃고 일본군의 파괴, 도륙을 피해 가족은 만주를 유랑한다. 힘들게 정착하지만 이번에는 아들이 공산주의운동에 나선다. 어머니는 눈물로 막으려 하나, 결국 각성하고 아들을 유격대로 보낸다. 〈꽃 파는 처녀〉는 딸이 주인공이다. 이 집에도 아버지가 없다. 지주의 횡포로 막내의 눈이 멀자, 오빠는 지주의 집에 불을 지른다. 오빠는 소식이 없고 끝없는 고난이 이어진다. 꽃분이가 지주에 결국 저항하던 날, 마을 사람들은 봉기를 일으킨다. 꽃분이는 혁명운동에 뛰어든 오빠를 따른다. 『한 자위단원의 운명』은 아들이 주인공이다. 양가를 모두 책임져야 하는 성실한 청년 갑룡의 이야기다. 그 책임감으로 인해 그는 일제 자위단 차출을 피하지 못한다.[88] 오랜 고통의 시간을 견뎌냈음에도 결과는 참혹하다. 일본군에 의해 갑룡의 친구들과 아버지까지 목숨을 잃은 것이다. 쏟아지던 눈물이 비로소 멎고 갑룡은 일본군에 맞서 싸우기 시작한다.

1980년대에 뒤늦게 이 작품들이 한국에 소개되었을 때, 대체적인 반응 중 하나가 '신파적'이라는 것이었다. 당시의 일본 신파극과의 실제 영향관계가 지적되기도 했다.[89] 어쩌면 당연한 것인데, 1930년대는 〈사랑에 속고 돈에 울고〉의 시대였기 때문이다. 그것이 약간의 개작만으로도 사회주의 신파가 될 수 있음을 고려해야 한다. 홍도가 살인을 벌인 후, 순사인 홍도 오빠가 사회주의적으로 각성해 동생과 함께 혁명운동에 투신하면 된다. 이때 주변 무산계급 인물들이 동참해 작은 봉기의 양상이 만들어지면 더할 나위 없다. 3대 항일혁명문예는 실제로 이런 변환을 통해 창출되지 않았을까? 사회주의 신파라는 명칭이 더없이 적합한 사례들인 것이다.[90] 이처럼 1920년대 국내에서 흘렀던 사회주의 신파는 1930년대에는 만주로 이어져 흐르고 있었다.

만약 프로문예의 볼셰비키화를 추진했던 논자들이 이 작품들을 읽거나 보았다면 어떻게 평가했을까? 자연생장적 단계에 그치고 있다고 비판하지 않았을까? 신파적 눈물은 부르주아적 감상주의로 비판받았을 것이다. 그러나 김기진이라면 달랐을 것이다. 그는 감상성을 중시했고, 대중에게 다가가기 위해 대중적·통속적 예술의 특성을 활용할 필요가 있다고 주장했기 때문이다. 카프는 이런 주장을 기각했지만, 만주의 유격대 문화담당자는 그러지 않았던 것 같다.

대원들의 의기를 북돋우고 대중을 설득하기 위해서는 그들에게 익숙한 내용과 표현이 필요했을 것이다. 가난한 농민 가족들의 극단적인 고통을 대면하면서, 혁명전선에 서는 것 외에는 방법이 없다는 데 새삼 동의했을 것이다. 연극을 보는 내내 가족 생각에 눈물범벅이 되고 나면, 얼어붙은 들판에 다시 나설 수 있는 힘을 얻었을 것이다. 비록 이념적, 예술적 수준도 높지 않았고, 소규모로 창작되고 향유되었지만, 프로문예에 비해 이 연극들은 훨씬 더 실전적이었다.

이 작품들에서도 각성된 인물들은 감정을 절제하는 경향이 있다. 『한 자위단원의 운명』에서 주인공 갑룡의 친구 철삼은 사회주의적인 각성과 함께 "표정과 거동이 모두 침착하고 자리가 잡"힌다. 그의 "핏발이 선 눈굽에는 조용히 불빛이" 될 따름이다.[91] 마르크스주의자의 이상적 심성이 재현되는 대목이다. 하지만 대부분의 인물은 너무나 많은 눈물을 흘린다. 이는 그들이 각성되지 않았기 때문일 뿐 아니라 해방되지 못한 인민이기 때문이기도 하다. 식민 지배에 놓인 민족의 삶은 피바다, 눈물바다를 면치 못할 것이라는 생각인 것이다.

하지만 그럼에도 불구하고 이 눈물에는 분명 과도한 면이 있다. 지양되어야 할 모순이나 효과적인 수사 이상의 뭔가가 담겨 있다는 의혹을 갖게 된다. 식민지기 만주에서의 항일유격대 투쟁의 맥락에서만 그것의 의미를 파악하려 든다면 충분치 않을 수 있다. 항일혁명예술이 절대적 정전이 된 것은 해방 이후의 일이기 때문이다. 그 과도한 눈물의 의미가 북의 사회주의체제와 관련된 것일 수 있다는 뜻이다.

눈물의 사회주의

항일혁명예술이 처음부터 정전의 반열에 올랐던 것은 아니다. 북한정부 수립 후 한동안은 카프가 중시됐다. 그런데 1950년대 말부터 항일혁명예술이 부각됐고, 1960년대를 지나면서 유일한 예술적 전통으로 절대시됐다.[92] 이는 김일성이 동북항일연군 세력과 함께 권력을 독점하게 된 것과 궤를 같이했다.[93] 이 과정에서 원래 구전적인 집단창작물이었던 것이 김일성이 직접 창작한 불멸의 명작으로 탈바꿈했다.[94] 그런데 이런 정전화는 신파적 눈물이 표현의 형식이자 심성의 요소로서 중요한 위상을 부여받았음을 의미하는 것이기도 했다.

이북명의 소설 『질소비료공장』은 공장의 착취와 노동의 조직화를 골간으로 하여 노동자의 해고와 죽음, 그로 인한 고통, 슬픔, 눈물을 다룬다. 1930년대에 『조선일보』에 잠시 연재되다 검열로 인해 중단됐고, 이후에 『초진』이라는 제목의 일본어판으로 완성, 발표됐다.[95] 저자는 1950년대에 북한에서 이를 한국어로 개작하여 재발표했다. 둘을 비교하는 것은 매우 흥미롭다. 맥락의 차이를 드러낼 것이기 때문이다. 신파적 눈물이 확연히 늘어난 것이 눈에 띈다. 『초진』의 절제가 신파를 억압했던 1930년대 프로문예 담론을 반영한다면, 1950년대의 개작은 달라진 분위기를 드러낸다. 눈물에 호의적인 분위기가 조성돼 있었던 것이다.

이는 여러 가지 원인이 복합적으로 작용한 결과로 보인다. 크게 네 가지 정도로 그 요인을 정리할 수 있다. 첫째, 대중성을 중시하는 북한 특유의 문예 노선, 둘째, 남북한이 공유하는 눈물의 민족주의, 셋째, 사회주의체제 자체에 내재한 가족국가적 성향, 넷째, 사회주의 건설의 인민 동원 과정에서의 강력한 감정의 요청 등이다. 이러한 요인들이 함께 작용하면서 가족적 눈물은 북한의 주된 정치적 감정이 됐던 것으로 보인다. 눈물의 사회주의가 성립했던 것이다.

북한 문예 노선이 통속적, 대중적인 형식을 요청했던 것이 가장 직접적인 원인이었던 것으로 보인다. 사회주의 예술에 요청되는 주요 덕목으로 인민성, 당파성, 객관성 등이 있다. 당파성은 예술이 프롤레타리아계급의 이해利害를 담아야 함을, 객관성은 예술이 현실의 진리를 포착하는 리얼리즘이 되어야 함을 뜻한다. 인민성은 작품이 "시대의 가장 진보적인 경향을 표현할 때" 획득된다.[96] 인민people은 역사 발전을 이끄는 집단적 주체이기 때문이다.[97] 그런데 북한에서는 "인민들의 비위와 감정에 맞고 그들이 알기 쉬운 형식—민족적이며 통속적인 인민의 형식—으로 창작"되는 것도 인민성 구현의 요소에 포함시켜 왔다.[98] 김기진의 주장이 비로소 실현되었다고도 할 수 있을 터인데,

이런 노선이 신파적 눈물에 호의적인 분위기를 만들었을 것이다.

그러나 이보다 더 근원적인 요인들이 있다. 바로 북의 사회주의체제가 이념적, 역사적으로 획득한 독특한 성격이다. 그중 하나는 강력한 민족주의적 성향이다. 원래 북한에서는 민족주의를 부르주아적인 것으로 비판하며 사회주의적 '애국주의'라는 단어로 이를 대체했다.[99] 그러나 김일성이 "민족이 있고서야 계급이 있을 수 있으며, 민족의 이익이 보장되어야 계급의 이익도 보장될 수 있다"고 할 때 그는 분명 민족주의자였다.[100] 김일성과 동료들은 중국인과의 국제주의적 연합군에 참여하면서도 민족주의를 견지했다. 오히려 동북항일연군에서 중국인과의 관계를 통해 겪었던 약소민족의 설움이 민족주의를 강화한 면도 있었다.[101]

북한은 세계혁명에 대한 국제적 이상을 공유해왔지만, 독자노선을 유지하기 위한 노력 또한 지속적으로 기울여왔다. 이런 노력은 1950년대 이후 사회주의 국가들 전반의 민족국가화와 함께 강화됐고, 1980년대 사회주의권의 위기와 함께 '조선민족제일주의' 같은 초강력 민족주의적 구호를 내세우기에 이르렀다.[102] 그러므로 '무산조선해방'은 북한의 궁극적인 정치구호였으며, 북한의 사회주의자는 언제나 민족주의자이기도 했다. 제국주의 침략에 의해 촉발된 한국의 민족주의는 고통과 눈물을 특유의 성격으로 가진다. 북쪽의 초강력 민족주의사회에서 신파적 눈물이 강하게 요청된 것은 당연한 일이었다.

하지만 그들은 남한에서 민족적 정서로 여겨온 '한'에 대해서는 매우 부정적이다.[103] 수난의 역사보다는 그에 맞선 투쟁을 강조하는 승리의 역사임을 주장해온 것이다. 그러나 한에는 실천의 힘이 응축되어 있으며, 승리에는 위기가 전제되어야 한다는 점에서, 기본적으로는 남북이 다르지 않다. 20세기 한국에서 민족이란 언제나 눈물을 촉발하는 것이었고, 이것이 북한에서 신파가 특별한 위상을 가졌던 한 이유다. 하지만 이는 남북한이 공유하는 것이므로, 북한체제 자체에 고유한 원인은 아니다. 그렇다면 고유한 원인은 무엇일까?

바로 가족과 정치적 공동체의 등치를 극단적으로 추구했던 것이다. 근대의 모든 민족국가가 어느 정도는 가족과 민족을 등치시키는 경향이 있지만, 북한에서는 유례없이 강력했다.[104] 1970년대부터 제기된 '사회정치적 생명론'은 그 이데올로기의 핵심을 이룬다.[105] 이에 따르면, 자연적 생명은 실제 부모에게 받은 것이지만, 사회정치적 생명은 수령으로부터 받은 것이다. 수령은 사회정치적 어버이이며, 정치체는 사회정치적 가족이다. 북한에서는 1973년부터 '혈통'도 민족의 주요한 기준 중 하나로 공식적으로 추가되었다.[106] 민족이 가족인 것은 북한에서는 결코 은유가 아니다.

사회정치적 대가족의 성립은 김일성 세력이 권력을 독점하는 과정과 밀접한 관련이 있다. 1960년대부터 김일성의 유격전쟁은 북한사회의 원형적인 행위로 신화화되었다. 당시 유격대에는 소년도 많았는데 그들은 대체로 일제에 의해 부모를 잃었고, 김일성은 그들의 부모 역할을 대신했다. 생사를 넘나드는 경험을 함께하면서 이들은 가족 이상의 사이가 되었다.[107] 이런 항일 '유격대 가족'이 사회의 원형이 됨으로써 김일성은 사회정치적 대가족인 인민공화국의 어버이가 될 수 있었다. 전위에 집중된 권력체계는 마르크스-레닌주의가 애초부터 노정한 것이니 그리 놀랍지 않다.[108] 하지만 정치체를 거대한 사회적 가족으로 구축한 것은 독특해 보인다.

그러나 이 역시 사회주의체제에 배태된 성격이 실현된 결과였다. 자유주의체제에서는 경제적 생존이 사적 영역인 가족의 문제다. 반면에 사회주의는 공적 영역이 경제적 생존을 책임지는 체제다. 이를 사적 영역의 공공화라 할 수 있는데, 이것이 사회주의체제에서 사적인 존재 방식을 창안하는 것이 난제가 되도록 하는 한 원인이다. 그런데 사적 영역의 공공화는 논리적으로 공적 영역의 사사화私事化 또한 수반할 수도 있다. 이는 사회주의체제가 가족을 사라지게 할 수도 있지만, 가족을 극단적으로 팽창시킬 수도 있음을 뜻한다.[109]

소련에서 "소비에트 대가족"이 성립되고 "스탈린은 모든 사람의 아버지"가 됐던 것은 사회주의 특유의 성격이 발현된 결과였다.[110] 이는 지난 세기 현실사회주의에서 거의 공통적으로 나타났던 현상으로 보인다. 특히 북한에서 이는 극단적인 양상을 보였다. 정치체가 거대한 가족이 됨에 따라, 정치적 관계도 가족적으로 규정됐다. '생명의 은인'인 수령에게 '효도'해야 했고, 수령은 어버이로서 인덕을 베풀어야 했다. 이는 북한의 인민으로 하여금 자유와 민주주의를 상실케 하는 조건이었다.

칸트에 따르면, 가장 강력한 전제專制정치는 "아버지가 자식을 대하는 것과 같은 은혜의 원리를 바탕으로 국민에게 행사"하는 '가부장적 지배'에서 나타난다. 그런 지배를 받는 자들은 무엇이 자신에게 유익하고 유해한지 모르는 미숙한 아이처럼 수동적인 처지에 놓이게 되기 때문이다.[111] 북한 인민은 그러한 자유의 상실에 이르게 될 가능성이 매우 컸다. '자발성'을 대단히 중시했다지만, 인민이 실제로 놓인 처지는 이처럼 매우 수동적인 상태였다.

가부장제적 가족국가는 민주주의를 억압한다는 점에서도 문제다. 민주적 결정이 가부장적 권위에 의한 결정으로 대체되기 때문이다. 북한 인민이 상실한 자유에는 정치적 결정에 참여할 자유도 포함됐다. 수령의 잘못이 있다 하더라도 가족 간에 그 책임을 냉정히 따질 수 없는 일이니 인민주권은 실질적으로 무력화됐다.[112] 이처럼 박정희 체제의 남한 이상으로 북한에서도 자유와 민주주의의 억압이 행해져 왔다. 남쪽에서처럼 신파적 눈물에 그에 대한 책임이 있었다.

건국 후 북한에서는 남한의 현실을 다루는 작품도 많이 제작됐다. 1960년대 통일혁명당을 모티프로 한 소설 『애국시대』는 남한 인민의 신파적 눈물로 점철된다.[113] 해방되지 못했으니 눈물이 많을 수밖에 없다. 하지만 각성한 혁명가 김장호는 눈물을 꾹꾹 참아낸다. 이상적인 사회주의자의 심성에 접근해가는 모습이다. 하지만 김일성의 교시를 접할 때, 남한에서 또 다른 김일성주의자와 만날 때, 그는 결국 눈물을 참지 못한다. 사회정치적 이산가족이 상봉하는 순간이라고나 할까? 눈물의 배분을 놓고 보면 확실히 사적 가족보다 사회정치적 가족이 더 중시된다. 사회정치적 가족의 세계에서 신파적 눈물이 정치적 의미를 가지는 것은 은유가 아니다. 그것은 공식적인 정치적 감정이다.

이런 가족적 사회관이 사회주의 건설에서 열려 있어야 할 새로운 존재방식의 가능성에 대한 창의적 사유와 실천을 얼마나 억압했을지는 쉽게 짐작할 수 있다. 인간의 창의성을 중시하는 것이 주체사상이라지만, 북한이 선택한 것은 가장 진부한 방식이었다. 사실 가장 쉽고 가장 효과적인 방식이었을 것이다.

김정일에 의하면, "우리식의 사회주의"란 정확히 사람들이 "한 가족으로서 서로를 사랑하고 돕는 것"이다.[114] 이 민족-가족은 봉건제적, 자본제적 폭력과 일제의, 미제의 압박으로 인해 언제나 위기에 처했다. 그러니 가족적 위기로 인해 흘리는 눈물이란 일종의 신원증명과도 같다. 신파적 눈물이 인민의 자격, 애국자의 자격을 증명한다. 이를 고려할 때에만 다음과 같은 구절을 정확히 이해할 수 있다. "애국자라면 모름지기 부모를 사랑하고 아내와 자식을 사랑한다. 이런 감정들은 가까운 사람들에게만 연결된 것이 아니며, 그들은 모국의 운명과 긴밀하게 결속되어 있다."[115] 이렇게 신파적 눈물이 공식화됐다. 이보다 완전한 의미의 정치적 신파가 또 어디 있겠는가.

북한은 종종 '유격대사회'로 불리곤 한다. 전후 복구 및 산업화를 위한 노력 동원의 과정에서, 극한의 위기에 놓인 유격대의 기억이 정책적으로 소환된 것에서 비롯되었다. 미비한 물질적 조건을 강인한 정신력으로 돌파해야 하는 상황이었다. 이성보다는 감정을 자극할 때 더 강력한 실천이 추동되는 법, 사회정치적 가족의 위기가 주는 고통과 슬픔을 계속해서 반추하며 눈물을 흘릴 필요가 있었다. 주체사상도 이런 배경에서 성립됐으리라 짐작된다. 그 핵심은 "사회를 물질적 조건을 위주로" 파악하기보다는 "인민대중의 자주적이며 창조적인 활동 과정"을 중심으로 파악하는 데 있다.[116]

러시아혁명 이후, 혁명이 역사법칙에 따라 자연스럽게 주어지기보다는 적극적으로 쟁취되어야 하는 것으로 여겨지면서, 마르크스주의는 주관주의적 성격을 강하게 띠었다. 주체사상도 이런 맥락에 놓여 있다. 또한 혁명이 저개발 국가에서 일어나게 됨에 따라 '산업화'의 과제 또한 부여받았던 것이 북한을 비롯한 현실사회주의 국가들이 놓인 상황이었다. 이 또한 객관적인 상황을 인식하는 주체보다는, 고통을 이겨내고 실천하는 주체의 국면에 초점을 맞추는 사상이 등장한 배경이었다.

이처럼 강력한 주관주의가 북한정치로 하여금 감정에 호소하도록 만들었던 것으로 보인다. 하지만 그것이 반드시 눈물의 유발로 이어져야 했던 것은 아니다. 소련의 사회주의적 산업화도 고강도의 동원을 수반했고 그 과정에서 "열렬한 감정에 대한 호소"가 이루어졌다. 그런데 그것은 "팀 정신, 나날의 드라마, 영웅적 성취 등과 관련되는" 감정이었고, 스포츠 선수와 같이 들떠 있는 상태로 만들기 위한 것이었다.[117] 그러니 눈물로의 감정적 편향은 확실히 민족적 특성이었다.

같은 시대 남한에서도 수많은 눈물이 흘렀다. 그 눈물은 조국 근대화의 동원에 의해 포획됐다. 북에서도 비슷한 눈물이 흘렀던 것 같다. 천리마운동 또한 '조국 건설'의 눈물을 흘리게 했을 것이다. 그 눈물의 힘으로 힘겨운 한 시대를 살아온 것은 남북이 다 비슷하리라. 눈물이란 언제나 코나투스의 실현이다. 특정한 사회적 배치에 의해 자극되고 포획되지만, 근본적으로는 살고자 하는 열정의 산물인 것이다. 20세기의 한국인은 그렇게 거대한 열정의 시대를 눈물로 살아냈다.

하지만 그 눈물은 위기를 과장함으로써 과도하게 흘러내린 것이었고, 무수한 방향으로 향할 수 있는 잠재성을 단일한 방향으로 고정한 결과이기도 했다. 그러므로 그 눈물은 사회가 더 좋은 상태로 향하는 것을 가로막았다. 목적을 잃어버린 눈물인 것이다. 마르크스주의가 자유주의를 거부하는 것은 보다 근본적인 자유를 지향하기 때문이다. 마르크스주의는 민주주의를 추구한다. 그것은 인민의 자율성이 급진적으로 실현되는 정치양식이다. 북한의 정치적 기획 또한 그러한 이상으로부터 출발했다. 하지만 그와는 다른 곳으로 향하고 말았음을 그 사회가 흘린 눈물이 증명한다.

김지하의 눈물과 민중주의의 열정

1973년 봄, 김지하는 흑산도에서 체포된다. 수갑을 차고 고향인 목포항에 내려 유달산을 바라보자 고통이 밀려온다. 할머니, 조카, 외할아버지, 아버지의 처절한 기억들, 그리고 지금 자신의 모습은 얼마나 초라한가! 오열이 터져 나오기 시작한다. 하지만 부둣가 생선 장수들의 지치고 그을린 얼굴을 바라보면서 눈물은 점차 잦아든다. 자기들처럼 가난하고 천대받는 사람이 수갑 차고 왔구나 여기는 눈빛들 속에서 그는 비로소 고향의 환대를 느끼고, 핏줄에 당당히 복귀했음을 깨닫는다. 저주받은 땅 전라도의 아들답게 당당하게 수갑 차고, 한과 분노와 통곡을 품고, 10년 전 옛날과 똑같이 먼지 이는 가난한 거리에 못난 아들 돌아왔노라, 그는 비로소 인사를 올리고 미소 짓는다.[118]

이 일화는 두 가지 전환을 담고 있다. 하나는 눈물에서 미소로의 전환이며, 다른 하나는 개인에서 민중으로의 전환이다. 김지하의 민중주의는 이처럼 눈물의 동학에 기반한다. 민중의 눈물이야말로 당당한 미소의 원천이다. 이 눈물 역시 가족을 경유한다. 김지하는 전라도의 '아들', 민중의 '아들'이기도 한 것이다. 김지하는 '참된 아름다움은 대중적인 것'이라 여겼고 "이 땅의 모든 버려진 것, 오랫동안 암장된" 것에서 진정성을 찾고자 했다.[119] 이는 그의 민중주의가 신파적 흐름을 담게 된 연유를 알 수 있게 한다. 다음은 「황톳길」(1970)의 한 대목이다.

> 철삿줄 파고드는 살결에 숨결 속에
> 너의 목소리를 느끼며 흐느끼며
> 나는 간다 애비야
> 네가 죽은 곳

철삿줄에 끌려가며, 자신처럼 죽어갔던 아버지를 생각하며 흐느끼는 이 눈물은 수갑 차고 〈아리랑〉 고개를 넘으며 흘렸던 눈물과 함께 흐른다. 김지하는 비애의 힘을 중시했다. "가장 치열한 비애가 가장 치열한 폭력을 유도"한다.[120] 상처가 깊을수록, 매질이 모질수록, 통곡이 절절할수록 거역의 눈동자는 더 붉어지고, 「녹두꽃」의 불길은 거세진다. 동학혁명은 그의 민중주의의 주요 원천이었다. 전근대 농촌의 공동체적 삶이 원형으로 여겨질 때, 눈물은 가족을 경유하지 않고 민중의 고통을 직접 드러낸다. 그러나 김지하에게 동학혁명은 가족사적 기억이기도 하다.

「황톳길」의 눈물은 신파 특유의 섬세한 떨림보다는 훨씬 더 둔중한 비애를 담는다. 이는 좌절의 반복 속에서 누적되고 응어리진 것으로서의 '한'이다.[121] 민중주의의 감정적 기초에는 거시적인 성찰의 시각이 자리한다. 압제와 저항은 시간적으로는 누대에 걸쳐 있고, 공간적으로는 모든 민중이 공유한다. 내가 죽더라도 누군가에 의해 끈덕지게 저항이 불타오를 것이다. 이렇게 민중주의적 감정은 「낙동강」의 유장한 사회주의적 감정의 흐름에 합류한다.

한국전쟁 후 남한에서 사회주의는 절대적인 정치적 금기였다. 혁신세력으로 불렸던 사회민주주의자들의 활동은 1950~60년대의 지속적인 탄압에 의해 점차 무력화됐다. 비합법 영역에서의 사회주의운동은 '공안사건' 자료를 통해 그 존재를 짐작할 수 있을 뿐이다. 1964년, 1974년 두 차례 공안사건에 연루되었던 인민혁명당, 1968년 공안당국의 검거 대상이 되었던 통일혁명당, 1979년 남조선민족해방전선 준비위원회 등이 대표적이다.[122] 이렇듯 남한에도 사회주의의 역사는 있다. 하지만 1980년대가 되기까지 그 역량은 매우 미약했다.

반면 감정적 층위에서는 상황이 달랐다. 1960년대 이래 경제성장에 따른 착취와 불평등의 심화는 사회주의적인 열정을 강하게 촉발했다. 1970년대 초부터 터져 나오기 시작한 노동자, 농민, 도시빈민의 생존권투쟁은 그런 열정이 축적된 결과였다. 1970년대는 압제와 착취에 처한 거대한 인간집단의 고통, 슬픔, 분노, 힘을 발견한 시기였고, 그 발견이 수반했던 열정의 강도는 1920년대에 비길 만했다. 여기가 바로 김지하의 민중주의가 놓인 자리였다. 그리고 이 열정은 1980년대에 강력하게 대두한 사회주의운동의 기초가 되었다.

김지하가 명시적으로 추구했던 것은 민주주의다. 그런데 민주주의는 근대적인 정치적 주장들 대부분에 의해 공유돼온 것이다. 그러니 김지하가 추구하는 민주주의가 구체적으로 어떤 것인지 질문하지 않을 수 없다. 한국의 반독재투쟁에서 민주주의는 대체로 공정한 선거의 실행을 뜻했다. 동시에 그것은 독재정권에 의해 광범위하게 억압된 자유의 보장을 의미하기도 했다. 요컨대 기본적으로는 자유민주주의와 같은 뜻이었다. 정치적 참여의 자유에 기초한 체제인 민주주의에 있어서 자유주의와의 결합은 주요한 존재방식 중 하나이며, 이는 대한민국의 체제정초적 이념이기도 하다. 김지하의 민주주의에도 이런 의미가 담겨 있었다.

하지만 김지하는 민주주의에 좀 더 많은 의미를 부여했다. 결정에 대한 동일한 접근성의 원리로서 민주주의는 평등을 기본적인 속성으로 가진다. 하지만 그 양상은 다양하다. 대표 선출에의 평등한 참여로 국한되는 '형식적' 민주주의도 있지만, 사회의 여러 영역에서의 결정에 평등한 참여를 폭넓게 보장하는 '실질적' 민주주의도 있다.[123] 후자는 경제적 결정권의 평등을 추구할 수도 있을 터, 그것의 가장 강력한 실현은 사적 소유에 대한 사회주의적 부정일 것이다. 김지하가 "모든 억압과 수탈을 증오"하며 "압제에 대한 끝없는 거부"로서 민주주의를 규정할 때 이는 강력한 평등주의를 의미했다.[124]

따라서 그의 민주주의에는 사회주의적인 지향도 담겨 있었다. '민demos'은 다수의 하층민을 뜻하는 것이므로, 그의 민주주의는 민중주의로 바꿔 쓸 수도 있는 것이었다. 한국에서 민족은 언제나 민주주의의 주체였고, 사회주의는 무산적 조선의 해방을 대체로 지향해왔으니, 민족주의 또한 김지하가 추구했던 정치적 지향에 담겨 있었다. 그는 민주주의의 이름으로 이 모든 것을 요청했다. 이런 입장은 1970년대에 폭넓게 공유되었던 듯하다. 전국'민주'청년학생총연맹(민청학련)의 선언문이 '민족·민주·민중'으로 명명된 것에서도 이를 확인할 수 있다.

김지하는 시인이 폭력에 대응하는 저항의 방식으로 비애와 풍자를 제시했다.[125] 그의 서정시가 비애의 시라면, 이야기를 담은 담시譚詩는 풍자의 시였다. 김지하의 민중주의는 1970~80년대 민중문화운동의 사상적 원천이었다.[126] 그것은 탈춤과 연극의 경계에 있는 연행演行형식인 '마당극'으로 대표된다. 마당극은 1970년대 초 첨예한 사회적 문제들을 비판적으로 다루면서 등장했고, 1980년대 말까지 민중적 문화운동의 중심에 놓였다.[127] 마당극은 민중의 눈물도 절절히 담아냈다. 〈덕산골 이야기〉의 도시빈민들의 눈물이 그 예다. 그런데 해학과 풍자의 웃음도 함께 담겼다. 그리고 집단적 열정의 해방적 발산인 '신명'도 빼놓을 수 없는 요소였다.

민중주의적 감정에서 신파적 눈물은 매우 중요했다. 하지만 그것으로 국한되지 않는 전 방향적 역동성이 있었다. 눈물이 유발되는 자리보다 더 본원적인 존재의 층위를 향했던 민중주의적 감정의 궁극적인 성격은 '해방'이었다. 모든 의미가 해체되고, 개체와 무리를 분별할 수 없는 근본적 층위에 부여된 이름은 '생명'이었다. 이는 불안정한 담론 아래 자리하는 권력, 충동, 의지 등의 층위에 실재적 규정성을 부여했던 당대 서구의 탈근대적postmodern 사유와도 맞닿아 있었다. 마당극의 중요한 대목에 배치되던 '춤'은 바로 그 본원적 국면에 자리했다. 이는 생명의 표현이라기보다는 생명 그 자체였고, 들뢰즈와 가타리가 말했던 '탈주'의 순수한 순간이었다.

1970년대의 민중주의는 1980년대에는 본격적인 사회주의에 의해 '지양'되었다. 그런 점에서 1970년대의 민중주의는 곧 도래할 사회주의의 '자연발생적' 단계에 해당했다. 하지만 1980년대의 사회주의는 너무나 뒤늦게 찾아온 것이었고, 도리어 1970년대적 민중주의가 탈근대적으로 앞서 나간 면도 있었다. 이런 역전은 시대적 조건이 초래한 역설이었다. 반공주의의 폭력에 대해 모든 '-주의ism'를 거부하는 방식의 저항이 이루어졌고,[128] 이것이 민중주의의 해체적 태도를 가능케 했다. 모든 '-주의'의 근저에 자리한 열정을 그 자체로 드러낼 수 있게 됐던 것이다.

김지하는 민중적인 것에서 아름다움을 찾으면서도 동시에 보편적인 인간 정신의 전위적인 변혁에서 뒤처지지 않아야 됨을 강하게 주장했다.[129] 민중주의는 예술적으로 전위적이었다. 마당극은 무대와 객석으로 구성되는 연극의 형식 자체에 대한 성찰을 담았다는 점에서, 매체의 존재를 작품에 반영코자 했던 모더니즘 예술의 성격을 가졌다. 마당극은 무대와 객석의 구분을 포함한 모든 고정된 것이 해체되는 해방적 순간을 창출하려 했으며, 과거에서 미래를 찾는 비선형적 시간관을 드러냈다는 점에서는 포스트모더니즘 예술의 면모를 보이기도 했다.

불타는 눈물

낮은 곳을 향했던 순수한 그 열정에도 불구하고, 1970년대의 민중주의 문화는 지식인의 목소리가 두드러진 장이었다. 민중문화운동의 선위적 예술감각이 이를 증명한다. 그렇다면 그 시대 민중의 목소리는 어디에서 들을 수 있을까? 1970년 11월 13일, 평화시장 봉제공장 해직 노동자 전태일은 자신의 몸에 불을 붙이며 다음과 같이 외쳤다. "근로기준법을 준수하라. 우리는 기계가 아니다!"[130] 김지하의 첫 시집 『황토』가 출간되기 한 달여 전의 일이었다.

경제개발 과정에서 박정희 정부는 노동자들을 조국과 민족의 근대화를 이끄는 전사로 호명했다. 하지만 그들이 실제로 받았던 대우는 형편없었다. 1960년대부터 시작된 급속한 경제성장은 양적, 질적으로 집약된 노동의 산물이었다. 하지만 박정희 정부는 일관되게 친자본·반노동 정책을 취했다. 전태일이 죽은 다음 해인 1971년 12월, 정부는 국가비상사태를 선포해 단체교섭권과 단체행동권을 정지하고, 특정 기업들에서는 아예 노조활동 자체를 금지했다.[131]

많은 노동자가 정부의 호명에 응답했다. 앞에서 살펴보았던 '모범근로자' 수기가 그 사례다. 하지만 호명에 순순히 응답하지 않았던 이들도 있었다. 전태일도 『윤복이의 일기』처럼 일기를 남겼다. 어린 동생과 거리를 헤매며 눈물을 흘려야 했던 것은 어쩌면 그리도 한결같은가? 박홍숙에 비하면 그는 좀 더 참고 고민했다. 가난한 이들을 배제하는 "부한 환경"의 존재를 확인했고,[132] 자신들의 권리를 조직하고 주장해야 함을 깨달았으며, 결국 목숨까지 던졌다. 비단 전태일만은 아니었다. 수많은 노동자가 그처럼 각성하고 실천하기 시작했다.

전태일은 대학생 친구를 애타게 바랐다.[133] 그 분노를 누군가가 잘 표현해주기를 바랐을 것이다. 이 요청의 산물이 1970년대의 민중주의 아니었을까? 그러므로 먼저 전태일이 있었다. 그리고 뒤이어서 담론이 새롭게 구성됐다.[134] 1972년 문학세의 한 좌담에서는 당시 대두된 민족문학론에 민주 및 민중 개념이 결합되어야 한다는 주장이 제기됐다.[135] 1974년 민청학련은 "핍박받는 민중이여 궐기하라"고 외쳤고, 1976년 11월 『대화』의 한 좌담은 민중을 역사의 주체로 규정한다.[136] 이런 담론의 변화와 함께 민중의 목소리가 광범위하게 드러나기 시작했다. 이 목소리들은 언제나 눈물에 젖어 있었다.

석정남은 1956년 충북 중원에서 태어났다. 국민학교를 졸업하고 상경해서 양복점, 피복공장, 전자공장 등에서 일했다.[137] 전태일처럼 그도 일기를 썼다. 언제나 생활고에 시달렸지만 그는 문학소녀였고 작가가 되고 싶어했다. 함께 상경한 여동생을 볼 때, 고생하는 어머니를 생각할 때, 아버지의 죽음에, 병상의 오빠 생각에 그는 눈물짓곤 했다. 죽기보다 싫었지만, 공덕동 은하수다방 레지로 일했던 적도 있다. 그래서인지 오성극장에서 〈영자의 전성시대〉를 보면서 막 울고 싶었다. 1975년 2월부터는 인천의 동일방직에서 일하기 시작했다. 그곳에서 그는 1970년대의 가장 격렬했던 민주노조의 투쟁을 경험하게 된다.

1976년 7월 사측의 협잡으로 노조 간부들이 구속되고 어용 간부들이 선출된다. 천여 명의 여성노동자들은 파업농성에 돌입했다. 사흘째 되던 날 폭력진압이 시작되자 이들은 알몸으로 서로 껴안은 채 저항했다. 석정남은 원래 파업에 참여할지 망설였다. 노조원들의 눈물을 뒤로하고 퇴근하던 날, 그는 "우리가 사람이냐"며 울었다.[138] 다음 날 그는 함께 울었던 동료들과 파업에 합류했고, 농성장의 노조원들은 눈물로 그들을 맞이했다. 농성이 계속되면서 지독한 갈증과 허기가 밀려오자 노동자들은 함께 울기 시작했다. "천여 명의 울음소리는 힘찬 노랫소리보다도 무서웠다." 경찰들 앞에서 알몸으로 맞서서는 모두들 "소리 없이 흐느꼈다." 하지만 "그러면 그럴수록 우리는 강해졌다."[139]

인천 공장에서 파업농성이 있었던 다음 달 노동청의 『노동』에는 동일방직 안양 공장의 모범근로자 이재선의 수기가 실렸다.[140] 그도 1956년생이었고, 고향은 충남 청양군이었다. 석정남과 이재선 모두 재능 있고 성실한 스무 살 여성이었다. 가난으로 눈물겨운 삶을 살아온 것도 같았다. 그러나 이재선의 수기에는 노동조건에 대한 불만이나 파업에 관한 이야기가 없었다. 『대화』는 그해 11월, 12월에 석정남의 일기를 두 차례에 걸쳐 실었다. 1회 제목은 「사람답게 살고 싶다」였고, 2회 제목은 「불타는 눈물」이었다. 동일방직 노동자들의 눈물은 사람답게 살고자 하는 의지의 눈물이었다. 그들의 눈물은 전태일의 외침처럼 불타고 있었다.

『대화』의 편집진은 민중의 목소리를 드러내고 싶어했던 것으로 보인다. 석정남의 수기에 바로 이어서, 1977년의 1, 2, 3월호에는 부평공단 내 삼원섬유 노조 분회장 출신인 유동우의 수기가 연재됐다. 여기에서도 모든 노동자의 수기에 공통적인 구조가 어김없이 발견된다. 힘들었던 어린 시절, 상경, 견습공 시절의 고통, 숙련공으로서의 성공 등이 주요한 요소들이다. 그런데 석정남의 수기와 마찬가지로 모범근로자 수기에는 빠져 있는 내용도 더해진다. 노동조건에 대한 문제 제기와 노동운동의 고통, 긍지가 바로 그것이다.

유동우는 1946년 경북 영주의 소작농 집안의 7남매 중 장남으로 태어났다. 배고픈 동생들을 보며 눈물 흘리는 어머니를 붙들고 얼마나 울었는지 모른다. 그들을 남겨두고 상경할 때에는 무슨 큰 죄나 짓는 것 같아 눈물이 줄줄 흘렀다.[141] 여러 경로를 거쳐 삼원섬유에서 일하기 시작한 것은 1973년이었다. 그리고 "인간을 이윤 추구의 도구로만 보는 가진 자들의 횡포"와 "노동자들에 대한 사회적 멸시와 천대"에 저항하기 시작했다.[142] 회사와 섬유노조의 협잡으로 노동조합에서 제명되고 회사에서 해고되자, 그는 조합원들과 함께 "눈물이 마를 때까지" 울고 또 울었다. "고마움, 애처로움, 분노가 한데 엉긴 묘한 감정이 소용돌이"쳤다. 하지만 그럴수록 "어떤 시련이 다가와도 굳건히 싸워 이기겠다는 굳은 결의"를 가지게 됐다.[143]

노동 가족의 눈물

1970~80년대의 노동운동 수기들에서 눈물은 힘의 주요한 표현이자 원천이었다. 비애와 풍자 사이에 균형을 잡고 신명을 통한 해방에 이르렀던 김지하에 비하면, 노동자 수기는 감정 표현이 훨씬 더 생생하고 절절했으며 눈물은 아예 넘쳐흐를 정도였다. 이 눈물 또한 대체로 가족과 관련된 것이었다. 한국의 노동자들은 가족을 위해 고된 노동과 열악한 대우를 견뎌냈다.[144] 가족을 위한 것이라면 노동운동이

수반하는 고통도 기꺼이 감내할 수 있었던 것이다. 가족을 위해, 가족 같은 동지들을 위해 운동에 투신해 신파적 눈물이 흘렀다.

전태일은 공장에서 해고된 뒤 한동안 평화시장을 떠나 있었다. 그가 다시 돌아온 것은 '형제'들을 외면할 수 없었기 때문이다. 어린 동생 같은 노동자들이 그렇게 착취당하는 것을 그는 도저히 견딜 수 없었다. 1980년대 초 성남의 라이프제화 노동자였던 오길성이 기숙사에서 추위에 시달리는 여성노동자들의 눈물을 보았을 때에도 마찬가지 심정이었다. 파업농성에 연대투쟁하는 대학생들을 보고 그는 "저 어린 동생까지 노동조합을 중요하게 생각하고" 나선 것에 감동한다.[145] 1987년 인천 삼화실업 남성노동자였던 이은영은 파업농성 중에 노동자 가족들이 "아빠 힘내세요"라고 쓴 플래카드를 들고 온 것을 보고 눈시울이 뜨거워진다. 그러고는 "역시 가족은 계급혁명의 힘인가"라고 생각한다.[146]

그러나 여성노동자들은 좀 달랐던 것으로 보인다. 남성노동자가 '해방'을 요청할 때, 그것이 반드시 가부장제와의 대결일 필요는 없었다. 하지만 여성의 노동운동 참여는 직장 내 가부장제와의 대결이기도 했고, 가부장제적인 자기 가족과의 대결이기도 했다. 여성노동자 수기에서는 회사 측의 편을 드는 남성노동자들에 대한 배신감과 분노를 흔히 볼 수 있다. 동일방직 파업농성 현장에서 경찰이 폭력진압을 앞두고 "여러분과 같은 자식도 있고 동생도 있"다고 구슬릴 때, 여성노동자들은 울기 시작했다. 호의를 기대했기 때문이었다. 하지만 이내 참담하게 배신당하고 만다.[147] 그것은 신파적 눈물의 배신이기도 했다.

수기들을 적셨던 노동 가족의 눈물은 노동계급 정치와 신파적 눈물이 결합한 것이었다. 노동계급 권력의 강화를 위한 실천을 추동했으므로, 그 흐름은 노동계급 신파로 명명될 수 있다. 마르크스주의의 용어를 빌리자면, 그것은 자연발생적 감정이었다. 고생의 시대 한국인이 흘렸던 것과 동일한 원천에서 비롯된 눈물이었던 것이다. 하지만 모순적 사회구조에 대한 맹목을, 권위주의적 권력에 의존하는 타율성을, 타인의 고통을 외면하는 기회주의를 담지 않은 눈물이었다. 그것은 사태를 직시하고, 스스로의 삶을 자율적으로 추구하며, 타인의 고통에 연대하는 과정에서 흘러내렸다. 그 흐름에는 세계에 균열을 내고 급진적 변화를 만들어내고자 하는 열정도 실려 있었다.

1970~80년대에 터져 나오기 시작한 민중의 목소리는 점차 단지 생존권의 확보를 요청하는 것을 넘어서서 집합적 주체로서 민중의 힘을 자각하는 쪽으로 나아갔다. 『어느 돌멩이의 외침』이 전하는 유동우의 구속 이후 상황은 다음과 같다. 삼원섬유 분회장 선거가 치러지는데, 분회를 지켜온 여성노동자가 회사를 대리해온 남성노동자를 압도적인 표차로 제치고 선출된다. 모두가 기쁨의 눈물을 함께 흘린다. 그것은 "꺼질 줄 모르고 타는 위대한 불꽃이었다." 그들은 예전의 피동적 존재들이 아니었으며, "스스로의 운명의 주인"이자 "이 땅의 꿈틀거리는 새로운 힘", 즉 민중이었다.[148] 이런 민중적 각성은 1980년대에 대두한 사회주의운동의 주된 동력이 되었다.

사회주의 리얼리즘과 눈물

1980년 5월, 신군부는 쿠데타를 일으키고 광주에서 학살을 자행했다. 무자비한 국가폭력이 계속됐고, 강화된 노동탄압은 불평등을 누적해갔다. 사회 전체에 걸쳐 강력한 저항의 힘이 응축되고 있었고, 이는 결국 학생, 노동자, 농민, 빈민 등 다양한 영역에서의 저항운동으로 폭발하기 시작했다. 그 과정에서 사회주의에 대한 요구가 광범위하게 제기되기 시작했다. 임금노동자의 수가 지속적으로 증가한 것도 사회주의 발흥의 한 요인이었다.[149] 마르크스-레닌주의적 혁명의 주력군이 대두하고 있었던 것이다.

박노해의 『노동의 새벽』(1984)은 사회주의적으로 각성한 노동자시인의 목소리를 들려준다. '노동해방'이라는 이름의 시인은, 출간 당시에는 전투적 노동운동단체였던 '서울지역노동자연합', 이후에는 '사회주의노동자동맹'에서 활동한 사회주의 전위이기도 했다. 놀랍도록 생생하고 절절하게 제시된 노동자들의 감정은, 1970년대부터 축적되기 시작한 민중의 문화적 역량이 상당한 정도에 이르렀음을 보여준다.[150] 무엇보다도 현실의 모순을 드러내는 면에서 그의 시집은 탁월했다.

슬픔은 이 시집의 주된 정서다. 야간일 나간 아내의 잠옷에서 체취를 맡으며 흘리는 눈물(「신혼일기」), 화공약품공장 노동자들이 지문이 지워지는 고된 노동에 터뜨리는 울음(「지문을 부른다」)이 출발이다. 쓰라린 눈물 속에서 짐짐 더 날카롭게 각성(「통박」)하며, 슬픔 속에서 손을 마주 잡아(「석양」) 눈물은 강물이 되어 흐른다(「한강」). 빈속 소주잔에 슬픔과 분노를 담아 마시며(「어디로 갈거나」), 원한의 눈물로 누런 착취의 손들을 싹둑싹둑 짓짤라 묻고(「손무덤」), 피눈물을 뿌리며 싸움터로 나아가며(「어머니」), 결국에는 더 이상 슬퍼하지 않는다(「허깨비」).

이 눈물은 가족의 배치를 통과한 것이다. 가족의 고통, 슬픔, 눈물은 각성과 실천의 원동력이기 때문이다. 물론 실천이 도리어 가족의 고통을 강화할 수도 있다. 사회주의자라면 언제나 눈물을 흘릴 수밖에 없었던 대목이다. 그러나 사회주의야말로 진정으로 고통을 해소하는 방법이므로 실천을 멈출 수는 없다. "어머님의 간절한 소원을 위하여," "어머니의 가슴에 못을 박"으면서 "참혹한 싸움터로 울며울며 떠나가는" 것이다(「어머니」). 이 시집의 눈물은 오랜 사회주의적 신파의 흐름에 이렇게 합류한다.

『노동의 새벽』은 김지하의 시들과 대비된다. 무엇보다도 눈물 흘리지 않고 읽기가 쉽지 않다. 이는 전태일의 평전을 눈물 없이 읽기 어려운 것과 마찬가지다. 이는 삶의 절실한 고통과 요구의 눈물이다. 분노는 또 얼마나 서슬 퍼런가. 그에 비하면 김지하의 슬픔과 분노는 그저 둔탁할 따름이다. 그 둔탁함은 누대에 걸친 압제와 투쟁에 대한 거시적 시각의 산물인데, 박노해의 시가 역사의식을 결여한 것은 아니므로, 결국 차이는 민중적 현실에 관한 생생한 감각의 유무에 있다. 『황토』가 지식인의 감정을 담고 있다면, 『노동의 새벽』은 민중의 감정을 담고 있다. 전자가 보편성에 치우치는 반면, 후자는 특수성에 대한 섬세한 관심을 드러낸다. 『황토』는 '과거의 그곳'을 소환하지만, 『노동의 새벽』은 '지금 여기'에 관한 것이다.

그러므로 전자가 신화적이라면, 후자는 리얼리즘적이다. 이는 신파적 눈물과 리얼리즘 사이의 연관을 드러낸다. 1980년대는 모든 예술 영역에서 리얼리즘이 당위로 주장됐던 시대다. 예술은 사회적 현실을 담아낼 것을 강하게 요청받았고, 사회주의는 그런 요청의 가장 주요한 동력이었다. 1980년대 중반에 주창된 '민중적 리얼리즘'도 그런 맥락에 있다. 민중의 삶의 '구체적 현장성'과 '실천적 운동성'이 구현돼야 했다.[151] 이는 1930년대 소련에서 최초로 제기된 이래 수많은 사회주의 예술가에 의해 구현된 사회주의 리얼리즘의 한 유형이었다. 『노동의 새벽』은 민중적 리얼리즘이 모범적으로 구현된 사례로 평가받았다.

사회주의 리얼리즘의 주된 과제는 '객관성'과 '당파성'을 구현하는 것에 있다. 다시 말해, '생활을 정확히 묘사'하고 '사회주의 사상을 잘 표현'해야 한다.[152] 객관성과 당파성을 무엇으로 규정하고 양자의 관계를 어떻게 설정하는가에 따라 다양한 모델이 주장됐지만, 계급적 모순을 포착하고, 혁명적 계기를 드러낸다는 점은 공통적이었다. 모순이란 인식되는 것일 뿐만 아니라, 감각되는 것이기도 하다. 고통, 슬픔, 적대, 분노로 느껴지는 것이다. 『노동의 새벽』은 그런 감각을 생생하게 포착했다는 점에서 뛰어났다. 1980년대 중반 이후 한국에서의 사회주의 예술에 대한 논쟁에서 사회주의 리얼리즘은 언제나 공유된 전제였다.[153] 노동을 다룬 이 시기의 문예물들 또한 그런 지향을 공유했고, 슬픔, 고통, 눈물은 리얼리티의 주요한 일부로서 포착되곤 했다.

안재성의 장편소설 『파업』(1988)은 앞부분에서 산재로 인한 한 노동자의 죽음을 다룬다. 이는 단지 한 인간의 죽음이 아니다. 한 가족의 붕괴이자 계급적 고통과 슬픔의 극한이기도 하다. 눈물은 노조 설립의 실천을 추동하지만, 갖은 탄압에 다시 눈물 흘리게 된다. 심각한 위기의 순간에 또 하나의 죽음, 노동자의 분신자살이 놓인다. 실천적 의지의 극한을 뜻하는 이 죽음 앞에서 모두가 함께 눈물 흘리고 전면적인 파업투쟁에 나선다. 이 소설에서의 눈물은 계급적인 동시에 가족적이다. 동지의 분신 앞에서 한 노동자는 이렇게 외친다. "여러분 우리가 싸우는 것은 다 우리 가족이 잘 살자는 것입니다." "한순간 약해지면 자손대대 노예로 살 수밖에 없습니다."[154] 노동자들의 가족도 이제 더 이상 농성 풀기를 종용하지 않는다. 그들은 함께 노동 가족의 눈물을 흘리며 파업을 지지한다.

방현석의 단편소설 「내딛는 첫발은」(1988)에서, 농성하던 노동자들이 끌려 내려오며 무참히 구타당하자 공장은 온통 울음으로 들끓는다. "언제까지 이렇게 개처럼 살 거야, 언제까지." 기계가 멈추기 시작한다. "눈물이 분노로 불타올랐다. 모두의 눈에서 불꽃이 튀었다."[155] 「새벽출정」(1989)의 절정부에는 파업농성 중 죽음을 맞은 노동자 철순의 장례식이 놓인다. 그리고 "노동자들의 눈물 없는 해방의 새날을 위해" 비장한 새벽출정에 나선다.[156] 극단 천지연의 연극 〈선봉에 서서〉(1987)에서 구로동맹파업에 참여한 노동자들은 6일째 농성 끝에 협상이 결렬되자 극심한 고통에 눈물을 흘리지만, 이내 "노동자 승리 만세!"를 처절하게 외친다.[157] 한국여성노동자회 마당극 〈우리 승리하리라〉(1987)에서 파업노동자 성현 엄마는 결국 농성장에서 자살을 시도한다. 통곡 중에 외침이 들려온다. "이대로 물러설 수 없다. 목숨을 걸고 싸우겠다."[158]

이처럼, 1980년대 사회주의적 문예물에서 눈물은 계급적 모순과 혁명적 계기의 주된 표상이었다. 그 방울방울이 사회주의적 리얼리티의 조각이었고, 대체로는 가족을 경유해서 흘렀다. 〈선봉에 서서〉의 대우 노동자들은 농성을 멈추라는 가족들의 호소를 눈물로 견딘다. 성현 엄마는 울면서 다음과 같이 말한다. "너희들에게만은 이 치욕과 가난을 물려주지 않기 위해서 아가, 엄마는 이렇게 하지 않을 수가 없어. 미안하다."[159] 그리고 손목을 긋는다. 김한수의 중편소설 『성장』(1988)은 계급적 눈물의 가족적 국면을 잘 드러낸다. 좌절한 아버지로 인해 엉망이 된 집안에 눈물이 마를 날 없다. 공장에 취직한 소년은 자신은 패배하지 않겠노라 다짐하지만 뜻대로 되지 않는다. 소년은 아버지에게 죄가 없음을 깨닫고, 눈물을 흘리며 다짐한다. 더 이상 쫓기지 않고 싸우겠노라고, 새로운 사회를 만들기 위해 힘을 조직하겠노라고.

그런데 '새로운 사회'란 어떤 곳일까? 북한에서 제시된 대답은 거대한 사회정치적 가족이다. 가족적 눈물을 강력하게 담아낸 노동문학—수기, 시, 소설—작품들을 통해서는 어렴풋이 다음과 같이 짐작할 수 있다. 그 사회에서는 모든 가족이 행복하게 살 것이다. 박노해의 「어머니」가 소원하던 것이 이루어진 세계, 즉 "가진 것 적어도 오순도순 평온한 가정"들의 세계일 것이다. 이처럼 1980년대 사회주의적 상상력에서도 가족적인 것은 여전히 강력했다. 이것이 사회주의적 해방의 잠재성을 위축시킬 위험도 여전했다. 그리고 오랜 질문을 다시 던지게 된다. 사회주의 가족은 가부장제적인가?

박노해가 「이불을 꿰매면서」 "아내를 착취하고 가정의 독재자가" 되었던 것에 반성하고, 방현석의 「내일을 여는 집」(1990)이 남성의 지배를 거부할 것을 교육하는 대목에서 가부장제를 지양하려는 의식이 분명 있었음을 확인할 수 있다. 하지만 당시 사회주의운동의 문화를 돌이켜볼 때 이런 관점이 관철되었다고는 보기 어렵다. "여성운동가가 남성 동료의 속옷과 양말을 빨아주고 음식을 만들어줄 때 인정받았던" 풍토가 이를 증명한다.[160] 여전히 여성 '아지트 키퍼'의 폐습이 이어지고 있었다. 이것이 신파적 눈물이 계속해서 흘려졌던 맥락의 일부를 구성했을 것이다.

사회주의의 숭고

1980년대의 사회주의 문예에서 신파적 눈물은 리얼리티의 중요한 일부였다. 하지만 그렇지 않은 경우도 있었다. 작은 주물공장에서의 노동자들의 한 걸음 전진을 다루는 정화진의 단편소설 「쇳물처럼」(1987)이 그랬다. 단 한 방울의 눈물도 담고 있지 않았던 것이다. 그러나 감정이 결여될 수는 없는 법. 차분히 들여다보면, 노동계급의 역사적 힘에 대한 자부심, 미래에 대한 기대감이 소설 전체에 감돌고 있음을 알 수 있다. 이는 다른 유형의 사회주의적 감정이었다. 이런 감정이 요청될 때, 신파적 눈물은 그와 대립적인 관계에 놓이곤 했다.

1988년 민중문화운동연합(민문연)은 내부 논쟁과 조직 개편을 거친 뒤 『전망과 건설』이라는 제호의 새로운 기관지를 출간했다. 조직의 결집도를 높이고, 사회주의적 전위로서의 성격을 강화하는 것이 전환의 골자였고, 새로운 창작 방법이 요청되었다.[161] 이런 전환은 '연행'이 갖는 특별한 운동사적 중요성 때문에 주목할 필요가 있다. 대중적 운동에서 가장 첨예한 순간인 집회는 언제나 연행이기도 했기 때문이다. 엄혹했던 1980년대 초, 탈춤이나 마당극은 유일하게 허락된 집회 유형이기도 했다. 그러므로 춤, 노래, 연극, 미술, 영화 운동의 연합체였던 민문연의 선택에 주목해야 한다.

당시 새롭게 요청된 창작 방법도 사회주의 리얼리즘을 견지하는 것이었다. 이는 1980년대 중반 이후 모든 사회주의 예술운동이 공유한 전제였다. 하지만 이들은 신파에 대한 관점을 달리하여, 신파성에의 경도를 리얼리티의 결핍에 따른 관념화로 비판했다.[162] '가족적 슬픔의 눈물' 자체는 '전망을 결여'하는 것으로 여겨졌다. 이는 그저 '단순 복고의 소시민적 정서'일 뿐이었다.[163] 이런 견지에서 당시 국내에 출판되었던 『꽃 파는 처녀』 같은 북한 소설의 신파성도 낡은 시대의 통속성으로 비판받았다.[164]

물론 가족적 눈물이 완전히 거부되었던 것은 아니다. 그럴 수는 없는 것이, 자본주의 모순에 놓인 노동계급 가족의 눈물이 '지금 여기'의 리얼리티를 구성함은 자명한 사실이었기 때문이다. 요점은 과도하지 않아야 한다는 것이었다. 이는 신파로써 사회주의를 표상하지 않아야 함을 의미했다. 가족의 감정은 지양되어야 할 낡은 세계에 속하기 때문이다. 그것은 "미래 사회에 대한 전망의 밝은 빛을 보이는 경험으로 승화"하는 것이어야 했다.[165] 사회주의 리얼리즘은 그것을 포착해야 했다.

그것은 대체 어떤 것이었을까? 일단 "민중들이 보여주는 묵직한 투쟁정서에 대한 감동"은 허락되었다.[166] 그런데 그 감동을 창출하기 위해서는 넓은 시야가 필요하다. 위기에 처해 투쟁하는 한 가족을 멀리 떨어져서 바라보면 같은 위기에 놓인 가족들의 집단, 즉 민중이 드러난다. 현재의 시간에서도 멀리 떨어질 수 있다. 그러면 누적된 투쟁의 과거와 궁극적인 승리의 미래가 보인다. 묵직한 감정이란 사회와 역사에 대한 거시적 조망에 따른 것이었다. 역사의 법칙을 인식한 효과였던 것이다.

1970년대 중반 이후 사회운동은 민중의 목소리를 발굴하고 증폭하는 데 주력해왔다. 이는 문화운동의 중요한 과제였고, 그 결과 생생한 민중적 감정이 폭넓게 공감될 수 있었다. 그런데 이제 그것은 다시 사회주의적으로 지양되기를 요청받고 있었다. 이는 민중의 자생적인 창작보다 전문예술가의 목적의식적 창작이 중시되기 시작한 것과 궤를 같이했다. 요컨대, 감정적으로도 전위적이어야 했다. 본래 신파적 눈물은 근대 자유주의가 낳은 무정부적 상태의 감정이다. 그러나 무정부성을 과학적으로 지양하는 사회주의적 주체는 신파적인 감정적 떨림을 필요로 하지 않을 것이라 여겨졌다.

진보한 주체가 중세적 무정함으로 회귀한다는 점에서 이런 전환에는 역설적인 면이 있었다. 그것은 마르크스주의라는 '진리'의 효과였다. 보편적 진리의 추구는 급진적 변화의 계기를 제공할 수 있다. 세계를 근본적으로 성찰하도록 만들기 때문이다. 그래서 이는 언제나 해방적 열정의 분출을 수반한다. 하지만 도출된 진리에 절대성을 부여하고 그에 고착될 때, 열정은 다시 포획되고 억압된다. 과학을 지향했던 마르크스주의 또한 그러한 모순을 빚곤 했다. 신파적 감정을 지양하는 것 자체에는 문제가 없었다. 하지만 그 결과가 본원적 열정의 억압이라면 문제가 아닐 수 없었다.

민문연의 집체극 〈민중이 주인되는 세상〉(1988)에서도 슬픔은 역시 중요한 정조였다.[167] 하지만 이는 매우 무겁게 제시됐다. 관객들이 눈물을 많이 흘리기는 쉽지 않았을 것이다. 운명과도 같은 역사의 부름을 묵묵히 받아들이는 것에 흐느낌의 정서는 어울리지 않는다. 〈이한열 열사 추모제〉(1988)에서 강조한 것도 '굵은 선의 웅장한 감정'이었다.[168] 음률은 개인의 슬픔이 아니라 '지상의 슬픔을 다 끌어안는' 것이어야 했다. '패배하지 않고 수난을 감당하는 민중의 아름다움'이, '결연한 의지를 담고 있는 비장미'가 구축되고, 그럼으로써 관객들의 '변혁의지'를 고취해야 했다.

여기에 또 하나의 주요한 감정이 추가되었다. 이는 추모제의 마지막을 장식하는 〈그날이 오면〉의 합창이 강하게 환기하는 감정, 바로 새롭게 건설될 세계의 감정이었다. 그런데 이는 특정할 수 없는 것이었다. 현실사회주의 세계를 참조할 수는 있었지만 불충분했다. 마르크스-레닌주의는 사회주의를 넘어서는 궁극적인 해방적 단계인 공산주의를 지향하기 때문이었다. 도래하지 않은 미래 세계의 감정은 미지수의 양태로 제시될 수밖에 없었다. 거대한 해방, 건설, 환희 정도로만 표현될 수 있었던 것이다.

이러한 감정에 어떤 이름을 붙일 수 있을까? 〈이한열 열사 추모제〉 기획안이 이를 설명하기 위해 동원하는 여러 단어 중 하나가 적절해 보인다. 그것은 바로 '숭고'다.[169] 이는 '거대한 양', '엄청난 힘'에 대면했을 때 인간이 느끼는 경외를 의미한다.[170] 이는 형언할 수 없는 미래의 세계가 환기하는 감정을 명명하기에도 적합하다. 숭고란, 핵심적으로는 '재현될 수 없는 것'에 대한 감정이기 때문이다.[171] 그러니 신파적 눈물의 지양이 역사법칙의 진리에 의한 열정의 억압으로 귀결된 것만은 아니었다. 신파적 눈물을 대체한 또 다른 감정인 혁명적 미래의 숭고는 해방과 탈주의 본원적 열정 그 자체였기 때문이다. 마르크스주의가 '현존하는 모든 사회질서를 타도'하려는 정치이고, 확정되지 않은 유토피아적 미래에 대한 추구인 한에서, 이는 사회주의적 감정의 정수였고, 운동의 근원적 동력이었다.

이러한 숭고의 감정은 마당극을 중심으로 한 민중문화운동이 추구해왔던 해방적 상태인 '신명'과도 근본적으로는 다르지 않은 것이었다. 그러나 민문연은 '신명'에 매우 적대적이었다. 기존 민중주의적 문화운동의 전통주의적 어법과 신화적인 상상력을 철저히 배격했기 때문이다.[172] 마르크스-레닌주의를 고수하려는 노력이 그러한 편협함을 유발했다. 그에 기초한 현실사회주의가 붕괴하기 시작하던 순간이었으니, 몹시 시대착오적인 편협함이었다.

1980년대의 사회주의운동은 크게 두 갈래의 이념적 지향을 중심으로 전개됐다. 반제국주의 민족해방운동을 중시하는 흐름인 민족해방(NL: National Liberation)파가 한 갈래였고, 노동자계급을 중심으로 하는 사회주의혁명을 지향했던 민중민주(PD: People's Democracy)파가 또 다른 갈래였다. 1988년 민문연의 선택은 후자 쪽이었다.[173] 민문연의 전환은 NL과 PD가 날카롭게 정파적 대립을 보이고 있었던 1980년대 말, PD의 감정적 선택이 신파를 자제하는 쪽이었음을 알려준다. 그 시도는 새로운 세계에 대한 사회주의적 지향에 합당했지만, 동시에 매우 시대착오적 편협함을 수반하는 것이기도 했다. 그렇다면 NL은 어땠을까?

눈물의 숭고

장산곶매의 〈파업전야〉(1990)는 한 금속공장에 노조가 설립되는 과정을 다룬다. 영화 후반부에, 농성하던 해고노동자들이 깡패들에게 무참히 끌려 나온다. 동요하던 노동자들은 결국 거대한 함성으로 공장을 뛰쳐나온다. 「내딛는 첫발은」과 흡사하지만 눈물이 없다. 최초의 노동운동 영화는 이처럼 눈물을 절제하고 있다. 영화제작소 청년의 영화 〈오 어머니 당신의 아들〉(1991)은 통일운동에 투신한 학생들의 이야기다. 노점상 홀어머니의 실망이 크지만, 아들이 수배, 체포, 고문의 과정을 겪는 동안 점차 각성해간다. 〈피바다〉를 연상케 하는 설정인데, 어머니와 아들, 그리고 동지들의 눈물로 온통 젖어 있다.

1980년대의 사회주의운동을 대표했던 두 정파는 눈물에 대한 선호에서도 차이를 보였다. 확실히 PD보다는 NL이 눈물을 선호했다. NL 특유의 강력한 민족주의적 호소가 하나의 원인이었다. 민족이 눈물을 불러오는 한국 특유의 공식은 여기에도 어김없이 적용된다. NL은 혈연적 민족주의를 환기하며 원초적인 감정들을 강하게 자극하곤 했다. 다음은 NL의 초기 문건인 「반제민중민주화운동의 횃불을 들고 민족해방의 기수로 부활하자」(1985)의 도입부다.

> 19세기 말부터 지금까지의 한반도 근대사 일백 년은 제국주의 침략의 역사요, 제국주의에 대한 민중의 투쟁의 역사다. 지금 우리들의 핏줄에는 일백 년간의 응어리진 한이 피압박 민중의 울분이 되어 끓고 있고, 제국주의에 대한 적개심이 되어 끓고 있고, 민족해방의 열망

이 되어 불타고 있다.[174]

한, 울분, 적개심, 열망 등과 같은 강력한 감정이 환기된다. 글이 일정한 운율을 만들어내고 있는 것도 주목된다. 언어보다는 이미지, 이성보다는 감정에 호소하고 있다. 이어지는 대목에서는 "미제국주의에 대한 적개심으로 혈관이 꿈틀거리지 않는 사람은 이 글을 읽기 전에 먼저 반성부터 할 필요가 있다"고 경고한다. 반제민중민주화투쟁을 요청하는 본론이 제시된 뒤, 결미에서는 "이 글을 읽고 나서 아직도 미제국주의에 대한 불타는 적개심을 가지지 못한 사람은 이 글을 이해했다고 말할 자격도, 이 글을 비판할 자격도 없다"고 다시 일갈한다.[175]

NL은 남한을 '식민지반봉건(반자본주의) 사회'로 파악했다. 남한은 미국의 식민지이며 정권은 허수아비에 불과하다. 경제체제는 봉건성과 매판성으로 착종된 낮은 단계의 자본주의다. 따라서 변혁의 1차 과제는 반제투쟁을 통한 민족해방이다.[176] NL은 북한의 혁명전통을 존중했고, 주체사상을 수용했다. 하지만 『우리민족의 나아갈 길』을 연상케 하는 위 문건에서도 확인할 수 있듯이, NL은 한국인이라면 누구라도 동의할 민족주의적 관점에 강력하게 호소했다.[177] 이것이 NL이 대중적 외연을 넓힐 수 있는 주된 동력이었고, 1970년대 이래 남한 저항운동에서 지배적인 이념이던 민족·민주·민중의 가치와도 무리 없이 결합할 수 있게 했다. 그 결과 NL은 사회주의운동의 주류로 부상할 수 있었다.

민족해방의 이념을 주제로 담은 소설들은 미국의 침탈이 초래한 고통, 슬픔, 눈물을 자주 다루었다. 정도상의 중편소설 『여기 식민의 땅에서』(1988)는 미군기지 내의 타락한 미국인들과 이에 결탁한 한국 군인들에 카투사 사병들이 저항하는 내용을 다룬다. 탐욕스러운 미제국주의의 폭력 앞에서 사병들은 눈물을 흘리지만, 그 눈물은 저항적 실천의 원동력이 된다. 김인숙의 단편소설 「성조기 앞에 다시 서다」(1988)는 미국 자본의 공장에서 벌어지는 노동자들의 저항을 다룬다. 노동 착취는 제국주의의 착취와 겹쳐진다. 경찰에게 구타당하면서 노동자들은 눈물을 흘린다. 그리고 외친다. "사장은 지네 나라로 가라 그래! 그래도 공장은 우리 거야!"[178]

혈연적 민족관은 가족의 은유를 강화했다. 윤정모의 연작소설 『고삐』(1988)에서 자매는 민족을 표상한다. 동생 해인이 미군과 결혼한 것은 외세에의 부역을 의미한다. 따라서 민족적인 눈물이 신파적으로 흘렀다. 언니 정인이 동생을 생각하며 흘리는 눈물은 민족주의적 각성의 결과이기도 한 것이다. 혈연의 민족관은 강렬한 성적 은유를 통해 원초적인 감정을 자극하기도 했다. 『여기 식민의 땅에서』는 동두천에 드리워진 새벽안개를 '미군들의 끈끈한 정액'에 비유한다. 민족은 여성의 육체로, 제국주의의 침탈은 강간으로 은유된다. 그러므로 카투사 사병들의 눈물은 기지촌의 성적 침탈로 인한 것이기도 하다.

눈물에 대한 NL의 선호에는 강력한 민족주의가 주요한 원인으로 작용했다. 하지만 이와 연관되어 있는, 그러나 이와 구별해서 파악해야 할 또 다른 요인이 있었다. NL이 급부상했던 1980년대 중반 특별히 강조됐던 것이 활동가의 품성이었다.[179] 분노를 느끼지 못한다면 각성하지 못한 것이라는 말이 우연히 나온 게 아니다. 사상보다 품성을, 이성보다 감정을 더 중요하게 여기는 원칙에 따른 것이었다. 그렇다면 바람직한 품성이란 어떤 것이었을까?

그것은 어머니다운 품성으로 요약될 수 있었다. 이는 "민중을 진심으로 존중하고 무한히 사랑하며 민중의 아픔을 자신의 아픔으로 여길 줄 아는", '대중과 혈연적 관계'를 가지려는 품성이었다.[180] 그러므로 이는 "대중이 자신의 어머니요 형제"라고 여길 수 있는 품성이기도 했다. 이런 품성을 가질 때 솔직, 소박, 겸손, 성실, 용기 등의 덕목은 자연히 따라올 수 있었다.[181] 민중의 아픔을 가족처럼 느끼는 품성은 진심으로 공감하며 흘리는 눈물로 증명될 수 있었다. 북한에서와 같은 방식으로 가족적 눈물이 정치화되고 있었다.

백진기의 「민족해방문학의 성격과 임무」는 옥중에서 집필됐다. 그런데 상당 부분이 눈물 젖은 감정적 토로에 할애된다. 운동의 감격, 수감의 고통, 어머니와 연인에 대한 그리움 등이 주된 내용이다. "민족해방운동사 120여 년 동안 어머니들이 흘린 눈물은 이 산하를 휘돌고도 남아 넘쳐흐르건만 이 땅은 아직도 분단되어" 있는 것이다. 자신의 연인에게 보내는 시를 소개하고, "그렇습니다. 슬픔이 너무 많기에 가야 할 길도 아주 멀고 멉니다"라며 의지를 다지고 나서야 비로소 문학론이 전개된다.[182] 문학이론을 논술한 글로서는 매우 이례적인 감정적 토로인데, 눈물의 품성론을 고려함으로써만 이해될 수 있다.

김하기의 연작소설 『완전한 만남』(1991)은 비전향 장기수들을 다룬다. NL의 주장대로 남한에 혁명의 전통이 이어져왔음을 증명하는 존재들이다. 장기수들은 〈미워도 다시 한 번〉, 〈기러기 아빠〉 같은 남한의 신파적 멜로영화 보기를 좋아한다. '감상적 패배주의를 비판'하기 위해서라고 큰소리치지만, 어김없이 눈물을 펑펑 쏟는다.[183] 그런데 바로 그 눈물이야말로 그들의 혁명적 품성을 증명한다. 『고삐』 연작에서 언니는 동생을 위해 눈물을 흘리지만 동생은 그러지 않는다. 동생이 눈물을 흘리지 않는 것은 곧 민족적 타락을 뜻한다. 「성조기 앞에 다시 서다」에서 미국 자본가의 하수인 노릇을 하는 부사장에게도 눈물의 가족사가 있다. 하지만 타락한 그는 이제 더 이상 눈물을 흘리지 않는다.

'어머니적 품성론'은 NL운동의 주요한 동력이었다. 사람됨에 대한 요청은 누구나 공감할 수 있는 것이었고, 신파적 눈물은 어김없이 정치적 힘을 발휘했다. 이는 압제와 착취의 고통에 대한 깊은 공감과 이에 기초한 공동체적 연대감을 효과적으로 환기할 수 있었다. 그런 감정은 언제나 사회주의 실천의 강력한 원동력이다. 하지만 감정주의적 편향은 맹목적 실천을 낳게 마련이고, 가족 기반적 사회관은 새로운 세계의 상상력을 억압한다.

NL의 과도한 민족주의적 열광, 북한에 대한 무비판적 옹호, 종파주의적 패권주의는 한국 사회주의운동의 정당성을 심하게 훼손했다. 신파적 눈물은 이에 책임이 있다. 그것은 사회의 고통을 적극적으로 포착하고 그것의 극복을 추구하는 과정에서 흘려진 눈물이었다. 그러나 결과적으로 사회의 상태를 개선하는 데 도움이 되었는지는 의문이다. 2012년 통합진보당 분당의 국면에서 폭력을 유발하며 흘려진 그 눈물이 목적을 잃어버린 것이었음은 너무도 분명해 보이지 않는가.

하지만 1980년대 NL운동의 깊은 층위에 자리한 열정까지 부정해서는 안 될 것이다. 「반제민중민주화운동의 횃불을 들고 민족해방의 기수로 부활하자」의 서두에는 김정환의 시 「해방서시」의 일부가 인용되어 있었다. 그중 한 구절은 "싸우는 것만이 사랑하는 길입니다"다.[184] 이는 '혁명이냐 연애냐'라는 1920년대의 질문을 떠올리게 한다. 혁명과 사랑을 교환하는 것은 유치한 열정의 산물에 불과한 것일까? 결코 그렇지 않다. 둘은 모든 것을 뒤흔드는 근원적 열정을 기반으로 하는 탈주의 행위이기 때문이다.

혁명과 사랑을 등치함으로써 NL은 주체의 보다 깊은 곳에 호소할 수 있었다. 그곳은 스며들고 넘침으로써 경계를 무화하는 눈물의 힘이 발원하는 층위이기도 했다. 그러므로 NL은 존재의 근원적 열정인 코나투스를 강하게 실현하는 운동이 될 수 있었다. 인식하지 못할 정도의 근원적 지점을 향했으니 이 또한 '숭고'를 지향했던 면이 있다. PD가 역사 너머에서 찾고자 했던 것을 NL은 이처럼 주체 내부에서 찾고자 했다. 물론 온갖 사회주의적 클리셰로 가득한 NL의 이념이 그것을 포착했다는 뜻은 아니다.[185] 단지 그로 인해 촉발된 열정의 동학이 그러했다는 뜻이다. 그러므로 '민족해방'에서 '민족'보다 더 중요한 것은 역시 '해방'이었다.

사회주의의 눈물과 자유주의

지난 세기 사회주의자들은 많은 눈물을 흘렸다. 자본주의가 산출한 고통의 눈물이기도 했지만, 사회주의적 실천으로 인한 고통의 산물이기도 했다. 전자는 증폭해서 느껴져야 했고, 후자는 감내되어야 했다. 전자가 억압의 눈물이었다면 후자는 해방의 눈물이었다. 적어도 식민지기와 분단 이후 남한에서는 그러했다. 자발적으로 선택한 길에서 흘린 눈물이었기 때문이다. 억압의 눈물은 당연히 신파적일 수 있었다. 하지만 해방이 낡은 신파에 적셔진 것은 문제였다.

한국에서 사회주의운동은 1990년대를 지나면서 현저히 약화되었다. 한국 자본주의 경제의 급속한 성장 때문이기도 했지만, 사회주의 국가들이 대부분 붕괴한 것이 좀 더 큰 이유였을 것이다. 자본주의는 지난 세기의 체제경쟁에서 승리했고, 사회주의자들은 여전히 새로운 전망을 제시하지 못하고 있다. 하지만 자본주의가 산출하는 고통은 여전하다. 우리는 여전히 대안을 모색해야 하며, 그것은 평등, 연대, 공동체 등과 같은 사회주의적 가치들을 기초로 추구될 수밖에 없다.

그러니 사회주의에 관해 더욱 고민해야 한다. 보다 포괄적이고 근본적인 모색이 필요하다. 관계를 중심으로 사회를 정의한다면, 사회주의란 존재에 있어서 관계를 중시하는 태도일 것이다. 이는 타자에 대해 열려 있는 태도를 뜻한다. 타자에 대한 관용이나 환대만을 의미하는 것이 아니다. 관계는 언제나 존재를 변화하도록 만드는 법, 타자가 초래하는 변화에도 열려 있어야 한다. 지난 세기의 사회주의는 이런 원칙을 견지하는 데 실패했던 것 아닐까?

타자에게 열려 있는 태도란 존재의 본질을 개별성이 아니라 공동성에서 찾는 것이다. 물론 지난 세기의 사회주의도 언제나 공동성을 추구했다. 하지만 그것이 또 다른 유형의 개별성은 아니었는지 성찰해야 한다. 어떤 공동체가 외부에 대해 닫혀 있다면 그 또한 개별체에 불과할 것이다. 투쟁의 세계관이란 인간 존재들 사이에 선명한 경계를 긋는 것을 전제로 한다. 개인 간의 투쟁, 집단 간의 투쟁 모두가 그렇다. 투쟁의 세계관은 관계에 닫혀 있는 태도에 기초한다.

따라서 가족주의적 가족은 진정한 의미의 공동체가 아니다. 내적으로 개인을 억압하고 외적으로 타자에 적대적일 때 그것은 집단적 단일체일 뿐이다. 이는 종족, 민족의 경우에도 마찬가지다. 그런데 계급도 그렇지 않았을까? 계급이 투쟁을 중심으로 규정될 때 공동체로서의 성격은 위축될 수밖에 없다. 사회주의적 신파가 가능했던 것도 무산계급과 사회주의 국가의 국민 또한 가족주의적 가족과 같은 집단적 단일체였기 때문일 것이다.

지난 100여 년간 사회주의는 신파적 눈물의 주요 경유지였다. 신파는 낡은 사회를 비판하기 위해 드러내야 했던 현실의 모순 이상의 의미를 가지기도 했다. 그것이 신세계의 상상 속으로 흘러들어간 낡은 세계의 조각이 되곤 했던 것은 미래에 대한 전망의 취약함 때문만은 아니었다. 그것은 사회주의가 공동성의 존재양식을 창출하지 못한 채 집단적 단일체의 체제로 머물고 말았음의 표상이기도 했다. 그러니 사회주의가 대안이 되기 위해서는 열린 공동체의 양식을 고안하고 제시할 필요가 있다.

이 공동체는 여러 가지 조건을 충족시켜야 한다. 그중에서도 다음의 두 가지는 매우 중요하다. 첫째, 스스로 지상至上의 가치를 주장하지 않아야 한다. 진정 가족은 가장 중요한 공동체인가? 그렇다면 민족/국민, 계급은? 어떤 공동체가 지상의 가치를 가지는 것이 도대체 가능한 일인지 생각해봐야 한다. 둘째, 경계의 투과성이 높아야 한다. 성원들을 경계 안에 가두지 않아야 한다는 뜻이다. 내부의 흐름이 언제나 경계를 투과해 이탈할 수 있어야 하며, 외부의 흐름과 접속해 변이할 수 있어야 한다.

그런데 신파적 눈물은 이러한 공동체의 싹을 자른다. 그것이 제안하는 공동체의 모델인 가족은 유사 공동체에 불과하기 때문이다. 가족은 지상의 공동체로 주장됨으로써 고립적, 배타적, 경쟁적 단일체가 된다. 그러므로 가족주의란 확장된 개인주의에 다름 아니다. 그것은 자기이익의 경쟁적 추구를 궁극적인 속성으로 가지는 자유주의적 개인의 감정이 집단화한 것에 불과하다. 이처럼 신파는 사회주의가 지양하려 했던 낡은 세계의 중심에 있다. 눈물이란 경계를 넘고, 스며들며, 저류하는 것. 사회주의 신파에서도 해방의 열정은 언제나 충만했다. 하지만 해방의 출구를 활짝 여는 배치의 창안으로 이어지지는 못했다. 이제 마지막으로 신파의 원천인 자유주의에 대해 살펴보자. 이를 잘 이해해야 한다. 가야 할 곳은 여전히 신파적 눈물 너머, 자유주의 너머에 있기 때문이다.

8.
자유주의와 눈물

〈챔피언〉은 링에서 죽은 한 헝그리 복서에 관한 영화다. 못 배우고 가난한 그가 유일한 희망인 복싱에 삶을 던지는 이야기다. 근대에 인간은 자유주의의 기치하에서 구질서의 억압으로부터 해방되었다. 누구나 자유롭게 인생을 계획하고 그것의 성취를 위해 노력할 수 있는 시대가 열렸다. 그래서 헝그리 복서 김득구는 자유롭다. 하지만 그는 외롭다. 자유롭게 추구한 그의 계획이 실패할 때 누구도 그를 도울 의무가 없다. 복싱을 시작하기 이전에 피를 팔아서 간신히 배를 채울 때도 있었다. 링 위에 올라서도 그는 오직 맞으면서만 때릴 수 있다. 그가 꿈꾸었던 축적의 기적은 결국 일어나지 않았다. 그가 어찌 눈물을 흘리지 않을 수 있겠는가. 그것은 척박하고 몰인정한 세계에 던져진 개인의 눈물이다. 그가 던져진 곳의 이름은 자유세계이며, 그가 흘리는 것은 자유주의의 눈물이다. 누구도 대신해줄 수 없는 자신의 생존을 위한 투쟁의 링에서 모든 힘을 소진하고 숨을 거둔 그는 자유주의의 영웅일까, 희생자일까?

〈챔피언〉의 개인주의와 눈물

곽경택 연출의 영화 〈챔피언〉(2002)은 세계 타이틀 도전 중에 쓰러져 다시 일어나지 못한 비운의 복서 김득구(유오성)의 실화를 영화화한 것이다. 한 소년이 강원도 고성의 좁고 어두운 집을 떠나는 것으로 영화는 시작된다. 버스가 달리는 먼지 날리는 황량한 흙길은 그가 던져진 거칠고 가난한 세계에 대한 은유다. 아무도 그를 돕지 않는, 그저 뭇매 맞기 일쑤인 세상에서 복싱은 그에게 주어진 유일한 성공의 기회다. 그는 근면성실의 화신이 되어 낮에 일하고 밤에 운동한다. 그가 집을 떠나던 날 거칠고 가난한 흙길 너머 펼쳐진 바다에는 성공에 대한 그의 염원이 빛나고 있었다. 그는 챔피언에 도전한다.

김득구는 거칠고 척박한 세상 속에서도 최선을 다한다. 그는 오직 자신의 힘만으로 삶을 추구하는 독립적인 인간이다. 동양 타이틀전에서 승리한 김득구는 노래를 부르며 낡은 샤워장에 들어선다. 그런데 물줄기 아래에서 노래는 점점 울음으로 바뀐다. 어떤 비참한 꼴을 당해도 그는 울지 않았다. 울자면 한이 없어서였을까, 울고 있을 겨를이 없어서였을까? 약한 모습을 남에게 보이기 싫어서였을 수도 있다. 그런데 타이틀을 따고 나니 비로소 눈물이 터져 나온다. 하지만 눈물은 샤워기의 물줄기에 숨겨진다.

그 눈물에는 타인과의 관계가 억제되어 있다. 개인의 위기에 따른 고통의 눈물이며, 그 위기를 극복하기 위한 개인적 실천의 눈물이다. 따라서 이 눈물은 개인주의적이다. 〈챔피언〉은 어려움을 극복하기 위한 투쟁이라는 보편적 주제를 다룬다. 그러나 이는 근대 특유의 정치적 배치에 놓일 수밖에 없다. 자유주의는 그 배치의 핵심어 중 하나다.

자유주의는 기본적으로는 개인주의다. 개인이 자유롭게 자신의 삶을 추구하는 것을 이상으로 여긴다. 그런 개인적 삶의 추구 과정에서 눈물이 흐른다면 이를 자유주의적 눈물이라고 할 수 있다. 〈챔피언〉의 눈물은 이 조건에 부합한다. 하지만 자유주의가 개인주의적 눈물만을 흘리게 하는 것은 아니다. 김득구의 삶에는 주요한 전환점이 있다. 한 여성을 만나 사랑에 빠지는 순간이다. 책상 앞에 붙여놓았던 "여자는 삶의 걸림돌이다"라는 문구가 수정된다. 걸림돌은 이제 디딤돌로 바뀐다.

이전에 그는 고립된 개인의 눈물만을 흘렸지만, 약혼과 함께 그의 고통에 함께 울어줄 사람이 생겼다. 때문에 영화 후반부는 김득구의 죽음으로 인해 그의 약혼녀가 흘리는 눈물로 적셔질 수 있었다. 〈챔피언〉이 담고 있는 눈물의 전환은 자유주의가 눈물을 산출하는 주요한 방식을 예시한다. 자유주의는 개인적인 눈물 못지않게 가족적인 눈물을 산출하는 경향이 있다. 이는 자유주의가 사적 영역을 배분하는 방식과 관련되어 있다. 가족은 자유주의적 사적 영역의 주요 부문인 것이다.

지난 세기 한국인이 흘린 눈물의 흐름은 특정한 사회적 배치에 의해 생성, 변화, 증감되어왔다. 그 배치의 주요한 일부인 자유주의 liberalism 정치는 신파적 흐름의 발원지다. 자유주의가 신파적 눈물만을 산출하는 것은 아니다. 〈챔피언〉에서와 같은 개인주의적 눈물도 흐르게 만드는가 하면, 이성으로써 눈물을 억제하기도 한다. 하지만 한국에서 자유주의가 산출해온 감정의 주된 흐름은 신파적이다. 이런 자유주의적 감정의 동학을 살펴보기 위해 신파적 눈물의 기원으로 되돌아갈 필요가 있다.

자유주의와 『장한몽』

1910년대 번안되어 『매일신보』에 연재되었던 『장한몽』의 눈물에 다시 초점을 맞춰보자. 앞서 살펴봤듯이 이 눈물은 섬세한 내적 떨림을 담은, 책망과 연민의 감정적 상호관계를 함축하는, 가부장제적으로 성별화된 것이었다. 이는 사적 눈물로서, 『혈의 누』의 공적 눈물과 『무정』의 공과 사가 중첩된 눈물 사이에 놓일 수 있었다. 이제 사적인 것으로서 『장한몽』의 눈물이 담고 있는 정치적 의미에 관해 좀 더 자세하게 따져보자. 이는 근대 정치에서 사적인 것을 가장 첨예한 관심사로 삼아왔던 이념인 자유주의를 중심으로 이루어져야 한다.

자유주의는 특정한 양상의 권력관계에 기초해 인간들의 사회적 배치를 수행한다는 점에서 정치적이다. 역사적으로 자유주의는 절대주의에 대한 부르주아계급의 정치적 투쟁 과정에서 성립했다. 이는 소유권과 경제활동의 제한, 인신의 무분별한 구속과 신분제, 사상의 억압과 종교의 강요 등에 대한 저항을 중심으로 해왔다. 이론적으로는 모든 인간이 자유로운 '자연 상태'의 상정, 개인의 자유권을 중심으로 하는 '자연법'의 추론, 이를 근거로 개인적 자유를 보호하는 국가를 수립하는 '사회계약'의 체결을 주된 내용으로 한다.

자연 상태를, 자유의 내용을, 국가권력 작동의 원칙·정도·양상을 어떻게 규정하는지에 따라 서로 다른 수많은 자유주의가 제기됐다.[1] 하지만 가장 기본적인 원칙, 즉 개인을 궁극적인 가치의 원천이라 여기는 것은 변하지 않았다. 따라서 자유주의의 주된 관심 대상은 그것이 구성하고 제어하려는 국가가 아니다. 국가를 수단으로 삼아 사적인 것을 실현하고, 보호하며, 때로는 증진하는 데 자유주의의 목적이 있다. 자유주의적 사적 영역의 주요 부문은 가족과 경제다. 개인은 가족의 일원이자 시장의 일원으로 존재하는 것이다. 각각은 정확히 『장한몽』의 눈물을 유발하는 맥락이다.

자유주의는 개항과 함께 조선에 상륙했다. 개화 지식인들은 백성의 자유권 확장과 군주권 제한을 주장했다.[2] 1894년의 개혁을 통해 양반의 지배가 법적으로 종결됐고, 이후 점진적으로 신분제가 해체됐다.[3] 가족의 자유주의적 개혁에 대한 요청이 있었고, 이어서 실질적인 제도 개혁이 이루어졌다.[4] 더불어 기존의 사회경제적 관계들이 해체되고 자본주의적 시장이 성립하기 시작했다.[5] 사람들은 이제 "어린아이 젖꼭지 따르듯이 돈을 따르"려 들기 시작했다.[6]

『장한몽』은 이처럼 조선에서 자유주의가 이념, 제도, 습속에서 확산되기 시작한 시점에 등장했다. 이는 구질서로부터 개인으로 분리된 남녀 한 쌍이, 자유주의적 세계에서 생존하고자 투쟁하여 결국 성공하는 이야기다. 여기에는 자유주의적 개인의 두 가지 주요한 과제가 동시에 걸려 있다. 하나는 친밀성의 사적 영역으로서 가족을 구성하는 것이고, 다른 하나는 시장에서 자본을 축적하는 것이다. 그 과정에서 흘러내린 눈물이므로, 이는 자유주의적 세계가 주는 고통의 눈물인 동시에 그 속에서 생존하려는 의지의 산물이기도 하다.

『장한몽』은 혼돈의 세계 속에서 남녀가 길을 잃는 데에서 시작된다. 순애가 중배와 처음으로 마주치는 방은 '삼강오상三綱五常이 사라진 혼돈세계'와 같다.[7] 그곳에서 구질서의 혼약이 무참히 깨지는 것은 시간문제다. 자유를 다양하게 정의할 수 있겠지만, 자유주의가 주로 근거해온 정의는 '간섭의 부재'다. 이에 따르면, 자유는 내용이기보다는 하나의 형식이다. 무엇을 하든 자유인 것이다. 이는 자유주의가 급진적인 해방의 동력을 담고 있음을 뜻한다. 실제로 자유주의는 구체제가 고정했던 모든 것을 해체하려 했다. 그 결과가 바로 『장한몽』이 그리는 혼돈의 세계다.

혼약이 깨지고 나면 이야기는 두 축을 중심으로 전개된다. 수일은 필사적으로 돈을 벌고, 순애는 진정한 사랑을 되찾기 위해 수절하며 기다린다. 각각이 추구하는 돈과 사랑은 자유주의적 사적 영역의 두 부문에 대응하는데, 결말에서 이들이 재결합함으로써 두 가지는 동시에 성취된다.[8] 이들은 자유주의적인 사적 영역을 구성하는 데 성공한 것이다. 따라서 결말의 재결합은 구질서적 안정으로의 회귀가 아니다. 그것은 자유주의적 인간으로의 재탄생이다. 하지만 두 사람의 경로가 서로 같지는 않다.

사랑에 울고 돈에 또 울고

순애가 수일을 기다릴 때 흘리는 눈물은 파혼의 죄책감 때문만은 아니다. 사실 수일에 대한 그리움이 더 크다. 순애는 헤어지고 나서야 수일을 사랑했음을 깨닫는다. 그가 중배와 결혼하고도 정절을 지키는 것은 바로 이 사랑 때문이다. 그러니 '선택'에 초점을 맞춰야 한다. 고소설 속 인물들에 비해 순애의 감정은 얼마나 역동적인가. 순애가 눈물 흘리면서 선택하고 걸어간 길의 끝에는 진정으로 사랑하는 이와 함께 만든 '단란한 가정'이 있다.[9] 결별과 재결합 사이에는 구질서의 붕괴가 놓여 있으며, 구질서를 대체한 것은 자유로운 선택이다.

수일은 가난하다는 이유로 파혼당한 뒤 의리 없는 세상에 치를 떤다. 그렇지만 그도 결국 그 세상에 뛰어든다. 돈이 기존의 모든 가치를 해체하고 대체하는 세상, 그곳의 이름은 바로 자유시장이다. 수일이 선택한 고리대금업에는 은유적 의미가 있다. 모든 것을 단일한 기준으로 환산할 때, 차이는 양으로만 측정할 수 있다. 그렇다면 시장 동학의 궁극적인 표상은 자본의 증감이며, 돈으로 돈을 버는 것은 가장 순수한 시장 행위다. 즉 대금업은 시장 자체를 표상한다. 그곳에서 수일이 살아남는 이야기는 자본가의 눈물겨운 탄생담이다.

이들이 새로운 세계에 '던져졌다'는 점에 주목해야 한다. 파혼당한 뒤 대금업에 투신하는 수일은 명백히 그렇지만, 혼약을 파기한 순애도 완전히 자발적이지는 않다. 금강석에 홀린 듯 저지른 일인 것이다. 대부분의 사람에게 새로운 세계는 이렇듯 강제되었을 것이다. 이것이 눈물을 유발하는 매우 중요한 요인이다. 하지만 던져진 이상 일단 적응하는 것 말고는 방법이 없다. 수일과 순애의 눈물은 자유로운 세계에 적응해서 살아남기 위한 투쟁 과정에서 흘러내린 것이다.

이들이 분리된다는 점도 매우 중요하다. 수일과 순애는 각각 개인들의 우주인 자유주의 세계의 일원이 된다. 하지만 단란한 가정의 탄생으로 향하는 서사의 궤적은 이들의 존재를 예비적인 가족관계 속에 놓는다. 따라서 이들의 눈물 흐름에는 주된 방향이 있다. 연민과 책망의 감정적 상호관계를 함축하는 가족적인 눈물로 향하는 흐름이 있는 것이다. 이는 날카로운 성별 분할을 함축한다. 자유주의적 전환 속에서도 가부장제는 계속 유지되기 때문이다.

자유주의적 가부장제는 남성에게만 시장 참여를 허락한다. 여성 대금업자인 최만경에게는 수일과 달리 전혀 공감이 구축되지 않는다. 순애에게 허락된 자유는 사랑일 뿐이다. 돈 문제는 남성에게 맡겨둬야 한다. 말하자면 눈물에도 성별 분업이 있다. 순애는 사랑에 울지만, 수일은 돈에 운다. 순애는 집 안에서 꿋꿋이 참고 기다리며 울지만, 수일은 집 밖에서 뭔가를 열심히 하면서 운다. 이렇게 분업해서 흘려진 눈물은 합쳐져서 하나의 흐름을 완성한다. 바로 자유주의적 가부장제의 눈물이다.

요컨대 『장한몽』은 자유주의적 인간의 탄생을 포착한다. 서사의 궤적은 그들이 구성해야 하는 사적 영역이 무엇인지 보여준다. 그는 가부장제적 가족의 일원이어야 하고, 그 가족은 자유시장체제 속에서 생존할 수 있어야 하며, 그 과정에서 함께 신파적 눈물을 흘려야 한다. 이는 자유주의적 세계에 직면한 한국인의 주요한 대응방식이었다. 물론 한국인에만 국한된 방식은 아니었다. 『장한몽』이 『곤지키야샤』의 번안이고, 그것은 *Weaker Than a Woman*(『여자보다 약한 자』)의 번안인 것은 이 눈물의 국제성을 보여준다.[10] 하지만 그런 눈물이 엄청난 양과 강도로 흘렀던 것은 한국적 특성일 것이다.

이처럼 자유주의 정치는 신파의 발원지다. 하지만 신파는 자유주의를 훼손하는 경향도 함축한다. 가족적 눈물에는 언제나 개인을 억압하는 집단주의의 계기가 있기 때문이다. 가족을 중요한 삶의 근거로 여김에도, 자유주의의 궁극적인 존재의 단위는 개인이다. 따라서 자유주의적 가족은 성원들의 독립성 보장을 중요한 규범으로 삼아야 한다. 하지만 근대 한국에서 그 규범은 잘 지켜지지 않았던 것으로 보인다.[11] 강력한 신파의 흐름은 한국인의 실제 삶 속에서 개인보다 가족의 국면이 우세했음을 반영한다.[12]

삼켜진 눈물들

애덤 스미스Adam Smith는 시장체계에서는 수많은 자기이익의 개별적 추구가 사회 전체의 부의 증대로 이어진다고 주장했다. 그것은 경쟁의 놀라운 힘 때문이다. 경쟁은 제각기 추구되는 자기이익들을 조절함으로써 사회의 조화를 유지하고 축적을 가능케 한다.[13] 시장경제의 역사는 이를 실제로 증명해왔다. 하지만 시장은 거대한 고통도 함께 산출했다. 시장이 창출하는 쾌락과 고통을 총량으로 비교하면 어떤 결과가 나올까?

'시장 실패'의 고통들은 이 대조표에서 주요한 항목으로 계산될 것이다.[14] 어쩌면 쾌락보다 고통이 크다는 결과가 나올지도 모른다. 축적에 성공한 소수의 쾌락은 실패한 다수가 겪는 고통보다 작지 않을까? 고통에 절대적인 결핍뿐만 아니라 상대적인 박탈감까지 포함한다면 말이다. 어쨌든 분명한 것은 시장이 거대한 고통의 장이라는 사실이다. 고통 또한 경쟁의 산물이다. 경쟁의 긴장, 승리를 위한 노력, 패배의 좌절과 결핍이 고통을 유발한다. 경쟁이란 양날의 칼이다.

20세기의 자유주의자들은 이런 고통에 반응하고 이를 완화하려는 노력을 해왔다.[15] 하지만 사회의 진보를 무제한적 경쟁의 결과로 보았던 19세기의 사회진화론자들은 그러지 않았다.[16] 적자생존의 법칙이 지배하는 세계에서 도태의 고통은 자연스러운 것이기 때문이다. 이런 관점은 노동계급의 거대한 고통을 산출했던 '자유방임laissez faire'의 주장으로 쉽게 이어질 수 있었다.[17] 신파적 눈물은 이런 자유주의적 고통에 대한 반응이다. 그런데 자유주의가 반드시 신파적 눈물을 산출하는 것은 아니다.

염상섭의 중편소설 『만세전』(1922)에는 신파적 눈물을 거부하는 한 자유주의자가 등장한다. 동경 유학생인 이인화는 아내가 위독하다는 연락을 받는다. 하지만 그는 전혀 슬퍼하지 않으며, 느긋하게 카페 여급과 술을 마신다. 부산과 김천을 거쳐 경성으로 이동하는 동안 그는 조선인들을 냉소적으로 관찰한다. 그러다 문득 비참한 기분에 "이게 산다는 꼴인가? 모두 뒈져버려라" 하고 외친다.[18] 며칠 뒤 상을 치르고, 아이는 형의 양자로 들이기로 결정한다. 그는 모처럼 산뜻한 기분으로 동경으로 되돌아간다.

아내의 죽음이 신파적 눈물을 유발할 수도 있지만, 그는 우는 이들에게 핀잔을 주기 일쑤다. 그가 신파를 거부하는 이유 중 하나는 개인주의다. "무슨 때문에 눈물이 필요하단 말이냐. 실상 완전한 자유는 고독에 있고 공허에 있지 않는가."[19] 하지만 개인주의자도 자기연민의 눈물을 흘릴 수는 있다.[20] 그러니 감정 자체를 억누르고 냉정한 이성적 태도를 유지하려는 성향도 함께 작용했다. 염상섭은 '개성'을 객관적 관찰의 태도와 관련된 것으로 이해했다. "개성의 발견"이 "현실을 현실 그대로" 관찰하는 자연주의 예술을 가능케 한다는 것이다.[21]

이인화는 바로 그런 개성이 구현된 인물이라 할 수 있다. 따라서 그의 냉정한 태도는 사회진화론과도 밀접히 관련된다. 사회진화론은 개인주의적 경쟁의 세계관이자, 자연과학적 방법론을 적극적으로 도입한 사회이론이기 때문이다. 그래서 이인화의 눈에 인간들은 '조그만 승리'에 애쓰고 '성세를 허장'하며, '매사에 경쟁'인 것으로 포착된다.[22] 그런 세계에서 조선인의 못난 존재란 공동묘지 속 구더기와도 같다.[23] 그들은 지금 도태 위기에 놓여 있다.

사회진화론은 지난 세기 수많은 한국인에게 눈물로 생존투쟁에 나설 것을 장려해왔다. 하지만 어떤 이들에게는 냉정함의 근거가 되기도 했다. 사실 사회진화론을 제대로 수용한다면 눈물을 흘리지 않을 가능성이 크다. 적자생존의 세계에서 경쟁의 고통은 불가피한 자연현상이므로 눈물 흘릴 일이 아니다. 법칙적 진리란 이렇듯 전근대적 무정함을 산출하기 쉽다. 또한 눈물이 경쟁에 필요한 이성을 흐릴 수도 있고,[24] 열등함을 인정하는 표현이 될 수도 있으니, 살아남기 위해서도 눈물을 흘리지 않는 쪽이 좋다.

근대기 한국인에게 사회진화론이 미친 영향은 대단히 컸다. 다소 위악적이긴 하지만 이인화의 생각도 그 흐름 위에 있다. 특히 구한말에서 식민지기까지 일관되게 실력양성론을 내세웠던 우파의 주요한 세계관이 사회진화론이었다.[25] 조선 말기의 개화파이자, 애국가의 작사가이며, 한국 최초의 자유주의자 중 한 명인 윤치호도 그랬다. 그의 삶은 근현대기 한국인이 걸어왔던 성공의 전형적 경로를 예시한다. 사회진화론은 그러한 삶의 논리적 지침이었다.

감리교 신자였던 윤치호는 신이 세계를 약육강식의 시공간으로 만든 것을 안타까워했지만, 신의 사업이니 어쩔 수 없는 것으로 받아들였다.[26] 그는 "힘이 곧 정의"라는 진화론적 신념으로 독립운동을 반대했고,[27] 대표적인 친일파가 됐다. 언제나 자신의 안위를 가장 소중히 여겼다는 점에서 개인주의자였고,[28] 식민지 2등 인간으로 차별, 감시받는 것에 저항하지 않았던 점에서는 기회주의자였다. 자유를 훼손하고 민주주의를 저지한 일본 군국주의에 순응하고 협력했던 점에서는 파시스트였다.

파시즘에 이르는 경로는 여러 가지다. 그것은 근대 정치의 총체적 타락태이기 때문이다. 이는 배외주의chauvinism로 타락한 민족주의이고, 대중적 동의에 기초한 억압적 정치라는 점에서는 타락한 민주주의이며, 전체주의가 되어버린 타락한 사회주의다. 그리고 차이를 차별로 대체한다는 점에서는 타락한 자유주의이기도 하다. 차이가 차별로 이어질 때 모든 종류의 권력관계가 정당화되는 법이다. 윤치호의 파시즘의 기초에는 타락한 자유주의가 있었다. 사회진화론은 그러한 타락을 촉진시켰던 것으로 보인다.

윤치호도 역시 눈물에 호의적이지 않았다. 3.1운동 직전에 그는 "조선인들이 복받치는 설움을 이기지 못하고 옷소매를 적셔가면서" 폭동을 일으키려는 것을 걱정하며,[29] 조선인이 "10퍼센트의 이성과 90퍼센트의 감정을 가지고 있다"고 한탄한다.[30] 1920년 방문한 미 의 원단 앞에서 만세를 외치며 통곡하는 시위 계획에 대해서는 유치하기 짝이 없다고 일축하고,[31] 『동아일보』와 『조선일보』 폐간에 통곡하는 조선인 청년들을 보고서는 "조선이 병합되었을 때도 조선의 우매한 학생들은 방바닥을 두드리면서 아이고 아이고 하며 소리 내 울었다. 방바닥을 두드리면서 통곡해봐야 뭘 할 수 있지?"라고 냉소한다.[32]

윤치호도 도태 위기의 조선인을 냉정하게 바라보았다. 그런데 이는 그가 투철한 진화론자였기 때문만은 아니었다. 누구도 완전히 객관적일 수는 없는 법, 그건 식민지 최상층부에 올라선 승자의 냉정함이기도 했다. 그러니 사회진화론의 냉정한 시선은 강자의 특권이다. 이인화도 가족의 지원을 받아서 동경 유학을 갈 정도니, 생존경쟁에서 탈락의 위기에 놓일 만한 상황은 아니다. 그에게 부과된 고통이 그리 크지 않기에 그렇게 냉정할 수 있는 것이다.

하지만 그의 눈에 비친 구더기 같은 조선인들은 상황이 다르다. 그들은 필사적으로 투쟁해도 생존을 장담하기 어렵다. 약자가 냉정한 태도를 유지하는 것은 결코 간단치 않은 문제다. 그래서 대부분은 눈물을 흘리며 생존투쟁에 나섰던 것이다. 그러니 냉정함을 견지하는 약자가 있다면, 그는 눈물을 참고 있는 상태일 것이다. 이처럼 생존경쟁에 투신한 주체의 긴장, 인내, 눈물을 삼킨 상태도 자유주의가 창출한 전형적인 감정들 하나다.

이동하의 연작소설 『장난감 도시』(1979)의 소년 화자 윤의 감정도 그런 것이다. 그의 가족은 한국전쟁이 끝날 무렵 도시의 판자촌으로 이주한다. 그리고 절대빈곤으로 인한 가족의 위기가 이어진다. 아버지는 장물을 나르다 투옥되고, 어머니는 병으로 죽고, 어린 누나는 민며느리로 간다. 위기는 그들로 하여금 신파적 눈물을 흘리게 한다. 어머니는 딸을 두붓집 다리 못 쓰는 청년의 색시로 보내면서 눈물을 흘리고, 출소한 아버지는 아내의 죽음을 뒤늦게 알고 눈물을 흘린다. 눈물이 많은 누나는 동생을 찾아와 "장마처럼 지겨운 그런 울음"을 쏟는다.[33] 모두 가족의 위기로 인해 흘리는 신파적 눈물이다.

하지만 윤은 울지 않는다. 여러 번 눈물을 흘릴 뻔하지만, 끝끝내 울지 않는다. 아버지가 잡혀간 뒤, 허기진 배를 혼자서 채우고서 어머니와 누나를 생각할 때에나 어머니가 죽었을 때에도 그랬다. 윤은 다만 눈물을 삼킨다. 그는 타인과 감응하기를 원치 않는다. 지독한 상황을 직시하기를 원하며, 경쟁에서 도태되지 않기를 원하기 때문에 눈물을 참는다. 그는 자유주의적 경쟁의 장에서 생존의 위기에 처한 어린 이인화이고 윤치호인 것이다. 신파적 눈물만큼 많지는 않겠지만, 지난 세기 눈물의 흐름에서 삼켜진 눈물이 차지하는 양도 만만치 않다.

자유주의는 사적 영역이 자율적으로 성립할 수 있다는 신념에 기초하는 경향이 있다. 조화로운 자연적 시장체계에 대한 스미스의 신념이 그러하고, 생존경쟁이 자연스럽게 사회의 진보를 가능케 하리라는 사회진화론도 그러하다. 이는 자연 상태에 대한 이상주의적 관점으로부터 추론된 것이며, 이에 따른다면 국가의 인위적 개입은 회피되어야 한다. 하지만 자연 상태를 굳이 상상해본다면, 그것은 토머스 홉스Thomas Hobbes의 생각처럼 전쟁에 가깝지 않을까?[34]

국가가 없다면 시장은 그저 정글일 뿐이다. 이 사실을 거부할 때 자유주의는 정글의 상위 포식자만을 위한 정치가 된다. 이상적인 자유주의적 사적 영역이 존재한다면, 그것은 고도로 인위적인 것일 수밖에 없다. 그리고 그 인위성의 중심에 국가권력이 있다. 강력한 국가가 필수적이라는 뜻은 아니다. 권력이 분산되고 줄어드는 것은 자유의 증진에 직결된다. 문제는 권력의 약화로 증진된 자유가 또 다른 권력으로 작동할 수 있다는 점이다. 결국 중요한 것은 권력의 총량이다.

카를 슈미트Carl Schmitt는 자유주의가 경제와 윤리 사이를 오가며 정치를 회피한다고 비판했다.[35] "경제적 기반에 입각한 인간의 지배는 그것이 어떠한 정치적 명백함도 회피함으로써 비정치적으로 계속되는 경우, 곧바로 무서운 기만으로 나타날 수밖에 없다."[36] 시장에서 자본이 '폭력적으로' 작동한다면 그것은 국가의 역할이 시장에 이전된 상태일 뿐이다. 그러니 국가의 약화가 곧 사회 전체에서 작용하는 권력의 총량을 줄이는 것은 아니다.

19세기의 자유방임은 사회 전체에서 작용하는 폭력의 총량을 폭발적으로 증대시키는 결과를 낳았다. 그러므로 자유방임의 사회과학인 사회진화론은 사적 영역의 정치화를 극대화하는 이론에 불과하다. 사적 영역을 권력으로부터 해방시키는 것이 자유주의의 이상이라면, 그것의 주요한 과제는 국가폭력의 구성, 제어, 조율을 중심으로 할 수밖에 없다. 자유주의에 있어서도 국가는 중요한 문제인 것이다. 그러니 국가와 관련된 자유주의적 눈물도 항상 흘러왔다.

국민적 동원의 눈물

자유주의의 주된 관심은 사적 자유를 보장받는 데 있다. 하지만 이를 위한 국가의 설립을 요청하므로 자유주의는 언제나 공적 영역에 대한 이념이기도 하다. 다시 말해서 사적 자유에는 언제나 공적 계기가 있다. 무한한 자유란 없으며, 자유의 한계는 공중公衆과의 관계에서 부과되기 때문이다. 사적 자유를 보장받기 위해서는 국가의 수립과 수호에 참여할 필요가 있다. 그러니 자유주의적 눈물의 흐름은 사적인 성격만 띠는 것이 아니다. 자유를 지키기 위한 공적 실천 과정에서 흘려진 눈물도 있었다.

1948년 대한민국 정부가 수립됨으로써 한반도에 자유주의를 지향하는 국가가 최초로 실현됐다. 이 국가는 공산주의를 지향하는 북쪽의 국가와 즉각적인 대결구도에 놓였다. 전쟁과 냉전은 한국의 자유주의에 방어적, 적대적인 성격을 부여했다. 사적 자유의 보장과 실현보다는 국가의 수호와 공산주의에 대한 적대를 중심으로 했던 것이다. 그 결과 공산주의의 위협과 국가의 위기에 따른 고통, 슬픔, 눈물은 한국인에게 매우 익숙한 유형의 정치적 감정이 됐다.

1960년대의 한국전쟁 소재의 영화들은 어김없이 그런 눈물을 담았다. 이만희 연출의 영화 〈돌아오지 않는 해병〉(1963)에서 강대식(장동휘)이 이끄는 해병대 분대는 상륙작전 후 한 지역을 수복한다. 그곳 출신 구 일병(이대엽)은 폐허 속에서 여동생의 시체를 발견하고 오열한다. 그들은 북진을 계속해서 한반도의 북단까지 도달하지만, 중국군의 개입으로 후퇴하게 된다. 아군이 퇴각할 때까지 중국군을 저지하는 임무가 이들에게 부여되고, 장렬히 싸우다 대부분 전사한다.

여동생의 죽음 앞에서 구 일병이 흘리는 눈물은 가족을 지키지 못한 『장한몽』의 수일의 눈물과 같은 흐름에 있다. 이는 남성적 실천을 추동한다. 오열하는 구 일병에게 분대장은 "그래서 우리는 싸워야 해!"라고 말한다. 그는 눈물을 닦고 북진을 계속한다. 구 일병의 눈물은 자신의 가족적 비극에 따른 사적 눈물이라는 점에서는 수일의 눈물과 같다. 하지만, 공적인 실천을 추동한다는 점에서는 다르다.

여동생의 죽음은 국가의 위기로 인한 것이니, 가족의 위기는 정치적으로만 해결될 수 있다. 그래서 사적 눈물이 공적 실천으로 이어지게 된다. 이는 정치적 신파 특유의 은유도 수반한다. 자유주의적 공적 영역에 모인 개인들의 공동체에 부여된 이름은 국민nation이다. 구 일병의 가족은 국민을 은유한다. 따라서 구 일병의 눈물은 이중의 정치적 의미를 가진다. 그것은 사적 가족의 눈물로서 공적 실천의 동기가 되는 동시에, 국민적 신파로서 공적 실천을 추동한다.

이러한 의미작용은 분대원과 동행하는 영희(전영선)를 중심으로 구축되는 유사한 은유를 통해 보충되고 강화된다. 여동생의 죽음을 확인하던 날, 구 일병은 영희를 만난다. 영희가 여동생을 대체할 때, 그는 모든 남한 소녀의 오빠일 수 있게 된다. 영희의 존재는 분대원들을 가족적인 관계로 묶어주는 의미도 가진다. 분대는 국군을, 국군은 국민을 표상하는 의미연쇄의 결과는 가족적 국민을 창출하는 것이다.

그런데 이 자유주의적 공적 실천의 눈물에 자유주의 정치를 도리어 훼손하는 모순도 있음을 간과하지 않아야 한다. 자유주의적 공·사의 구분을 무화시키기 때문이다. 가족적 국민의 이데올로기가 효과적으로 작용해서 공적 참여에 대한 요구가 과도해질 때 특히 그렇다. 목적으로서의 사적 자유와 수단으로서의 공공성이 전도되기 때문이다. 이는 냉전기 한국의 자유주의가 노정했던 위험과도 궤를 같이하는 것이었다.

전후 한국영화에서 국민적 눈물은 흔한 것이었다. 전쟁물, 간첩물과 같은 국가의 위기를 다루는 영화들에서 주로 흘렀던 그 눈물은 대체로 신파적이었다. 최대의 적은 공산주의자였으니 이는 반공주의 신파이기도 했다. 냉전기에 한국민이 대체로 공유했던 그 눈물은 사회의 상태를 개선시켰을까? 자유주의자로서 국민의 일원이 되어 위기를 감내하고 투쟁의 의지를 고취하는 것은 권리이자 의무다. 문제는 눈물로 지키고자 한 국가가 자유를 제대로 지켜주지 않은 데 있었다.

빼앗긴 자유의 눈물

전후 상당 기간 동안 남한에서 자유주의라는 단어가 환기했던 것은 사적 자유의 광범위한 실현이 아니었다. 대체로는 공산주의에 대한 적대와 대한민국의 수호에 대한 요청을 더 강하게 의미했다. 자유가 실질적으로 뜻한 것은 사적 권리가 아니라 공적 의무였다. 자유의 실현을 위한 국가의 역할은 간과·회피됐고, 국가에 의한 자유의 훼손이 상시적으로 자행됐다. 그런 중에도 국가적 동원에 대한 희생적 참여는 독려·강제됐다. 개인이 공적 영역에서 국민이 되는 것은 자신의 자유를 지키기 위해서다. 그런데 자유주의의 목적은 사라진 채 그 수

단만이 횡행했다.

자유주의 국가가 이처럼 자유를 억압하는 상황은 확실히 모순적이라고 할 만했다. 그런데 이는 사실 국가 본연의 모습이 드러난 순간이기도 했다. 국가란 자유의 가장 오랜 적이기 때문이다. 자유주의자들은 자연 상태에서 사회계약을 통해 국가를 설립하는 모델을 제시했지만, 실제로 자유주의는 기존 국가의 폭력을 연성화하고 지배를 합리화하는 방식으로 실현됐다. 전후 한국에서 국가는 본연의 폭력적 면모를 유감없이 드러내고 있었다. 그것은 모순적이게도 자유의 기치하에서 이루어졌다.[37]

자유의 억압이 정점에 달했던 시기는 1970년대였다. 경제는 국가에 의해 설계·통제되었고, 참정권을 비롯한 참여의 기회는 강탈·압살되었으며, 사상과 예술은 감시·검열되었다. 심지어 머리카락도 마음대로 기를 수 없었고, 밤 12시가 되면 거리를 돌아다닐 수조차 없었다. 마치 사회 전체가 거대한 병영이나 수용소 같았다고 해도 과장이 아닐 것이다. 자유대한의 실체는 슬프게도 부자유 그 자체였다. 전쟁을 겪은 세대의 불행만큼은 아니겠지만, 1970년대에 20대를 보냈던 세대의 불행도 만만치 않아 보인다.

하길종 연출의 영화 〈바보들의 행진〉(1975)은 자유를 박탈당한 세대의 슬픔을 그린다. 합격과 불합격이 선포되는 병역 신체검사장을 유쾌하게 스케치하는 크레딧 시퀀스로 영화는 시작된다. 철학과 재학생인 두 친구, 병태(윤문섭)와 영철(하재영)이 주인공이다. 전반부는 이들이 겪는 대학의 일상을 유쾌하게 보여준다. 미팅과 연애, 술 마시기 대회, 장발 단속 같은 에피소드들이 청바지, 통기타, 생맥주로 표상되는 당시 청춘문화의 풍경과 함께 제시된다.

하지만 후반부로 갈수록 영화는 점차 우울해진다. 엄격한 아버지의 압박과 자신을 불합격 처리하는 사회규범의 억압에 시달리던 영철은 자전거를 타고 동해안으로 향한다. 절벽 위에 선 영철의 눈에 눈물이 고여 있다. 그는 자전거와 함께 바다로 투신한다. 영화는 머리를 짧게 자르고 입영열차에 오른 병태와 차창 밖의 영자가 나누는 로맨틱한 키스를 보여주며 끝나지만, 우울함은 떨쳐지지 않는다. 자유를 훼손하는 국가의 군대에 입대할 때, 우리는 '잡혀가는' 것이기 때문이다. 그래서 엔딩 크레딧의 배경이 되는 플랫폼의 정지 화면은 살풍경하다.

영화를 둘로 가르는 대조적인 정서의 원인은 분명하다. 유쾌함은 청춘의 것이고, 우울함은 시대의 것이다. 때문에 그 우울함은 명시적으로 표현되지 못한다. 학생들의 요청으로 휴강된 강의실에 홀로 남은 병태는 칠판에 쓰인 '이상국가'라는 글씨를 '사구라'로 고쳐 쓴다. 이는 정치적인 비겁과 타락의 행태를 가리키는 은어를 떠올리게 한다. 국가가 그렇다는 것인지, 국가에 저항하지 않는 자신이 그렇다는 것인지는 불분명하다.[38]

그러니 이 영화가 일상만 다루고 있는 건 아니다. 발화되지 못한 수많은 것이 우울함으로 표현되고 있기 때문이다. 영화의 마지막 장면인 플랫폼의 정지화면이야말로 감독의 감정을 가장 솔직하게 담고 있는 대목이리라. 이는 1970년대 한국을 대표하는 이미지 중 하나임에 틀림없다. 플랫폼에는 입영열차를 통제하는 헌병이 서 있고, 철제 구조물들이 창살처럼 허공에 격자를 만들고 있다. 원근감을 축소하는 망원렌즈로 촬영되고 정지화면으로 제시됨으로써 그 풍경의 압박감은 더욱 강화된다.

그 압박이야말로 영철이 눈물을 흘리는 이유다. 그것은 자유의 압살로 인해 흘려진, 자유에의 열망을 담은 눈물이다. 영화에 흐른 노래 가사처럼 그는 언제나 "동해바다"를 꿈꾸었다. 투신은 당대 한국사회가 결핍했던 자유를 향한 것이었다. 한국인이 그 많은 눈물을 경제적 결핍 때문에만 흘렸던 것은 아니다. 자유를 훼손하는 국가의 억압과 강제도 고통의 원천이었다. 이를 외면한 채 국가의 동원에 순응하며 흘린 눈물은 자유주의적 국민의 눈물은 아니다. 그런 국민에게 붙일 수 있는 정치적 수식어는 파시즘이다. 영철의 눈물은 달랐다. 진짜 자유주의적 실천을 추동할 수 있는 눈물이었다. 병태는 저항하지 못했고 영철은 도피에 그쳤지만, 당시 많은 한국인은 '사쿠라'이기를 용감히 거부했다.

자유민주주의의 눈물

자유주의는 "국가의 권력을 남용하는 자들에게 인민이 저항할 수 있는 자유"도 보장한다.[39] 국가가 자유를 억압할 때, 진정한 자유주의자라면 국가 재정립에 나설 수밖에 없지 않을까? 이는 국가의 설립과 수호에 참여할 수 있는 정치적 자유를 실현하는 행위다. 공동체의 모든 성원에게 이 자유를 보장할 때 자유주의는 민주주의와 만난다. 민주주의는 정치적 결정에 대한 평등한 접근의 원리이기 때문이다. 자유민주주의는 대한민국체제를 정초하는 이념이다. 대한민국 헌법은 민주공화국으로의 자기규정에서 시작되며, 개인의 광범위한 자유를 보장하는 것을 주요 내용으로 한다.

자유의 위기에 봉착해서 많은 이가 민주적 실천에 투신했다. 전후 가장 극악했던 국가폭력은 1980년 5월 광주에서 자행됐다. 광주 시민은 강력하게 항쟁했고, 눈물 흘렸다. 홍희담의 중편소설 『깃발』(1985)은 그 저항과 눈물을 재현한다. 항쟁 중에 순분은 상무관 분향소 앞을 지나다 오열하고 시민군이 지키는 도청을 찾는다. 그곳에는 야학에서 함께 공부했던 친구들이 있고, 애국가를 부르다 만났던 중국집 배달원 김두칠도 있다. 계엄군의 공세가 임박하자 도청에는 비장한 분위기가 감돈다.

> 이곳저곳에서 울음이 터져 나왔다. 한 여자애는 청년이 메고 있는 총을 달라고까지 했다. 청년은 가슴이 미어지는지 꿀꺽하고 침을 삼켰다. (…) "빨리 나가십시오. 시간이 없습니다. 이건 명령입니다. 증언할 사람도 있어야 하잖습니까?" 모두들 흐느꼈다. (…) 순분이가 마지막으로 문을 나서며 흐느꼈다. 순분은 복도를 걸어가다가 김두칠을 만났다. 그는 엉겁결에 순분의 손을 꽉 쥐었다. 순분의 눈물이 김두칠의 손등에 떨어졌다. (…) 김두칠은 흐르는 눈물을 얼른 손등으로 씻었다.[40]

순분은 빠져나왔지만 남은 이들은 계엄군의 공격에 맞서 장렬하게 산화한다. 순분은 이제 일상으로 돌아갈 수가 없다. 도청을 지날 때면 눈물이 걷잡을 수 없이 흐른다. 그 눈물이 산 자들로 하여금 저항하게 했다. 광주항쟁에는 여러 정치적 의미가 있다. 학살이 미국의 묵인하에 자행되었으니 항쟁은 외세와 결탁한 권력에 대한 민족주의적 실천이었다. 도시빈민과 노동자들이 주축이었던 점에서는 사회주의적 실천이었다. 또한 항쟁은 자유를 훼손하는 국가에 대한 민주주의적 봉기이기도 했다. 광주 사람들이 애국가를 부르며 총을 들었을 때, 그들의 눈에서 흘렀던 것은 자유민주주의적 국민의 눈물이었다.

국가폭력에 맞서 자유민주주의를 쟁취하기 위한 투쟁은 언제나 위험을 감수해야 하는 일이었고, 때로는 치명적인 고통을 초래하기도 했다. 그래서 그 투쟁은 종종 눈물을 수반했다. 물론 그 눈물은 언제나 더 강한 실천의 동력이기도 했다. 김대중은 자유민주주의의 실현을 위한 투쟁에 헌신한 정치인 중 한 사람이다. 그는 「내 마음의 눈물」이라는 시를 지은 적이 있다. 박정희 정권의 암살위협에 시달리며 미국에 피신 중이었던 1973년의 일이었다.[41]

> 내 마음의 눈물은 끝이 없구나
> 자유 찾는 벗들의 신음소리가
> 남산과 서대문에 메아리치며
> 마산의 의거탑이 검은 보 쓰고
> 수유리의 영웅들이 통곡하는데
> 내 마음의 눈물이 어이 그치리

그는 자유의 상실로 인해 눈물을 흘린다. 그런데 눈물은 혼자만의 것이 아니다. 남산의 중앙정보부, 서대문의 형무소에 갇힌 자유민주주의의 투사들이 신음하고 있고, 4.19의 열사들은 통곡한다. 그들의 눈물은 〈바보들의 행진〉에서 영철이 흘린 눈물과도, 광주의 도청에서 열사들이 흘렸던 눈물과도 함께 흐른다. 시공을 뛰어넘는 눈물의 연대는 국민적 눈물의 거대한 흐름을 만든다. 1980년 전두환의 군사법정에서 내란죄로 기소된 김대중이 최후진술을 하던 날, 공동피고 24인은 함께 애국가를 부르며 눈물을 흘린다. 그리고 겨울이 반드시 끝날 것을 예감한다.[42]

국가에 의해 자행된 폭력 중 가장 끔찍한 것은 아마도 고문일 것이다. 1982년 미국문화원 방화에 관련되어 국가안전기획부에서 고문당했던 김은숙은 다음과 같이 회고한다. "넘쳐나는 눈물을 참을 수 없어 30분 동안 바닥에 엎드린 채 목을 놓아 울었다. 무너져버린 내 자신의 비굴함과 공동같이 뚫려 황폐해진 정신과 분함 등의 감정이 한데 어우러져 미칠 것 같았다."[43] 그러나 고문도 막을 수 없는 것이 있다. 성고문으로 "가슴이 떨리고 눈물이 나"는 끔찍한 경험을 했던 권인숙은 최후진술에서 "그 누가 나의 수족을 묶는다 해도 한 인간의 간절한 마음과 정신은 결코 묶을 수 없을 것"이라며 자유의 숭고한 정신을 역설한다.[44] 김근태도 고문의 끔찍했던 경험을 진술한다.

> 결국에는 (…) 항복을 하고 말았습니다. (…) 공포와 고통에 못 견뎌 울부짖는 거야 고문대 위에서 셀 수 없을 정도로 많지만 정말 슬퍼서 운 것은 이때가 처음입니다. (…) 아, 내가 죽게 되는구나, 이렇게 해서 죽는 것이구나, 그동안 고문대 위에서 죽음은 죽은 것이 아니구나.

(…) 고문대에서 내려와 자리에 앉으니 그냥 눈물이 흘러내렸습니다. (…) 나는 결심했습니다. 그래 죽을 수도 있다. (…) 추하게 정치군부 너희들에게 굽신거리지는 않겠다. 절대로 휘청거리지는 않을 것이다 라고 마음을 추슬렀습니다.[45]

민주화운동청년연합 의장으로 활동하며 전두환 정권의 독재에 투쟁하던 김근태는 1985년 9월 남영동의 경찰청 대공 분실에 끌려가 수일 동안 고문을 당했다.[46] 하지만 고문으로는 그를 쓰러뜨릴 수 없었다. 그해 말 법정에 선 김근태는 "무릎을 꿇고 사느니보다 서서 죽기를 원한다"고 진술한다. 고통과 의지는 그만의 것은 아니었다. 공판장에 모인 사람이 모두 함께 눈물을 쏟았고, 아내이자 동지인 인재근은 절대로 용서하지 않겠노라 다짐한다.[47]

이처럼 정치적 자유를 빼앗긴 고통으로 인한 눈물도 강하게 흘렀다. 독재정권이 초래한 자유의 위기를 해소하기 위해 한국인은 민주적 실천에 나섰고 그 과정에서 많은 이의 눈물이 흘렀다. 자유란 결코 쉽게 쟁취될 수도, 쉽게 지켜질 수도 없는 귀한 것이라는 사실이 이 눈물들이 주는 교훈일 것이다. 민주주의의 눈물이었으므로 언제나 타인과 함께 흘렸다. 남영동 고문실에 고립되어 흘린 김근태의 눈물은 국민과 함께 흐르고 있었다. 그래서 이는 신파와도 쉽게 접속할 수 있었다.

『깃발』에서 순분은 도청을 벗어났지만 그의 친구 형자는 도청에 남는다. 형자는 함께 남은 이들을 바라보다 문득 그들이 "오래전에 잃었던 형제들이 아닌가 하는 느낌"을 가진다. 그러고는 "눈물이 솟구쳐

오를 것 같아 눈을 몇 번 깜빡거"린다.[48] 계엄군의 공세가 시작되고 김두칠이 '어머니!'를 외치며 총탄에 쓰러질 때, 광주항쟁의 눈물은 〈아리랑〉에서부터 이어진 장구한 남성신파적 흐름에 합류한다. 물론 이 경우에는 국민적 신파의 눈물이다.

독재정권에 의해 탄압받은 이들의 가족에게 국가폭력은 곧 가족의 위기였다. 민주화실천가족운동협의회(민가협)의 투쟁은 신파적 눈물의 힘으로 이루어졌다. 금지옥엽 키운 자신의 딸이, 아들이, 차가운 형무소에 갇혀 신음하는 것을 어머니들은 참을 수 없었다. 서로의 자녀들이 국가폭력에 고통받을 때 그들은 신파적 눈물로써 공감하고 연대했다. 민가협 '어머니의 눈물'이 현대 한국의 국가폭력에 대한 자유민주주의적 저항의 표상이 될 때, 그 눈물에는 국민적 은유의 의미 또한 담겨 있었다.[49] 그 어머니는 자유와 민주를 갈망하는 우리 모두의 어머니이기도 했던 것이다.

국민과 시민 사이

이처럼 자유주의적 눈물의 흐름에는 자유를 지키기 위한 민주적 실천의 과정에서 흘려진 국민의 눈물도 있었다. 시장에서의 생존경쟁으로 인한 가족적, 개인적 눈물로만 채워지지는 않았던 것이다. 그런데 이 자유민주주의적 눈물에 다른 주체의 이름은 붙일 수는 없는 걸까? 눈물의 흐름으로부터 잠시 벗어나서 그 대답을 고민해보자. 정치적 감정에 관한 논의에서 감정의 주체에 대한 규정은 매우 중요한 논점이다.

국민은 한국에서 정치적 주체에 가장 흔히 붙여지는 이름이다. 이 명명에 담긴 의미 중 하나는 정치적 주체의 단일성이다. 그런데 왜 자유주의적 개인들이 단일체를 구성하는 걸까? 모든 공동체에 단일화의 성향이 잠재하는 것이 하나의 원인이다. 그 성향은 외부와의 경계가 명확한 공동체에서 더욱 강해진다. 대표적인 예가 가족이며, 국적을 기준으로 성립하는 국민도 그와 유사하다. 국민이 민족이라는 유기체적 상상물을 창안했던 것도 그러한 이유에서다.

국민이 민주주의적 결정의 주체인 것도 그들을 단일체로 만드는 한 원인이다. 결정해야 할 특정 사안에 대해 공적 영역의 참여자들은 서로 다른 의견을 제시할 수 있다. 그러나 결정은 오직 하나의 의견으로만 수렴된다. 예를 들어서, 선거에서 51퍼센트의 지지를 받은 후보가 당선되었을 때, 그의 선출은 100퍼센트의 결정으로 간주된다. 그 결정은 전체 의지의 산물인 것이다. 이런 결정을 도출하기 위해서는 정치적 주체가 단일체로 상정되어야만 한다.

개인의 자유를 실현하기 위해 공적 영역에 참여한 결과가 개인의 소멸이라니, 이상하지 않은가? 자유주의적 국민의 존재에는 그런 모순이 있다. 그렇다면 공적 영역에서 개인성은 유지될 수 없는 걸까? 당연히 그렇지는 않다. 참여하는 성원들이 개인인 것은 명백한 사실이기 때문이다. 자유주의적 주체에 부여되는 다른 이름, '정치적 시민'은 바로 그러한 개인적 존재를 가리키기 위한 것이다.[50] 공적 영역의 참여자들이 각자의 의견을 개진할 때, 그들은 시민으로 존재한다.

개인성을 견지하는 시민적 주체성은 자유주의의 이상에 국민보다 잘 부합한다. 하지만 시민은 언제나 동시에 국민이기도 하다. 루소는 공화국의 구성원들을 주권에 참여하는 개인이라는 뜻에서는 시민citoyen으로, 집합적으로는 국민nation으로 구분해서 명명했다.[51] 이는 자유민주주의의 정치적 주체가 국민과 시민 사이의 긴장관계에 놓여 있음을 뜻한다.

국적이 정치체의 내부와 외부를 명확히 구분하고, 지상至上의 정치적 정체성이 되는 체제에서는 정치체가 단일화의 성향을 강하게 가질 수밖에 없다.[52] 반면, 경계의 투과성이 높아져서 내부와 외부의 흐름이 자유로울 때 공동체는 단일체가 되기 어렵다. 또한 국가의 권력인 주권sovereignty이 지상의 권력이 아닌 것으로 여겨질 때, 주권자인 국민은 다른 다양한 공동체에서의 민주주의적 결정의 정체성들로 해체될 것이다. 결국 이는 국민국가가 해체될 때 가능한 일이다. 현존하는 자유민주주의적 정치체는 시민과 국민의 변증법을 피할 수 없다.

따라서 앞에서 제시된 자유민주주의적 투쟁의 눈물은 국민적 눈물인 동시에 시민적 눈물이다. 결정의 효율성을 강조한다면 국민적 계기가 선호될 것이다. 2016년 11월의 광장에서 외쳐진 '국민의 명령이다'라는 구호는 결정의 단호함을 드러내려는 의도를 담고 있다. 반면, 다양한 차이가 결정에 반영되기를 원한다면 시민적 계기가 강조될 것이다. 이는 결정을 지연시키거나 결정에 대한 저항을 정당화할 가능성도 있다.

정치적 시민 혹은 국민의 눈물도 신파가 될 수 있다. 시민과 국민 모두 가족에 은유될 수 있다는 뜻이다. 하지만 시민보다는 국민이 가족과 더 친화적이다. 혈연에 기반한 공동체인 가족은 유기적 단일체가 되려는 성향을 강하게 가지기 때문이다. 가족 성원들의 개성을 유난히 억압해온 한국에서는 더욱 그러하다. 그러니 시민의 정체성을 더 강하게 유지하기 위해서는, 정치적 은유를 담은 신파적 눈물은 피하는 것이 좋은 선택이다.

전두환 정권의 감옥에서 김대중은 자기 때문에 수감의 고통을 겪고 있는 아들로부터 편지를 받는다. 편지를 읽는 그의 눈에서 연민과 자책의 눈물이 떨어진다.[53] 그 신파적 눈물이 더 강력한 정치적 실천으로 그를 이끌었을 것이다. 하지만 정치적 투쟁의 과정에서는 신파적 눈물이 흐르지 않는다. 그가 법정에서 24인의 공동피고와 함께 흘린 눈물은 신파적이지 않았다. 「내 마음의 눈물」에서도 함께 자유의 눈물을 흘리는 이들을 '형제'가 아닌 '벗'으로 명명한다. 그는 시민성을 고수하고 싶었던 것 아닐까?

최근 한국인들이 흘렸던 정치적 눈물의 상당량은 노무현의 죽음에 따른 것이다. 많은 이가 부당한 국가폭력으로 그가 겪어야 했던 고통에 공감했다. 이는 광범위하고 강력한 정치적 저항의 동력이 됐다. 그 눈물은 개인성을 집단에 함몰시키며 흐르지 않았으니 시민적 정체성을 더 강하게 담지한다. 그래서인지 신파적이지도 않았다. 정치와 가족의 은유가 없었던 것이다. 그는 좋은 정치적 아버지나 형이 아니라, 좋은 정치인으로 여겨진다.

하지만 정치적 시민의 눈물은 언제나 동시에 국민의 눈물이다. 노무현 지지자들의 눈물도 마찬가지다. 단일체로서 국민은 개인을 신체의 일부처럼 여기는 경향이 있다. 부분은 전체의 목적에 따라야 한다. 이를 거스를 때 암종처럼 제거될 수도 있다. 이처럼 자유민주주의체제는 전체주의의 위협을 배태한다.[54] 그런 위험이 가장 두드러졌던 것은 파시즘 시대 박정희 지지자들의 눈물에서였을 것이다. 그 눈물이 가족적 국민의 눈물, 즉 국민적 신파였던 것을 기억하게 된다.

하지만 그것은 단지 그들만의 일탈이 아니다. 파시즘은 자유민주주의 자체에 내재한 속성의 발현이기 때문이다. 그것은 국민의 정체성이 공·사의 시민성을 압도할 때 언제라도 일어날 수 있는 일이다. 그러니 시민성을 잘 유지하는 것은 중요한 정치적 과제다. 하지만 공동체 없는 개인들만의 정치가 가능하겠는가. 따라서 근본적으로는 국민을 대체하는 정치적 공동체를 고안해야 한다. 국민국가를, 경계의 투과성이 높고 탈주권화된 다양한 정치체로 재편하는 것이 하나의 이론적 해답이다.

자유주의의 목적은 사적 자유의 실현이지만, 이를 위해 공적 실천 또한 요청된다. 신파적 눈물이 공적 실천을 추동해온 이유다. 시민 혹은 국민의 눈물은 때로는 신파로 흘렀다. 하지만 정치적 신파에 대한 거부도 있었고, 이는 종종 시민성을 견지하려는 의도의 결과였다. 이처럼 자유주의의 눈물은 공적으로도 흘러왔다. 그러나 주된 흐름은 역시 사적인 것이다. 이제 그 흐름으로 돌아가자.

시장과 링

1960년대부터 1990년대 중반 사이에 한국경제는 엄청난 속도로 성장했다. 한국경제 '영광의 30년'이라고 할 만한 시대였다.[55] 이 시대에 대중매체의 중심이었던 영화는 언제나 신파적 눈물에 젖어 있었다. 이 눈물의 흐름은 20세기 초반에 시작되었지만, 이 시기에 가장 강력하게 흘렀다. '영광의 30년'은 '고생의 30년'이었고, '눈물의 30년'이었다. 윤제균 연출의 영화 〈국제시장〉(2014)은 그 시대를 살아온 한 남성의 개인사를 다룬다.

덕수(황정민)는 1950년 흥남부두에서 아버지와 헤어져 미군 운송선에 실려 어머니와 함께 부산으로 온다. 그리고 수많은 한국인이 그랬던 것처럼 처절한 고생의 한 시대를 살게 된다. 일터에서는 근면성실, 가족에게는 희생적 존재인 그는 한국영화의 전성기에 등장했던 수많은 남성인물의 화신과도 같다. 사실 이 영화의 인물들 대부분이 그렇다. 어머니, 아내, 여동생, 남동생, 그리고 부재하는 아버지까지도 영화에서 수없이 보아왔던 형상이다. 영화 전체에 넘쳐나는 눈물도 마찬가지다.

흥남에서 아버지와 헤어지며, 휴전으로 막내를 다시 볼 수 없다는 생각에, 파독광부 지원을 결심하며, 광부 생활의 고통에, 동병상련의 간호사 영자와의 만남 속에서, 갱도에 갇혀 생사의 기로를 오가며, 귀국해서 가족과 상봉하며, 해양대 입학을 포기하고 베트남에 가기로 결정하며, 방송을 통해 막내와 재회하며, 인생을 회고하고 아버지를 생각하며, 그는 눈물을 흘린다. 언제나 가족의 위기와 매개된 신파적 눈물이다. 그는 호소한다. "산다는 게 참 힘이 듭니다." 그는 눈물의 힘으로 고생의 시대를 살아냈다.

1990년대 이후의 영화들에서 눈물은 주변적인 요소였다. 이는 가족이 중요한 소재로 등장하지 않게 된 것과도 궤를 같이한다. 따라서 〈국제시장〉의 신파적 눈물은 과거의 것이다. 이 영화의 부제 '아버지에 대한 송가'는 고생의 시대를 살았던 한국인에 대한 송가이기도 하다. 그렇다면 이는 그들이 보며 눈물 흘렸던 한국영화에 바쳐진 것이기도 하다. 그럼으로써 이 영화는 현실과 영화가 매개된 자유주의적 사적 영역의 역사가 된다.

흥남부두에서 미군의 배에 올랐던 피난민들은 첨예한 이념 대립의 시점에 자유주의를 선택했다. 자유를 간섭의 부재로 정의할 때, 그것의 구체적인 내용은 특정될 수 없다. 하지만 "돈은 사람이 발명한 것 중 가장 큰 자유의 수단"인 것,[56] 덕수 가족이 선택한 자유의 중심에는 자유로운 부의 추구가 있다. 새로운 삶의 터전이 국제'시장'인 것은 의미심장하다. 이 영화는 자유주의 세계의 경쟁 속에서 생존해온 한 남성의 눈물겨운 이야기인 것이다.

때문에 〈국제시장〉은 〈챔피언〉과 유사하다. 하지만 다른 점도 있다. 〈국제시장〉은 덕수가 맞닥뜨린 수많은 시장 외적 장애를 지적하지 않거나 웃음으로 무마한다. 반면, 〈챔피언〉은 한국 현대에서 자유주의의 궤적이 노정해온 균열을 적극적으로 드러낸다. 자유주의는 타인의 자유를 침해하지 않는 한계 내에서 자유를 허락한다. 자유와 방종은 구분되어야 하는 것이다. 그러나 사실 영광의 30년은 독재와 정경유착의 30년이기도 했다. 특권이 남용되고 협잡이 난무했던 방종의 시대였던 것이다.

〈챔피언〉은 복싱이 공평하다는 것에 만족한다. "팔이 세 개인 사람은 없"으니 말이다. 뭇매 맞는 일이 일어나지 않는다는 것만으로도 그는 충분했다. 이처럼 그에게 복싱은 부당한 간섭이 부재하는 영역이다. 영화 속 관장의 말처럼 "가진 거라곤 몸뚱이 하나밖에 없는" 이들에게 복싱은 노력을 정직하게 보상받을 수 있는 기회 중 하나였다. 그러므로 사각의 링에는 은유적 의미가 있다. 그것은 이상적인 자유주의적 시장의 표상이다.

복싱의 인기는 링 밖의 상황이 공정하지 않았음을 뜻한다. 〈챔피언〉은 고생의 시대에 자유주의가 제대로 작동하지 않았음을, 공정한 링에 대한 환상에 기대 기만적으로 작동했음을 드러낸다. 냉소적으로 말하자면, 자유주의의 원칙이 가장 선명하게 관철된 것은 개인적 성공의 추구가 좌절했을 때 누구도 도와줄 의무가 없다는 점에서였다. 〈챔피언〉의 눈물은 그런 상황을 자유주의적 이상으로 돌파하는 과정에서 흘러내린 것이다. 이는 순수한 자유주의의 눈물이며, 그는 자유주의의 영웅임이 분명하다.

1990년대에 접어들면서 고생의 시대는 막을 내렸다. 이제 한국인은 더 이상 가난하지 않다. 그래서인지 영화에서 눈물도 더 이상 그렇게 흘려지지 않는다. 고통의 절대량이 줄었기 때문이다. 자본주의의 고도화는 필사적 투쟁보다는 냉철한 책략을 요구하기 시작했다. 이 또한 눈물이 줄어든 이유였다. 1990년대는 정치경제적으로 자유주의가 재편, 강화되었던 시기다. 그와 함께 신파적 눈물로 대표되었던 자유주의적 감정의 흐름도 변화했다. 눈물보다는 냉정함을, 가족보다는 개인을 중시하는 다른 유형의 감정이 대두하고 있었다.

눈물의 신자유주의적 고갈

병두(조인성)는 가난한 집 출신이다. 병든 어머니와 철없는 두 동생이 있다. 그는 자신을 위해서나 가족을 위해서나 성공해야 한다. 그러나 그에게는 한 가지 성공의 가능성만 있을 뿐이다. 바로 주먹이다. 사랑하는 사람들까지 외면하는 일이지만, 포기할 수는 없다. 그는 최선을 다해 조직을 꾸려나가고, 결국은 살인까지 저지른다. 유하 연출의 영화 〈비열한 거리〉(2006)는 신파적 눈물을 유발할 만한 설정으로 가득하다. 예전의 한국영화라면 틀림없이 눈물범벅이 됐을 것이다.

하지만 병두는 울지 않는다. 그는 눈물 젖은 노력만으로는 부족하다고 생각하는 것 같다. 그는 세심하게 가족을 챙기고 치밀하게 사업을 관리한다. 살인도 합리적인 계산 끝에 내린 결정이다. 마음이 약해져서 친구에게 털어놓지만 않았다면, 그는 실패하지 않았을 것이다. 눈물은 경쟁에서 승리하는 데 도움이 되지 않는다. 합리성을 침식하고 유약함을 증거할 것이기 때문이다. 그도 고통스럽다. 하지만 눈물은 삼켜져야 한다.

1987년 민주화투쟁으로 민주주의만 쟁취된 것은 아니었다. 자유의 억압도 해소되기 시작했다. 정치경제적으로 개발독재체제의 점진적 종식과 함께 재벌을 중심으로 하는 시장의 자율성이 증대했다. 이는 '신자유주의neo liberalism'로 명명된 전 지구적 흐름에의 동참이기도 했다. 김영삼 정부는 '세계화'라는 이름으로 이를 추진했고, 1997년의 외환위기로 IMF(국제통화기금)로부터 정부가 구제금융을 지원받는 과정에서 급속한 신자유주의적 전환이 이루어졌다.

데이비드 하비David Harvey는 신자유주의를 "강력한 사적 소유권, 자유시장, 자유무역의 특징을 갖는 제도적 틀 내에서 개인의 열정적 자유 및 기능을 해방시킴으로써 인간 복지가 가장 잘 개선될 수 있다는 점을 제안하는 정치적, 경제적 실행에 관한 이론"으로 정의한다.[57] 요약하면, 시장원리의 강화된 적용이 인간 복리를 증진한다는 것으로, 자유주의의 고전적 원칙을 보다 강력하게 실현하자는 뜻이다. 1960년대 말부터 세계적 스태그플레이션 국면에 들어서면서 신자유주의적 해법이 수용되기 시작했다.[58]

신자유주의적 정부는 감세와 긴축재정, 시장규제 완화, 노조에 대한 공격 등을 추진했다.[59] 경제적으로는 금융시장의 규모와 범위가 확대되면서, 자산의 금융화가 전면적으로 추진되었다.[60] 한국에서는 IMF의 프로그램을 이행하는 과정에서 금융의 자유화, 재벌의 구조조정, 노동의 유연화를 중심으로 하는 신자유주의적 제도 변화가 급격히 이루어졌다.[61] 그리고 이를 정당화하는 개인 지상주의, 경제 지상주의 이데올로기도 팽배해졌다.

1980년대를 거치면서 대부분의 한국인은 절대빈곤으로부터 완전히 벗어났다. 더 이상 세끼 밥을 먹고 생명을 유지할 수 있을지 걱정하지 않게 됐다. 고통의 절대량이 줄었으니 눈물도 줄어드는 게 자연스러웠다. 새로운 밀레니엄을 맞아 BC카드사는 고객들에게 외치는 "부자 되세요!"를 광고의 주요 카피로 내보냈다. 신자유주의적 축복이 새로운 시대의 인사말로 선택된 것이다. 이는 빈곤에서 벗어난 한국인의 욕망이 향하는 곳을 보여준다. 이제 축적의 시간이 열렸다.

신자유주의를 특징짓는 금융자본의 축적은 자본주의의 순수한 동학을 전시한다. 돈이 돈을 버는 형국이기 때문이다. 그런데 그 축적의 욕망이 전적으로 능동적인 것은 아니었다. 축적하지 않으면 생존이 불가능하다고 느끼게 하는 상황에 떠밀린 결과이기도 했기 때문이다. 노동 유연화는 '투자'를 생존의 절박한 수단이 되도록 했고, 많은 이들이 영세 자영업으로 몰리게 되면서 사업가적 심성의 수용이 폭넓게 강제됐다. 부동산 폭등과 주식시장의 성장이 준 교훈도 가만히 앉아 있다가는 쪽박 차기 쉽다는 것 아니었던가.

이렇게 자의 반, 타의 반으로 한국인들은 신자유주의자가 됐다. 물론 근본적으로 변화한 것은 아니었다. '잘살아보세'가 '더 잘살아보세'로 바뀐 것이었으니 말이다. 하지만 태도는 달라질 필요가 있었다. 보다 정교하고 세련되어야 했다. 21세기에 한국인은 합리적으로 자신을 기획, 추진, 관리, 평가하는 존재가 됐다.[62] 합리성의 최종 원칙은 교환 가능성이다. 인생은 사업적 기획이 되었고, 모두가 사업가가 되었다. 그러므로 병두는 눈물을 삼킨 것이 아닐 수 있다. 애초에 눈물이 메말라 있는 상태였을 수도 있다.

지난 세기 많은 한국인이 신파적 눈물의 힘으로 자유주의적 세계에 투신했다. 그런데 그 눈물에는 저항도 항상 담겨 있었다. 자유주의적 고통에 따른 눈물이기도 했기 때문이다. 그 눈물이 가족의 것인 데에는 미약하나마 개인주의에 대한 거부도 담겨 있었다. 무엇보다도 눈물이란 자연적 경쟁의 자유주의적 교의를 제대로 수용하지 않았음의 표식이다. 사태를 정확히 파악하는 데에도, 투쟁에서 이기는 데에도 그리 도움이 되지 않기 때문이다.

그러니 어떤 이들에게는 자유주의가 냉정한 이성적 태도의 근거가 되기도 했다. 냉정함은 자유주의의 원리를 충실히 수용했음을, 그로 인한 고통에 더 이상 저항하지 않음을 뜻한다. 쉽게 냉정함을 유지할 수 있는 강자는 물론, 눈물을 삼키는 약자에게 있어서도 그러하다. 따라서 눈물의 감소는 절대빈곤에서 벗어났기 때문만은 아니었다. 이는 자유주의의 강화라는 시대적 맥락의 산물이기도 했다. 신자유주의에 대한 한국인들의 전면적 동의가 눈물을 마르게 한 또 하나의 이유였다.

개인주의의 대두와 가족주의의 변화

MBC TV 드라마 〈하얀 거탑〉(2007)은 그렇게 눈물이 메마른 인물을 그린다. 명인대학병원의 외과의사 장준혁(김명민)은 재능은 있지만 한미한 집안 출신이다. 그는 의사로 성공하기 위해서 누구보다 더 열심히 노력하는 것은 물론, 협잡도 서슴지 않고 저지른다. 끼니를 걱정해야 할 정도로 가난했던 그의 과거는 뭉클하다. 하지만 그것은 과거일 뿐이다. 대학병원의 외과 과장이 되어 미국산 대형 세단을 타고 강남의 대로들을 질주하는 그에게 이제 눈물은 없다.

눈물을 대체한 것은 고도의 긴장이다. 인내심, 끈기, 용기, 의지가 결합된 이 감정은, 주도면밀하게 계획하고 문제를 효율적으로 해결하는 합리성을 뒷받침한다. 이 모든 것은 성공에 대한 강력한 욕망에 의해 추동된다. 그런데 왜 성공해야 하는지는 의문시되지 않는다. 그는 시장경쟁을 영원히 변치 않을 원리로 여기는 것 같다. 그래서인지 준혁의 감정에는 떨림이 거의 없다. 경쟁의 진리담론이 중세적 무정함을 낳을 때, 자유주의의 해방적 힘도 고갈되는 것일까? 성공만을 쫓는 그의 모습이 마치 자동인형 같아 보인다.

병두와 달리 준혁에게는 가족도 중요치 않다. 고향의 노모가 조금씩 감정을 흔들긴 하지만 그저 순간일 따름이다. 준혁에게 신파적 감정은 그렇게 화석처럼 남겨져 있다. 그에게는 사랑도 없다. 결혼은 성공의 수단에 불과하다. 고급술집 마담과 만날 때에야 비로소 휴식을 취할 수 있지만, 그 또한 거래일 뿐이다. 그에게 유일하게 가치 있는 것은 자신의 성공이다. 가족도 필요 없는 개인주의자 준혁에게서 우리는 매우 극단적인 자유주의의 구현을 보게 된다.

가족적인 것의 약화는 1990년대부터 한국의 대중문화에서 두드러지게 나타난 현상이다. 당시 한국영화를 대표했던 로맨틱 코미디가 이를 잘 보여준다. 그 영화들은 한국영화에서 신파가 축소되는 흐름의 중심에 있었다. 세련되고 감각적인 미장센이 빈곤의 눈물을 몰아냈다면, '여성과 남성의 대결'이라는 로맨틱 코미디 특유의 주제는 가족주의를 약화시켰다. 가족적 의무와 희생이 개인적 권리와 욕망에 압도되는 양상을 보였던 것이다.

이처럼 자유주의를 내면화하는 과정에서 가족주의 또한 약화됐다. 한국에서 가족이 한편으로는 공적 영역을 침식해왔고, 다른 한편으로는 개인을 억압해온 것을 고려할 때 여기에는 긍정적 의미도 있었다.[63] 개성의 해방을 향한 능동적인 힘이 분명 작동했다. 사회보장제도의 강화가 가족의 경제적 부담을 줄였고, 시민운동의 증대가 공동체적 삶의 가능성을 넓힌 면도 있었다. 하지만 복지도, 시민 영역도 여전히 취약한 것이 사실이니 이들이 충분한 이유가 됐을 수는 없다. 사실 이 또한 사회경제적 조건에 의해 강제된 면이 있었다.

신자유주의적 노동 유연화에 따른 임금 저하와 고용 불안정도 가족주의 약화의 주요 원인이었던 것이다.[64] 남성 가장의 부양능력이 약화됨으로써, 성별 분업에 기초한 핵가족의 유용성이 실질적으로 줄어들기 시작했다.[65] 초혼연령 상승, 출산율 저하, 이혼의 증가 등은 이와 인과관계를 이루는 지표들이다.[66] 이런 강제들도 가족주의 약화의 주요 원인이었던 것으로 보인다. 그러니 가족주의의 약화는 약자들의 가족이 붕괴한 것의 결과이기도 했다.[67]

그래서 가족은 여전히 욕망된다. 단 부유한 가족이어야 한다. '흙수저'라는 표현은 '금수저'에 대한 동경을 담고 있지 않은가. 준혁의 애타는 노력도 결국 금수저를 물기 위해서다. 그러니 가족주의의 변화에도 주목해야 한다. 성원 간 감응의 윤리는 약화되고 타산적 이익의 추구가 부각된다. 그래서 사회적 '패밀리', 즉 '연줄'에 대한 추구도 여전하다. 지금도 한국인은 사회적 '형님'과 '동생'들을 왕성히 만들어내고 있다.

요컨대 피도 눈물도 없는 준혁의 감정은 혈연적 눈물의 신파와 무관치 않다. '가치화'와 '축적'이 최종의 원칙으로 작용하는 경쟁의 장에 뛰어든 개인의 감정인 점에서 같다. 하지만 이성적 책략을 중시하고, 개인의 이익을 앞세운다는 점에서는 다르다. 그것은 신자유주의 시대에 새롭게 부상한 감정을 예시한다. 삼켜지기도 전에 이미 메말라 있는 눈물이다. 90퍼센트의 감정과 10퍼센트의 이성을 가진 조선인은 더 이상 없다. 윤치호가 꿈꾸던 세상이 비로소 도래한 것일까?

발리와 헬조선 사이에서

SBS TV 드라마 〈발리에서 생긴 일〉(2004)은 재벌 2세 남녀 두 명, 가난하지만 전도유망한 남성 한 명, 아무것도 가진 것 없는 한 여성이 만들어내는 애정의 사각관계를 중심으로 한다. 이들이 만드는 위계에서 수정(하지원)은 가장 아래에 위치한다. 〈하얀 거탑〉의 준혁이 남성적 눈물의 고갈을 보여준다면, 수정은 여성적 눈물의 사정을 보여준다. 준혁이 신자유주의 시대 소부르주아적 심성의 예시라면, 수정은 프롤레타리아의 심정에 접근할 수 있는 통로다.

그에게는 재산도, 부모도, 특별한 재능도 없다. 멜로드라마의 가난한 여자 주인공이라면 당연히 가져야 할 순수함도 자존심도 없다. 그냥 좀 예쁘장할 뿐이고 약삭빠르게 그걸 이용하고 싶어한다. 수정도 조금은 눈물을 흘린다. 하지만 타인과 감응하며 흘리는 눈물은 아니다. 그의 눈물은 무산계급적 연대와 전혀 무관하며, 신파적 눈물이 유도하는 자유주의적 가부장제의 성역할과도 무관하다. 남성은 돈, 여성은 사랑이라는 공식은 더 이상 적용되지 않는다.

수정은 가난하지만 유능한 청년 인욱(소지섭)과 성격파탄의 재벌 2세 재민(조인성) 사이를 계속 오간다. 수정이 진정성을 가지고 성역할을 수행하지는 않지만 여전히 여성성은 중요하다. 그가 유일하게 좋은 가격에 팔 수 있는 것이기 때문이다. 가부장제 고유의 논리가 지배하던 영역들이 시장에 점차 잠식돼왔다. 수정이 네 인물의 위계에서 가장 낮은 곳에 놓인 것에 담긴 의미 중 하나는 여성성이 남성성보다 저렴한 상품이라는 것 아닐까? 여성과 남성의 현격한 임금격차가 이

를 입증한다.[68]

수정은 닥치는 대로 일하지만 가난은 그대로다.[69] 그는 일확천금을 열망한다. 축적의 욕망은 이제 모두의 것이다. 앙드레 고르André Gorz는 자본주의에 완전히 동화된 프롤레타리아로부터 혁명적 힘을 더 이상 기대할 수 없다고 판단했다.[70] 수정이 그런 프롤레타리아를 표상한다. 시장은 이제 우주적 원리가 됐다. 노조에 대한 광범위한 적대감은 다수의 한국인이 자본주의에 포획됐기 때문만은 아니다. 노동운동 자체가 이미 자본주의에 포획됐기 때문이기도 하다.

마르크스주의의 독자讀者인 인욱은 체제에 비판적이다. 하지만 그도 대안은 없다. 드라마 후반부에 그는 거액을 횡령해 발리로 도주한다. 수정은 그와 동행한다. 〈챔피언〉 속 링의 환상은 이렇게 발리의 환상으로 대체된다. 추적에 나선 재민은 발리의 한 방갈로에서 그들을 향해 총을 쏜다. 수정은 총에 맞아 쓰러지면서 재민에게 말한다. "사랑해요." 수정의 진심이 누구를 향했는지는 끝까지 밝혀지지 않는다.[71] 역시 수정은 순도 높은 신자유주의적 주체다.

인욱과 수정의 횡령, 도주 행각은 최근 한국 대중문화에서는 매우 익숙한 유형의 선택이다. 준혁은 협잡을 서슴지 않고, 병두는 살인도 마다치 않는다. 2000년대 한국인이 가장 사랑했던 영화 장르는 조폭물이다.[72] 한국영화의 역사에서 신파적 눈물의 고갈은 인물들의 윤리적 정당성 상실과 궤를 같이한다. 고생의 시대 깡패 주인공들이 대의를 위해 신파적 눈물을 흘리며 희생적으로 싸웠다면, 조폭물의 주인공들은 자신의 이익을 위해 피도 눈물도 없이 강탈과 협잡을 자행한다.

그들에게는 링에 대한 환상이 없기 때문이다. 사회주의적 변혁에 대한 희망이 없을 뿐만 아니라, 공정한 시장경제에 대한 믿음도 없는 것이다. 이는 신자유주의가 공정성 강화와 무관함을 알려준다. 사실 신자유주의는 공정성을 침해하고 약화시켜왔다. 이를 설명하기 위해, 먼저 시장이란 결코 순수한 경제의 영역이 아님을 분명히 해둘 필요가 있다. 부의 획득을 위해 인간은 언제나 교환보다 강탈을 선호한다. 자연적 시장의 조화로운 체계 따위는 결코 존재하지 않는다.[73]

사회에서 폭력을 몰수해 국가에 집약할 때 시장이 성립한다. 시장의 유지를 위해서는 유일하고 강력한 폭력장치로서 국가가 있어야만 한다. 그렇다면 국가의 신자유주의적 축소는 어떤 효과를 냈을까? 2012년 현대자동차사 하청업체의 파업 진압에 투입된 민간 군사기업 '컨택터스'는 의미심장한 신자유주의적 현상이다.[74] 폭력장치로서 국가의 기능이 상품화한 것이다. 이는 권력이 시장으로 넘어갔음을 '직설'한다. 국가에 집약되었던 폭력이 국가가 약화되면서 시장으로 회수된 것이다.

그 결과 시장은 이전보다 더 폭력적인 영역이 되었다. '갑질'은 정확히 시장 외적 권력이 작용하는 양상의 하나다. 거래가 등가교환에 입각해 이루어지지 않을 때 사용하는 단어인 것이다. 사적 권력이 증대하면서 정경유착도 민영화된다. 부패는 원래 부당한 공권력의 부산물이었지만, 이제 사적 영역에서의 부패도 심각한 문제다.[75] 시장 참여자는 선택의 기로에 놓인다. 공정한 교환 행위에 정진할 것인가? 아니면 강탈과 사기에 편승할 것인가?

병두와 준혁의 타락에는 이런 신자유주의적 맥락이 있다. 이는 신자유주의가 실질적으로는 자유주의를 훼손하는, 자기파괴적 자유주의임을 증명한다. 공적 권력은 약화됐지만, 사적 권력은 증폭됐다. 권력이 커지면 자유는 줄어들 수밖에 없는 법이다. 사회 전체에 작동하는 권력의 총량은 그동안 더 늘어난 것 아닐까? 시장폭력의 시대에 한국인은 국가폭력의 시대보다 과연 자유로운가? 국가의 축소와 시장원리의 전면화가 시장을 더 부자유하게 만들고 있는 것은 분명해 보인다.

때문에 예전에는 반칙이었던 것이 더 이상 반칙이 아닌 상황이 펼쳐지고 있다. 이는 마치 이종격투기 경기장의 모습과도 유사해 보인다. 그러나 링과 달리 이는 환상의 무대가 아니다. 오르자마자 만신창이가 되고 말 것 같은 경기장에 누가 쉽게 환상을 가질 수 있겠는가? 그것은 단지 피할 수 없는 현실일 뿐이다. 옥타곤에서 연전연승하면 발리에 갈 수도 있다. 하지만 발리는 너무 멀고 옥타곤의 현실을 벗어나는 것도 불가능하게 느껴질 때, 우리는 악귀가 되고 세계는 지옥이 된다.

발리의 비극적 결말이 대중서사로는 특이해 보일 수도 있다. 하지만 〈하얀 거탑〉과 〈비열한 거리〉도 주인공의 죽음으로 끝난다. 21세기 영화에서 부쩍 늘어난 자연주의적 패배의 결말은 '고생의 시대' 해피엔딩과 대조된다. 발리의 환상이 축적의 탐욕 때문만은 아님을 간과하지 않아야 한다. 발리에 이르지 못하면 생존이 불가능하다고 느끼게 하는 조건이 있다. 양극화가 중산층의 '단란한 가정'을 꿈꾸기 어렵게 하는 것이다.[76] 그러니 링의 환상을 실제로 대체한 것은 발리의 환상이 아니라, 절망, 냉소, 회의 그리고 타락이다.

무한경쟁의 진화론적 지옥으로 가는 경로에서 타인을 돌아볼 여유는 없어졌다. 신파적 눈물이 그나마 가능케 했던 타인과의 감응마저 위축됐다. 자신의 이익을 추구하고, 타인의 이익을 저지하기 위한 투쟁에서 타인은 '적'일 뿐이다. 모든 문제가 사적으로만 해결될 수 있다는 생각이 팽배해졌다. 정치적 신파가 제공했던 왜곡된 공공성마저 상실한 것 아닐까? 이렇게 우리는 옥타곤에 유폐되어 있다. 심하게 긴장한 메마른 눈물샘은 '헬조선'을 저류하는 감정의 주된 표상이다.

세월호의 눈물

이러한 상황 속에서 한국인은 2014년 4월의 비극에 맞닥뜨렸다. 참으로 많은 눈물이 흘렀다. 무엇보다도 유가족들의 눈물이 마를 날이 없었다. 희생자들에 대한 연민, 자신에 대한 책망과 연민, 이를 초래한 사회와 국가에 대한 원망이 담겼다는 점에서 신파적인 눈물이었다. 이 사적 눈물은 공적 실천을 추동했다. 안전보장이라는 국가의 기본 임무에 대한 점검, 비판, 개선이 요청되었다는 점에서 자유주의적인 실천이었다.

많은 이가 공감의 눈물을 흘렸다. 타인에 대한 공감이 적대와 무관심을 대체할 때 공적 영역이 열린다. 함께 흘린 눈물은 같은 비극이 자신에게도 일어날 수 있다는 사실을 자각하게 했고, 유가족들의 정치적 실천에 동참하게 만들었다. 신파적 눈물이 시민들의 정치적 연대의 기초가 된 것이다. 아이들을 지키지 못한 국민이라 괴로워하며 눈물 흘릴 때에는 정치 가족의 은유도 작동했다. 하지만 대체로는 사회가 개인에 초래한 비극이라는 점에 초점이 맞춰졌다.

자유주의는 기본적으로는 개인주의이지만 타인에 대한 배려를 필수적 요소로 포함한다. 자유주의의 산물로서 신파적 눈물은 타인에 대한 경쟁적 적대를 기본적 성격으로 갖지만, 그 태도로만 일관한다면 무정부적 상태가 초래되고 말 것이다. 경쟁적 적대는 타인의 자유를 훼손하지 않는 범위 내에서만 허락되어야 한다. 타인의 자유가 나의 자유의 조건인 것이다. 이는 타인도 나와 같은 존재라는 사실을 인정하는 데 기초한다.

세월호의 비극에 공감하며 흘렸던 눈물은 그런 태도를 담고 있었다. 이는 그 눈물을 익숙한 정치적 신파와 다르게 만드는 지점이었다. 정치적 신파는 공적 가치의 정당성을 주로 가족의 은유를 통해서 확보해왔다. 다른 가족과 함께 거대한 정치적 가족을 구성함으로써 그들과 연대할 수 있었던 것이다. 이는 타인을 타인으로 인정하는 전제에서의 연대가 아니라, 그들과 동일성을 상상하는 방식으로 연대했음을 의미한다. 그러니 엄밀한 의미에서의 연대는 아니었다.

자유주의가 추구하는 보편적 자연권은 공적인 연대로써만 실현될 수 있다. 고전적 자유주의는 공적 연대의 수단인 국가를 축소하고 시장을 방임함으로써 다수의 자유를 훼손하는 결과를 낳았다. 반면에 20세기의 자유주의자들은 이를 비판하며 보편적 자유의 증진을 위해 공적 영역의 강화를 추진했다.[77] 하지만 한국인에게는 그런 경험이 없다. 근대 한국인의 심성을 사로잡았던 사회진화론은 경쟁논리에만 사로잡힌 극단적이고 왜곡된 자유주의였기 때문이다.

이는 한국인으로 하여금 연대의 경험을 결여하게 했다. 가족적, 민족적 감응이란 결국 집단으로 확장된 자신과의 감응에 불과했다. 정치 가족적 은유의 남발은 한국인이 사적인 것을 경유해서만 공공성을 이해할 수 있었음을 뜻한다. 공공성에 대한 이런 맹목이 결국 파시즘적 자유의 압살을 초래했다. 그리고 파시즘 이후 한국인이 만난 것은 자유방임적 신자유주의였다. 이번에는 개인주의적 경쟁이 연대를 어렵게 만들기 시작했다.

그런데 세월호의 눈물이 신자유주의적 경쟁의 세계에 유폐돼왔던 한국인을 광장으로 불러냈다. 이는 자유주의적 연대의 가치를 광범위하게 환기했고, 결국 2016년 말에 시작된 정치적 전환의 원동력이 됐다. 부패하고 무능한 정권에 대한 탄핵의 과정에서, 적극적 자유의 보편적인 증진을 위한 국가의 역할이 포괄적으로 요청됐던 것이다. 신자유주의가 초래한 자유의 위기를 자유주의적 방식으로 극복할 것이 요청되고 실현되는 순간이었다.

자유주의 너머

함께 흘렸던 시민들의 눈물은 참으로 소중하다. 그와 함께 제기된 신자유주의의 수정이 꼭 성취되어야 할 과제인 것도 분명하다. 한국사회는 중요한 전환의 순간에 놓여 있으며, 개선을 향한 힘든 발걸음을 디뎌가고 있다. 하지만 그 행보가 좀 더 급진적이지 못한 점에는 아쉬움이 있다. 그것은 자유주의의 근본적 한계와 관련된 것이다. 자유주의가 유력한 현실적 방책이지만 한계를 따져볼 필요는 있다. 이를 간단히 검토함으로써 자유주의와 눈물에 관한 논의를 마무리하자.

한계는 자유주의가 대체로 공유해온 두 가지 주요 전제로 인해 노정된다. 하나는 인간 존재의 단위를 개인으로 규정하는 것이고, 다른 하나는 이익의 추구를 자유의 핵심 내용으로 여기는 것이다. 공존의 정치로서 자유주의의 가능성은 존 롤스John Rawls가 성공적으로 제시한 바 있다.[78] 그는 모든 개인은 자기 상태의 유불리를 전혀 알지 못한다는 전제를 가지고서, 즉 '무지의 베일'을 쓰고서 사회계약에 참여할 것을 제언했다.[79] 이는 약자들에게 유리한 조건을 창출함으로써 개인들의 정의로운 공존을 가능케 할 것이다.

그런데 롤스에게도 자유주의의 두 전제는 여전히 공유된다. 그의 정의로운 계약은 "자신의 이익을 증진시키려는 합리적 개인"들에 의해서 체결되는 것이기 때문이다.[80] 그에게도 사회의 기본 단위는 개인이고, 인간은 이익을 추구하는 존재인 것이다. 이는 그의 이상적인 기획을 훼손하는 근원적 한계가 될 수 있다. 아렌트의 자유 개념을 참조할 때 이는 분명히 드러난다. 아렌트는 자유freedom의 조건으로 두 가지를 제시했다. 하나는 "생명의 필요로부터 자신을 해방liberation"시키는 것이고, 다른 하나는 "동일한 상태에 있는 타자와의 동석"이다.[81]

이익의 추구는 생존을 위한 노력의 일환이다. 생명체로서는 필연적인 것이지만, 바로 그 점이 자유를 불허한다. 개인주의도 자유와 충돌한다. 인간은 자기 안에 갇힐 수도 있기 때문이다.[82] 타인과의 만남을 통해 다른 존재가 될 수 있을 때 인간은 진정으로 자유로울 수 있다. 개인적 이익의 추구가 자유의 주요한 선택지 중 하나임은 자명하다.

하지만 개인적 이익을 충족하는 것만으로 인간은 충분히 자유로울 수 없다.

롤스의 기획이 실현되더라도, 즉 성공적인 자유주의사회에서도 우리는 이기적 개인에 여전히 갇혀 있어야 한다. 개인이 가족으로 대체되어도 별 차이는 없다. 자유주의의 연대는 그 고통이 자신에게 닥칠 수도 있음을 자각하는 방식으로만 작동한다. 그러니 신파적 공감의 눈물도 근본적인 대안이 될 수 없다. 그것이 정치적 시민의 연대에 기초가 될 때에도, 그 최종적 근거는 우리 가족에게 닥칠지도 모르는 자유의 제한에 대한 공포라는 점에서, 자유주의의 한계 내에 있기 때문이다.

이제 최초의 질문에 다시 대답해보자. 〈챔피언〉은 자유주의의 영웅일까, 희생자일까? 그는 공평하게 경쟁할 수 있는 링과 같은 세상을 꿈꾸었다. 하지만 그가 링 안에서 과연 자유로웠을지는 의문이다. 링에 갇히고, 이기적 개인에 갇힌 〈챔피언〉은 희생자이기도 한 것 아닐까? 몰래 흘렸던 그의 눈물도, 약혼녀의 눈물도, 역시 근본적으로 자유롭지는 않다. 그러므로 자유주의를 넘어서는 새로운 정치의 구상이 필요하다. 그리고 새로운 감정도 필요하다.

나오며

새로운 감정, 새로운 정치

눈물의 시대

〈국제시장〉은 아버지 세대에 관한 영화다. 그들은 눈물로 한 시대를 살아온 세대다. 그 사실을 다음 세대는 잘 알고 있다. 하지만 그들은 부모들처럼 눈물을 흘리지는 않는다. tvN의 드라마 〈응답하라 1988〉(2015)은 40대 시청자들의 눈물을 쏙 빼내며 인기리에 방영됐다. 그런데 그들의 눈물은 어린 시절에 대한 그리움으로 인해 흐른 것이 아니다. 그들은 어머니, 아버지의 고생을 보면서 울었다. 1970년을 전후해서 태어난 주인공들의 세대에는 대체로 그다지 눈물겨운 사연이 없다.

세계를 바라볼 때 우리는 세계의 여러 국면에 선택적으로 초점을 맞출 수 있다. 예컨대, 근간이 되는 제도, 주요한 사건들, 인간 정신 등의 국면들에 각각 주목할 수 있는 것이다. 그런데 인간 정신에 초점을 맞추는 경우, 대체로 지성에만 관심이 쏠려서 감정은 무시하는 경향이 있다. 만약 감정에 초점을 맞추고 20세기 한국을 바라본다면 거대한 눈물의 흐름을 만나게 될 것이다.

그것은 대체로 가족적 위기가 산출한 눈물이었다. 위기의 고통을 호소하는 동시에 극복의 실천을 추동하는 그 가족주의적 눈물의 흐름을 나는 신파로 명명했다. 이는 20세기 초 신소설과 신파극에서부터 흐르기 시작했고, 문학을 중심으로 했던 식민지 문화 장의 주요한 감정적 흐름이 됐다. 해방과 전쟁을 거치며 그 흐름은 더욱 강해져서, 1960~80년대의 대중문화를 넘쳐흐른 뒤, 20세기 말이 되어서야 점차 잦아들기 시작했다.

눈물은 대체로 특정한 배치 속에서 흐른다. 가부장제에서 최초로 발원한 눈물은, 시장 내 경쟁의 과정에서 흘러내리고, 자유를 보장하는 국가를 위해 흐르며 자유주의 신파가 되었다. 훼손과 상실의 경험과 함께 탄생한 민족과 결합해서는 민족주의 신파로 흘렀고, 초강력 민족주의의 감정으로 포획되어 전체주의적 독재를 정당화하는 파시즘적 신파가 되기도 했다. 그리고 이 모든 현 상태를 지양하고 새로운 사회주의 세계의 건설을 추구하는 사회주의 기획의 감정적 동력이 되기도 했다.

그러므로 신파는 정치적으로 부추겨진 것이었다. 그래서 원래의 목적을 잃어버리기도 했다. 과도하게 촉진되거나 잘못 정향된 눈물은 도리어 삶의 상태를 악화시킨다. 신파적 눈물이 박정희 향수를 부추겼던 것이나, 북한의 압제를 정당화해온 것이 그 예다. 하지만 눈물이 정치화되는 것, 감정의 정치 자체가 문제는 아니다. 오히려 감정을 배제하는 정치의 적실성을 의심해야 한다. 감정은 인간 존재의 기초이기 때문이다. 눈물 없는 정치란 상상할 수 없다. 단지 과도했던 것이 문제였을 뿐이다.

눈물은 포획되어 정치적 배치의 동력이 되었지만, 또한 언제나 그 배치를 허무는 변화의 동력이기도 했다. 경계를 넘나들고, 저류하며, 스며드는 눈물의 위상은 포획이 작동하는 층위보다 본원적이다. 정치를 비롯한 사회의 배치는 대중의 감정들이 이루는 바다 위에 떠 있는 흠뻑 젖은 구조물과도 같았다. 그러므로 눈물은 정치적으로 부추겨지기 이전에 이미 강하게 흐르고 있었다. 눈물이 그러한 정치를 요청하기도 했고, 눈물이 그 정치를 허무는 해방의 흐름으로 흐르기도 했다.

그러므로 이제 대중문화의 장을 흠뻑 적시고 실제의 삶으로 넘쳐흘렀던 그 눈물을 무기력한 인종의 눈물로 폄하하지 않아야 한다. 통속적이고 부박한 다수의 감정이 세계를 만드는 역사의 동력임을, 해방과 건설의 역능임을 인정해야 한다. 인간은 생존을 유지하고 상태를 증진하고자 하는 성향을 가지며, 눈물은 그것의 한 양상이다. 그러므로 그 눈물의 흐름을 성찰하되 존중해야 한다. 그 시대를 살았던 한국인에 대해서도 마찬가지다. 때로 잘못 정향되어 목적을 상실하기도 했지만, 생에 대한 열정 자체가 비웃음의 대상이 될 수는 없기 때문이다.

한국인의 눈물?

지난 세기 한국인은 왜 그렇게 눈물을 흘렸던 것일까? 대체로 가족의 위기가 초래하는 성별화된 눈물이니, 일단 강고한 가부장제에서 원인을 찾게 한다. 하지만 이는 부분적 대답일 뿐이다. 그 위기는 언제나 다른 사회적 배치와 긴밀하게 접속되어 있었기 때문이다. 저개발로 인한 빈곤, 봉건제에서 자본제로 이어진 구조적 착취, 식민 지배에서 군사독재로 이어진 국가폭력의 억압, 전쟁으로 인한 생명의 극단적 위협 등이 고통을 초래하는 요인들이었다.

하지만 이런 객관적 요인들만으로는 충분치 않다. 이 상황들이 필연적으로 눈물을 유발하는 것은 아니기 때문이다. 눈물을 쏟아내게 하는 고통의 절대적 기준 같은 것은 없다. 그러므로 한국인은 확실히 주관적으로 많은 눈물을 흘리려고 했다. 상황을 위기로 느끼고, 고통에 예민하게 반응하는 성향이 있었던 것이다. 〈응답하라 1988〉의 40대 시청자들이 부모 세대보다 적게 우는 것은 상황이 좋아졌기 때문만은 아니다. 부모 세대에 비해 눈물을 적게 흘리는 성향을 가지기 때문이기도 하다.

그렇다면 지난 세기의 한국인은 왜 그런 성향을 가지게 된 것일까? 근대 특유의 사회적 배치, 특히 일상적 삶에 가장 강력하게 작동했던 배치가 주된 요인이다. 바로 사적 영역을 위한 정치인 자유주의다. 봉건적 억압으로부터의 해방과 함께 거대한 열정이 창출되었고 눈물이 터져 나왔다. 이는 개인의 층위에서는 생존과 성공의 열정이, 집단의 층위에서는 혁명의 열정이 되었다. 혁명이란 결국 존재의 상태를 급진적으로 증진코자 하는 집단적인 정치적 행위인 것이다.

자유주의적으로 해방된 그 열정이 자유주의혁명만을 점화했던 것은 아니었다. 민주주의, 민족주의, 사회주의의 혁명뿐만 아니라 파시즘의 반혁명까지도 개인과 대중의 잠재력을 해방시킨 자유주의의 배치에 빚지고 있었다. 자유주의가 해방시킨 눈물의 열정에 기초했던 것이다. 그 열정은 혁명적으로 증폭되었고, 다양한 혁명적 열정은 서로 교차하며 지난 세기의 거대한 열정, 거대한 정치적 신파의 흐름을 산출했다.

그러나 이 또한 충분한 대답은 아니다. 한국에서의 눈물의 흐름을 살펴보는 중에 제기하지 않았던 중요한 질문이 있다. 눈물은 보편적 현상이다. 한반도가 아닌 지역들에서의 집단적 감정과 비교하면 어떠한 유사성과 차이가 드러날 것인가? 한국의 20세기가 눈물의 시대였던 것은 지역적으로 특수한 것인지, 만약 그렇다면 그 이유는 무엇인지 질문하지 않을 수 없다.

이에 대답하려면 민족적 단위의 비교가 이루어져야 한다. 물론 눈물이 민족의 경계 내에서만 흐르는 건 아니다. 하지만 민족은 근대의 가장 규정적인 정치공동체로서 실체를 가진다. 특히 20세기 한국에서 민족은 눈물의 흐름에 가장 강력한 영향을 행사했으니, 그 결과로 형성된 신파적 흐름은 분명 민족적이라 할 수 있다. 이를 유사한 역사적 경험을 가지는 다른 민족의 감정과 비교해볼 수 있다. 예컨대, 베트남에서는 신파와 유사한 감정을 발견할 수 있는가?

식민 지배와 피지배의 경험을 하나의 기준으로 삼아서 여러 지역을 비교하는 것은 대중감정에서의 유사성과 차이를 맥락화할 수 있는 하나의 방법이다. 식민지 침탈의 시대 동안 중국인, 일본인, 태국인, 베트남인이 각각 겪었던 상이한 역사적 경험은 민족적인 감정의 형성에도 영향을 미치지 않았을까? 이를 살펴봄으로써 '동아시아에서의 감정의 흐름'과 같은 확장된 범위의 논제를 탐구할 수 있다. 지난 세기 멜로드라마 영화의 지역별 경향을 상호 비교하는 것은 하나의 적절한 접근법이 될 수 있을 것이다.

이런 비교문화적 조사가 이루어지지 않고서는, 지난 세기 한국인의 눈물을 아주 엄밀하게 해명하는 것은 불가능하다. 여러 지역의 역사적 조건과 감정의 양상들을 충실하게 조사하고 비교함으로써만, 20세기의 한국인이 어떻게 그토록 강력한 열정을 드러낼 수 있었는지 제대로 설명할 수 있다. 또한 이를 통해서만 지난 세기 한국인의 눈물에 관한 논의가 근대적 감정에 대한 보편적 통찰을 담을 수 있기도 하다. 이 책이 그러한 비교연구를 위한 하나의 자료로 쓰일 수 있기를 기대한다.

신파적 눈물을 넘어서

이제 신파적 눈물의 시대는 끝났다. 최근의 대중문화는 성공강박증의 메마른 긴장감을 주로 재현해왔다. 하지만 생존을 위한 이기적 감정이라는 점에서 둘은 같다. 실천력을 극대화하는 효과가 있지만, 존재의 상태를 악화시킬 수 있다는 점에서도 같다. 눈물의 시대는 갔지만 그를 적절하게 대체할 감정적 배치는 등장하지 않았다. 새로운 감정은 어때야 하는 것일까? 이를 모색해야 한다.

신파적 눈물이나 성공강박의 긴장감은 모두 다른 주체들에 대한 경쟁적 적대감을 수반한다. 시기, 혐오, 분노 등이 이와 친연적인 감정의 조합이다. 이기적 경쟁이 불가피한 인간관계의 유형인 것은 사실이다. 하지만 그것을 제어, 보완, 지양하는 공공성 또한 불가피하다. 새로운 감정의 배치는 이를 중요하게 포함해야 한다. tvN의 드라마 〈비밀의 숲〉(2017)은 이에 대한 견해를 명확히 제시한다는 점에서 주목된다.

이는 새로운 정치적 감정에 대한 최근의 대중적 모색을 반영한다. 법과 공공성을 핵심 주제로 하고 감정을 보조적 주제로 다루는 이 드라마가 제시하는 견해의 핵심에는, 감정에 휘둘리지 않는 법적 원칙의 실현에 대한 요청이 있다. 황시목(조승우) 검사는 어린 시절 성격장애를 치료하기 위한 뇌수술의 후유증으로 감정을 잃고 살아간다. 그런데 그것이야말로 그가 공평무사한 법의 집행자가 될 수 있는 이유다. 그의 무감정은 공공성을 잠식해온 낡은 감정들과 대결한다.

한편으로 이는 성공강박증의 긴장감과 충돌한다. 성공을 위해 재벌 2세와 결혼한 타락한 검사(유재명)의 감정이 바로 그것이다. 재벌그룹의 총수(이경영) 역시 그러한 감정의 주체다. 다른 한편으로는 신파적 눈물이 충돌해 온다. 문제의 살인은 가족의 복수를 위한 것이기 때문이다. 물론 사회의 타락이 그 살인의 근본적 동기인 면도 있다. 하지만 신파적 눈물 자체로는 결코 '적폐'를 청산할 수 없음을 이 드라마는 역설한다.

이는 세월호의 비극으로 인해 흘려졌던 눈물들을 떠올리게 한다.

그것은 신파적 눈물이었지만, 지난 세기 동안 수없이 흘려졌던 정치적 신파와는 다른 점이 있었다. 첫째, 그것은 다른 가족의 고통에 공감하는 눈물이었다. 이는 신파적 눈물이 대체로 추동해왔던 실천의 방향과는 다른 쪽, 적대가 아닌 연대를 향했던 것이다. 둘째, 그 눈물이 바로 정치적 감정으로 이어지지 않았던 점도 달랐다. 세월호의 눈물이 중요한 동력으로 작용했던 2016년 광장의 상황을 떠올려보자.

당시 많은 이는 광장에서의 비폭력에 주목했다. 그런데 그곳에서 절제된 것은 폭력만이 아니었다. 감정 또한 절제되고 있었던 것이다. 눈물의 연대가 실천의 동력이었지만, 공적 장에서 그것은 단호한 요청으로 표현되었다. 광장에는 정치적 가족도, 함께 흘리는 거대한 눈물의 흐름도 없었다. 그러니 그 광장은 오랜 눈물의 정치가 청산되는 현장이기도 했다. 그리고 이는 〈비밀의 숲〉의 법 집행자가 보여주는 무감정의 상태에 공명한다.

그렇다면 공적 영역에서 감정은 완전히 배제돼야 하는 걸까? 그럴 수는 없다. 감정은 이성에 포개 넣어져 있는 것이며, 엄밀히는 이성도 감정의 한 양태이기 때문이다. 그렇다면 배제되어야 하는 것은 개인적 이기심을 위한 책략적 이성에 투여되는 감정일 것이다. 그 대신에 요청되는 것은 공정한 원칙의 단호한 실현에 대한 의지다. 〈비밀의 숲〉은 타인의 고통에 함께 눈물 흘리는 인물도 등장시킨다. 시목과 협업하는 한여진(배두나) 경위다. 하지만 그 역시 집단주의적 정실은 단호히 거부한다.

이처럼 〈비밀의 숲〉은 이기적 적대를 지양하는 공공성의 필요성을 역설한다. 사적인 이기심을 최대한 억제하는 것, 공적 원칙의 실현에 대한 강력한 의지가 〈비밀의 숲〉이 제시하는 정치적 감정에 대한 대중의 관점이다. 대중의 관점을 확인했으니 이제는 눈물 비평이 대답을 내놓아야 할 차례인 것 같다. 새로운 정치와 새로운 감정에 대한 모색과 구상을 시론적으로나마 개진함으로써 눈물에 관한 논의를 마무리하고자 한다.

새로운 정치

신자유주의적 폐해의 극복을 위해 한국인은 대체로 국가를 통한 강화된 공공성의 실현을 추구하고 있는 것 같다. 이는 시장의 공정성 확립과 복지의 강화로 요약된다. 각각은 기회와 결과에서의 불평등 완화를 겨냥하며, 이를 통한 생산적인 시장의 구축과 국민경제의 지속적 성장을 목표로 한다. 〈비밀의 숲〉도 이런 사회에 부합하는 공적 감정을 제시했던 것으로 보인다.

이처럼 사회주의적으로 보완된 자유주의는 20세기의 사회민주주의 국가들에서 이미 실현된 바 있다. 하지만 축적의 위기로 인해 신자유주의적으로 폐기됐던 것이기도 하다. 따라서 지금 한국인이 세우고 있는 목표는 생산성의 특출한 증진을 필요로 하는, 결코 쉽지 않은 과제다. 만약 성장을 포기하면 다른 길이 열릴 수 있을지도 모른다. 하지만 한국인에게 경제성장은 마치 신탁神託과 같은 것 아닌가. 결국 한 번 더 어려운 국민적 과제에 도전하는 것이 선택되는 듯하다.

이는 근본적 변화는 없을 것이라는 뜻이다. 생산성 증대를 위해서는 계속 치열하게 경쟁해야 한다. 그렇다면 공적 영역에서 냉정하게 엄격한 원칙의 집행이 이루어진다 하더라도, 사적 영역에서는 여전히 신파적 눈물과 메마른 긴장이 주요한 감정일 수밖에 없지 않을까? 공정하고 부강한 국민경제는 도전할 만한 가치가 있는 현실적 목표다. 하지만 근본적인 변화도 꿈꿀 수 있어야 한다. 경쟁보다 협동을 통한 풍요를 추구하고, 자율적인 개성들의 공동체적 향유를 지향하는 세계가 더 좋지 않을까?

이를 위해서는 새로운 주체성의 고안이 필요하다. 개인과 공동체가 새롭게 규정돼야 한다. 개인은 특이한singular 존재이지만, 그것이 통일성, 불변성, 고립성 등으로 혼동되지는 않아야 한다. 개인은 다양한 공동체 속 여러 "주체 위치들의 교차점"과도 같은 것으로 규정되어야 한다.[1] 그는 다원적이며, 변화하는, 관계 속의 존재다. 개인은 '공동체들의 결정'과 관계됨으로써 정치적 존재가 되며, 결정들에 '평등하게 참여'함으로써 민주주의를 실현한다. 이처럼 개인과 공동체가 교차하는 지점에서 주체성이 규정될 때, 개인과 공동체, 공과 사의 이분법을 해체하는 새로운 배치가 가능해질 것이다.

그러면 공동체는 어떠해야 할까? 첫째, 다양해야 한다. 개인이 많은 공동체에 소속되는 것이 개인적 다원성의 조건이다. 둘째, 공동체들 사이의 위계가 해체되어야 한다. 그럴 때 권력이 분산된다. 셋째, 공동체는 단일체가 되지 않아야 한다. 성원들의 개인성을 보장해야 하는 것이다. 넷째, 공동체는 탈중심화되어야 한다. 다섯째, 공동체는 개방적이어야 한다. 외부와 내부를 뚜렷이 구분하는 닫힌 공동체는 피해야 한다. 그럴 때 경쟁이나 적대와는 다른 유형의 공동체 간 관계가

가능해진다.[2]

이러한 공동체에 참여할 때 인간은 생존의 추구에서 고양된 삶의 향유에 이르는 다양한 조합의 삶을 실현할 수 있을 것이다. 이는 국가, 시민사회, 시장, 가족 그리고 가부장제를 대체하는 새로운 배치들을 가능케 하는 조건 또한 될 수 있을 것이다. 새로운 공동체들이 시장의 주요 행위자가 될 때, 시장의 결정은 민주화되고, 자본의 개별적 축적은 공익의 실현으로 대체되며, 경쟁보다는 협동에 기반한 생산이 이루어질 수 있다. 특권화된 정치적 주체인 국민이 해체되고, 주권은 다른 공동체들에게 분산·해소되며, 시민권이 보편적 인권으로 대체되면, 국가의 소멸에까지도 이를 수 있다.[3]

물론 국민국가의 해체는 전 지구적 질서의 변화를 통해서만 가능한, 몹시 어려운 문제다. 하지만 외국인에게 국민의 권리를 실질적으로 부여하기 위한 방법들은 당장이라도 고안할 수 있다.[4] 전 지구적 자본주의체제에서 시장을 급진적으로 공공화하는 것도 위험한 선택으로 보일 수 있다. 하지만 사회적 기업, 협동조합 등의 비중을 크게 늘리는 것은 지금 상황에서도 얼마든지 가능하다. 모든 역사의 진보는 불가능해 보이는 것을 추구한 결과임을 잊지 않아야 한다.

최근 한반도의 지정학은 국민, 보다 정확히는 민족이 가장 유력한 정치공동체임을 역설하는 듯하다. 미국 보편주의의 약화, 중국의 부상, 일본의 재무장 등과 함께 주변 강국들의 압박은 더 강해지고 정세는 복잡해졌다. 민족의 연대 없이 한반도의 안위가 보장될 수 있을지 의문이며, 통일, 자주, 부강한 민족국가는 여전히 절실한 현실적 과제다. 하지만 현실적 대책과 함께 근본적인 대안도 항상 고민해야 한다. 어쩌면 새로운 정치적 상상력, 누구도 가지 않은 길을 걷는 것만이 해법일 수도 있다.

유럽연합과 같은 초민족적transnational 정치체의 등장은 국민국가의 약화를 알리는 신호일 것이다. 그에 역행하는 움직임 또한 동시에 일어나고 있지만, 민족적 경계는 결국 자본에 의해 무너지지 않을까? 토마 피케티Thomas Piketty에 따르면, 선진 자본주의 국민경제는 생로병사에 비유될 만한 궤적을 거쳐왔다.[5] 축적의 위기에 처한 자본에게 국민경제를 탈출하는 것은 이미 입증된 방책이다. 자본주의가 전 지구적으로 확장되는 과정에서 그런 흐름은 강화될 수밖에 없다. 그러면 자본주의는?

이매뉴얼 월러스틴Immanuel Wallerstein은 현실사회주의가 무너지고 있던 1991년에 "자본주의 문명은 그 존재의 가을에 다다랐다"고 씩씩하게 단언했다.[6] 역사에 영원한 것은 없는 법이다. 국민경제에 부과된 생로병사의 운명을 세계경제는 과연 피할 수 있을까? 세계적 축적 위기, 착취의 강화, 갈등이 폭발하는 겨울이 결국에는 올 것이다. 최근 초미의 관심 대상인 인공지능과 로봇의 발전이 『자본론』의 관점에서는 고정자본 비중의 극대화, 이윤율의 저하, 자본주의의 위기로 이어질 수 있는 요인인 것도 간과하지 않아야 한다.

미래를 예언할 수는 없지만, 전망하고 기획할 수는 있다. 미래는 극단적 빈부격차의 디스토피아일 수도, 생존투쟁으로부터 해방되는 유토피아일 수도 있다. 아무렴 유토피아 쪽이 낫지 않겠는가. 새로운 정치적 배치를 지향하는 경로를 걷는 것이 유토피아에 수렴하는 세상을 가능케 할 것이다. 이제 감정으로 돌아가자. 새로운 감정의 배치는

〈비밀의 숲〉이 제시한 것과는 달라야 할까? 그것은 급진적인 정치적 대안과는 어떤 관계를 가져야 할까?

새로운 감정

시목의 무감정한 상태는 불가능하다. 여진이 그려준 시목의 뇌 구조도 사실 이런 생각을 담고 있다. 거기에는 사건 해결에 대한 '의지'가 큰 비중으로 그려져 있기 때문이다. 이성 없는 감정은 가능하지만, 감정 없는 이성은 불가능하다. 그러니 감정의 적절한 운용이란 불가피하고도 중요한 과제다. 감정의 적절한 분배가 필요한 것이다. 그런데 감정이란 엄밀히는 양적으로만 측정 가능하니, 이는 결국 양적 분배의 문제다.

무엇보다도 삶의 여러 국면, 즉 개인과 공동체, 사적인 것과 공적인 것, 경제, 정치, 문화 등의 여러 영역에 감정이 고르게 분배돼야 한다. 어느 쪽에 고착되고 유폐되지 않도록 감정이 원활히 흘러야 하는 것이다. 이는 다양한 이성에 감정이 투여되어야 한다는 뜻이기도 하다. 우리는 특정한 종류의 이성에 감정을 투여하거나 그로부터 철수시킬 수 있다. 이런 의미에서, 감정의 배분이란 이성의 배분과도 같다.

감정과 이성의 균형을 유지하는 것도 중요하다. 오랫동안 눈물에 치우쳤으니 한국인은 좀 더 이성적일 필요가 있다. 하지만 해방과 창조의 역량이 발휘되는 것은 감정의 가장 낮은 층위에서다. 이성의 질료로서 정신을 추동하는 힘인 동시에, 언제나 그 자체로만으로 흐르고 있는 순수한 감정이 있다. 무한한 잠재성을 담지하고 흐르는 그 본원적 열정의 통로를 자유롭게 열어둬야 한다. 이는 분명 삶의 중요한 기술이다. 그러니 잘 고안할 필요가 있다.

이를 위해 고대 그리스의 자유인이 선택할 수 있었던 세 가지 삶bios의 방식을 참조할 수 있다. "아름다움이 주어진 대로 소비되는 육체적 쾌락을 향유하는 삶, 폴리스의 국사에 관여하는 삶, 그리고 영원한 것의 탐구와 관조에 바쳐지는 철학자의 삶"이 바로 그것이다.[7] 이러한 삶의 방식들은 생계에 기여하는 삶을 배제할 때 가능한 것으로, 필수적이지도 실용적이지도 않은 대상으로서의 '아름다운 것'에 관심을 기울이는 삶이다.

가장 먼저 주목되는 것은 역시 생계를 배제할 때 자유가 가능하다는 관점이다. 생존을 위한 노력은 필연적이지만, 바로 그 자연적 필연성이 자유와 충돌한다. 인간은 자연의 한계를 뛰어넘어 불멸을 추구하는 존재이기도 하다.[8] 이를 추동하는 것이 존재의 본원적 열정이다. 지그문트 프로이트Sigmund Freud에 따르면 무의식은 죽음을 모른다.[9] 불멸을 향하는 그 충동의 다른 이름은 해방과 탈주의 열정으로서의 코나투스다. 그 본원적 열정은 생존을 위한 노력의 동력이기도 하지만, 동시에 자연적 삶을 뛰어넘고자 하는 추구로도 인간을 이끈다.

지난 세기 한국인은 생존의 문제에만 모든 열정을 쏟아온 듯하다. 신파적 눈물이 이를 증명한다. 한국 최초의 근대인 중 한 명인 윤치호가 보여주는 태도는 그것의 원형일 것이다. 그는 자신의 유학 지원을 받던 홍난파가 바이올린을 사는 것을 용납하지 못했고, 조선이 망한 것은 "허황된 철학적 사색에 탐닉"했기 때문이라고 주장했으며, 독립운동을 반대하면서는 조선인들이 정치에만 관심을 기울인다고 비난했다.[10] 고대 그리스적 자유의 삶을 거의 정확히 반대했던 것이다.

그러한 선택의 결과는 자연적 삶에 갇히는 것이다. 첨단의 기술로써 고도의 인공적 세계를 건설한다 하더라도 그렇다.[11] 한국인이 생존에만 관심을 쏟았던 이유는 너무도 가난했기 때문일 것이다. 하지만 이제는 그렇지 않다. 그러니 윤치호가 버린 것을 다시 찾아와야 한다. 신파적 눈물로부터 탈주의 역량을 해방시켜야 하는 것이다. 그렇다면 어떤 방식이어야 할까? 탈주의 잠재적 방향은 무한하므로 해방이 반드시 좋은 결과를 낳는 것은 아니다. 그러니 잘 탈주하는 것도 중요한 삶의 기술이다.

고대 그리스의 사례를 좀 더 고민해보자. 일단 '육체적 쾌락'이 중시되는 것에서, 자유란 본원적으로는 육체적인 것임을, 감정이 해방의 동력임에 대한 암시를 찾을 수 있다. 하지만 '탐구와 관조'의 삶도 있음을 간과하지 않아야 않다. 감정만으로는 충분치 않기 때문일 것이다. 그러니 이성도 함께해야 한다. 그런데 어떤 이성이어야 할까? '폴리스'의 삶이 단서를 준다. 자유인의 이성은 특수한 것이 아니라 보편적이어야 한다.

이는 존재의 본원적 열정을 촉발하고, 그 열정의 흐름에 올라타는 이성이다. 그러니 해방의 감정만 있는 것이 아니라 해방의 이성도 있다. 이는 생존을 위한 책략을 세우는 도구적 이성과는 다른 근본적 이성이다. 왜 생존해야 하는지와 같은 문제에 대해 질문하는 이성인 것이다. 이러한 이성이 관심을 기울여온 대상으로는 진眞·선善·미美가 대표적일 것이다. 이러한 것들을 추구할 필요가 있다. 하지만 그것의 정답은 없다. 그에 접근하려는 시도들이 만들어내는 무수한 차이가 있을 뿐이다.

불멸의 추구란 영원한 생명과는 무관하다. 그것은 자연의 한계를 돌파하려는 '시도'일 뿐이다. 그래서 시도 자체가 중요하다. 그것이 삶을 성찰하고 결정하며 향유할 수 있게 한다. 이처럼 삶을 돌파하고자 하는 시도의 잉여에 삶의 잠재성이 있다. 이는 삶을 근본적이고 급진적으로 바꿀 수 있는 방법이다. 이는 또한 사회를 다른 배치로 변화시킬 수 있는 이행의, 새로운 자연의 상태를 창출해낼 수 있는 혁명의 계기다. 이러한 탈주의 배치, 배치들을 배치하는 근본적 배치의 생성을 끊임없이 시도해야 한다.

〈비밀의 숲〉은 물질적 생존을 추구하는 세계의 공정성을 추구했다. 분명 필요한 것이지만 충분치는 않다. 공익 실현조차 이익의 문제이기 때문이다. 그러니 이를 넘어서는 탈주의 이성에도 감정이 투여돼야 한다. 여진이 그려준 시목의 뇌 구조 대부분이 비어 있는 것도 그래서이지 않을까? 그것을 채우지 않는다면 "공간 낭비"인 것이다. 그 빈 공간이 탈주의 감정과 이성으로 채워질 때, 근본적 변화에 항상 열려 있는 급진적 이행의 삶과 정치가 실현될 것이다.

그러면 탈주의 감정은 어떤 질을 가지는 것이 좋을까? 이는 특정할 수 없다. 눈물만 보더라도, 신파적 흐름만 있는 게 아니다. 눈물은 예술작품 앞에서도 흐를 수 있고, 진리나 공익을 위해서도 흐를 수 있다. 지난 세기 얼마나 많은 탈주의 눈물들이 흘려졌던가. 그러니 불필요한 감정의 유형이란 없다. 정의는 분노 없이 실현되기 어려울 것이며, 공포가 없었다면 인류는 이미 절멸했을지도 모르는 일이다. 감정의

적절한 분배란 역시 엄밀히는 양의 문제인 것이다.

하지만 존재의 좋은 상태에 수반되는 감정의 유형은 있다. 그것을 지향할 필요는 있다. 이 또한 삶의 기술이다. 슬픔과 수치심보다는 행복과 자부심이, 분노와 시기보다는 공감과 연민이, 혐오와 경멸보다는 존중과 신뢰가 존재의 좋은 상태에 대응한다. 그러므로 결론적으로는, 눈물보다는 웃음이 요청된다는 뜻이다. 웃음은 어떠한 상황에 직면해서도 삶의 향유를 포기하지 않을 수 있게 하는 감정적 역능이기도 하다.[12] 궁극적으로는 웃음이 눈물보다 더 강력한 생의 열정의 발현일 수밖에 없는 것이다.

주석과 출처

들어가며: 대중감정과 눈물 비평

1. '대중'의 명명이 엘리트주의적 차별을 함축함에도 불구하고, 대중이 근대의 불가피한 존재방식으로 부상해온 실상에 관해서는 다음을 참조할 수 있다. 천정환, 『대중지성의 시대』, 푸른역사, 2008, pp. 99~143.
2. "군중은 이성적 추론에는 거의 적응하지 못하는 반면 행동은 번개같이 하는 존재인 것이다." 귀스타브 르 봉, 『군중심리』, 김성규 옮김, 이레미디어, 2008, p. 29.
3. 집단지성, 다중지성, 대중지성 등에 관한 논의가 널리 이루어져왔다. 대표적인 저작만 간추리면 다음과 같다. 파울로 레비, 『집단지성: 사이버 공간의 인류학을 위하여』, 권수경 옮김, 문학과지성사, 2002; 안토니오 네그리·마이클 하트, 『다중』, 조정환·정남영·서창현 옮김, 세종서적, 2008; 천정환, 『대중지성의 시대』.
4. W. 타타르키비츠, 『미학의 기본개념사(중판)』, 손효주 옮김, 미진사, 1997, p. 371.
5. 이용관은 한국영화의 미학은 무엇인지 질문하며, 이에 제대로 대답하지 못해온 비평의 취약함을, 그 열정의 부재를 비판, 성찰한 바 있다. 이용관, 「창작과 비평의 만남을 위하여」, 『한국영화를 위한 변명』, 시각과언어, 1998. 눈물 비평은 한국영화의 가장 밑바닥으로 내려가서 그 질문을 탐구하려 한다. 그리고 한국영화의 미학이란 눈물, 멜로드라마, 신파 등을 중심으로 한다고 대답할 것이다. 더 나아가서는 영화를 중심으로 향유된 그 통속적인 미적 감각이 20세기 한국문화의 주요한 미학적 경향이기도 함을 밝히고자 한다.
6. 현실의 눈물과 허구의 눈물을 하나의 견지에서 비평할 수 있는 것은 둘 모두 문화적으로 매개된mediated 것이기 때문이다. 현실은 문화적으로 매개됨으로써만 인식 가능하며, 허구는 문화의 일부로서 세계를 구성한다. 서로 다른 매체media와 장르genre에서 흘려진 눈물을 하나의 견지에서 비평할 수 있는 것도 같은 이유에서다. 서사학narratology은 폭넓은 문화적 구성력을 가지는 힘의 한 예시를 제공한다. 이에 따르면 서사narrative는 여러 매체, 장르에서 공유되는 문화의 주요한 구조, 혹은 형식이다. "우리 문화는 신화, 전설, 우화, 설화, 단편소설, 서사시, 역사, 비극, 연극, 팬터마임, 회화, 스테인드글라스 창, 영화, 뉴스, 대화, 심지어는 공정한 해설까지를 포함하는 서사 속에 침윤"되어 있다. 로버트 랩슬리·마이클 웨스틀레이크, 『현대영화이론의 이해』, 이영재·김소연 옮김, 시각과언어, 1995, p. 179.

7. 이는 세계를 질 들뢰즈Gilles Deuze와 펠릭스 가타리Félix Guattari가 말하는 배치agencement로 이해하는 관점이기도 하다. "배치를 전체적으로 지배하는 궁극성(합목적성)이나 목적 또는 질서는 존재하지 않는다. 다시 말해 어떠한 배치의 법도 접속들로부터 창조된다." 클레어 콜브룩, 『들뢰즈 이해하기』, 한정헌 옮김, 그린비, 2007, p. 33.
8. 이는 들뢰즈와 가타리가 제언한 세계의 형상이다. 그들은 이를 땅속줄기, 즉 리좀rhizome이라고 불렀다. 이는 다음의 몇 가지 원리를 가진다. 첫째, 어떤 지점이건 다른 지점들과 접속될 수 있고 또 되어야 한다. 둘째, 이는 항상 다양체다. 셋째, 어느 차원이건 간에 이 모든 다양체는 단일한 '평평한 국면plan de consistance'을 취할 수 있어야 한다. 넷째, 이는 절단에 대항한다. 모든 리좀은 분할선을 포함하지만, 동시에 탈영토화의 선 또한 포함한다. 다섯째, 이는 구조적 모델이나 발생축에 의존하지 않는다. 질 들뢰즈·펠릭스 가타리, 『천 개의 고원』, 김재인 옮김, 새물결, 2001, pp. 11~55. 평평한 국면은 모든 존재의 기반에 놓여 있는 순수한 잠재성의 국면을 뜻한다. '혼효면', '일관성의 구도', '고른 판' 등으로도 번역된다. "평평한 면"은 "탈지층화를 내포하"며, "기관 없는 신체"다. 이는 "입자들 간의 빠름과 느림이라는 순수한 관계들"의 영역이다. 들뢰즈·가타리, 『천 개의 고원』, p. 512.
9. 환등상은 다양한 환등 이미지를 화려하게 뒤섞는 시각적 오락물을 가리킨다. 한편, 발터 벤야민Walter Benjamin은 소망이미지로부터 "나오는 유토피아의 이미지들은 건물에서 유행에 이르기까지 천 가지 삶의 성좌에 흔적을 남긴다"고 생각했다. 수잔 벅모스, 『발터 벤야민과 아케이드 프로젝트』, 김정아 옮김, 문학동네, 2004, p. 113, pp. 159~165.
10. 신파에 관한 논의는 다양한 양상으로 이루어져왔다. 신파성을 미적 특질로 규정하는 것은 그중의 한 흐름이며, 눈물 비평이 놓여 있는 흐름이기도 하다. 이를 대표하는 기존의 논의는 이영미에 의해서 이루어졌다. 그는 신파적 비애를 강력한 세계에 스스로 굴복한 주체의 무력감을 중심으로 규정한다. 물론 이것이 대중문화가 긍정적인 비애의 감정을 다루지 않음을 뜻하는 건 아니다. 하지만 신파적 미감이 주요한 대중문화의 특질로 여겨짐을 고려할 때, 이영미의 관점은 대중문화에 대한 부정적 시선과 무관치 않다. 또한 그의 관점에는 무력감이 매우 자주 능동적인 감정으로 이어지는 점을 적절하게 포착하지 못하는 한계도 있다. 아이를 억지로 친부에게 맡기고는 기나긴 신파적 눈물을 흘리던 〈미워도 다시 한 번〉(1968)의 젊은 어머니가 결국 아이를 되찾으면서 '자신의 아이는 직접 키우겠노라' 단호하게 선언할 때, 신파적 눈물은 능동적인 힘을 가지는 것 아닐까? 이영미, 『한국대중예술사, 신파성으로 읽다』, 푸른역사, 2016.
11. 눈물 비평을 위해 멜로드라마 연구의 성과를 크게 참조했음을 밝혀둔다. 자유주의적 질서 속에서 부르주아 가족의 중심성이 멜로드라마의 인식론적 위상을 강

화해온 것으로 파악하는 관점은 눈물 비평의 주요한 전제다. 또한 과잉의 감정이 만들어내는 균열과 통합의 양가성은 멜로드라마 연구의 상이한 경향들을 종합해서 이해한 결과다. 멜로드라마 연구의 성과는 크리스틴 글레드힐Christine Gledhill의 논문이 잘 요약하고 있다. Christine Gledhill, "The Melodramatic Field: An Investigation", *Home Is Where The Heart Is*, ed. by Christine Gledhill, London: British Film Institute, 1987. 피터 브룩스Peter Brooks는 멜로드라마적 과잉에서 그것이 초래하는 균열보다는 비합리주의적 구성력에 더 주목했다. 여러 가지 면에서 멜로드라마 연구에 주요한 이론적 원천을 제공한 브룩스의 저서도 눈물 비평의 과정에서 크게 참조했다. 피터 브룩스, 『멜로드라마적 상상력』, 이승희·이혜령·최승연 옮김, 소명, 2013. 멜로드라마는 기본적으로 정치적인 장르다. 눈물의 정치적 비평이라는 논제를 설정하는 과정에서 멜로드라마의 그러한 특성을 참조했다. Daniel Gerould, "Melodrama and Revolution", *Melodrama stage picture screen*, ed. by Jacky Bratton et al., London: British Film Institute, 1994.

12. 눈물 비평은 이영미의 신파성에 대한 관점을 그가 민중예술에서 찾았던 여러 긍정성과 통합하여 사유하려는 시도이기도 하다. 이영미, 『마당극 양식의 원리와 특성』, 시공사, 2001.
13. 최근 한국에서 이루어진 감정에 대한 논의의 양상과 그 의의에 관해서는 다음을 참조하라. 소영현, 「감정연구의 도전: 흐르는 성찰성과 은폐된 미래」, 『한국근대문학연구』 17/2, 2016.
14. 안 뱅상 뷔포Anne Vincent-Buttault의 논의는 이 책에 직접적인 영감을 주었다. 안 뱅상 뷔포, 『눈물의 역사』, 이자경 옮김, 동문선, 2000. 2000년대 중반 이후의 주요 감정이론서들을 추려보면 다음과 같다. 안토니오 다마지오, 『스피노자의 뇌』, 임지원 옮김, 사이언스북스, 2007; 잭 바바렛, 『감정과 사회학』, 박형신 옮김, 이학사, 2009; 앨리 러셀 혹실드, 『감정노동』, 이가람 옮김, 이매진, 2009; 에바 일루즈, 『감정 자본주의』, 김정아 옮김, 돌베개, 2010; 제프 굿윈·제임스 재스퍼·프란체스카 폴레타, 『열정적 정치: 감정과 사회운동』, 박형신·이진희 옮김, 한울아카데미, 2012; 소영현·이하나·최기숙, 『감정의 인문학』, 봄아필, 2013; 마사 누스바움, 『감정의 격동(1, 2, 3)』, 조형준 옮김, 새물결, 2015; 멜리사 그레그·그레고리 J. 시그워스 편, 『정동 이론』, 최성희·김지영·박혜정 옮김, 갈무리, 2015; 윌리엄 M. 레디, 『감정의 항해: 감정 이론, 감정사, 프랑스혁명』, 김학이 옮김, 문학과지성사, 2016.
15. '분노', '혐오', '모멸감', '음란', '수치심' 등의 개별 감정이 주목되었다. 최유준 외, 『우리 시대의 분노』, 전남대 출판부, 2013; 손희정, 「혐오의 시대: 2015년, 혐오는 어떻게 문제적 정동이 되었는가」, 『여/성이론』 32, 2015; 김찬호, 『모멸감: 굴욕과 존엄의 감정사회학』, 문학과지성사, 2014; 권명아, 『음란과 혁명: 풍기문란의 계보와 정념의 정치학』, 책세상, 2013; 임홍빈, 『수치심과 죄책감: 감정론의 한 시도』, 바다출

판사, 2013.

16. 손유경, 『고통과 동정: 한국 근대소설과 감정의 발견』, 역사비평사, 2008; 손유경, 『프로문학의 감성구조』, 소명, 2012; 권명아, 『무한히 정치적인 외로움: 한국 사회의 정동을 묻다』, 갈무리, 2012; 정명중 외, 『우리 시대의 슬픔』, 전남대 출판부, 2013.
17. 비평의 논리를 모색하는 중에 독자적 이론화를 최대한 시도했다. "서양학문을 받아들이면서 이치 일반론을 스스로 전개하는 전통을 상실한 것은 불행한 일"이라는 생각에 깊이 공감했기 때문이다. 조동일, 『우리 학문의 길(2판)』, 지식산업사, 1996, p. 49.
18. 다음의 문장을 일부 수정하여 인용했다. "비평의 공리와 전제는 비평이 다루는 예술로부터 싹터 나와야 한다." 노드롭 프라이, 『비평의 해부』, 임철규 옮김, 한길사, 1982, p. 17.

1장. 눈물이란 무엇인가

1. 안토니오 다마지오Antonio Damasio의 논의는 주로 다음 책을 참조했다. 안토니오 다마지오, 『스피노자의 뇌』.
2. 이한기 외, 『해부생리학(3판)』, 고문사, 2005, p. 353; 엘레인 N. 마리브Elaine N. Marieb, 『인체구조와 기능(1)』, 최명애 외 옮김, 계축문화사, 1992, pp. 426~428.
3. William H. Frey and Muriel Langseth, *Crying: The Mystery of Tears*, Minneapolis: Winston Press, 1985, pp. 4~5.
4. 물론 모든 고통이 실제 자극에 의해서 유발되는 것은 아니다. 가상의 자극에 의해 유발될 수도 있다. 신경계에 이상이 있는 경우, 실제 자극이 없더라도 고통이 만들어질 수 있다. 또한 우리는 사랑하는 사람의 죽음을 상상하는 것만으로도 고통을 느낀다.
5. 다마지오는 이를 설명하면서 두 가지 상을 제시한다. 그중 하나는 러시아 인형이다. 이에 따르면, 가장 작은 인형이 가장 원초적인 생명체의 단계에 해당한다. 그는 나무의 상도 제시한다. 이에 따르면, 원초적인 단계는 나무의 밑동에 해당하고, 위로 올라갈수록 고등한 단계가 된다. 내가 보기에는 후자가 보다 효과적이다. 감정의 기반적 성격을 잘 드러내기 때문이다. 나는 그와 유사하게 감정의 액체 위에 이성의 구조물이 떠 있는 상을 제언하고자 한다. 이성이 감정의 요소들을 "땜질하여" 쓰는 방식으로 작동하므로, 그 이성의 구조물은 언제나 감정의 액체에 젖어 있는 상태일 것이다. 안토니오 다마지오, 『스피노자의 뇌』, pp. 48~50.
6. "감정과 인식은 결코 완전히 분리되지 않는데, 그것은 사유 자체가 하나의 몸, 즉 체화된 것이라는 점만 보아도 알 수 있다." (한국어 번역본의 '정동affect'을 감정으로 바꾸었다.) 그레그·시그워스 편, 『정동 이론』, p. 17.
7. "슬픔의 의미는 무엇보다 가치와 관련된 직관에 기초한다. 우리에게 어떤 상실감이

나 위축감을 불러일으키고 우리의 가장 깊은 내부에 타격을 주는 육체적, 정신적 사건을 제시하는 것이 바로 이 직관이다. (…) 상처를 입고 가치가 하락된 것은 내 삶과 내 육체적, 정신적 세계의 가치(…)" 장 메종뇌브, 『감정』, 김용민 옮김, 한길사, 1999, pp. 79~80.

8. 리처드 래저러스·버니스 래저러스 외, 『감정과 이성』, 정영목 옮김, 문예출판사, 1997, pp. 118~119.

9. 베네딕트 스피노자Benedict de Spinoza는 "슬픔은 정신이 더 작은 완전성으로 이행하는 수동"의 상태라고 정의한다. 베네딕트 스피노자, 『에티카(개정판)』, 강영계 옮김, 서광사, 2007, p. 166.

10. 양의 척도에는 'intensity'와 'extensity'가 있다. 압력, 온도, 밀도 등이 전자에, 질량과 부피는 후자에 해당한다. 마누엘 데란다, 『강도의 과학과 잠재성의 철학』, 이정우·김영범 옮김, 그린비, 2009, p. 125. 전자를 강밀도, 내밀도 등으로, 후자를 외연도, 연장성 등으로 번역하는 것도 가능할 것이다.

11. 윌리엄 프라이William H. Frey는 감정적 눈물에 스트레스 호르몬이 포함되어 있음을 밝혔으며, 이를 근거로 눈물의 기능 중 하나가 항상성 유지를 위한 배설이라고 주장한 바 있다. "나는 호흡, 대소변의 배변, 발한 등의 배설 과정과 같이, 감정적 눈물을 흘리는 것도 해로운 요소들과 찌꺼기를 제거함으로써 항상성을 유지하는 생명 작용의 하나라고 제언한다." William H. Frey and Muriel Langseth, *Crying*, p. 12.

12. "신경학적 측면에서의 메커니즘은 다음과 같다. 후방 감각피질 및 측두엽, 두정엽 영역의 회로가 주어진 개념적 범주에 속하는 상황을 처리하면 그 범주의 사건과 관련된 기록을 가지고 있는 전전두엽의 회로가 활성화된다. 그 사건에는 사건의 범주와 과거의 정서/느낌 반응 간의 연결고리를 토대로 해서 복내측 전전두엽 피질과 같이 적절한 정서적 신호를 촉발하는 영역이 활성화된다. 이에 따라 사회적 지식의 범주 (…) 가 천성적으로 타고난 (…) 사회적 정서라는 장치 및 그 결과로 일어나는 느낌과 연결된다." 안토니오 다마지오, 『스피노자의 뇌』, p. 173.

13. "각 사물이 자신의 존재 안에서 지속하고자 하는 성향conatus은 그 사물의 현실적 본질일 뿐이다." 베네딕트 스피노자, 『에티카』, p. 163.

14. "감정은 신체가 자신 및 세계에 접속할 수 있는 방식이다." Brian Massumi, *A User's Guide to Capitalism and Schizophrenia*, Cambridge, Mass: MIT Press, 1992, p. 93. 감응으로서의 'affect'의 의미에 관해서는 다음을 주로 참조했다. 이진경, 『노마디즘(2)』, 휴머니스트, 2002, pp. 410~412.

15. 무리로서의 인간의 본성에 관해서는 다음을 참조할 수 있다. 엘리아스 카네티, 『군중과 권력』, 반성완 옮김, 한길사, 1982.

16. 기호체계 또한 끊임없이 변화한다. 그러나 본디 기호란 순간적이나마 고정됨으로써만 기능을 수행할 수 있는 법이다.

17. 장 자크 루소, 『인간 불평등 기원론』, 주경복·고봉만 옮김, 책세상, 2003, p. 80.
18. 윤리ethics가 무엇인가에 관해서는 여러 견해가 있다. 보편타당한 준칙에 이성적으로 따르는 행위를 윤리로 규정하는 견해도 있다. 이런 입장에서 보자면, 사회적 눈물이란 윤리적이지 않은 것일 수 있다. 하지만 이 책에서 윤리는 기본적으로는 그런 의미로 사용되지 않는다. 서양 언어권에서 윤리는 그리스어 ēthos를 어원으로 하는데, 이는 '풍속', '관계', '관습' 등을 뜻하는 말이며, 이 책에서는 어원에 더 가까운 윤리 개념을 쓰고 있다. 참고로 도덕moral은 라틴어 mos를 어원으로 하는데, 이는 그리스어 ēthos와 같은 뜻이다. 이 책에서도 도덕은 윤리와 동일한 뜻을 지닌다. 한국철학사상연구회 편, 『철학대사전』, 동녘, 1989, p. 276. 이 책에서는 윤리와 도덕이 주로 상대적인 의미로 쓰이지만, 그렇다고 해서 보편적 윤리와 도덕이 불가능하다는 관점을 전제하는 것은 아니다. 보편성은 불가능한 것이지만, 포기될 수는 없는 불가결한 것이라는 것이 나의 관점이다.
19. 이는 소수의 희생을 대가로 해서 다수의 행복이 가능하다는 식의 공리적 판단에 따른 것일 수도 있다. 이는 다수를 개체의 합으로 계산하는 것으로, 개체에 대한 감각을 정확히 유지하고 있다. 하지만 눈물이 개재되는 경우라면 이와 다른 상황일 수도 있다.
20. 애덤 스미스Adam Smith라면 이런 생각에 동의하지 않았을 것이다. 그는 인간이 도덕적일 수 있는 이유가 타인의 상태를 자신의 것으로 상상해볼 수 있는 능력에 있다고 보았다. 이는 인간이 자신을 최종의 근거로 삼는 존재라는 생각에 기초한다. 하지만 인간은 타인과의 관계 속에서 변화하는 존재이며, 때로는 개체성을 상실한 채 무리의 한 부분이 되기도 한다. 우리의 주체성은 신성불가침하지 않으며, 우리는 언제나 다른 것이 되는 중이다. 애덤 스미스의 도덕감정에 관해서는 다음을 참조하라. 도메 다쿠오, 『지금 애덤 스미스를 다시 읽는다』, 우경봉 옮김, 동아시아, 2010.

2장. 두 눈물과 신파

1. 임선규, 「사랑에 속고 돈에 울고」, 서연호 편, 『한국희곡 전집(4)』, 태학사, 1996, p. 46.
2. 여러 판본이 있다. 다음은 그중 하나에 해당한다.『며느리의 죽음』, 세창서관, 1952.
3. 이두현은 일본으로부터 수입된 신파극에 관해 다음과 같이 논평했다. "가정비극에 흘리는 눈물은 한마디로 말해 봉건성의 암흑에서 흘러내리는 눈물이며 그것은 흘리는 것 자체가 목적이며 위안이 된다는 것 외에는 아무 의미도 없는 눈물"이고, "인간적 무력감을 일시적으로 마비시키기 위한 위안의 눈물"이다. 그는 "신파비극은 테마 자체"가 "그런 눈물을 흘리게 하"며, "사대주의 혹은 비장취미 혹은 웃음보다 눈물을 더 귀하게 여기는 사상 등을 반영하여 해후의 기쁨보다는 이별의 슬

픔을, 삶보다는 죽음을, 사랑보다는 희생을, 저항보다는 인종을 집요하게 표현하고 찬미"한다고 비판한다. 이두현, 『한국연극사』, 민중서관, 1973, pp. 165~166. 이영미는 신파적 인물에 관해 다음과 같이 논평한다. "신파적 주인공은 언뜻 보기에는 무언가를 자율적으로 선택하여 행동하는 인간인 듯하지만, 사실은 세상의 지배적 질서에 압도되거나 그것을 내면화하여 그에 따라 자신의 요구·욕망이 이루어지지 않을 것이라고 체념해버린 무력한 인간들이다." 이영미, 『한국대중예술사, 신파성으로 읽다』, p. 55.

4. 이영미, 「신파양식의, 세상에 대한 태도」, 『대중서사연구』 9/1, 2003; 이영미, 『한국대중예술사, 신파성으로 읽다』.
5. 이영미, 「신파양식의, 세상에 대한 태도」, p. 16.
6. 이영미, 「신파양식의, 세상에 대한 태도」, p. 21.
7. 이영미는 자학의 감정이 생겨나는 이유가 세계의 전횡에 굴복한 것이 바로 자신이기 때문이라고 말한다. 물론 그런 방향의 감정도 있다. 하지만 더 지배적인 것은 윤리적 주체 특유의 자책감이다. 이런 점에서 지그문트 프로이트Sigmund Freud의 '도덕적 마조히즘'이라는 표현이 흥미롭다. 이는 두 가지 중요한 사실을 알려준다. 첫 번째는 윤리적 주체는 자신의 윤리적 결여에 매우 예민해지는 경향이 있다는 것, 두 번째는 여기에 어떤 쾌락과 욕망의 경제가 있다는 것이다. 이런 점들을 고려해서 홍도의 눈물에는 윤리에 대한 자학적 욕망이 담겨 있다고 정리해볼 수 있다. 지그문트 프로이트, 「마조히즘의 경제적 문제」, 『쾌락원칙을 넘어서』, 박찬부 옮김, 열린책들, 1997, pp. 178~179, p. 182.
8. 『매부를 죽이기까지』, 세창서관, 1952.
9. 당시 이 영화에 출연했던 신일선은 영화의 절정부에서 가수 이정숙이 〈아리랑〉을 불렀을 때 "관객치고 통곡하지 않은 사람이 없을 정도였다"고 회고했다. 그러니 마지막 장면에서 영진이 눈물을 흘렸을 것이라 보는 것이 자연스럽다. 서은숙 외, 『남기고 싶은 이야기들(1)』, 중앙일보사, 1973(김종욱 편, 『실록 한국영화총서(상)』, 국학자료원, 2002, p. 266).
10. Tom Lutz, *Crying: The Natural and Cultural History of Tears*, Norton, New York: W.W. Norton, 2001, p. 62.
11. 이것을 남성의male 신파와 여성의female 신파로 명명하지 않은 것은 이 단어들이 고정된 생물적 성sex을 뜻하는 경향이 있기 때문이다. 지금의 관심사는 사회적으로 구성되는 성gender이다. 사회적 성은 생물적 성에 새겨진 것이다.
12. 이는 모험과 사랑의 서사, 수난의 순수한 여주인공, 극단적인 선악의 대비, 음악에의 강한 의존, 강렬한 감정에의 호소, 화려하고 환영적인 무대장치 등을 주요한 특징으로 했다. 이를 기준으로 생각한다면 지금의 영화, 방송극, 대중연극의 대부분이 멜로드라마적이라고 할 수 있다. 19세기 유럽의 멜로드라마에 관해서는 다음을

참조했다. 피터 브룩스, 『멜로드라마적 상상력』.

13. 일본의 신파극에 관해서는 다음을 참조했다. 유상희, 「일본 신파극과 한국 신파극」, 『일본연구』 8, 중앙대학교 일본연구소, 1993; 양승국, 『한국 신연극 연구』, 연극과인간, 2001.
14. 1910~20년대 연극담론에서의 신파의 의미 변화에 관해서는 다음을 참조했다. 이승희, 「기표로서의 신파, 그 역사성의 지형」, 『한국극예술연구』 23, 2006. 식민지기 영화인들도 신파라는 단어를 사용했다. 이는 주로 영화에 잔존하던 지양되어야 할 낡은 연극적 속성을 가리키는 말이었다. 이와 관련해서는 다음을 참조했다. 이순진, 「조선 무성영화의 활극성과 공연성에 대한 연구」, 중앙대학교 박사학위논문, 2009.
15. 이두현이 눈물로 표상되는 인종주의적이고 패배주의적인 주제의식을 신파극의 특징으로 보고, 이것이 연극 외의 다양한 문화의 영역에서 나타난다고 보았던 것이 시초다. 이두현, 『한국 신극사 연구』, 서울대 출판부, 1966. 강영희는 신파를 식민지기의 시대양식으로 보고 이를 이율배반이라는 주체의 상태를 중심으로 규정했다. 강제적인 근대의 수용을 경험해야 했던 식민지기 대중의 자기분열적 예술 상태에 대응하는 예술양식이 신파인 것이다. 강영희, 「일제 강점기 신파양식에 대한 연구」, 서울대 석사학위논문, 1989. 이는 이영미에 의해 보다 구체화되었다. 이율배반적 주체의 상태는 자학과 자기연민이 공존하는 상태로 재정의되었고, 결국 세계에 대한 스스로의 굴복으로 이어지는 것으로 보았다. 그리고 연극과 영화는 물론 트로트와 같은 대중가요에서도 이런 태도를 폭넓게 발견할 수 있다고 보았다. 이영미, 「신파양식의, 세상에 대한 태도」. 영화에 있어서도 신파에 대한 관점은 크게 다르지 않다. 1960년대의 대표적인 영화사가인 이영일은 눈물, 반복적인 이야기, 서민적 취향, 과장된 분장 등을 중심으로 신파를 규정했다. 이영일, 『한국영화전사(개정판)』, 소도, 2004, pp. 67~72. 1990년대에 이효인은 "① 이야기 구조에서 반복적인 감정들—불행의 연속, 위기의 연속, 기쁨의 연속 등—이 작위적으로 드러날 때, ② 이야기 구조에서 어떤 목적—행복, 불행, 위기 등—을 위해 사건의 연속선상에서 별다른 개연성이 없는 가운데에서도 반전이 거듭될 때, ③ 영화 중 인물의 심리가 사건을 통하여 반영되기보다는 인물의 '심리' 자체가 극적 맥락과 관계없이 유난히 강조"될 때 해당 작품을 신파로 규정할 수 있다고 보았다. 이효인, 「한국 영화의 신파성과 근대성」, 이효인·이정하 편, 『한국영화 씻김』, 열린책들, 1995, p. 94. '신파소설'이라는 단어도 사용된 적이 있다. 1970년대에 조연현은 "대중극 중에서도 지나치게 천박하고 통속적인 극을 특히 신파연극이라" 하며, 신파소설은 "그러한 신파극과 같은 성질"을 가진 것으로 설명하고 있다. 그리고 그 구체적인 특징으로 "문장이 비구상적인 미문체로 된 점, 수사나 형용사가 지나치게 과장되어 있는 점, 진행이 줄거리 중심인 점, 사건이 필연성보다는 전혀 우연성에 의존하여 진행되

고 있는 점, 까닭 없이 비극적인 사건을 조작하고 있는 점, 모든 사건이나 수사가 천박하고 저급한 점, 주제가 아주 통속적인 점" 등을 들고 있다. 조연현, 「한국의 신파소설」, 『문학과 그 현장』, 관동출판사, 1976, pp. 210~211. 강옥희는 최근에 통속소설 일반을 신파소설로 명명한 바 있다. 강옥희, 「대중소설의 한 기원으로서의 신파소설」, 『대중서사연구』 9/1, 대중서사학회, 2003.

16. 이승희는 신파를 학술적 개념으로 사용하는 것의 어려움을 이야기하면서, 그것이 신파가 "미적 미숙함의 대명사로 일갈되는 불명확성을 지닌 총체로 여"겨지기 때문인 것으로 보았다. 이승희, 「멜로드라마의 근대적 상상력」, 『한국극예술연구』 15, 2002, p. 101. 이런 이유에서 언젠가부터 학계에서는 신파라는 단어를 1910년대의 신파극에만 국한해 사용하는 경향이 있다. 이런 관점에서는 예의 신파적인 특징들이 대중문화 일반의 특성으로 여겨지게 된다. 〈사랑에 속고 돈에 울고〉와 같은 1930년대의 연극들도 대중극이나 멜로드라마로 명명된다.
17. 〈친정엄마〉(2010)에 대한 한 평론의 일부를 예로 들 수 있다. 그 속에서 신파는 '눈물'로 얼룩진 고색창연한 미적 특질이다. "무조건 헌신적인 엄마와 죽음을 앞둔 딸이 보내는 시간은 눈물로 얼룩질 것이라 추측하게 되지만 이 영화는 고색창연한 신파에서 발을 빼기 위해 애쓴다." 이현경, 「엄마와 딸의 2박3일 〈친정엄마〉」, 『씨네21』, 2010. 4. 21.
18. 슬라보예 지젝, 『하우 투 리드 라깡』, 박정수 옮김, 웅진, 2007, pp. 17~21.

3장. 신파와 정치

1. 앤서니 기든스Anthony Giddens는 사회를 "개인들을 서로 연결시키는 상호관계의 체계"로 정의한다. 이를 통해 다음과 같은 것을 추론할 수 있다. 사회는 단순한 인간들의 집합이라기보다는 서로 관계된 인간들이며, 인간들이라기보다는 인간들의 관계 그 자체다. 앤서니 기든스, 『현대사회학』, 김미숙 외 옮김, 을유문화사, 1992, p. 44.
2. 이진경, 『노마디즘(1)』, 휴머니스트, 2002, pp. 59~61, 91~92.
3. "모든 삶은 접속과 상호작용의 과정이다. 어떤 신체나 사물도 접속 과정의 결과인 것이다. 인간의 신체는 유전적 물질, 관념들, 행동의 역능들, 다른 신체들과 맺은 관계의 배치다. 또한 한 부족은 신체들의 배치다." 클레어 콜브룩, 『들뢰즈 이해하기』, pp. 32~33.
4. 배치는 형식 차원의 코드화와 질료 차원의 영토화를 통해 성립한다. "배치는 두 측면을 가지고 있다. 즉 그것은 (한편으로는) 언표행위의 집합적 배치고, (다른 한편으로는) 욕망의 기계적 배치다." 질 들뢰즈·펠릭스 가타리, 『카프카: 소수적인 문학을 위하여』, 이진경 옮김, 동문선, 2001, p. 187. "형식은 코드 및 코드화 양식과 탈코

드화 양식을 내포한다. 형식을 부여받은 질료인 실체는 영토성 및 영토화의 정도와 탈영토화의 정도에 관련된다." 들뢰즈·가타리, 『천 개의 고원』, p. 88.

5. "배치를 전체적으로 지배하는 궁극성(합목적성)이나 목적 또는 질서는 존재하지 않는다. 다시 말해 어떠한 배치의 법도 접속들로부터 창조된다." 클레어 콜브룩, 『들뢰즈 이해하기』, p. 33.
6. 탈코드, 탈영토의 흐름, 코드화, 영토화되지 않는 순수한 흐름이 언제나 배치를 통과한다. 배치란 무한히 잠재적인virtuel인 다양체multiplicité인 것이다. "다양체는 '바깥', 즉 추상적인 선, 탈주선 또는 탈영토화의 선에 의해 정의"된다. 들뢰즈·가타리, 『천 개의 고원』, p. 22.
7. "배치들은 지층을 향하고 있다. 이 지층들은 기계적 배치물을 일종의 유기체로, 또는 기표작용을 하는 하나의 총체성으로 또는 하나의 주체로 귀속될 수 있는 규정으로 만들어버린다. 하지만 기계적 배치물은 기관 없는 몸체로도 향하고 있다." 들뢰즈·가타리, 『천 개의 고원』, pp. 12~13.
8. 만약 잘라내고, 굳히고, 쌓는 쪽을 강조하자면 지층이라는 단어를 쓰는 것이 좋을 수도 있다. 하지만 지층의 표면, 지층의 사이에는 언제나 자유로운 흐름에 열려 있는 국면이 있다. "성층작용의 표면은 지층과는 구별되는 기계적 배치물이다. 배치물은 두 층 사이에, 두 지층 사이에 있다. 따라서 배치물은 지층들 쪽을 향하는 얼굴을 갖고 있지만 (…) 다른 쪽, 즉 기관 없는 몸체나 고른 판 쪽을 향하는 얼굴도 갖고 있다." 들뢰즈·가타리, 『천 개의 고원』, p. 86.
9. 사회는 고통을 포획하여 의미를 부여하고, 강화하거나 약화시키며, 재분배한다. 예컨대, 기술 개발로 생산량을 증대함으로써 고통을 완화할 수 있으며, 그렇게 생산량이 증대하더라도 불평등한 분배에 의해 고통이 더 커질 수도 있다.
10. 이는 상태를 개선하고자 하는 선택의 산물이다. 그 선택의 가능성이 눈물의 내적 떨림을 산출한다. 예컨대, 박정희는 우리 민족의 비참한 처지를 환기하며 위기 극복의 의지를 강력하게 자극하면서 등장했다. 박정희, 『우리민족의 나아갈 길』, 동아출판사, 1962. 이에 공감하고 실천하는 과정에서 흘렸던 눈물에는 모두 그러한 떨림이 담겨 있었다.
11. "권력의 획득 · 유지를 둘러싼 항쟁 및 권력을 행사하는 활동을 정치활동이라고" 한다. 서울대학교정치학과교수, 『정치학의 이해(2판)』, 박영사, 2010, p. 3.
12. 카야노 도시히토, 『국가란 무엇인가』, 김은주 옮김, 산눈, 2010, p. 43.
13. "지배란 특정한 내용의 명령에 대해 일정한 사람들에게서 복종을 받을 수 있는 가능성을 일컫는다." 막스 베버, 『막스 베버 사회과학방법론 선집』, 전성우 옮김, 나남, 2011, p. 290.
14. 막스 베버, 「직업으로서의 정치」, 『직업으로서의 학문(2판)』, 이상률 외 옮김, 문예출판사, 2005, p. 70.

15. 정치를 가치나 이념을 실현하는 것으로 생각하는 경우가 많지만, 베버는 이 같은 통념을 날카롭게 뒤집고 있다. 흔히 정치적 폭력을 비난하면서 정치에서 폭력을 배제할 것을 주장하곤 하지만, 베버는 정치의 기반 자체가 폭력임을 알려줌으로써 논점을 바로잡는다. 막스 베버, 『막스 베버 사회과학방법론 선집』, pp. 292~294. 이에 따르면, 정치에서 폭력을 배제하는 것은 애초부터 불가능하므로 폭력을 조절하고 제어하는 것이 문제가 된다.
16. 폭력Gewalt은 신체와 사물에 가해지는 순수한 물리적 힘을 가리키는 말이다. 하지만 보다 엄밀히 말하자면 이데올로기도 폭력적이다. 근본적으로는 언어 자체가 폭력적이다. 이는 우리가 흔히 언어폭력으로 칭하는 명시적으로 폭력적인 언어에 국한되지 않는다. 모든 말은 명령으로서의 속성을 가지기 때문이다. "언어는 (…) 복종하거나 복종시키기 위해 있다. (…) 언어는 삶에 명령을 내린다." 들뢰즈·가타리, 『천 개의 고원』, pp. 148~149. 이처럼 언어와 결부된 폭력을 포괄적으로 '상징폭력'이라고 부를 수 있다. 그런데 상징폭력은 '물리적 폭력'을 포함한다. 상징은 물질에 새겨진 것이며, 상징에는 물질이 포개 넣어져 있기 때문이다. 상징은 '생에 내려진 명령'인 것이다. 그러므로 상징적이지 않은 순수한 물리적 폭력은 존재할 수 있지만, 물리적 폭력이 배제된 상징폭력은 존재할 수 없다. 이는 이성 없는 감정은 가능하지만, 감정 없는 이성은 불가능한 것과도 같다. 사실 대부분의 사회적 폭력이 상징적이다. 강력한 물리력을 동원하는 경우에조차 그렇다. 정치적 구호를 내걸고 자행되는 테러리즘의 폭력은 명백히 상징적이지 않은가? 하지만 '묻지 마 살인'의 경우에는 물리적 폭력의 순도가 매우 높다고 할 수 있다. 그렇다면 상징폭력인가 아닌가의 문제가 중요한 것이 아니라, 어떤 상징폭력인가, 그리고 그 폭력의 강도는 어떠한가가 대체로 중요한 문제가 된다. 그리고 상징과 폭력의 이런 관계를 고려해 베버의 정의를 다음과 같이 수정할 수 있다. 정치는 '상징적으로 포획된 물리적 강제력, 즉 상징폭력을 수단으로 사용하는 행위'다. 하지만 이 책에서는 논의를 단순화하기 위해서 '이데올로기'와 '물리적 강제력 혹은 폭력'의 개념을 통념적으로 구분해서 사용할 것이다.
17. 이는 로버트 L. 하일브로너Robert L. Heilbroner 등의 경제학에 관한 정의를 참고한 것이다. 로버트 L. 하일브로너·윌리엄 밀버그, 『자본주의 어디서 와서 어디로 가는가』, 홍기빈 옮김, 미지북스, 2010, p. 17.
18. 루이 알튀세Louis Althusser는 이데올로기를 "자신들의 실재 조건에 대한 개인들의 상상적 관계의 표상"으로 정의했다. 루이 알튀세, 『아미앵에서의 주장』, 김동수 옮김, 솔, 1991, pp. 75~130.
19. '고무신'이라는 말에는 여성, 서민, 주부, 저학력, 보수적 등의 의미가 복합적으로 담겨 있다. 영화관의 등급이 나눠져 있던 시절, 이들은 도심 개봉관에 이어 영화를 상영했던 부도심 2번관의 주요 관객층이었다. "지나간 반세기 동안 2번관의 주요 고

객은 최루물을 즐기는 아낙네들이었다." 이들은 "속칭 고무신 관객"으로 "서민가정의 주부들을 지칭한"다. 『경향신문』 1975. 5. 10(5면).

20. 가부장제에 대한 초기의 정의는 인류학자들에 의한 것이다. 그들은 가부장 중심의 가족을 핵심으로 하는 사회체계로 이를 정의하는 경향이 있었다. 여성학자들은 이를 성별 간의 지배로 재정의했고, 가족을 성별 간의 권력관계가 발생하는 주요 영역으로 이해했다.
21. 케이트 밀렛Kate Millett은 이를 '성정치sexual politics'로 명명했으며 이런 용법은 이후 폭넓게 받아들여졌다. 케이트 밀렛, 『성정치학』, 김전유경 옮김, 이후, 2008.
22. 이는 실제로 가부장제적 가족이 위기에 빠짐으로써 발생한 결과일 수도 있다. 하지만 상상된 위기일 수도 있다. 가부장제적 가족을 잘 유지하기 위해 가족의 위기, 그리고 이에 수반되는 남성과 여성의 위기를 상상하고 눈물을 흘릴 수도 있다. 연극과 영화의 관람 경험도 이와 같은 식이다. 그것은 허구의 경험을 상상하는 것이기도 하지만, 실제의 경험을 재확인하는 것이기도 하다. 신파적 눈물이 담고 있는 감상적 가족주의는 세계의 가족이 위기에 빠진 결과일 수도 있지만, 역으로 세계를 위기에 빠진 가족의 세계로 구성하는 힘 또한 가진다.
23. 롤랑 바르트Roland Barthes는 이데올로기의 자연화를 '외연의 내포화'로 설명했다. 이는 어떤 의미작용의 외연적 결과가 그것을 기반으로 하는 다른 의미작용의 내포적 전제로 활용되는 과정을 가리킨다. 롤랑 바르트, 『현대의 신화』, 이화여대 기호학연구소 옮김, 동문선, 1997, pp. 292~297. 이는 기반이 되는 의미작용이 상대적인 것임에도 불구하고 다른 의미의 기반이 될 때 절대적인 지반의 위상을 부여받는 것의 허위성에 대한 통찰이라고 할 수 있다. 사실 이런 이중의 의미작용은 의미 생산의 본원적 조건이라고도 할 수 있다. 그렇다면 의미를 끊임없이 상대화하는 것이야말로 이데올로기에 사로잡히지 않는 길이다.
24. 거다 러너Gerda Lerner는 가부장제가 고대국가의 탄생과 함께 비롯되었다고 본다. 거다 러너, 『가부장제의 창조』, 강세영 옮김, 당대, 2004, p. 373.
25. 들뢰즈와 가타리의 '이중분절double articulation'은 이런 이중의 의미작용을 가리킨다. 그들은 세계가 만들어지는 과정, 즉 질료들의 흐름이 포획되어 굳어지는 과정에서 반드시 이중분절이 이루어진다고 생각했다. 무언가가 만들어지기 위해서는 재료가 필요하다. 그런데 그 재료가 순수한 흐름으로서의 질료일 수는 없다. 그 또한 어떤 형식에 의해 포획된 것이어야 한다. 그들은 만들어진 것을 '표현', 그것의 재료를 '내용'이라 정의하고 그 각각을 모두 특유의 형식에 의해 분절된 것으로 보았다. 블록 완구로 집을 만드는 경우가 그 예가 될 수 있다. 집을 만들기 위해서는 블록 조각이 있어야 한다. 그들의 개념화에 따르자면, 집에 해당하는 것은 표현, 블록 조각에 해당하는 것은 내용이다. 그 각각은 형식이 부여된 실체다. 즉 내용과 표현은 각각 코드화되고 영토화된다. 들뢰즈·가타리, 『천 개의 고원』, pp. 85~95. 이중분절

은 의미작용에 있어서도 나타난다. 어떤 진술이 유의미하기 위해서는 그것이 위치될 수 있는 의미의 장이 필요하다. 표현으로서 어떤 진술이 분절되기 위해서는 반드시 그것이 위치되는 내용을 제공하는 의미의 장이 분절되어 있어야 함을 뜻한다. 신파적 눈물의 분절 또한 마찬가지다. 먼저 눈물이 하나의 생리적 현상으로서 의미화되어야 한다. 그러고 난 뒤 그것을 내용으로 삼아 신파적 눈물이라는 표현이 분절된다. 여러 정치적 신파의 경우에도 그러하다. 정치적 신파의 분절 조건으로 그것의 내용이 될 신파적 눈물의 분절이 먼저 이루어져야 한다.

26. 멜로드라마적 상상력과 여귀女鬼의 관련성에 관해서는 다음을 참조하라. 백문임, 「한국 공포영화 연구: 여귀의 서사기반을 중심으로」, 연세대 박사학위논문, 2002, pp. 102~104; 백문임, 『춘향의 딸들, 한국 여성의 반쪽짜리 계보학』, 책세상, 2001.

4장. 근대의 눈물

1. 성은 사단四端으로 불리는 인의예지仁義禮智로 이루어지고, 정은 칠정七情, 즉 희로애락애오욕喜怒哀樂愛惡慾으로 이루어진다. 성리학을 집대성한 주자朱子는 "성즉리性卽理"라 함으로써 성을 중시하는 입장을 취했다. "마음(心)은 성과 정의 복합물"로서, 이때 "성은 그대로 이理라 할 수 있지만 마음은 그대로 이라고는 할 수 없다. 정은 마음의 작용이며 그것은 기氣의 작용에 기인하는 것이어서 기가 윤탁잡박倫濁雜駁한 경우에는 정도 저절로 온전히 청정순수하게 되지 못하여 성의 질서를 흐리게 하는 것"이다. 우노 세이이찌 편, 『중국의 사상』, 김진욱 옮김, 열음사, 1993, p. 128. 그렇다면 정은 성에 의해 억제되거나 조절돼야 하는 것이며, 이는 '이와 기'의 관계와도 같다. 문학론에서도 이런 입장이 관철됐다. 예컨대 송시열이 문학은 "천리지정天理之正의 올바른 자세를 갖추어야 한다"고 말한 것에서 이를 확인할 수 있다. 조동일, 『한국문학통사(3)(4판)』, 지식산업사, 2005, p. 76. 이런 입장에서 정의 영역에 있는 '감상感傷'은 당연히 절제되어야 할 것이다. 물론 정을 중시하는 문학론도 있었다. 허균은 '통상하지정通上下之情'을 중시하면서 "하늘이 부여한 남녀의 정욕은 성인이 내놓았다는 윤리의 분별보다 앞선다고 해서 성과 정의 관계를 역전시키는 주장"을 폈다. 그러나 이것은 소수의 문학론이었다. 조동일, 『한국문학통사(3)』, pp. 137~138.
2. 조선 중기 한문 사대가 중의 한 명인 신흠申欽은 "시는 형이상의 것이고 문은 형이하의 것이니 형이상의 것은 하늘에 속하고 형이하의 것은 땅에 속한다"고 말했다. 조동일, 『한국문학통사(3)』, p. 62.
3. 여성의 전, 행장, 회고록 등과 관련해서는 다음을 참조했다. 조동일, 『한국문학통사(3)』, pp. 456~460, 469~472; 규방가사에 관해서는 다음을 참조했다. 양태순, 「규방가사 여성성으로서의 '한탄'에 대하여」, 김병국 외, 『조선후기 시가와 여성』, 월

인, 2005; 조선시대 여성소설의 감상성과 그 의미에 관해서는 다음을 참조할 수 있다. 최기숙, 「17세기 고소설에 나타난 여성 인물의 유랑과 축출, 그리고 귀환의 서사」, 『고전문학연구』 38, 2010.

4. 조동일, 『한국문학통사(3)』, p. 21.
5. 조동일은 『사씨남정기』가 여성 국문소설의 발전에 있어서 전책傳冊에서 녹책錄冊으로 나아가는 길을 열었다고 평가했다. 조동일, 『한국문학통사(3)』, p. 123.
6. 집에서 쫓겨나는 대목, 강가에서 자살을 시도하는 대목, 모든 문제가 해결된 뒤 가족과 상봉하는 대목 등에서 사씨는 눈물을 흘린다.
7. 김만중, 『구운몽·사씨남정기』, 박성의 역주, 정음사, 1959, pp. 183~184.
8. 남편에 대한 원망은 끝까지 표출되지 않는다. 사대부 작가가 생각하던 여성적 덕목이 무엇인지 드러나는 대목이라고 할 수 있다. "어미 없는 어린 새가 어찌 잔명을 부지하랴. 슬프다 차생에 미진한 인연을 후생에나 다시 이어 모자 됨을 원하노라", "사씨 자신의 신세를 생각하고 규중여자로 몸에 더러운 누명을 입고 일신을 만경창파 일엽편주에 의지하야 장사로 향하는 바를 생각하매 가슴이 무너지는 듯한지라, 크게 통곡하야 가로되, '하늘이 어찌 정옥을 내시고 명도의 기구함이 이처럼 점지하게 하신고' 하니 (…)". 김만중, 『구운몽·사씨남정기』, p. 167, 177.
9. 『유충렬전』, 정음사, 1959, pp. 44~45; 『유충렬전·정비전』, 김유경·이윤석 교주, 이회문화사, 2005.
10. "한글소설이라는 장르가 사대부들이 생산한 문학양식이 아니며, 소설의 향유계층 또한 사대부였다고 볼 수 없다." "군담소설의 작자층은 정치에 참여한 적이 없거나, 군주와 신하의 윤리에 무지한 사람들이었다." 서대석, 『군담소설의 구조와 배경』, 이화여대 출판부, 1985, p. 107.
11. 성향을 측정하는 기준으로는 '양'적인 '많거나 적음'보다는 '세거나 약함'의 '강도'가 적절하다. 이는 분할할 수 없는 양적 특성을 뜻하며, 압력, 온도, 밀도 등이 이에 해당한다.
12. "한림이 일가친척을 모다 청해놓고 사씨의 전후 죄상을 이르고 기어코 쫓아낼 것을 말하니, 모든 사람이 본대 사씨의 친절함을 알고 모다 한림의 망녕임을 짐작하나 (…)". 김만중, 『구운몽·사씨남정기』, p. 165.
13. 고소설의 이러한 세계관은 "초월주의적 존재론"으로 명명되곤 한다. 물론 모든 고소설이 이런 초월주의적 존재론을 가지고 있는 것은 아니다. 예컨대 판소리계 소설은 이와 대비되는 현실주의적 존재론을 가지고 있는 것으로 설명되기도 한다. 이상택, 「총론: 한국 고전소설의 개념과 특질」, 이상택 외, 『한국 고전소설의 세계』, 돌베개, 2005, p. 20. 그렇다면 『심청전』, 『춘향전』 등에서 나타나는 상대적으로 강한 감상성을 현실주의의 산물로 볼 수도 있겠다. 그러나 고소설들 간의 차이에도 불구하고, 근대의 문예물들과 비교한다면 고소설 전반에 걸쳐 초월적인 존재론이 강하

게 드러나고 있다고 보아야 할 것이다. 『춘향전』에서 춘향의 탄생을 천상계와 관련 짓는 부분이나, 『심청전』에서 용왕의 도움을 받는 것 등에서 이를 확인할 수 있다.

14. 유교적인 세계관에 입각한 17~18세기의 전형적인 영웅소설의 주인공이 보여주는 성격적 특징으로 '의지의 결여'가 제시되기도 한다. 그는 단지 "천상에서 마련된 예정된 질서에 따라 '상황을 통과'하는 인물"인 것이다. 류준경, 「한국 고전소설의 작품 구성 원리」, 『한국 고전소설의 세계』, p. 182. 이영미 역시 고소설과 신파의 관계를 논의하면서, 고소설에 있어서 신파의 중요한 성격인 자학과 자기연민이 드러나지 않는 것은 고소설이 담고 있는 중세적 사고방식에 기인하는 것이라 설명한다. 고소설에서 "주인공의 승리"는 "하늘의 뜻"이며, "이는 곧 주인공의 고난과 해결이 세상 전체의 질서 속에 의미 지워진 것임을 의미"한다. 그리고 이는 "하늘의 뜻"에 기반한 "선악의 윤리에 대한 의심이 없"는 어떤 윤리관을 함축하는 것이기도 하다. 이영미, 「딱지본 대중소설과 신파성」, 『대중서사연구』 12/1, 2006, p. 21. 중세에 이런 초월주의적 사고방식이 요구되었던 배경 중 하나는 중세사회의 기본 질서를 이루고 있었던 신분제다. 신분제가 담지하는 절대성은 현실을 초월하는 근원적인 근거를 가졌을 때 효과적으로 보증될 수 있기 때문이다. 그리고 이런 초월적인 절대성은 안정을 기본적인 성격으로 가지기 때문에 존재의 본질 또한 안정으로 여기는 관점을 수반한다. 또한 이런 중세의 초월적 사고방식은 교의dogma의 성격을 띠게 되며, 그 결과 그것이 제시하는 존재론과 윤리학은 의심의 대상이 될 수 없다. 반면, 신분제가 해체된 자유주의적인 근대사회에서는 이와는 다른 사고방식이 요구된다. 근대사회는 동일한 권리를 가진 수많은 개인의 경쟁을 기본적인 성격으로 가지므로, 대립과 투쟁이야말로 존재의 근본적인 성격이다. 존재의 본성이 불안정한 것이라면, 교의 또한 더 이상 존재할 수 없다. 따라서 어떤 가치도 자명한 것이 될 수 없다. 모든 가치는 의심의 대상이 되고 상호 경합의 상황에 놓인다.
15. 여성이 정치와 관련을 가지는 상황 자체가 현저히 드물었다. 여성영웅이 등장하는 『박씨전』, 『정수정전』, 『정비전』 등이 있지만 이는 희귀한 사례에 해당한다.
16. 조동일, 『한국문학통사(3)』, pp. 54~55.
17. 〈전선야곡〉은 유호 작사, 박시춘 작곡, 신세영 노래의 1950년대를 대표하는 대중가요다. 이영미는 〈전선야곡〉의 눈물에 "영웅적 비장"과 "신파적 탄식"이 함께 있다고 논평한 바 있다. 인용한 부분은 1절과 3절이다. 이영미, 『한국대중가요사』, 시공사, 1998, p. 111.
18. 일부 대목을 문법에 맞게 수정했다. 이인직, 「혈의 누」, 권영민 외 편, 『한국신소설 선집(1)』, 서울대 출판부, 2003, p. 51.
19. 이인직, 「혈의 누」, 『한국신소설 선집(1)』, p. 42.
20. 이인직, 「혈의 누」, 『한국신소설 선집(1)』, p. 55.
21. 이인직, 「혈의 누」, 『한국신소설 선집(1)』, pp. 54~55.

22. 고미숙, 『한국의 근대성, 그 기원을 찾아서: 민족 · 섹슈얼리티 · 병리학』, 책세상, 2001, p. 63.
23. 박은식, 「서사건국지」, 이재연 편, 『애국부인전/을지문덕/서사건국지』, 한국학술정보, 2001, pp. 102~103.
24. 『장한몽』의 '이수일과 심순애' 서사가 여러 매체와 장르를 넘나들었던 궤적에 관해서는 다음을 참조하라. 박진영, 『책의 탄생과 이야기의 운명』, 소명, 2013, pp. 265~297.
25. '단란한 가정'은 소설 『장한몽』 마지막 장의 제목이다.
26. 조일제, 「장한몽」, 전광용 외 편, 『한국신소설 전집(9)(재판)』, 을유문화사, 1969, p. 233.
27. 최원식은 『장한몽』을 신소설과 『무정』을 이어주는 가교로 설명한다. 근대 최초의 장편소설이지만 봉건적 상상력에 여전히 매여 있기 때문이다. 최원식, 「장한몽과 위안으로서의 문학」, 김윤수 외 편, 『한국문학의 현단계(1)』, 창작과비평사, 1982. 그런데 근대적 눈물의 흐름이라는 관점에서 볼 때에도 『장한몽』은 신소설과 『무정』 사이를 잇는 역할을 한다.
28. 신파적 세계 속에서 누이와 정혼자는 종종 같은 위상에 놓인다. 남성이 위기로부터 지켜야 할 가족 내 여성이라는 점에서 동일하기 때문이다. 신파적 상상력에서 최종적인 범주는 가족과 성별이라고 할 수 있다. 그래서 형식은 영채뿐만 아니라 다른 모든 여성에 대해서도 유사한 태도를 보인다. 영채의 기생 동생인 계향에게도 그러하고, 급기야 자신의 아내인 선형한테까지 그러하다.
29. 이광수, 『무정 외: 한국소설문학대계(2)』, 동아출판사, 1995, p. 23.
30. 이광수, 『무정 외: 한국소설문학대계(2)』, pp. 376~377.
31. 이광수, 『무정 외: 한국소설문학대계(2)』, p. 376.
32. 김현주는 『무정』이 구사하는 동정sympathy의 수사학에 관해 다음과 같이 말하고 있다. "『무정』의 '인간'학과 '사회'학의 특징은 개인의 윤리의 원천을, 나아가 사회의 토대를 다른 무엇보다도 '감정'에서 찾으려 했다는 점이다. 이것이, 왜 이 소설의 제목이 '무정'인가, 다시 말해 '무정함'이 왜 그토록 문제적인 것이었는가라는 질문에 대한 대답이다." 그에 따르면, 이런 감정적 동력은 이광수의 다른 글에서 빈번하게 등장하는 "동정"에 다름 아니며, 이는 "인간이 생존을 위하여 이기적으로 긍정한 상태에서 (…) 타자들을 상상적으로 '나' 혹은 '우리' 안으로 초대할 수 있는 일종의 도덕감정을 가리킨다". 이런 '동정'의 개념은 애덤 스미스의 '도덕감정'과 유사한 것이기도 하다. 그런데 이런 관점은 '동정'의 감정이 가질 수 있는 질적 차이를 간과한다. 물론 스미스와 이광수가 보편적으로 평등한 인간 주체 간의 동정적 관계를 지향했을 수는 있지만, 그것은 언제나 수많은 차이로 분할될 수밖에 없기 때문이다. 『무정』의 감정 또한 성별에 의해 구획되어 있음을 간과하지 않아야 한다. 감

정에 의해 구축되는 공동체가 가족적인 경우에 이는 명백하다. 이광수가 『무정』에서 제시하는 "균열 없는 공동체의 궁극적 형태는 가족"으로, 결말에서 "전직 기생과 기생어미, 여학생, 교사, 하숙집 주인이 비로소 한 가족이" 되는 것이다. 김현주, 『이광수와 문화의 기획』, 태학사, 2005, p. 175, 181, 183.

33. 이광수는 "언제나 '대중적으로 읽힌' 유일무이한 신문학계의 작가였다." 천정환, 『근대의 책읽기』, 푸른역사, 2003, p. 299. 1917년 『매일신보』 연재로 탄생한 『무정』은 1918년 단행본으로 출판된 이래 여러 출판사를 거치며 식민지기 동안 총 8판 출판되었다. 박진영, 『책의 탄생과 이야기의 운명』, p. 253.

34. 윤효정, 「생존경쟁」, 『자강회』 11, pp. 4~7(박찬승, 『한국근대정치사상사연구: 민족주의 우파의 실력양성운동론』, 역사비평사, 1992, p. 37에서 재인용).

35. 인간의 지적 역량을 규명하는 것은 근대철학의 주요한 과제다. 임마누엘 칸트 Immanuel Kant가 인식론적 탐구를 통해, 감성, 오성, 이성을 구분했던 것이나, '진·선·미'를 다루는 고양된 인간의 정신능력으로서 순수이성, 실천이성, 미적 판단력을 탐구했던 것은 대표적인 사례다. 임마누엘 칸트, 『순수이성비판』, 최재희 옮김, 박영사, 1972; 『실천이성비판』, 최재희 옮김, 박영사, 1976; 『판단력비판』, 이석윤 옮김, 박영사, 1974. 20세기에는 비판정신을 결여한 기술적이고 도구적인 이성에 대한 성찰이 광범위하게 제기되었다. 세계대전의 대량살상과 파시즘의 등장이 그런 성찰이 이루어지게 된 주요 배경이었다. M. 호르크하이머·Th. W. 아도르노, 『계몽의 변증법』, 주경식·이상훈·김유동 옮김, 문예출판사, 1995; 막스 호르크하이머, 『도구적 이성비판』, 박구용 옮김, 문예출판사, 2006. 한편으로 이는 경제를 중심으로 하는 사적 영역과 그것을 기반으로 성립하는 정치적 공적 영역 사이의 혼란을 문제시하는 관점과도 궤를 같이한다. 위르겐 하버마스, 『공론장의 구조변동: 부르주아 사회의 한 범주에 관한 연구』, 한승완 옮김, 나남, 2001; 한나 아렌트, 『인간의 조건』, 이진우·태정호 옮김, 한길사, 1996. 사적 영역이 기술적·도구적 이성의 영역이라면 공적 영역은 비판적·성찰적 이성의 영역일 수 있기 때문이다. 결론적으로, 보편성으로서의 '진·선·미'란 생존의 문제로부터 고양된 정신과 행위의 대상이다. 이는 비판적·성찰적·목적적인, 그러므로 '근본적' 이성의 대상이다.

36. 세계관의 이러한 변화는 윤리의 기준에 있어서도 변화를 초래했다. 이상적이고 절대적인 윤리가 현실적이고 상대적인 것으로 대체되기 시작했다. 이제 투쟁에서 승리하기 위한 것이라면 무엇이든 정당화될 수 있게 되었다. 근대 전환기의 '문명개화'는 절대적인 가치를 실현하기 위해 주창된 것이 아니었다. 경쟁에서 싸워서 살아남기 위한 수단으로 선택된 것이었다. 자기보존에는 수단을 가릴 수 없으니 살육도 반드시 악은 아니라는 새로운 도덕론이 제시된 것도 이러한 맥락에 있다. 이상천, 「새도덕론」, 『학지광』 5, 1915. 5. p. 39(권보드래, 『한국근대소설의 기원』, 소명, 2000, p. 37에서 재인용).

37. 가라타니 고진, 『일본근대문학의 기원』, 박유하 옮김, 민음사, 1997, pp. 17~61.
38. 미셸 푸코, 『성의 역사(1): 지식의 의지』, 이규현 옮김, 나남, 1990, p. 75.
39. 이는 서구 근대의 모든 가족이 그랬다는 것을 의미하지는 않는다. 이는 부르주아 가족을 그 모델로 한다. 하지만 서구 근대가 진행되는 과정에서 이 부르주아적 모델은 실제의 다양한 가족을 수렴하게 하는 강력한 힘을 가지고 있었다. 부르주아 가족에 관해서는 다음을 참조하라. 위르겐 하버마스, 『공론장의 구조변동』, p. 120.
40. 농촌에서는 1950년대에 전통적 가족이 해체되었던 것으로 조사되었다. 김동춘, 『근대의 그늘』, 당대, 2000.
41. 김혜경, 『식민지하 근대가족의 형성과 젠더』, 창비, 2006, pp. 287~300.
42. 이광수, 「자녀중심론」, 『이광수 전집(10)』, 삼중당, 1971, pp. 33~37.
43. 권보드래, 『연애의 시대』, 현실문화연구, 2003, pp. 76~82.
44. 가옥 구조를 비교하는 것으로 이를 간략히 추론해보자. 근대 사적 영역의 모델이 되는 서구 부르주아 가정의 가옥에는 "안주인과 집주인이 나란히 하인과 이웃들 앞에서 점잖게 행동하던 거실 홀"이 더 이상 없을 뿐만 아니라, 가족 내에서도 성원 개인의 영역을 구분하는 것이 고귀하게 여겨진다. 바로 이런 공간 속 사적 생활을 통해 사적 개인이 출현한다. 이를 기준으로 생각할 때, 한국의 가옥 구조는 사적 개인을 출현하게 만들기에 충분치 못하다고 할 수 있다. 개인 공간의 확보를 극대화하는 가옥 구조는 한국에서 완전히 정착하지 못했기 때문이다. 무엇보다, 현재 한국의 가장 지배적인 주거 형식인 전용면적 85.1㎡의 주택은 가족 성원들의 사적 공간을 충분히 확보해주기에는 너무 좁지 않을까? 부르주아 가정의 가옥 구조에 관해서는 다음을 참조했다. 위르겐 하버마스, 『공론장의 구조변동』, pp. 119~120.
45. 한국사회 전반에 있어서 핵가족이 지배적인 형태가 된 이후에도 핵가족 특유의 개인주의가 여전히 관철되지 않는 현상을 볼 수 있다. 그 이유들 중 하나로 "유교 사상에 내포된 권위주의적 가족(부양)관계가 산업화 이후에도 핵심적 가족규범으로써" 재수용된 것을 들 수 있을 것이다. 장경섭, 『가족 · 생애 · 정치경제: 압축적 근대성의 미시적 기초』, 창비, 2009, p. 92.
46. 김동춘은 근대 한국에 있어서 "핵가족화된 가족을 하나의 분리 불가능한 공동체로 간주하고 가족의 번영을 최고의 가치로" 여기는 신가족주의가 작동해왔으며, 이는 지역, 직업 등을 매개로 하는 시민적 영역의 부재를 수반하는 것임을 지적한 바 있다. 김동춘, 『근대의 그늘』, pp. 86~87.
47. 조혜정, 『한국의 여성과 남성』, 문학과지성사, 1988, p. 91.
48. 물론 그중에서도 가장 강력한 전쟁은 한국전쟁이었다. 김동춘은 20세기의 가장 치열했던 그 전쟁을 치렀던 경험이 21세기에까지 한국사회를 강력하게 규정하고 있음을 지적한 바 있다. 김동춘, 『전쟁과 사회: 우리에게 한국전쟁은 무엇이었나?』, 돌

베개, 2000.

49. 그래서 중국에서 국가는 황실, 즉 지배층 그 자체, 지배의 기구, 혹은 그 지배력이 미치는 범위 등을 의미하는 단어로 오랫동안 사용되었다 전근대 중국에서의 '국가' 개념의 등장과 사용에 관해서는 다음을 참조했다. 박상섭, 『국가·주권』, 소화, 2008, pp. 93~100.

50. 박찬승, 『민족·민족주의』, 소화, 2010, pp. 50~61.

51. 근대기에 모든 인간은 공적이자 사적인 존재가 되었다. 하지만 우리가 동시에 공적이며 사적일 수는 없다. 우리가 공적으로 생각하고 행동할 때에는 사적이지 않아야 하며, 그 역도 마찬가지다. 공·사는 공존하되 서로를 배제한다. 이것이 사적인 것으로 공적인 것을 은유할 수 있게 된 배경인 동시에 공·사의 문란이 일어날 수 있는 조건이다.

52. 조선시대에 공은 '가치'의 개념이었다. 즉 공은 보편적인 윤리라는 긍정적인 의미를, 사는 공과 대립되는 부정적인 의미를 가지는 개념이었다. 반면에, 서구 근대의 공·사는 가치와는 무관한 '영역'의 범주다. 사적인 것이 내밀한, 개인적인, 자유의 영역을 뜻한다면, 공적인 것은 공개적이고 공동체적인, 규범의 영역을 뜻한다. 전근대와 근대의 공·사 개념에 관해서는 다음을 참조했다. 황병주, 「식민지 시기 '공'개념의 확산과 재구성」, 『사회와 역사』 73, 2007.

53. 『성리대전性理大典』은 '정치방법론(치론)'이라는 제명에서 '종법宗法(부계친의 원칙)'을 핵심 용어로 사용했다. 이 종법에 관해 송대 유학자들은 다음과 같이 논의했다. "종자宗子를 선택할 때 어떤 법적 통제가 없으면, 조정은 다음 세대의 관직자[世臣]를 기대할 수 없다. 종법이 없다면 종자가 죽을 경우, 족(출계집단)은 붕괴되어, 그 집은 다음 세대로 이어지지 못하기 때문이다. 만약 종법이 세워져 고위 관료들이 자신들의 가계를 유지할 수 있게 되면, 그들은 국가에 충성과 정의를 바칠 것이고, 이로써 국가의 기초는 확고해질 것이다." 『성리대전』 67: 1~2(마르티나 도이힐러, 『한국 사회의 유교적 변환』, 이훈상 옮김, 아카넷, 2003, p. 188에서 재인용).

54. '병렬'과 '대체'는 언어의 기본 구조에 해당한다. 예컨대 "눈물은 감정이다"라는 문장은 두 가지의 구별되는 원리에 의해 의미를 갖게 된다. 첫째, 이 문장에서 '눈물', '은', '감정', '이다'는 각각 '대체' 가능한 다른 단어들과의 차이를 통해 의미를 획득한다. 예컨대 눈물은 '개념'으로, 감정은 '이성'으로 대체될 수 있다. 둘째, 그 단어들은 문법에 맞게 특정한 순서대로 '병렬'됨으로써 의미를 가진다. 그 순서가 바뀌면 문장의 의미는 붕괴되거나 다른 것이 된다. 이러한 병렬과 대체의 원리는 각각 '계열체적paradigmatic', '통합체적syntagmatic'인 것으로 명명되기도 한다. 로만 야콥슨 Roman Jakobson은 대체와 병렬을 각각 '선택'과 '조합', '유사성의 원리'와 '인접성의 원리', '은유'와 '환유'와 등치했다. 그는 이를 근거로 실어증의 유형을 설명했을 뿐만 아니라, 이를 문화적으로 확대해서 특정한 개인, 작품, 문화가 은유나 환유 중 한

쪽으로 쏠리는 현상의 원리로 활용하기도 했다. 이 생각을 따랐을 때 특정한 사회적 배치는 은유 혹은 환유를 보다 선호할 수 있다. 사회적 배치는 언어가 물질에 새겨지는 방식으로 작동하므로 언어의 특성이 사회에도 그대로 적용될 수 있기 때문이다. 이에 따른다면, 전근대의 공동체와 개인을 배치하는 방식은 환유적이라고, 근대의 방식은 은유적이라고 할 수 있다. 또한 본문 중의 '대체'와 '병렬'을 각각 '은유'와 '환유'로 바꿔 읽어도 좋다. 로만 야콥슨, 「언어의 두 측면과 실어증의 두 유형」, 로만 야콥슨·모리스 할레, 『언어의 토대: 구조기능주의 입문』, 박여성 옮김, 문학과지성사, 2009.

55. 이수옥, 「나의 결의」, 『지방행정』, 1977. 9, p. 106.

5장. 민족주의와 눈물

1. 박형규, 『나의 믿음은 길 위에 있다』, 신홍범 정리, 창비, 2010, p. 56.
2. 이이화, 「눈물의 통일학」, 『사회평론』, 1991. 10. pp 16~21.
3. 「김연아, 세계新기록 '첫 우승'」, 『서울투데이』, 2009. 3. 29(http://www.sultoday.co.kr/news/articleView.html?idxno=8840).
4. 「승리의 태극기, 목멘 애국가」, 『조선일보』, 1976. 8. 3(조간 7면).
5. 박찬승, 『민족·민족주의』, pp. 48~49.
6. 문태준, 「오늘 우리는 대한민국 국민인 것이 너무나 자랑스럽습니다」, 『조선일보』, 2010. 2. 26.
7. 김내성, 『한국장편문학대계(16): 청춘극장(상)』, 성음사, 1970, p. 147.
8. 『청춘극장』에 관해서는 다음을 참조하라. 이호걸, 「김내성의 『청춘극장』과 한국 액션영화」, 이영미 외, 『김내성 연구』, 소명, 2011.
9. 한스 콘, 「민족주의의 개념」, 백낙청 편, 『민족주의란 무엇인가』, 창작과비평사, 1981, p. 16.
10. 1789년의 헌법제정국민의회Assemblée nationale constituante, 1792년의 국민공회Convention Nationale 등이 네이션을 이름에 포함한 경우다. 그리고 국민의회가 선포한 「인간과 시민의 권리선언('인권선언')」은 3조에 "모든 주권의 원리가 본질적으로 네이션에 있다Le principe de toute souveraineté réside essentiellement dans la Nation"라는 내용을 담았다.
11. 박찬승, 『민족·민족주의』, p. 28.
12. 막스 베버, 「직업으로서의 정치」, p. 71.
13. 민족이 아닌 혈통적·문화적 공동체들의 존재가 국민의 규정성을 증명한다. 예컨대 마오리족은 민족이 아니다. 그들은 독립적인 국민으로 구성되었거나, 국민으로 구성될 것을 요청함으로써만 민족이 될 수 있다. 그러지 않는다면 그들은 뉴질랜드 민

족의 일부를 구성하는 한 종족일 뿐이다. 역으로, 혈통·문화적 공동체가 아닌 국민들의 존재 또한 국민의 규정성을 증명한다. 미국이 그런 사례다.

14. 에릭 홉스봄Eric Hobsbawm은 한국, 일본, 중국을 종족에 기반한 민족국가의 사례로 파악한다. 물론 이는 보편적이지 않은 특수한 민족국가의 경로다. 에릭 홉스봄, 『1780년 이후의 민족과 민족주의』, 강명세 옮김, 창작과비평사, 1994, pp. 94~95.
15. 혹은 스스로를 혈통공동체로 상상하는 국민을 지향하는 인간집단일 수도 있다.
16. 주지하다시피, 민족이 상상된imagined 공동체임은 베네딕트 앤더슨Benedict Anderson에 의해 밝혀졌다. 베네딕트 앤더슨, 『민족주의의 기원과 전파』, 윤형숙 옮김, 나남, 1991.
17. 가라타니 고진柄谷行人도 근대화 과정에서 해체된 농업공동체가 "그 공동성을 민족 안에서 상상적으로 회복"함을 지적한 바 있다. 가라타니 고진, 『트랜스크리틱: 칸트와 마르크스를 넘어서기』, 송태욱 옮김, 한길사, 2005, p. 462.
18. 니라 유발-데이비스, 『젠더와 민족』, 박혜란 옮김, 그린비, 2012, p. 88.
19. 가라타니 고진, 『트랜스크리틱』, p. 463.
20. 가라타니 고진, 『네이션과 미학』, 조영일 옮김, 도서출판b, 2009, pp. 13~29. 경제적인 관계를 이렇게 세 가지 유형으로 나누는 것이 아주 새로운 방식은 아니다. 하일브로너 등은 경제문제를 해결하는 세 가지 방식으로 전통, 명령, 시장을 든다. 이는 각각 증여, 강탈, 교환에 해당한다. 하일브로너·밀버그, 『자본주의 어디서 와서 어디로 가는가』, pp. 30~45.
21. 이런 관계가 극단적으로 확장될 수도 있다. 우리는 인류 일반과 이런 관계를 맺기도 한다. 예컨대 지구 반대편의 낙후된 지역의 난민들에게 뭔가를 기부할 때, 우리는 그런 관계를 맺는다.
22. 에른스트 르낭, 『민족이란 무엇인가』, 신행선 옮김, 책세상, 2002, p. 81.
23. 독립군가 〈님생각〉과 일본 군국주의 여성상의 특성은 다음에서 인용한 것이다. 문소정, 「식민지시기 한국 민족주의의 젠더상상에 관한 연구: 〈독립군가〉를 중심으로」, 『여성학연구』 19/1, 2009, p. 113.
24. 장준하, 『돌베개(개정판)』, 세계사, 2007, pp. 263~281.
25. 서양의 민족주의에 관해서는 다음을 참조했다. 백낙청 편, 『민족주의란 무엇인가』; 한국서양사학회 편, 『서양에서의 민족과 민족주의』, 까치, 1999.
26. 한나 아렌트, 『전체주의의 기원(1)』, 박미애·이진우 옮김, 한길사, 2006, p. 273.
27. 김구, 『백범일지(보급판)』, 도진순 주해, 돌베개, 2002, p. 66.
28. 박은식, 「한국통사」, 신채호·박은식, 『조선상고사/한국통사』, 윤재영 역해, 동서문화사, 2012, pp. 357~359.
29. 문소정, 「식민지시기 한국 민족주의의 젠더상상에 관한 연구」, p. 101.
30. 이상비, 「민족문학사연구(2)」, 『원대논문집』 15, 1981, p. 174.

31. 김기승, 「식민사학과 반식민사학」, 한국역사연구회 편, 『한국역사입문(3)』, 풀빛, 1996, p. 413.
32. 함석헌, 『뜻으로 본 한국역사』, 한길사, 2003, p. 94; p. 390; p. 110; p. 21.
33. 함석헌, 『뜻으로 본 한국역사』, p. 448.
34. 이는 안중근의 3주기에 참여한 지사들이 지은 추모시 중 일부다. 김삼웅, 『안중근 평전』, 시대의창, 2009, p. 383.
35. 박은식, 『한국독립운동지혈사』, 김도형 옮김, 소명, 2008, p. 26.
36. 송건호, 『한국 민족주의의 탐구』, 한길사, 1977, pp. 161~163.
37. 『도산 안창호』, 흥사단, 1992, p. 57.
38. 니라 유발-데이비스, 『젠더와 민족』, p. 174.
39. 이영일은 1960년대 한국영화의 분류 과정에서 '범죄 스릴러', '전쟁 소재 액션', '대륙물', '마도로스물', '스파이 활극', '사극 액션물' 등의 액션영화 하위장르에 관해 언급한다. 이영일, 『한국영화전사』, pp. 365~387. 여기에 1970년 전후에 등장했던 '무국적 갱스터물', 1970년대 초에 등장했던 '항일 협객물'을 새롭게 명명해서 덧붙였다.
40. 나운규는 〈아리랑〉이 나오던 당시가 "서부활극 전성시대"였으며, 〈아리랑〉은 "외국영화를 흉내" 내 "템포가 빠르고 스피드가 있었다"고 회고한다. 『조선영화』 창간호, 1936. 11(김종욱 편, 『실록 한국영화총서(상)』, pp. 333~335); 〈아리랑〉의 활극성에 관해서는 다음을 참조하라. 이정하, 「나운규의 〈아리랑〉(1926)의 재구성: 〈아리랑〉의 활극적 효과 혹은 효과의 생산」, 『영화연구』 26, 2005.
41. 민족주의적 내용을 직설적으로 담고 있지 않았던 〈아리랑〉이 민족주의적 영화가 되는 과정에 관해서는 다음을 참조하라. 김려실, 『투사하는 제국 투영하는 식민지』, 삼인, 2006, pp. 88~118.
42. '한'의 개념에 관해서는 다음을 참조하라. 백문임, 「멜로드라마와 '한'의 미학: 〈갯마을〉과 〈월하의 공동묘지〉를 중심으로」, 『민족문학사연구』 29, 2005.
43. 허심, 「유신키네마 2회작 〈임자 없는 나룻배〉 시사평」, 『동아일보』, 1932. 9. 14(김종욱 편, 『실록 한국영화총서(상)』, p. 807).
44. 송악산인, 「〈임자 없는 나룻배〉 시사를 보고」, 『매일신보』, 1932. 9. 14~15(김종욱 편, 『실록 한국영화총서(상)』, p. 808).
45. 죠지 딕키, 『미학입문: 분석철학과 미학(수정판)』, 오병남 · 황유경 옮김, 서광사, 1983, pp. 41~47.
46. 하즈미 쓰네오, 「조선영화를 말한다」, 『일본잡지 모던일본과 조선 1939』, 윤소영 외 옮김, 어문학사, 2007, p. 377.
47. 김동인 · 전영택, 『배따라기/화수분 외: 한국소설문학대계(4)』, 동아출판사, 1995, p. 78.

48. 김동인 · 전영택, 『배따라기/화수분 외: 한국소설문학대계(4)』, p. 90, 91.
49. 〈서편제〉가 민족을 대표하는 정서를 담은 영화라는 관점은 흔히 볼 수 있다. "〈서편제〉는 곧 우리 민족의 한의 역사와 한을 뛰어넘는 미적 승화를 그려내고 있는 영화라고 볼 수 있다." 「올 대종상 작품상 수상 〈서편제〉」, 『경향신문』, 1993. 4. 23(29면).
50. 한국방송공사 편, 『이산가족을 찾습니다: TV 특별 생방송 138일의 기록』, 한국방송공사, 1984, pp. 290~292.
51. "한국전쟁 이후 1950년대까지 남한에서의 민족주의 논의는 사실상 실종되었다." 이승만 정권은 "극단적인 반공주의, 반북주의를 내세우면서 민족주의를 억압하였"던 것이다. "민족주의론이 부활한 것은 4.19혁명 이후였다." 박찬승, 『민족 · 민족주의』, pp. 232~233.
52. 2018년 4월 27일 남북정상회담이 개최되던 날 아침 CBS 라디오 〈김현정의 뉴스쇼〉 청취자 게시판에 가장 많이 올랐던 단어도 '눈물'이었다. http://www.cbs.co.kr/radio/pgm/main/?pgm=1378.
53. 박창암, 「전쟁지도원리: 형세작위를 중심으로」, 『자유』 창간호, 1968, pp. 20~21(권명아, 「여성수난사 이야기와 젠더정치학」, 신형기 · 김철 편, 『문학 속의 파시즘』, 삼인, 2001, pp. 281~284에서 재인용).
54. 김구, 『백범일지』, p. 424.
55. 「양키놈들에 짓밟힌 여교사 음독자살」, 『해방선언(2)』, 서울대 해방선언사, 1986. 4. 17(1면).
56. 만주 웨스턴의 일탈적 쾌락에 관해서는 다음을 참조하라. 박유희, 「만주웨스턴 연구」, 『대중서사연구』 20, 2008.
57. 김내성, 『한국장편문학대계(17): 청춘극장(중)』, 성음사, 1970, p. 221.
58. 정선태, 「근대계몽기 '국민' 담론과 '문명국가'의 상상」, 비교역사문화연구소 기획, 『근대한국, '제국'과 '민족'의 교차로』, 책과함께, 2011, pp. 28~31.
59. 김현주, 「이광수의 문화적 파시즘」, 신형기 · 김철 편, 『문학 속의 파시즘』, 삼인, 2001, p. 100.
60. 박찬승, 『민족 · 민족주의』, p. 218, 228; 서중석, 『이승만의 정치 이데올로기』, 역사비평사, 2005, p. 90.
61. 강만길, 「한국 민족주의론의 이해: 송건호의 민족주의론을 중심으로」, 리영희 · 강만길 편, 『한국의 민족주의 운동과 민중』, 두레, 1987, p. 17.
62. 성유보, 「4월혁명과 통일논의」, 송건호 · 강만길 편, 『한국민족주의론(2)』, 창작과비평사, 1983.
63. 박정희, 「우리 민족의 나아갈 길」, 『한국 국민에게 고함(2판)』, 동서문화사, 2006, p. 321.

64. 박정희, 「국가와 혁명과 나」, 『한국 국민에게 고함(2판)』, p. 601.

6장. 파시즘과 눈물

1. 박정희, 『우리민족의 나아갈 길』, p. 13.
2. 박정희, 「우리 민족의 나아갈 길」, p. 445.
3. 함석헌, 『뜻으로 본 한국역사』, p. 485.
4. 함석헌, 『뜻으로 본 한국역사』, p. 477.
5. 박정희, 『우리민족의 나아갈 길』, p. 1.
6. 박정희, 『우리민족의 나아갈 길』, p. 17.
7. 박정희, 「지금 헐뜯고 모략할 때가 아니다」(대통령 선거연설, 1963. 9. 28, 서울중·고교 교정), 『한국 국민에게 고함』, p. 44.
8. 송건호, 「60·70년대의 통일논의」, 송건호·강만길 편, 『한국민족주의론(2)』, 창작과 비평사, 1983, p. 152.
9. 강만길, 「한국 민족주의론의 이해」, p. 17.
10. 베네딕트 앤더슨, 『민족주의의 기원과 전파』, p. 113.
11. 베네딕트 앤더슨, 『민족주의의 기원과 전파』, p. 115.
12. 제국주의 일본에서 '국체'란 "아마테라스天照와 제1대 진무神武 천황으로부터 내려오는 '만세일계'의 천황이 통치하는 신성한 일본국가 혹은 일본민족이라는 의미"다. 나인호·박진우, 「독재와 상징의 정치: 나치즘과 일본 파시즘의 정치종교」, 임지현·김용우 편, 『대중독재(2)』, 책세상, 2005, p. 201.
13. 조희연, 『박정희와 개발독재시대』, 역사비평사, 2007, p. 33.
14. 일상에 대한 다양한 억압의 양상에 관해서는 다음을 참조할 수 있다. 공제욱 편, 『국가와 일상: 박정희 시대』, 한울, 2008.
15. 케빈 패스모어, 『파시즘』, 강유원 옮김, 뿌리와이파리, 2007, p. 62.
16. Roger Griffin, *The Nature of Fascism*, Routledge, New York, 1993.
17. Roger Griffin, *The Nature of Fascism*, p. 26.
18. 케빈 패스모어, 『파시즘』, p. 62.
19. 마크 네오클레우스, 『파시즘: 지성의 근본주의』, 정준영 옮김, 이후, 2002, pp. 99~168.
20. 조지 모스, 『대중의 국민화』, 김지혜 옮김, 소나무, 2008.
21. 로버트 O. 팩스턴, 『파시즘: 열정과 광기의 정치혁명』, 손명희·최희영 옮김, 교양인, 2005, p. 449.
22. 임지현·김용우 편, 『대중독재』, 책세상, 2004.
23. 조희연, 「박정희 시대의 강압과 동의: 지배·전통·강압과 동의의 관계를 다시 생각

한다」, 임지현·김용우 편, 『대중독재(2)』, 책세상, 2005.

24. 마루야마 마사오, 『현대정치의 사상과 행동』, 김석근 옮김, 한길사, 1997, p. 75.
25. 로버트 O. 팩스턴, 『파시즘』, pp. 443~449.
26. '대중독재론'은 1990년대 말에 최초로 제기됐고, 2000년대 초의 열띤 논쟁을 유발했다. 이는 21세기에 이루어진 한국 현대사에 대한 가장 중요한 논쟁일 것이다. 그 내용은 대부분 단행본으로 출판되었다. 임지현 외, 『우리 안의 파시즘』, 삼인, 2000; 임지현·김용우 편, 『대중독재』, 2004; 임지현·김용우 편, 『대중독재(2)』; 상문석·이상록 편, 『근대의 경계에서 독재를 읽다: 대중독재와 박정희 체제』, 그린비, 2006; 임지현·김용우 편, 『대중독재(3)』, 책세상, 2007; 임지현·염운옥 편, 『대중독재와 여성: 동원과 해방의 기로에서』, 휴머니스트, 2010.
27. 진중권, 「죽은 독재자의 사회」, 이병천 편, 『개발독재와 박정희 시대』, 창비, 2003, pp. 351~353.
28. 강창일, 「통치구조와 지배정책」, 한국역사연구회 편, 『한국역사입문(3)』, 풀빛, 1996, p. 313.
29. 『조선일보』, 1961. 7. 12(공제욱, 「서론: 박정희 시대 일상생활 연구의 의의」, 공제욱 편, 『국가와 일상』, p. 14에서 재인용).
30. 강창일, 「통치구조와 지배정책」, p. 313.
31. 박영재·박충석·김용덕, 『19세기 일본의 근대화』, 서울대 출판부, 1996, p. 77.
32. 윤건차, 『일본 그 국가·민족·국민』, 하종문·이애숙 옮김, 일월서각, 1997, p. 28.
33. 나인호·박진우, 「독재와 상징의 정치」, p. 201.
34. 김보현, 『박정희 정권기 경제개발』, 갈무리, 2006, p. 88.
35. 쿠데타 직후 군사정부는 〈오발탄〉을 상영 금지했다. 이영일, 『한국영화전사』, p. 321.
36. 농촌에 〈쌀〉이 있었다면 도시에는 〈혈맥〉(김수용 연출, 1963)이 있었다. 이는 해방촌에서의 절망적인 빈곤의 삶을 절절히 보여준다는 점에서 〈오발탄〉과 매우 유사한 영화다. 하지만 영화의 마지막에 이르면, 젊은이들은 공장에 취직하고, 낡은 집을 수리하며, 학교에 입학한다. 집을 나와 방직공장에 취직한 젊은 커플을 그들의 두 아버지가 찾는 것으로 영화는 마무리되는데, 결말부에 제시되는 공장의 모습은 놀라울 정도로 유토피아적이다.
37. 박정희, 「1967년 신년사」, 『한국 국민에게 고함(2판)』, 동서문화사, 2006, pp. 164~165.
38. 박정희, 「민족의 저력」, 『한국 국민에게 고함(2판)』, 동서문화사, 2006, p. 670.
39. 박정희, 「민족의 저력」, p. 775.
40. 김원, 『박정희 시대의 유령들』, 현실문화, 2011, p. 95.
41. 조갑제, 『박정희의 결정적 순간들』, 기파랑, 2009, pp. 332~335.

42. 「광부들 향수도 달래고」, 『동아일보』 1964. 12. 11(2면).
43. 조갑제, 『박정희의 결정적 순간들』, p. 334.
44. 발터 벤야민, 「기계복제시대의 예술작품」, 『발터 벤야민의 문예이론』, 반성완 옮김, 민음사, 1983, p. 229.
45. 박정희, 「우리 민족의 나아갈 길」, p. 315.
46. 박정희, 「국가와 혁명과 나」, p. 483.
47. 「슬픔에 잠긴 육여사 빈소」, 『동아일보』, 1974. 8. 19(1면).
48. 권인숙, 「진보, 권위 그리고 성차별」, 임지현 외, 『우리 안의 파시즘』, 삼인, 2000, pp. 145~147.
49. 『조공』, 1979. 10. p. 30(황병주, 「박정희 체제의 지배 담론과 대중의 국민화」, 임지현·김용우 편, 『대중독재』, 책세상, 2004, p. 507에서 재인용).
50. 김기호, 『이제는 울지 않으련다』, 학문사, 2003.
51. 김기호, 『이제는 울지 않으련다』, p. 65, 83, 115, 141, 301.
52. 조갑제, 『박정희의 결정적 순간들』, p. 601.
53. 홍순혜, 『억새풀』, 진명사, 1977.
54. 「특집 드라마 〈억새풀〉」, 『중앙일보』, 1976. 12. 2(8면).
55. 「우수영화 확정」, 『동아일보』, 1977. 3. 30(5면).
56. 홍순혜, 『억새풀』, p. 295.
57. 『노동』 11/1, 노동청, 1977, p. 82.
58. 윤석중, 「제6회 근로자 생활수기를 뽑고」, 『노동』 10/4, 노동청, 1976, p. 88.
59. 이재선, 「어제의 슬픔이 오늘의 행복을」, 『노동』 10/4, 노동청, 1976, pp. 84~91.
60. 김용일, 「나에게도 희망이」, 『노동』 13/2, 노동청, 1979, pp. 86~94.
61. 이영일, 『한국영화전사』, p. 266.
62. 특히 가부장제적 공·사 영역 분할이 모호해진 것이 위기로 느껴졌다. 그러한 상황은 〈이 생명 다하도록〉에서 잘 표현된다. 조혜정, 『한국의 여성과 남성』, pp. 91~107. 이 시기 모범적인 중산층 가정에 대한 상은 1960년대 전반기에 많이 만들어졌던 '가족 드라마' 영화들에서 확인할 수 있다. 이 영화들에 관해서는 다음을 참조하라. 이길성, 「1960년대 가족 드라마의 형성과정과 제 양상 연구」, 중앙대 박사학위논문, 2006.
63. 권보드래·천정환, 『1960년을 묻다』, 천년의상상, 2012, p. 295.
64. 국토건설동우회 편, 『헐벗은 들판에서 한없이 울었다』, 조광출판, 2008.
65. 김영미, 『그들의 새마을운동』, 푸른역사, 2009, p. 373.
66. 남화숙, 『배 만들기, 나라 만들기: 박정희 시대의 민주노조운동과 대한조선공사』, 남관숙·남화숙 옮김, 후마니타스, 2013, p. 17.
67. 황병주, 「박정희 체제의 지배 담론과 대중의 국민화」, p. 501.

68. 이수옥, 「나의 결의」, p. 106.
69. 박정희, 「박정희 일기」, 『우리 국민에게 고함(2판)』, 동서문화사, 2006, p. 967.
70. 진중권, 「죽은 독재자의 사회」, 『개발독재와 박정희 시대』, pp. 342~344; 홍윤기, 「민주화 시대의 '박정희'」, 이병천 편, 『개발독재와 박정희 시대』, 창비, 2003, pp. 366~373.
71. 이인화, 『인간의 길(1, 2, 3)』, 살림, 1997, 1998; 조갑제, 『내 무덤에 침을 뱉어라(1~8)』, 조선일보사, 1998~2001.
72. 이와 관련해서는 2004년 『월간 말』의 기사를 참고하라. 「박정희가 예비군 훈련장에 나타난 까닭」, 『월간 말』 222, 2004; 『조선일보』의 한 칼럼에서는 "단병호, 이남순, 문성근, 명계남 씨는 이 '숨가쁜 역사'와 '눈물 젖은 빵'을 모를 것이다. 그걸 알면서도 나라를 벼랑으로 떠밀고 공영방송을 통한 현대사 비틀기를 계속한다면, 옛 시절 용어로 '비국민非國民'이라 불려도 할 말이 없을 것이다."라고 을러댔다. 강천석, 「눈물 젖은 역사를 가르치라—통곡으로 대신한 애국가… 역사 비트는 非국민들」, 『조선일보』, 2003. 9. 2.
73. 한나 아렌트, 『정신의 삶(1)』, 홍원표 옮김, 푸른숲, 2004, p. 17.
74. 「〈저 하늘에도 슬픔이〉 주인공 이윤복 씨, '슬픔' 못 풀고 숨져」, 『동아일보』, 1990. 1. 26(10면).
75. 박홍숙에 관한 내용은 모두 다음을 참조했다. 김원, 『박정희 시대의 유령들』, pp. 334~382.
76. 김원, 『박정희 시대의 유령들』, p. 377.
77. 김원, 『박정희 시대의 유령들』, p. 378.
78. 김원, 『박정희 시대의 유령들』, p. 341, 343.

7장. 사회주의와 눈물

1. 고준석, 『해방 1945-1950 공산주의운동사의 증언』, 정범구 옮김, 흔겨레, 1989, pp. 291~292.
2. 김원, 『박정희 시대의 유령들』, pp. 361~362, 372~373.
3. 채희완·임진택 편, 『한국의 민중극』, 창작과비평사, 1985, p. 252.
4. 채희완·임진택 편, 『한국의 민중극』, p. 271.
5. 임진택, 「새로운 연극을 위하여: '마당극'에 대한 몇 가지 견해」, 『민중연희의 창조』, 창작과비평사, 1990, pp. 14~21.
6. 김지하, 「양심선언」, 『남녘땅 뱃노래』, 두레, 1985, p. 48.
7. 김지하, 「양심선언」, p. 48.
8. 다음의 진술은 민중주의에 있어서 공동체의 중요성을 잘 보여준다. "현 단계 민족

운동의 이념을 공통적으로 수렴하는 가장 핵심적인 개념이 바로 '공동체'가 아닐까 한다." 백기완 외, 『공동체문화(2)』, 공동체, 1984, p. 3. 임진택은 새로운 연극을 만드는 것에서 전통적 민속극의 계승을 주된 방법론으로 삼았다. 그에 따르면, 민속극은 "개인의 문제를 개인적 차원에서 다루는 것이 아니라 공동의 문제를 공동의 차원에서 해결하고자 하는 노력"을 특징으로 한다. 임진택, 「새로운 연극을 위하여」, p. 29.

9. 장석준, 『사회주의』, 책세상, 2013, p. 9.
10. "사회주의의 역사는 여러 가지 사회주의들의 역사이다. 게다가 그것은 우애적인 다수의 역사가 아니라 경쟁과 적대관계의 역사이다." 앤소니 라이트, 『사회주의 이론과 실제』, 김유 옮김, 인간과사회, 2000, p. 13.
11. 앤소니 라이트, 『사회주의 이론과 실제』, p. 37.
12. 제프 일리, 『더레프트 1848~2000』, 유강은 옮김, 뿌리와이파리, 2008, p. 79.
13. 이에 관해서는 프리드리히 엥겔스Friedrich Engels의 간략한 요약을 참조하는 것이 유용하다. 프리드리히 엥겔스, 『반듀링론』, 김민석 옮김, 새길, 1988, pp. 288~302.
14. 이와 관련해서는 제프 일리Geoff Eley의 저작을 참조하는 것이 유용하다. 제프 일리, 『더레프트 1848~2000』, pp. 77~101. 한편, 마르크스주의를 공식 이념으로 채택하고 있었던 독일 사회민주당이 제2인터내셔널에 참여했던 사회주의 정당의 모델이 된 것에서 이를 확인할 수 있다. 독일 사회민주당은 1890년 총선에서 득표율 1위를 기록하기도 했다. 장석준, 『사회주의』, p. 55, 69.
15. 볼셰비키는 '다수파'라는 뜻이었다. 하지만 실제로 다수파였던 것은 아니다. 다수파를 지향했던 분파였다고 보는 것이 정확하다. 물론 그들은 혁명을 통해 실제로 다수파가 되는 것에 성공했다.
16. 러시아혁명의 또 다른 지도자인 레온 트로츠키Leon Trotskii는 "발전한 국가보다 먼저 경제적으로 후진적인 국가에서 노동자들이 권력을 잡는 것이 가능"함을 강하게 주장했다. 제프 일리, 『더레프트 1848~2000』, p. 283. 블라디미르 레닌Vladimir Lenin은 의식적 전위의 존재 없이는 혁명이 불가능함을 오래전부터 주장해왔다. 혁명적 의식은 오직 노동자의 "외부에서 들여올 수 있을 뿐"인 것이다. 블라디미르 레닌, 『무엇을 할 것인가』, 최호정 옮김, 박종철출판사, 1999, p. 39. 레닌은 프롤레타리아트 독재를 비난하는 칼 카우츠키Karl Kautsky를 반박하면서 그가 "피압박계급에 의한 혁명적 폭력의 사용을 회피"한다고 비난한다. 블라디미르 레닌, 『프롤레타리아 혁명과 배신자 카우츠키』, 허교진 옮김, 소나무, 1988, p. 27. 그리고 국가의 소멸을 위해서는 국가를 장악하는 것이 먼저 필요함을 강조하면서 폭력혁명의 불가피성을 역설했다. 블라디미르 레닌, 『국가와 혁명』, 문성원·안규남 옮김, 돌베개, 1992, pp. 15~36.
17. 러시아혁명 직후 러시아령 내의 한인 사회주의자들의 활동에 관해서는 다음을 참

조했다. 임경석, 『한국 사회주의의 기원』, 역사비평사, 2003, pp. 43~72.

18. 1920년대 전반기 국내에서의 사회주의운동에 관해서는 다음을 참조했다. 임경석, 『한국 사회주의의 기원』, pp. 116~123.
19. 임경석, 『한국 사회주의의 기원』, pp. 43~44.
20. 3.1운동 직후 한국의 민족주의자들이 사회주의자로 전환하는 과정에 관해서는 다음을 참조했다. 임경석, 『한국 사회주의의 기원』, pp. 83~90.
21. 카를 마르크스·프리드리히 엥겔스, 「공산당 선언」, 『마르크스·엥겔스 저작선(재판)』, 김재기 편역, 거름, 1997, p. 72.
22. 마르크스·엥겔스, 「공산당 선언」, p. 64.
23. 블라디미르 레닌, 『국가와 혁명』, p. 11.
24. J. V. 스탈린, 「맑스주의와 민족문제」, 『스탈린 선집(1): 1905~1931』, 서중건 옮김, 전진, 1988.
25. 성대경 편, 『한국현대사와 사회주의』, 역사비평사, 2000, p. 6.
26. 박영희, 「화염 속에 있는 서간철」, 『개벽』, 1925. 11(역사문제연구소 문학사연구모임, 『카프문학운동연구』, 역사비평사, 1989, p. 16에서 재인용).
27. 박영희, 「신경향파 문학과 그 문단적 지위: 금년은 문단에 있어서 새로운 첫걸음을 시작하였다」, 『개벽』, 1925. 12. pp. 4~5.
28. 김원, 『박정희 시대의 유령들』, p. 348.
29. 최서해, 「탈출기」, 곽근 편, 『최서해 전집(상)』, 문학과지성사, 1987, p. 19.
30. 최서해, 「탈출기」, p. 18.
31. 최서해, 「탈출기」, p. 20.
32. 최서해, 「탈출기」, p. 23.
33. 김학렬, 「조선 프롤레타리아문학작품의 특징」, 사에구사 도시카쓰 외, 『한국 근대문학과 일본』, 소명, 2003, p. 416.
34. 최서해, 「탈출기」, p. 24.
35. 프리드리히 엥겔스, 『가족, 사유재산, 국가의 기원』, 김대웅 옮김, 아침, 1994, p. 100.
36. 권희영, 「1920~30년대 '신여성'과 사회주의: 신여성에서 프로여성으로」, 『한국민족운동사연구』 18, 1998, p. 107.
37. 김기진은 여성 작가 김명순을 비판하면서 성적으로 "방종하게 지내던 사람으로 훌륭한 사람을 본 경험이 없다"고 하기도 했다. 『신여성』, 1924. 11. p. 49(권희영, 「1920~30년대 '신여성'과 사회주의」, p. 111에서 재인용).
38. 권희영, 「1920~30년대 '신여성'과 사회주의: 신여성에서 프로여성으로」, p. 110.
39. 장영은, 「아지트키퍼와 하우스키퍼: 여성사회주의자의 연애와 입지」, 『대동문화연구』 64, 2008. 주류 언론이 선정적으로 이들의 존재를 다뤘기 때문에 왜곡된 면도

있겠으나, 어느 정도는 실상을 반영했을 것이다.

40. 이상경, 「1930년대 사회주의 여성에 관한 연구」, 『성평등연구』 10, 2006, pp. 69~77.
41. 이와 관련해서는 다음을 참조했다. 거다 러너, 『가부장제의 창조』.
42. 이동희·노상래 편, 『박영희 전집(1)』, 영남대 출판부, 1997, p. 213.
43. 프로문학에서 가족의 모티프를 활용하는 양상과 관련해서는 다음을 참조할 수 있다. 최시한, 「경향소설의 가족 문제」, 『배달말』 21, 배달말학회, 1996.
44. 신파적 눈물의 사례를 초기 프로문예 작품들에서 발견하는 것은 매우 쉽다. 최승일의 「죄」(1927)는 가난에 어쩔 수 없이 매춘을 하게 된 아내에 대한 우식의 연민과 자책감을 다룬다. 조명희의 「새거지」(1927)는 두 아이의 어머니가 극도의 빈궁 끝에 거지가 되어야 할 상황 앞에서 아이들에게 느끼는 연민과 자책의 감정을 중심으로 한다. 김운정의 희곡 「기적 불 때」(1924)는 할아버지는 병들고, 손자는 공장에서 부상을 입는 가족적 위기의 상황을 다룬다. 가족들은 서로에 대한 연민과 자책의 감정에 사로잡히며, 이는 결국 늙은 아버지의 자살로 이어진다. 이기영의 「민촌」(1925)은 가족의 가난으로 인해 점순이가 색마인 박 주사의 아들에게 팔려 가며 흘리는 눈물을 서사의 중심부에 배치한다. 점순이의 아버지, 오빠 그리고 그녀의 연인은 그녀에 대한 연민과 자책감으로 터질 듯하다. 가능한 남성신파의 위치가 모두 설정되고 있다. 그 눈물은 다양한 행동을 유발했다. 조명희의 「마음을 갈아먹는 사람」(1926)에서처럼 그냥 포기하고 떠나는 경우도 있다. 그러나 역시 고통에 저항하는 실천이 더 두드러진다. 박영희의 「전투」(1925)에서 순복이는 정애가 부잣집 아이에게 구박당하는 것을 보고 치솟는 의지를 가지게 된다. 김유방의 희곡 「삼천오백 냥」(1924)에서 택성은 자신의 연인이 팔려 갈 상황에 놓이자 신파적 감상에 휩싸이며 사장의 돈을 훔쳐 온다. 한설야의 「인조폭포」(1928)에서 '나'는 매춘부로 일하는 고향 처녀를 만나 남성신파적 감상성에 휩싸이고 결국 그녀의 구출을 시도한다. 박영희의 「사건」(1926)에서 화자는 꽃을 팔러 다니는 여인이 누이 같다고 느끼면서 그를 위한 주먹질에 앞장선다.
45. 조명희, 『낙동강(외)』, 이명재 편, 범우, 2004, pp. 339~341.
46. 서경석, 『한국 근대 리얼리즘문학사 연구』, 태학사, 1998.
47. 조명희, 「낙동강」, 『조명희 선집』, 창조문화사, 2000.
48. 「석공조합대표」에서 노동자 창호는 경성의 석공조합대표 회의에 참석하고자 한다. 이는 가족을 위기로 몰아넣을 수 있는 일이다. 공장주는 그를 협박하지만 창수는 결국 경성을 향한다. 지주이기도 한 공장주는 창호의 집을 찾아 그의 해고와 함께 경작지를 떼어낼 것을 통고한다. 그리고 늙은 아버지를 무참히 짓밟는다. 아버지와 아내의 눈물이 흐른다. 하지만 그렇다고 창호가 포기할 수는 없다. 아버지가 눈물을 멈추고 저항하기 시작하고, 아내가 포효하며 지주에게 덤벼드는 것으로 소설은

마무리된다. 가족 성원들은 이제 동지가 되었다. 송영, 「석공조합대표」, 『송영 작품집』, 김학균 편, 지식을만드는지식, 2008.

49. 금강산인(金剛山人), 「조선민족해방 영웅적 투사 이재유 탈출기」, 『신천지』, 1946. 6(김경일 편저, 『이재유 나의 시대 나의 혁명: 1930년대 서울의 혁명운동』, 푸른역사, 2007, p. 335에서 재인용).
50. 편집부, 『철학사전』, 도서출판 친구, 1987, pp. 181~182.
51. 식민지기에 사회주의자들은 가부장제적 젠더의 철폐를, 무수한 젠더화의 가능성을 인정하는 것이 아니라 일원적 남성화로 오인하곤 했다. 그쪽이 아니라면 가능한 다른 선택지는 그저 기존 가족제도로의 복귀였다. 일원적 남성화가 「피의 무대」의 길이라면, 기존 가족제도로의 복귀는 「부음」의 길이었다. 권희영, 「1920~30년대 '신여성'과 사회주의」, pp. 110~126; 장경섭, 「가족과 이데올로기: 사회주의와 가족」, 『가족학논집』 3, 1991, p. 181.
52. 사적인 것의 해체와 재구성에 대한 마르크스주의 기획은 매우 취약했다. 새로운 공산주의적 인간형을 창출하기 위해서 현실의 사회주의 국가들이 추구했던 방법은 대체로 개인의 자유를 억압하고 사적 영역을 극도로 축소하는 것이었다. 소련의 강제수용소와 비밀경찰은 이를 단적으로 보여주는 사례다.
53. 마르크스·엥겔스, 「공산당 선언」, p. 88; 발터 벤야민, 「역사철학테제」, 『발터 벤야민의 문예이론』, 반성완 옮김, 민음사, 1983, p. 353.
54. 한국전쟁기 빨치산의 삶은 가부장제에 대한 사회주의자들의 혼란스러운 인식이 잘 드러나는 지점이다. 전쟁의 상황은 대원 모두를 사실상 남성화했고, 대원들 간 연정이라도 싹틀라치면 엄격하게 제어됐다. 그러나 주요 간부에게는 시중드는 여인, 소위 산중처가 있었던 것이다. 이태, 『남부군(개정판)』, 두레, 2014, p. 233.
55. 이광수는 1910년에 발표한 최초의 한국 최초의 근대문학론 「문학의 가치」에서 문학을 '정'을 중심으로 규정했다. 김명인, 「한국 근대 문학개념의 형성과정: '비애의 감각'을 중심으로」, 『한국근대문학연구』 6/2, 2005, pp. 177~182.
56. 권보드래, 『연애의 시대』.
57. 이는 상실과 좌절로 인한 고통, 슬픔, 눈물의 영탄으로 점철된 김억, 김소월, 이상화, 박종화 등의 시에서 두드러졌다. 소설도 비슷했다. 김동인의 이력은 「약한 자의 눈물」(1919)로 시작하며, 「배따라기」(1921)는 한 서도 남성의 한 많은 눈물을 중심에 놓는다. 현진건의 「빈처」(1921)와 「운수 좋은 날」(1921)은 각각 무능한 지식인, 도시 빈민 남성의 눈물을 다룬다. 나도향의 소설에서도 역시 많은 눈물이 흐른다.
58. 김명인은 문학을 '정'을 중심으로 규정한 1910년대 문학담론의 연장선상에서 1920년대 문학의 주된 정조인 '비애'에 주목하고 있다. 이 비애의 감각이 부르주아 개인주의를 넘어 민중적 현실과 만남으로써 프로문학이 탄생했다는 것이다. 김명인, 「한국 근대 문학개념의 형성과정」.

59. 손유경은 타인의 고통에 대한 상상적 감각이 윤리적 실천을 낳는 '동정'의 심리적 기제가 이 시기 심성사를 관류하고 있다고 파악했다. 손유경, 『고통과 동정』. 가난한 장애인 모녀의 고통에 동정하고 그들과 함께 슬퍼한 끝에 한 달 봉급 1원 75전을 고스란히 그들에게 주는 한 미술교사의 모습을 그린 나도향의 소설 「1원 75전」은 시대감정으로서 '동정'을 잘 드러내는 일례다.
60. 1910년대 이래의 시대정신을 '파괴와 창조의 충동'으로 파악한 소영현의 논의를 참조했다. 소영현, 「근대소설과 낭만주의」, 『상허학보』 10, 2003.
61. '정'의 문학가 이광수에 대해 박영희는 '열熱'이 없음을 비판했다. 이때 박영희가 원했던 것은 '열정'일 것이다. 박영희, 「이광수론」, 『개벽』 55, 1925. 1, p. 93; 손유경, 『고통과 동정』, pp. 108~111.
62. 최서해, 「혈흔(창작서집)」, 『최서해 전집(상)』, 곽근 편, 문학과지성사, 1987, pp. 11~13.
63. "열정의 문학적 함의를 가장 발 빠르게 포착한 세력은 바로 문학의 사회적 가치에 깊은 인식을 보였던 사회주의 문학론자들이었다." 손유경, 『고통과 동정』, p. 113.
64. 임화, 「조선 영화론」, 정재형 편, 『한국 초창기의 영화이론』, 집문당, 1997, p. 113.
65. 이영일, 『한국영화전사』, p. 105.
66. 역사문제연구소 문학사연구모임, 『카프문학운동연구』, 역사비평사, 1989, pp. 26~61; 당시 사회주의운동에서도 두 차례의 노선 전환이 있었다. 1926년 말 사회주의자들의 연합단체였던 정우회는 대중기반 확대, 정치투쟁 강화를 선언하고, 구체적 전술로 합법운동화와 민족주의와의 연대를 내걸었다. 그리고 이듬해에 민족단일당 성격의 단체 신간회에 참여했다. 서대숙, 『한국공산주의 운동사 연구(개역판)』, 현대사연구회 옮김, 이론과실천, 1995, pp. 87~88. 1928년 말에도 변화가 왔다. 소련이 이끌던 코민테른Communist International이 조선의 사회주의자들에게 민족주의자들과의 연합전선을 파기하고 '계급 대 계급' 전술로 전환할 것을 요청했다. 이는 당시 코민테른의 국제적인 전술 변화와 궤를 같이하는 것이었다. 이후 한국의 사회주의자들은 민족주의자들과의 연대를 파기하고 공산당 재건에 집중하면서 좌편향의 전술을 구사한다. 서중석, 『한국현대민족운동연구(3판)』, 역사비평사, 1993, pp. 113~119.
67. "소위 신경향파 문학이나 경제투쟁의 문학은 자연생장적 (…) 이에 있어서는 목적의식적으로 나아가야 한다." 박영희, 「문예운동의 방향전환」, 『조선지광』 66, 1927. 4(임규찬·한기형 편, 『카프비평자료총서(3): 1차 방향전환과 대중화 논쟁』, 태학사, 1989, p. 129).
68. 역사문제연구소 문학사연구모임, 『카프문학운동연구』, p. 60.
69. "프롤레타리아 리얼리즘이란 이러한 프롤레타리아트의 세계관이 변증법적 유물론에 입각하여 사회현상을 유물론적으로 발전성에 있어 전체성에서 파악하고 그것

을 프롤레타리아트의 결국의 **라는 계급적 입장에서 형상을 빌리어 묘출하는 예술적 태도인 것." 안막, 「프로예술의 형식문제: 프롤레타리아 리얼리즘의 길로」, 『조선지광』 90, 1930. 3(임규찬·한기형 편, 『카프비평자료총서(4): 볼셰비키화와 조직운동』, 태학사, 1989, p. 86).

70. "눈물 어린 '로맨틱'한 애조를 읊을 때마다 이것을 파괴하지 않고 파괴하기 전에 안가安價의 감격이 발동해서 이 애조를 찬미한다. (…) 예술가여! 감격의 눈물로써만 사회를 보려 하지 말자." 박영희, 「문예평론: 문예시평과 문예잡감」, 『조선지광』 71, 1927. 10(『카프비평자료총서(3)』, p. 254).
71. 박영희, 「무산계급 예술운동의 정치적 역할: 비통한 호소에서 발랄한 투쟁에」, 『예술운동』 창간호, 1927. 11(『카프비평자료총서(3)』, p. 353).
72. 안막, 「마르크스주의 예술비평의 기준」, 『중외일보』 1930. 4. 19~27(『카프비평자료총서(4)』, p. 130).
73. 임화, 「시인이며! 일보 전진하자」, 『조선지광』 91, 1930. 6(『카프비평자료총서(4)』, p. 155).
74. 한설야의 「공장지대」에 대한 비평의 일부다. 신유인, 「문학창작의 고정화에 향하여」, 『조선중앙일보』, 1931. 12. 1~8(『카프비평자료총서(4)』, pp. 380~381).
75. 임화, 「시인이며! 일보 전진하자」(『카프비평자료총서(4)』, p. 155).
76. 권환, 「조선 예술운동의 당면한 구체적 과정」, 『조선중앙일보』, 1931. 12. 1~8(『카프비평자료총서(4)』, p. 200).
77. 조중곤은 「낙동강」을 자연생장기적 한계를 지닌 것으로 비판했다. 조중곤, 「'낙동강'과 제2기 작품」, 『조선지광』 71, 1927. 10(『카프비평자료총서(4)』, p. 331).
78. 김기진, 「시감 이편」, 『조선지광』 70, 1927. 8(『카프비평자료총서(3)』, pp. 258~259).
79. 김기진은 "조선에서 센티멘탈리즘이 아니"면 재미없는 것으로 여겨진다는 점을 강조하면서, 프로문예가 무엇보다도 "독자대중을 붙잡"아야 할 것을 주장했다. 김기진, 「문예시대관 단편」, 『조선일보』, 1928. 11. 9~20(『카프비평자료총서(3)』, pp. 484~488).
80. 그들은 "아낙이 해산하는 것은 나무에서 실과가 떨어지는 것같이 예사로 보"지만, "이삭이 팰 때의 볏대는 그렇게 훌훌이 보아 넘기지 못"하는 사람들로 그려진다. 한설야, 『과도기: 한설야 단편선집(1)』, 김외곤 편, 태학사, 1989, p. 274.
81. 이기영, 『고향』, 문학사상사, 1994, p. 552.
82. 김두용, 「창작방법상의 문제: 리얼리즘과 로맨티시즘」, 『동아일보』, 1935. 8. 24(임규찬·한기형 편, 『카프비평자료총서(6): 카프해산기의 창작방법 논쟁』, 태학사, 1989, pp. 408~410).
83. 토지제도와 지세제도를 개편하기 위한 토지조사사업(1910~18)의 시행은 농민층 분해의 주요한 원인이다. 경작권, 입회권 등과 같은 관습화된 농민의 권리를 부정

하고 지주의 사유권만을 인정하는 것이 소작농의 삶의 조건을 악화시켰다. 정연태, 「일제의 식민농정과 농업의 변화」, 한국역사연구회 편, 『한국역사입문(3)』, 풀빛, 1996. p. 328.

84. 김경일 외, 『동아시아의 민족이산과 도시: 20세기 전반 만주의 조선인』, 역사비평사, 2004, pp. 33~34.
85. 滿洲帝國協和會, 『國內における鮮系國民實態』, 1943, p. 11(김경일 외, 『동아시아의 민족이산과 도시』, p. 39에서 재인용).
86. 와다 하루키, 『김일성과 만주항일전쟁』, 이종석 옮김, 창작과비평사, 1992.
87. 아버지가 빠져 있는 것은 식민지 근대 특유의 '고아' 콤플렉스의 산물일 것이다. 식민지 근대의 아버지 부재에 관해서는 다음을 참조할 수 있다. 김명인, 「한국근현대소설과 가족로망스」, 『민족문학사연구』 32, 2006; 나병철, 「이광수의 성장소설과 가족로망스」, 『비평문학』 21, 2005.
88. 1930년대 일제는 만주 지역 한인의 회유와 동원을 위해 자위단을 조직해 활용했다. 이는 강경애의 「소금」에도 등장하는 모티프다. 자위단과 관련해서는 다음을 참조할 수 있다. 이양희, 「일제의 만주지역 자위단 조직과 활용」, 『한국독립운동사연구』 56, 2016.
89. 당시 황석영은 일본 신파극의 수입이 『꽃 파는 처녀』에 미친 영향을 비판했다. 아르투어 슈니츨러Arthur Schnitzler의 「눈먼 제로니모와 그의 형」을 번안한 일본 신파극과의 연관도 지적했다. 황석영, 「항쟁 이후의 문학」, 『창작과 비평』 16/4, 1988, pp. 74~76; 『꽃 파는 처녀』의 신파성을 설명하면서 「눈먼 제로니모와 그의 형」과 직접 비교하는 논의도 이루어진 바 있다. 조성면, 「『꽃 파는 처녀』의 신파성과 대중성 그리고 상호텍스트성」, 『대중서사연구』 20/1, 2014.
90. 이명자에 따르면, 전후 북한영화에서는 "대중을 체념적 눈물로 몰아넣는 신파적 내러티브"의 제거가 주요한 과제였다. 이명자, 『북한영화사』, 커뮤니케이션북스, 2007. 이때의 '신파'는 수동적, 소극적, 부정적인 감상성을 뜻한다. '정치적 실천과 매개되곤 하는 가족적 눈물의 흐름'으로 신파를 규정한다면 북한 예술의 신파성에 대해 전혀 다른 논평이 가능할 것이다.
91. 『한 자위단원의 운명』, 황토, 1989, p. 478.
92. 김성수, 「프로문학과 북한문학의 기원」, 『민족문학사연구』 21, 2002, pp. 59~71.
93. 1961년 당대회에서 조선노동당이 "항일 빨치산의 빛나는 혁명전통을 계승"한 것으로 선언된 것과 궤를 같이한다. 이종석, 『북한의 역사(2): 주체사상과 유일체제 1960~1994』, 역사비평사, 2011, p. 20.
94. 1970년대 초까지는 김일성이 유격대원들의 '군중적 창작'을 '지도'했다는 것이 북한 당국의 공식적 입장이었다. 현재는 김일성이 직접 창작한 것으로 규정되고 있다. 김성수, 「프로문학과 북한문학의 기원」, pp. 68~70.

95. 「초진」의 한국어 번역본을 활용했다. 「질소비료공장」, 안승현 편, 『한국노동소설전집(3)』, 보고사, 1995.
96. 소연방아카데미, 『미학의 기초(2)(재판)』, 편집부 옮김, 논장, 1994, p. 207.
97. 일반적으로 '인민'은 특정 단계의 특정 계급을 넘어서는, 역사의 발전을 이끄는 광범위한 의미에서의 집단적 주체를 뜻한다. '민중'과 거의 같은 의미로 볼 수 있다.
98. 이는 예술의 인민성에 대한 북한의 특수한 해석이라고 할 수 있다. 민족문학사연구소, 『북한의 우리문학사 인식』, 창작과비평사, 1991, p. 26.
99. 박찬승, 『민족·민족주의』, p. 240.
100. 김일성, 「우리 민족의 대단결을 이룩하자」, 국가안전기획부 편, 『북한의 '민족주의' 선전자료집』, 국가안전기획부, 1995, p. 537(박찬승, 『민족·민족주의』, p. 240).
101. 일제의 밀정조직 '민생단'에 가담했다는 오명을 쓰고 많은 한국인이 죽음을 당한 사건이 있다. 한국 민족주의 특유의 고통의 서사를 강화하는 대목이라고 할 수 있다. Hongkoo Han, 1999, *Wounded Nationalism: The Minsaengdan Incident and Kim Il Sung in Eastern Manchuria*, Ph.D. diss., University of Washington(신기욱, 『한국 민족주의의 계보와 정치』, 이진준 옮김, 창비, 2009, pp. 137~138).
102. 신기욱, 『한국 민족주의의 계보와 정치』, p. 145.
103. 찰스 암스트롱, 「가족주의, 사회주의, 북한의 정치종교」, 김지혜 옮김, 임지현·김용우 편, 『대중독재(2)』, pp. 178~179.
104. 북한의 민족주의와 가족주의의 결합 양상에 관해서는 찰스 암스트롱의 논의가 돋보인다. 찰스 암스트롱, 「가족주의, 사회주의, 북한의 정치종교」.
105. 이종석, 『북한의 역사(2)』, p. 99.
106. 신기욱, 『한국 민족주의의 계보와 정치』, p. 145.
107. 와다 하루키, 『김일성과 만주항일전쟁』, pp. 172~176.
108. 레닌은 전위의 지도 없이는 혁명이 불가능하다고 주장했다. 그는 노동자들이 사회주의적 의식성을 스스로 획득하지 못해왔음을 환기하며, 전위적인 혁명가조직의 필요성을 역설했다. 레닌, 『무엇을 할 것인가』. p. 38, 168.
109. 위르겐 하버마스는 19세기 유럽의 신중상주의 국가의 경제 개입이 국가의 사회화, 사회의 국가화 현상을 초래했음을 지적한 바 있다. 그는 이를 매우 부정적으로 보았으며, 공·사의 교착 상태, 재봉건화 등으로 규정했다. 위르겐 하버마스, 『공론장의 구조변동』, p. 246. 북한은 이런 상황이 극대화된 경우로 볼 수 있다.
110. "스탈린은 모든 사람의 아버지였"으며, "그 과정 속에서 소비에트의 시민은 어린아이 취급을 받게 되었다." "아버지인 스탈린이 수행하는 부모의 역할은 징벌적인 것이 아니라 모성적인 것"이었으니 엄밀히는 스탈린이 '어버이'였다고 봐야 할 것이다. 수잔 벅모스, 『꿈의 세계와 파국: 대중 유토피아의 소멸』, 윤일성·김주영 옮김, 경성대 출판부, 2008, pp. 237~238.

111. 사이토 준이치, 『자유란 무엇인가: 벌린, 아렌트, 푸코의 자유 개념을 넘어』, 이혜진 외 옮김, 한울, 2011, p 38~39.
112. 이종석, 『북한의 역사(2)』, pp 200~202.
113. 이는 최승칠의 『돌아보는 얼굴』로 알려져 있다. 남한에서는 1989년에 출판되었다. 저자명인 '조해문'은 '조국해방문학'의 준말인 것으로 보인다. 황석영, 『가자 북으로 오라 남으로』, 이룸, 2000, p. 298; 조해문, 『애국시대(상, 하)』, 대동, 1989.
114. 찰스 암스트롱, 「가족주의, 사회주의, 북한의 정치종교」, p. 186.
115. 이는 김일성의 어머니인 강반석의 전기에 나오는 한 구절이다. Kang Ban Sok, *The mother of Korea: Biographical Novel*, Pyonyang: Foreign Language Publishing House, 1978, p. 108(찰스 암스트롱, 「가족주의, 사회주의, 북한의 정치종교」 p. 183에서 재인용).
116. 이종석, 『북한의 역사(2)』, p. 106.
117. 수잔 벅모스, 『꿈의 세계와 파국』, p. 143.
118. 김지하, 「고행 1974」, 『남녘땅 뱃노래』, 두레, 1985, pp. 31~32.
119. 김지하, 「참된 아름다움은 대중적인 것이다」, 『남녘땅 뱃노래』, 두레, 1985, p. 10.
120. 김지하, 「풍자냐 자살이냐」, 『타는 목마름으로』, 창작과비평사, 1982, p. 143.
121. 김지하, 「풍자냐 자살이냐」, p. 143.
122. 이들은 혁명을 이끌 전위조직을 지향하고, 연북노선을 취했던 점에서 공통적이다. 정창렬, 「1960~1970년대 '공안사건'의 전개양상과 평가」, 한국역사연구회 현대사 연구반 편, 『한국현대사(3): 1960, 70년대 한국사회와 변혁운동』, 풀빛, 1991, p. 176. 이들 사이에 상호 인적 관계도 있었던 것도 확인된다. 편집부, 『통일혁명당』, 나라사랑, 1988, p. 215.
123. 노르베르트 보비오, 『자유주의와 민주주의』, 황주홍 옮김, 문학과지성사, 1992, p. 44.
124. 김지하, 「양심선언」, pp. 48~49.
125. 김지하, 「풍자냐 자살이냐」.
126. 임진택은 김지하의 "민중연극관을 마당극으로 창출해내는 일과 그의 정치적 담시를 판소리로 수행해내는 일을" 자신의 과제로 피력했다. 임진택, 『민중연희의 창조』, 창작과비평사, 1990, p. 3.
127. '마당'에는 공연이 이루어지는 공간이라는 뜻도 있지만 사회적 상황이라는 의미 또한 담겨 있다. 임진택, 「새로운 연극을 위하여」, pp. 17~18.
128. "나는 나 자신을 한 번도 무슨 '주의자'로 규정해본 일이 없다. 자유의 혼란 속에서 조성되는 창조적 긴장 가운데로 부단히 자신을 던짐으로써 참된 인식에 도달하려는 것, 이것이 현재의 나의 모습이다." 김지하, 「양심선언」, p. 46.
129. 김지하, 「참된 아름다움은 대중적인 것이다」, p. 11.
130. 조영래, 『전태일 평전(개정판)』, 돌베개, 1991, p. 283.
131. 구해근, 『한국 노동계급의 형성』, 신광영 옮김, 창작과비평사, 2002, pp. 56~57.

132. "그것을 두고두고 저주하기 위해서는, 그리하여 끝끝내 그것을 타파하기 위해서는 무엇이든 그것을 부를 이름이 필요했다. 그래서 그는 그것을 '부한 환경'이라고 이름 지었다." 조영래, 『전태일 평전』, p. 75.
133. 조영래, 『전태일 평전』, p. 168.
134. 다음의 인용문과 같은, '민중'이 엘리트에 의해 '발명'된 개념이라는 관점은 힘의 방향을 제대로 포착하지 못한 것이다. "민중 자체에 의해 스스로 형성된 개념이라기보다 진보적 지식인, 학생층의 실천운동을 위한 전략적 필요에 의해 '발명'된 분석적 개념"으로 보는 관점이 있다. 유재천, 『민중』, 문학과지성사, 1984(허영란, 「민중운동사 이후의 민중사: 민중사 연구의 현재와 새로운 모색」, 역사문제연구소 민중사반, 『민중사를 다시 말한다』, 역사비평사, 2013, p. 31).
135. 「민족문학, 이 어둠 속의 행진」, 『월간중앙』, 1972. 3(최원식, 「민족문학론의 반성과 전망」, 송건호·강만길 편, 『한국민족주의론(1)』, 창작과비평사, 1982, p. 352).
136. 「특집: 역사와 사회 그리고 민중」, 『대화』 71, 1976. 11.
137. 석정남, 「인간답게 살고 싶다」, 『대화』 71, 1976. 11; 석정남, 「불타는 눈물」, 『대화』 72, 1976. 12.
138. 석정남, 「불타는 눈물」, p. 237.
139. 석정남, 「불타는 눈물」, p. 239.
140. 이재선, 「어제의 슬픔이 오늘의 행복을」.
141. 유동우, 『어느 돌멩이의 외침』, 청년사, 1984, pp. 16~18.
142. 유동우, 『어느 돌멩이의 외침』, p. 7.
143. 유동우, 『어느 돌멩이의 외침』, pp. 185~188.
144. 구해근, 『한국 노동계급의 형성』, p. 98.
145. 오길성·김남일, 「전진하는 동지여」, 『제1회 전태일문학상 수상작품집(2)』, 세계, 1988, p. 68, 177.
146. 이은영, 『민주깡통을 아십니까: 인천 삼화실업 노동조합 투쟁기』, 돌베개, 1988, pp. 75~77.
147. 석정남, 「불타는 눈물」, p. 241.
148. 유동우, 『어느 돌멩이의 외침』, p. 235.
149. 1963년 240만여 명이었던 남한의 임노동자 수는 경제성장과 함께 폭발적으로 증가해 1970년에 380만, 1980년 650만, 1985년 810만여 명이 되었다. 구해근, 『한국 노동계급의 형성』, p. 65.
150. 1970년대 후반 이후 다양한 공간에서 민중의 문화적 역량의 강화가 큰 폭으로 이루어졌다. 1980년대 전반기까지의 연행, 풍물, 문학, 미술 등의 영역에서 전개된 민중문화운동은 다음을 참조할 수 있다. 정이담 외, 『문화운동론』, 공동체, 1985.
151. 채광석, 「민족문학과 민중문학」, 『채광석 평론선집』, 고명철 편, 지식을만드는지식,

2015, pp. 50~65.

152. 소연방아카데미, 『미학의 기초(2)』, p. 310.
153. 1980년대 후반에 민족적 민중문학론, 노동해방문학론, 민족해방문학론의 사이의 논쟁이 그것이다. 사회주의 리얼리즘의 대의를 공유했기 때문에 이들의 차이는 당시 남한의 현실을 어떻게 규정하는지에 의해 주로 결정되었다. 이 문학론의 차이에 관한 개괄적 내용은 다음을 참조하라. 김명인, 「시민문학론에서 민족해방문학론까지: 1970~80년대 민족문학비평사」, 『사상문예운동(3)』, 동녘, 1990.
154. 안재성, 『파업』, 세계, 1989, p. 270.
155. 방현석, 「내딛는 첫발은」, 『내일을 여는 집』, 창작과비평사, 1991, p. 32.
156. 방현석, 「새벽출정」, 『내일을 여는 집』, 창작과비평사, 1991, p. 91.
157. 극단 천지연, 「선봉에 서서」, 황석영 외, 『문학예술운동(1): 전환기의 민족문학』, 풀빛, 1987, p. 352.
158. 한국여성노동자회, 「우리 승리하리라」, 김병걸 외, 『문학예술운동(2): 문예운동의 현단계』, 풀빛, 1989, p. 419.
159. 한국여성노동자회, 「우리 승리하리라」, p. 419.
160. 권인숙, 「진보, 권위 그리고 성차별」, p. 138.
161. 구체적인 조직개편 양상, 창작 방법론의 변화는 다음을 참조할 수 있다. 이영미, 『마당극 · 리얼리즘 · 민족극』, 현대미학사, 1997, pp. 245~246.
162. 「상반기 공연평가」, 『전망과 건설』 창간호, 민중문화운동연합, 동녘, 1988, pp. 305~306.
163. 「생산의 문화, 투쟁의 문화」, 『전망과 건설』 창간호, p. 193.
164. 유염하, 「북한의 문학작품을 읽고」, 『전망과 건설』 2, 민중문화운동연합, 동녘, 1989, p. 147.
165. 「상반기 공연평가」, p. 306.
166. 「상반기 공연평가」, p. 305.
167. 『전망과 건설』 창간호, pp. 230~256.
168. 『전망과 건설』 창간호, pp. 287~290.
169. "수난을 당하나 그것을 극복하고 올라서는 민중들의 숭고한 정서의 핵심을 노래한다." 『전망과 건설』 창간호, p. 291.
170. 「숭고」, 사카베 메구미 · 아라후쿠 고가쿠 편, 『칸트사전』, 이신철 옮김, 도서출판b, 2009, pp. 220~221.
171. 장 프랑수아 리오타르, 「숭엄과 아방가르드」, 『포스트모던의 조건』, 유정완 · 이삼출 · 민승기 옮김, 민음사, 1992, p. 203.
172. "신명은 잔치판의 흥겨움"인데, "투쟁정서는 풀어헤치고 해체되는 흥겨움과 일치가 아니라, 딛고 일어서는 흥겨움이며 끌어올리는 일치"여야 한다는 것이다. 『전망과

건설』 창간호, p. 298.

173. 1988년에는 반제국주의반파쇼 투쟁을 내세우며 통일운동을 부차적인 측면으로 규정했다. 「당면사업방향에 대하여」, 『전망과 건설』 창간호, pp. 47~48. 1989년에는 반제국주의반독점을 중심에 놓기 시작했다. 「정세동향」, 『전망과 건설』 2, p. 17. 1989년 노동자문화예술운동연합으로 전환한 이후에도 '반제반독점민중민주주의'를 분명히 하는 것을 볼 수 있다. 「문예조직의 노동자계급적 통일을 향하여」, 『노동자문화통신』 3, 새길, 1990. '반제반파', '반제반독점'은 한국사회를 '신식민지국가독점자본주의'로 규정했던 PD 계열의 주요한 정치적 구호였다. 신식민지적 모순에 대해서는 반제국주의 투쟁, 국가독점자본주의의 모순에 대해서는 반파쇼 혹은 반독점자본 투쟁이 요청되었다. PD 계열에서 제출한 주요 혁명론으로 반제반파쇼 민중민주주의혁명, 반제반독점 민중민주주의혁명 등이 있다. 민중민주주의는 사회주의 이전 단계를 뜻하지만, 1980년대 PD가 주장했던 민중민주주의혁명(PDR)의 실질적 의미는 사회주의혁명(SR)이었다. 이는 사회주의 전 단계인 민족자주정권 설립을 1차 과제로 삼았던 NL과의 중요한 차이점이었다. 허상수, 「정치사회적 저항담론과 변혁주체 논쟁: 노동계급운동을 중심으로」, 조희연 편, 『한국의 정치사회적 저항담론과 민주주의 동학』, 함께읽는책, 2004, pp. 277~278.

174. 「반제민중민주화운동의 횃불을 들고 민족해방의 기수로 부활하자」, 『선언으로 본 80년대 민족·민주운동(『신동아』 1990년 1월호 별책부록)』, 동아일보사, 1990, p. 127.

175. 「반제민중민주화운동의 횃불을 들고 민족해방의 기수로 부활하자」, p. 134.

176. NL이 추구했던 민족해방 민중민주주의 혁명의 1단계는 미제국주의의 축출 및 민족자주정권을 수립하는 것이었고, 이후 남북이 연방제 통일을 한 뒤 2단계인 사회주의 혁명을 완수하는 것이었다. 허상수, 「정치사회적 저항담론과 변혁주체 논쟁」, p. 273.

177. NL의 주력 과제는 반외세통일이었다. NL이 주도했던 전대협 10대 강령에는 민중의 생존권과 관련된 항목이 포함되지 않았다. 10대 강령은 다음에서 확인할 수 있다. 이창언, 「NL(민족해방)계열 학생운동의 주류화와 한계」, 이호룡·정근식 편, 『학생운동의 시대』, 선인, 2013, p. 219. 민족주의를 지상의 가치로 여겼으므로 민족주의적 자유주의자들과 함께하는 반독재민주주의 투쟁전선에 적극적으로 합류할 수 있었다. NL이 혁명의 주체를 광범위하게 구성했던 것도 이와 관련된다. NL은 노동자계급, 농민계급, 청년학생을 혁명의 기본 역량으로, 지식인, 도시소자산계급, 애국적 민족자본가, 애국적 군인, 양심적 종교인 등 다양한 계급계층 및 사회집단을 보조 역량으로 규정했다. 허상수, 「정치사회적 저항담론과 변혁주체 논쟁」, p. 275.

178. 김인숙, 「성조기 앞에 다시 서다」, 김명인 편, 『울어라 조국아』, 풀빛, 1988, p. 318.

179. 1986년의 주요 NL 문건들은 이후 단행본으로 묶여 출판되었다. 편집부, 『강철서

신: 올바른 생활을 위한 지침서』, 도서출판 눈, 1989.
180. 편집부, 『강철서신』, p. 29
181. 편집부, 『강철서신』, p. 39.
182. 백진기, 「민족해방문학의 성격과 임무」, 『녹두꽃』 2, 1989, pp. 7~13.
183. 김하기, 「첫눈 내리는 날」, 『완전한 만남』, 창작과비평사, 1990, pp. 100~101.
184. 「반제민중민주화운동의 횃불을 들고 민족해방의 기수로 부활하자」, p. 127.
185. NL의 이념을 채웠던 사회주의적 클리셰들과 그 언어의 빈곤함에 관해서는 진중권의 분석을 참조하라. 진중권, 「지배의 언어, 탈주의 언어」, 『당대비평』 6, 1999.

8장. 자유주의와 눈물

1. 개인의 안전과 자유를 보장하기 위한 정부 설립의 이념적 기초를 제공한 17세기의 토머스 홉스Thomas Hobbes는 자연 상태를 '만인에 대한 만인의 투쟁 상태'로 보았다. 반면, 존 로크John Locke는 자연 상태에서 인간은 자유롭다고 보았다. 로크에게 자유는 간섭의 부재를 의미했지만, 공화제 정부의 구성을 정교하게 제시한 18세기의 루소Jean Jacques Rousseau에게는 정치 참여의 기회를 가지는 것도 자유의 일부였다. 칸트와 제러미 벤담Jeremy Bentham은 각각 정부 운영의 원리를 윤리와 효용이라는 상이한 방향으로 제기했다. 19세기의 존 스튜어트 밀John Stuart Mill은 벤담의 공리주의의 견지에서 양질의 삶을 향유하는 것을 자유의 개념에 포함시킴으로써 복지국가에 대한 자유주의적 요청의 기원이 되었다. 20세기에 존 롤스John Rawls는 '인간을 목적으로 대하라'는 칸트의 의무론적 윤리 위에 복지국가에 관한 입론을 정초했다. 종종 자유주의는 크게 정치적 자유주의와 경제적 자유주의로 구분됐다. 전자는 정치적인 사상, 표현, 참여의 자유의 보장을 중심으로 하는 것이며, 후자는 시장에서의 자유를 중심으로 한다. 주지하다시피 최근 주요한 자유주의적 흐름은 시장에서의 자유 보장을 기치로 해서, 정부 규제의 완화와 공적 부문의 민영화를 주된 정책적 요구로 제시하는 신자유주의neo liberalism다. 이는 20세기 후반기의 전 지구적 경향으로서, 공공복리를 위해 정부의 시장 개입을 중시했던 20세기 전반기의 사회적 자유주의social liberalism—이는 신자유주의new liberalism로 명명되기도 했다—의 대척점에 놓인다. 자유주의를 개괄하는 수많은 글이 있다. 이 글에서는 다음을 많이 참조했다. 폴 슈마커 외, 『정치사상의 이해(1)』, 양길현 옮김, 오름, 2005, pp. 85~144; 폴 슈마커 외, 『정치사상의 이해(2)』, 양길현 옮김, 오름, 2007, pp. 17~98; 노르베르트 보비오, 『자유주의와 민주주의』; 존 그레이, 『자유주의』, 손철성 옮김, 이후, 2007.
2. 문지영, 『지배와 저항: 한국 자유주의의 두 얼굴』, 후마니타스, 2011, p. 47.
3. 신분제는 1960년대 산업화 단계에 이르러서야 완전히 해체되었던 것으로 보인다.

국사편찬위원회, 『한국사(44): 갑오개혁 이후의 사회·경제적 변동』, 2000, p. 332.

4. 1889년 박영효의 상소문은 '사색 간의 상혼인을 폐지할 것', '조혼을 금할 것', '남편의 강포함을 금할 것', '축첩을 금하고 과부의 개가를 허할 것', '자식에 대한 강포한 양육을 금할 것', '부부의 권리 균등' 등의 내용을 담고 있었다. 이런 자유주의적인 가족 개혁의 요청은 이후 정부의 개혁조치에 점차 반영되었다. 『한국사(44)』, pp. 361~378.
5. 일본의 제국주의적 침탈의 과정에서 자본주의적인 사회경제석 구조가 형성되는 양상은 카터 J. 에커트Carter J. Eckert의 논의를 참조할 수 있다. 카터 J. 에커트, 『제국의 후예: 고창 김씨가와 한국 자본주의의 식민지 기원 1876~1945』, 주익종 옮김, 푸른역사, 2008. 이에 대응해 이루어진 조선 상층의 자본주의적 개혁의 양상은 이승렬의 논의를 통해 확인할 수 있다. 이승렬, 『제국과 상인: 서울, 개성, 인천 지역 자본가들과 한국 부르주아의 기원 1896~1945』, 역사비평사, 2007.
6. 이인직의 『귀의 성』 중 한 대목이다. 김동춘, 『대한민국은 왜?』, 사계절, 2015, p. 25.
7. 조일제, 『장한몽』, p. 15.
8. 순애는 중배의 금강석에 홀린 것을 깊이 뉘우치지만, 역설적으로는 그로 인해 수일이 부유해져 돌아온다. 수일도 순애를 증오하며 돈을 모았지만, 그 과정을 거치고 나서야 순애의 진실한 사랑을 얻게 된다.
9. '단란한 가정'은 『장한몽』의 마지막 장에 붙여진 제목이다.
10. 19세기 후반 영국과 미국에서 가장 인기 있었던 로맨스 작가 중 한 명인 샬럿 메리 브레임Charlotte Mary Brame의 소설이다. 그는 버사 M. 클레이Bertha M. Clay라는 필명을 사용했다. Bertha M. Clay, *Weaker Than a Woman*, Chicago: Donohue brothers, 1990(이경림, 「『장한몽』 연구」, 서울대 석사학위논문, 2010. p. 10).
11. 이는 "핵가족을 하나의 분리 불가능한 공동체로 간주하고 가족의 번영을 최고의 가치로 받아들이는" 가족주의적 태도가 팽배해진 산물이다. 김동춘, 『근대의 그늘』, p. 87.
12. 이는 『장한몽』의 개작 양상이 함의하는 바를 이해하는 데 도움을 준다. 원작인 『곤지키야샤』는 미완성으로, 재결합의 결말은 개작을 통해 덧붙여진 것이다. 순애가 미야宮와 달리 정절을 지킴으로써 결말에서의 재결합은 훨씬 쉬워졌다. 원작이 구질서로부터 근원적으로 뿌리 뽑힌 개인들의 고립감을 해소하지 않은 채 중단된 반면, 『장한몽』은 이를 가정 탄생의 결말로 봉합한다. 그 결과 모든 의미가 가족으로 집약된다. 눈물의 흐름도 마찬가지다. 결말이 사후적으로 수일과 순애의 눈물을 신파적인 것으로 만드는 역할을 하는 것이다. 그렇다면 이와 같은 개작의 양상은 이후 도래하게 될 과잉의 가족주의를 예기하는 것일 수 있다. 1910년대에 조선의 담론장에서 개인주의는 영향력 있는 생각이 아니었다. 개인은 유기체적 사회의 일원으로서 규정되는 경향이 강했다. 박성진, 『사회진화론과 식민지 사회사상』, 선인, 2003, pp. 133~140. 『장한몽』의 결말에서 이수일이 이제 공익을 위해 힘쓰기로

다짐하는 것은 그동안의 개인주의가 일탈임을 의미한다. 사실 이후에도 오랫동안 개인주의는 한국의 담론장 내에서 주된 위상은 얻지 못했다. 하지만 그것은 주류 담론의 차원에서일 뿐, 실제 구체적인 삶의 차원에서 반드시 그렇지는 않았을 것이다.

13. 스미스의 사상에 관해서는 하일브로너의 책에서 소개하는 개요를 참고했다. 로버트 L. 하일브로너, 『세속의 철학자들: 위대한 경제사상가들의 생애, 시대와 아이디어(개정판)』, 장상환 옮김, 이마고, 2008, pp. 65~91.
14. 독과점적 지배, 경기순환에 따른 공황, 환경오염과 같은 외부효과, 공공재 공급의 불안정, 분배의 불평등 등이 있다. 폴 슈마커 외, 『정치사상의 이해(1)』, pp. 20~21.
15. 이와 관련해서는 다음의 현대 자유주의에 관한 장을 참조할 수 있다. 폴 슈마커 외, 『정치사상의 이해(2)』, pp. 17~98.
16. 19세기의 많은 자유주의자는 사회진화론을 수용했다. 폴 슈마커 외, 『정치사상의 이해(1)』, p. 98.
17. 사회진화론을 주창한 허버트 스펜서Herbert Spencer는 자유방임의 엄격한 옹호자였다. 존 그레이, 『자유주의』, 김용직 외 옮김, 성신여대 출판부, 2007, p. 62.
18. 염상섭, 『표본실의 청개구리(外)』, 소담출판사, 1995, p. 172.
19. 그는 "유형무형한 모든 기반, 모든 계루에서 자기를 구원하여내지 않으면 질식"할 것으로 느낀다. 그래서 "사랑한다는 것도 극단에 가서는 저 혼자의 일"로 여기게 된다. 염상섭, 『표본실의 청개구리(外)』, p. 91.
20. 개인주의자도 자기연민을 할 수 있다. 그래서 이인화도 관부연락선에서 형사의 조사를 받고서는 모멸감에 눈물을 흘린다. 하지만 그는 이마저도 마뜩잖아한다. 이내 "되지 않은 감상"이라며 눈물을 억누르고 마는 것이다. 그러니 개인주의가 그의 냉정함의 충분한 이유는 아니다. 염상섭, 『표본실의 청개구리(外)』, p. 124.
21. 염상섭은 「개성과 예술」에서 '개성'의 발견을 제안하는데, 이는 '현실을 현실 그대로' 관찰하도록 함으로써 자연주의 예술을 가능케 한다. 염상섭, 「개성과 예술」, 『개벽』 1922. 4. 자연주의는 19세기 서구에서 과학적 실증주의를 예술적 방법에 도입함으로써 탄생했다. 자연주의 소설가는 "외과의사가 칼을 쓰듯이 펜을 움직"인다. 이는 귀스타브 플로베르Gustave Flaubert에 대한 당대의 논평이다. 아놀드 하우저, 『문학과 예술의 사회사: 현대편』, 백낙청 · 염무웅 옮김, 창작과비평사, 1974, p. 76. 따라서 자연주의는 눈물에 무심할 수밖에 없다. 이인화도 자연주의 특유의 냉정한 관찰자의 태도를 유지하려고 노력한다. 「만세전」도 신파적 눈물을 담지만, 화자이자 관찰자인 이인화는 그에 전혀 공감하지 않는다.
22. 염상섭, 『표본실의 청개구리(外)』, p. 92.
23. 염상섭, 『표본실의 청개구리(外)』, pp. 172~173.
24. 자유주의는 인간을 경쟁에서 승리하기 위한 도구적 이성을 활용하는 존재로 여

겨왔으며, 사회진화론도 마찬가지다. 폴 슈마커 외, 『정치사상의 이해(2)』, pp. 100~101.

25. 한국에서 사회진화론은 1880년대에 개화기 지식인들에 의해 최초로 도입되어 1930년대 일제가 전시체제로 전환하던 시기까지 민족주의 우파의 주요한 세계관으로 기능했다. 박성진, 『사회진화론과 식민지 사회사상』, p. 8. 생존경쟁의 단위가 국가, 민족, 인종 등으로 변형되는 경향이 강했던 것이 한국에서 수용된 사회진화론의 특징이었지만, 1909년 안창호를 중심으로 설립된 '청년학우회'가 인격 수양을 비롯한 개인의 역량 강화를 추구했던 것에서도 확인할 수 있듯이, 개인의 비중이 점차 커졌다. 박성진, 『사회진화론과 식민지 사회사상』, pp. 32~40; 박찬승, 『한국근대정치사상사연구』, pp. 107~107.
26. "왜 주님은 힘, 싸움, 전쟁을 통해서만 완성에 이를 수 있도록 만드셨을까"라고 그는 질문한다. 윤치호, 『윤치호 일기』, 김상태 편역, 역사비평사, 2001, p. 71.
27. 김상태, 「일제하 윤치호의 내면세계와 한국 근대사」, 『윤치호 일기』, p. 36.
28. 윤치호는 "공동체의 성격과 무관하게 그저 개인의 자유와 안위에만 집중한" 인물로 평가된다. 문지영, 『지배와 저항』, p. 59.
29. 윤치호, 『윤치호 일기』, p. 69.
30. 윤치호, 『윤치호 일기』, p. 68.
31. 윤치호, 『윤치호 일기』, p. 189
32. 윤치호, 『윤치호 일기』, p. 468.
33. 이동하, 『장난감 도시(3판)』, 문학과지성사, 2009, p. 196.
34. 토머스 홉스, 『리바이어던(1~4)』, 이정식 옮김, 박영사, 1984~1988.
35. 카를 슈미트, 『정치적인 것의 개념』, 김효전·정태호 옮김, 살림, 2012, p. 94.
36. 카를 슈미트, 『정치적인 것의 개념』, p. 103.
37. 〈돌아오지 않는 해병〉이 그런 모순을 반영하는 눈물 또한 담고 있다는 점이 흥미롭다. 영화의 후반부에 중국군의 대공세에 분대의 진지가 무너지고 대원들이 죽어갈 때, 그들은 서러운 눈물을 흘린다. 이 눈물이 담고 있는 감정에 고양된 정치적 의지는 없어 보인다. 진정 서럽게 울기 때문이다. 물론 그들이 영웅적으로 감수해야 했던 고통의 정도를 보여주는 효과는 있다. 하지만 그 눈물에는 원망이 담겨 있다. 그것은 그들의 죽음을 초래한 정치적 배치를 향한다. 국민의 이름으로 그들은 개인의 자유를 그렇게 훼손당했다. 해방 후 한국에서 자유주의는 대체로 이렇게 모순적으로 작동해왔다.
38. 유쾌함은 영화의 주된 제재로서 청춘의 감정이지만, 그와 동시에 우울함에 담긴 비판을 완화하기 위한 것이기도 하다. 장발 단속 에피소드가 슬랩스틱인 것도 그런 이유에서다. 〈바보들의 행진〉은 악명 높은 1970년대 영화 검열에 의해 난도질당한 사례로도 유명하다.

39. 존 로크, 『통치론』, 강정인 · 문지영 옮김, 까치, 1996, p. 203.
40. 공선옥 외, 『꽃잎처럼: 5월광주대표소설집』, 풀빛, 1995, pp. 271~272.
41. 김대중, 『김대중 자서전(1)』, 삼인, 2010, p. 297.
42. 한완상은 다음과 같이 회고한다. "우리 공동피고 24명이 가장 잊을 수 없는 순간은 아마도 DJ의 최후진술 때가 아닐까 한다. 그날 우리는 애국가를 불렀다. (…) 끓어오르는 의분심을 가눌 길 없어 정말 평생 처음으로 창자로 애국가를 불렀다. (…) 우리 모두 자신도 모르는 사이에 뜨거운 눈물을 하염없이 흘렸다. 우리는 비록 힘없이 묶여 있는 처지였으나 도덕적으로나 정신적으로는 이미 승리하고 있었다. 그 뜨거운 눈물은 차원 높은 승리의 감동에서 오는 눈물이기도 했다. 짧은 봄은 지나갔고 긴 겨울이 닥쳐왔으나, 이 긴 겨울 뒤 언젠가는 더 긴 봄이 올 것임을 우리는 이 뜨거운 눈물 속에서 예감하고 있었다." 김대중, 『김대중 자서전(1)』, pp. 423~424.
43. 민주화실천가족운동협의회 편, 『나의 손발을 묶는다 해도』, 거름, 1987, p. 68.
44. 민주화실천가족운동협의회 편, 『나의 손발을 묶는다 해도』, p. 156, 161.
45. 민주화실천가족운동협의회 편, 『나의 손발을 묶는다 해도』, p. 54.
46. 민주화실천가족운동협의회 편, 『나의 손발을 묶는다 해도』, pp. 13~55.
47. 민주화실천가족운동협의회 편, 『나의 손발을 묶는다 해도』, p. 114.
48. 공선옥 외, 『꽃잎처럼: 5월광주대표소설집』, 풀빛, 1995, p. 274.
49. 민주화실천가족운동협의회 편, 『오, 어머니 당신의 눈물은』, 동녘, 1987.
50. 사실 시민은 자유주의적 주체의 보다 일반적 명칭이다. 사적 영역에서 시민은 시장의 참여자이자 가족의 일원이다. 동시에 시민은 공적 영역의 참여자이기도 하다.
51. 장 자크 루소, 『사회계약론』, 이환 옮김, 서울대 출판부, 1999, pp. 21~22.
52. 주권은 '최고의 권력'을 뜻한다. 이는 주권의 담지자인 국가가 최고의 정치적 공동체라는 뜻이다. 국민주권에 기반한 국민국가체제에서는 국민이 최고의 정치적 공동체가 된다. 주권의 개념과 이에 대한 비판은 다음을 참조하라. 고병권, 『민주주의란 무엇인가』, 그린비, 2011.
53. 김대중, 『김대중 자서전(1)』, pp. 437~439.
54. 슈미트는 민주주의와 자유주의가 충돌할 수밖에 없다고 보았다. 그래서 양자의 접합을 맹렬히 비난했다. 카를 슈미트, 『정치적인 것의 개념』, p. 93. 하지만 슈미트의 관점에는 동의할 수 없다. 절차적 민주주의와 자유주의의 접합 모델은 보비오의 논의를 참조할 수 있다. 노르베르트 보비오, 『자유주의와 민주주의』, pp. 48~50. 보다 급진적인 자유주의와 민주주의의 접합은 샹탈 무페의 논의를 참조할 수 있다. 샹탈 무페, 『정치적인 것의 귀환』, 이보경 옮김, 후마니타스, 2007.
55. 우석훈 · 박권일, 『88만원 세대』, 레디앙, 2007, p. 80.
56. 프리드리히 A. 하이에크, 『노예의 길』, 김이석 옮김, 나남, 2006, p. 145.

57. 데이비드 하비, 『신자유주의: 간략한 역사』, 최병두 옮김, 한울, 2007, p. 15.
58. 데이비드 하비, 『신자유주의』, pp. 29~30.
59. 지주형, 『한국 신자유주의의 기원과 형성』, 책세상, 2011, pp. 56~60.
60. 지주형, 『한국 신자유주의의 기원과 형성』, pp. 88~94.
61. 지주형, 『한국 신자유주의의 기원과 형성』, pp. 225~311.
62. 이는 "국가에 의한 직접적, 일원적 통치에서 개인에 의한 능동적인 자기 통치에 작용하는 간접적, 다원적 통치로 급속하게 변화"하는 세계적 경향이 한국에서도 나타나기 시작한 결과다. 사이토 준이치, 『자유란 무엇인가』, p. 143. 이런 변화가 한국에서 나타난 양상에 관해서는 다음을 참조할 수 있다. 서동진, 『자유의 의지 자기계발의 의지: 신자유주의 한국사회에서 자기계발하는 주체의 탄생』, 돌베개, 2009.
63. 김동춘, 『근대의 그늘』, pp. 86~87.
64. 신자유주의 시대의 가족의 변화에 관해서는 다음을 참조했다. 김혜경, 「동원된 '가족주의'의 시대에서 '가족 위험'의 사회로」, 『한국사회』 17/2, 2016.
65. 김혜경, 「동원된 '가족주의'의 시대에서 '가족 위험'의 사회로」, p. 26.
66. 지표들은 다음에서 확인할 수 있다. 김혜경, 「동원된 '가족주의'의 시대에서 '가족 위험'의 사회로」, pp. 27~30.
67. 이런 의미에서 개인주의란 약자들이 가족이라는 완충재도 없이 시장에 맞닥뜨리라는 요구의 다른 이름일 뿐이다. 그 반대편에는 상위 10퍼센트의 가족에 의해 성취된 강력한 가족주의가 여전히 작동한다. 그것의 정점에는 재벌가가 있다. 이들의 존재는 오직 혈통만이 경쟁에서의 승리를 가능케 할 것임을 웅변하는 듯하다. '부모 잘 만나는 것이 실력'인 것이다.
68. 「한국노총 "남녀 임금격차 36.7% OECD 1위"」, 『뉴스1』 2018. 3. 8(http://news1.kr/articles/?3255049).
69. 신자유주의는 자본의 축적 위기에 대한 대응의 성격을 가진다. 이윤율 저하를 막기 위해 강화된 착취 전략인 것이다. 그것은 애초부터 부르주아 "계급권력의 회복을 위한 프로젝트였다." 데이비드 하비, 『신자유주의』, p. 33. 1970년대 이후의 미국과 1990년대 이후 한국에서의 양극화 심화와 중산층 붕괴가 이를 입증한다. 폴 크루그먼, 『미래를 말하다』, 예상한 외 옮김, 웅진씽크빅, 2008, pp. 159~193; 장하성, 『한국 자본주의』, 헤이북스, 2014, pp. 17~73. 자유는 부富와 관련될 수 있다. 부는 자유의 목표일 수도 있고 수단일 수도 있다. 신자유주의는 다수가 부에 접근하기 어렵게 함으로써 자유를 억압하는 효과를 냈다. 그렇다면 이는 자기파괴적 자유주의 아닌가?
70. 앙드레 고르, 『프롤레타리아여 안녕: 사회주의를 넘어서』, 이현웅 옮김, 생각의나무, 2011.
71. 그건 사실 중요한 문제가 아닐 수도 있다. 진심이란 게 없었을 수도 있으니 말이다. 자유란 내용으로 특정되지 않는다. 하지만 시장원리의 강화를 중심으로 하는 신자

유주의는 시장경쟁에서의 성공, 부의 축적으로 자유를 한정하는 경향이 있다. 연인을 위해 모든 것을 거는 열정적 사랑의 자유란 신자유주의의 맥락에서는 주변적인 것이다. 인간이 스스로를 위해 선택하고 추구할 수 있는 다양한 가능성을 차단하는 이런 작용이 자유의 억압이 아니면 무엇일까? 이런 점에서도 신자유주의는 자기파괴적이다.

72. 21세기 조폭영화에 관해서는 다음을 참조하라. 이호걸, 「신자유주의적 국가/시장의 재편과 한국 조폭영화」, 『영상예술연구』 21, 2012.
73. "자기조정 시장이라는 아이디어는 한마디로 완전히 유토피아에 불과"한 것이다. 칼 폴라니, 『거대한 전환: 우리 시대의 정치·경제적 기원』, 홍기빈 옮김, 도서출판 길, 2009, p. 94
74. 용역폭력은 예전부터 있었던 것이지만, 이전에 음성적으로 행해지던 것들이 최근에는 합법적 사업이 되고 있다. 「'용역폭력' 컨택터스 국책사업에도 투입됐다」, 『오마이뉴스』, 2012. 9. 23.
75. 부경복, 『부패전쟁: 삼성이 초일류기업이 될 수 없는 이유』, 프리스마, 2011.
76. 2016년 기준으로 상위 10퍼센트가 49.19퍼센트의 소득을 차지하고 있다. 이러한 양극화의 정도는 세계적으로 최악의 수준이다. 「상위 10%가 소득 절반 차지… 소득 불평등 세계 '최악'」, 『세계일보』, 2018. 3. 4.
77. 그런 과정에서 간섭과 강제의 부재로서 소극적negative 자유가 아니라, 가치 있는 것을 달성, 향유할 수 있는 상태로서 적극적positive 자유의 개념이 도입되었고, 적극적 자유의 개념에 근거한 정책들이 사회의 복지를 실질적으로 증진해왔다. 현대 자유주의에 관해서는 다음을 참조했다. 폴 슈마커 외, 『정치사상의 이해(2)』, pp. 17~98.
78. 존 롤스, 『정의론』, 황경식 옮김, 이학사, 2003; 폴 슈마커 외, 『정치사상의 이해(2)』, pp. 52~57.
79. 존 롤스, 『정의론』, pp. 195~202.
80. 존 롤스, 『정의론』, p. 55.
81. ハンナ·アーレント, 『過去と未来の間: 政治思想への8試論』, 引田隆也·斎藤純一 共訳, みすず書房, 1994, p. 200 (사이토 준이치, 『자유란 무엇인가』, p. 92에서 재인용).
82. 사이토 준이치齋藤純一의 저작을 참조했다. 사이토 준이치, 『자유란 무엇인가』, pp. 91~99.

나오며: 새로운 감정, 새로운 정치

1. 샹탈 무페, 『정치적인 것의 귀환』, p. 28.
2. 공동체의 새로운 구상에서는 지배하는 힘으로서의 권력의 양 자체를 줄이는 것이

주요한 문제로 고려되어야 한다. 사회 전체에서 작동하는 권력의 총량이 줄어들 때 자유가 증진된다. 자유주의자라면 이 명제를 공리로 여겨야 하지 않을까?

3. 주권이 수많은 공동체로 분산될 때, 집약된 폭력장치로서 국가가 소멸하는 조건 또한 마련된다. 최근 많은 관심의 대상이 됐던 '블록체인'은 중앙통제적 배치를 부분들 간 관계의 배치로 대체한다는 점에서 시사하는 바 크다. 국가 소멸의 기술적 조건을 예시하기 때문이다.
4. 국적과 시민권을 등치시키는 것에 대항하는 '보편적 인권'의 실현으로서의 시민권에 관한 이론적, 실천적 탐구들의 사례를 참조할 필요가 있다. 에티엔 발리바르, 『우리, 유럽의 시민들?: 세계화와 민주주의의 재발명』, 진태원 옮김, 후마니타스, 2010.
5. 토마 피케티Thomas Piketty는 20세기 주요 선진국의 경제성장률이 종 모양의 그래프를 그리며 증대와 감소의 추세를 보였으며, 이런 현상이 세계경제에도 마찬가지로 나타날 수 있다고 예측한다. "21세기 세계가 저성장체제로 되돌아가는 것을 보게 되리라"는 것이다. 그리고 이는 불평등을 강화시킬 수 있는 유력한 요인이다. 토마 피케티, 『21세기 자본』, 장경덕 외 옮김, 글항아리, 2014, p. 93.
6. 이매뉴얼 월러스틴, 『역사적 자본주의/자본주의 문명』, 나종일·백영경 옮김, 창작과비평사, 1993, p. 148.
7. 한나 아렌트, 『인간의 조건』, p. 62.
8. 한나 아렌트, 『인간의 조건』, p. 69.
9. 지그문트 프로이트, 『문명 속의 불만』, 김석희 옮김, 열린책들, 1997, p. 57, 68. 그가 제기했던 인간 성정의 한 속성인 죽음충동Todestriebe은 결코 진정으로 죽음을 향한 것일 수 없다. 충동은 죽음을 모르는 것이기 때문이다. 그렇다면 이는 근본적으로는 현재와는 다른 삶에 대한 충동일 수밖에 없다. 죽음충동의 파괴는 현 존재에 대한 파괴일 뿐이다. 이 죽음충동의 다른 이름은 탈주의 코나투스다. 죽음충동에 관해서는 다음을 참조했다. 장 라플랑슈·장 베르트랑 퐁탈리스, 『정신분석 사전』, 임진수 옮김, 열린책들, 2005, pp. 431~438.
10. 윤치호, 『윤치호 일기』, pp. 591~592, 146~147, 149~150.
11. 자연에는 두 가지 종류가 있다. 첫 번째는 오랜 시간에 걸쳐 "서서히 진화해온 자연", 즉 우리가 흔히 자연이라고 칭하는 것이고, 두 번째는 인간에 의해 만들어진, 특히 산업혁명 이후에는 "매일같이 얼굴을 바꾸는 자연"이다. 이는 자연과 역사가 변증법적인 관계에 놓여 있음을 뜻한다. 근대기 산업발전의 역사는 빠른 속도로 새로운 자연을 획득하는 과정이었던 것이다. 게오르그 루카치Georg Lukács가 기술technology을 제2의 자연이라고 명명했던 것도 크게 보면 이와 유사한 면이 있다. 그리고 이와 동시에 자연도 하나의 역사적이고 문화적인 개념임을 이해해야 한다. 자연이 그 자체로서 이해되어야 한다면('이해' 자체가 이미 문화적인 것이라는 점에서 역

설적인 전제지만) 그것은 그저 물 자체, 혹은 무의미의 실재일 뿐이다. 자연과 역사의 이런 변증법은 나치즘을 경험했던 20세기 독일의 비판적 지성들이 대체로 공유해온 관점이다. 기술적 발전이 전체주의적 폭력과 전쟁의 대량살상으로 이어지는 것을 목격할 때, 기술의 발전이 역사의 진보를 의미하지 않는다는 사실이 명백해졌던 것으로 보인다. 나치즘은 자연과 역사의 악무한적 교착의 가장 극단적 사례라 할 수 있을 터, 아도르노와 호르크하이머가 비판하는 '계몽'도 결국 이러한 교착 상태를 지시하는 것으로 볼 수 있다. '역사와 자연'에 관해서는 수잔 벅모스의 논의를 참조하라. 수잔 벅모스, 『발터 벤야민과 아케이드 프로젝트』, pp. 99~100; 호르크하이머 · 아도르노, 『계몽의 변증법』. 그렇다면 우리는 언제나 자연에 갇혀 있는 것일 수도 있다. 사회진화론은 역사를 자연으로 조악하게 환원함으로써 그렇다고 대답한다. 이것이 바로 윤치호의 관점이고, 한국인이 오랫동안 사로잡혀온 세계관이기도 하다. 하지만 역사와 자연이 서로 순환적으로 규정하는 변증법을 깨뜨리면 어떻게 될 것인가? 벤야민은 「역사철학테제」에서 "역사의 연속성을 폭파"시켜야 한다고 주장했다. 이는 "행동을 개시하려는 순간의 혁명적 계급에 고유한 것이다." 이는 자연/역사의 한계를 돌파하고자 하는 시도이기도 하다. 그래서 진보는 섬광과도 같이 현현한다. 이 섬광은 들뢰즈·가타리적 탈주의 다른 이름이기도 하다. 발터 벤야민, 「역사철학테제」, p. 353.

12. 웃음의 이런 역능은 웃음의 극劇인 희극에 대한 다음과 같은 규정이 잘 드러낸다. "희극은 진실로부터의 도피가 아니라 절망으로부터의 도피이다. 희극은 기뻐해야 할 보편적인 이유를 신봉한다." 크리스토퍼 프라이, 「희극」, 로봇 코리간 편, 『비극과 희극, 그 의미와 형식』, 송옥 외 옮김, 고려대 출판부, 1995, p. 133.

참고문헌

문학작품 (소설, 시, 희곡, 수필, 전기 등)

강경애, 「소금」, 『20세기 한국소설(7)』, 창비, 2005.
고준석, 『해방 1945-1950 공산주의운동사의 증언』, 정범구 옮김, 한겨레, 1989.
국토건설동우회 편, 『헐벗은 들판에서 한없이 울었다』, 조광출판, 2008.
극단 천지연, 「선봉에 서서」, 황석영 외, 『문학예술운동(1): 전환기의 민족문학』, 풀빛, 1987.
극단 토박이, 「금희의 오월」, 『실천문학』 10, 1988, 6.
김구, 『백범일지(보급판)』, 도진순 주해, 돌베개, 2002.
김기호, 『이제는 울지 않으련다』, 학문사, 2003.
김내성, 『한국장편문학대계(16~18): 청춘극장』, 성음사, 1970.
김대중, 『김대중 자서전(1)』, 삼인, 2010.
김동인, 「배따라기」, 『배따라기/화수분 외: 한국소설문학대계(4)』, 동아출판사, 1995.
김만중, 「사씨남정기」, 『구운몽·사씨남정기』, 박성의 역주, 정음사, 1959.
김삼웅, 『안중근 평전』, 시대의창, 2009.
김영팔, 「부음」, 양승국 편, 『한국근대희곡작품자료집(2)』, 아세아문화사, 1989.
김인숙, 「성조기 앞에 다시 서다」, 김명인 편, 『울어라 조국아』, 풀빛, 1988.
김종회 편, 『력사의 자취: 북한의 소설』, 국학자료원, 2012.
김지하, 「고행 1974」, 『남녘땅 뱃노래』, 두레, 1985.
김지하, 「양심선언」, 『남녘땅 뱃노래』, 두레, 1985.
김지하, 「참된 아름다움은 대중적인 것이다」, 『남녘땅 뱃노래』, 두레, 1985.
김지하, 「풍자냐 자살이냐」, 『타는 목마름으로』, 창작과비평사, 1982.
김지하, 『모로 누운 돌부처』, 나남, 1992.
김지하, 『황토』, 풀빛, 1984.
김하기, 『완전한 만남』, 창작과비평사, 1990.
김한수, 『봄비 내리는 날』, 창작과비평사, 1992.
리영희, 『대화 리영희』, 임헌영 편, 한길사, 2005.
민주화실천가족운동협의회 편, 『나의 손발을 묶는다 해도』, 거름, 1987.
민주화실천가족운동협의회 편, 『오, 어머니 당신의 눈물은』, 동녘, 1987.

박영희, 「피의 무대」, 『박영희 전집(1)』, 이동희·노상래 편, 영남대 출판부, 1997.
박은식, 「서사건국지」, 이재연 편, 『애국부인전/을지문덕/서사건국지』, 한국학술정보, 2001.
방현석, 『내일을 여는 집』, 창작과비평사, 1991.
백기완, 『사랑도 명예도 눈물도 남김없이』, 한겨레출판, 2009.
백기완 외, 『공동체문화(2)』, 공동체, 1984.
석정남, 「인간답게 살고 싶다」, 「불타는 눈물」, 『대화』, 1976. 11, 12.
송영, 「석공조합대표」, 『송영 작품집』, 김학균 편, 지식을만드는지식, 2008.
안재성, 『파업』, 세계, 1989.
염상섭, 『표본실의 청개구리(外)』, 소담출판사, 1995.
오길성·김남일, 「전진하는 동지여」, 『제1회 전태일문학상 수상작품집(2)』, 세계, 1988.
오자키 고요, 『금색야차』, 서석연 옮김, 범우사, 1992.
유동우, 『어느 돌멩이의 외침』, 청년사, 1984.
윤정모, 『고삐(1)』, 풀빛, 1988.
윤치호, 『윤치호 일기』, 김상태 편역, 역사비평사, 2001.
이광수, 「무정」, 『무정 외: 한국소설문학대계(2)』, 동아출판사, 1995.
이기영, 『고향』, 문학사상사, 1994.
이동하, 『장난감 도시(3판)』, 문학과지성사, 2009.
이북명, 「질소비료공장(초진)」, 안승현 편, 『한국노동소설 전집(3)』, 보고사, 1995.
이북명, 「질소비료공장」, 『20세기 한국소설(7)』, 창비, 2005.
이인직, 「혈의 누」, 권영민 외 편, 『한국신소설 선집(1)』, 서울대 출판부, 2003.
이태, 『남부군(개정판)』, 두레, 2014.
임선규, 「사랑에 속고 돈에 울고」, 서연호 편, 『한국희곡 전집(4)』, 태학사, 1996.
장준하, 『돌베개(개정판)』, 세계사, 2007.
정도상, 「여기 식민의 땅에서」, 『친구는 멀리 갔어도』, 풀빛, 1988.
정화진, 「쇳물처럼」, 『20세기 한국소설(46)』, 창비, 2006.
조명희, 『낙동강(외)』, 이명재 편, 범우, 2004.
조명희, 『조명희 선집』, 창조문화사, 2000.
조영래, 『전태일 평전(개정판)』, 돌베개, 1991.
조일제, 「장한몽」, 전광용 외 편, 『한국신소설 전집(9)(재판)』, 을유문화사, 1969.
조해문, 『애국시대(상, 하)』, 대동, 1989.
최서해, 『최서해 전집(상)』, 곽근 편, 문학과지성사, 1987.
한국여성노동자회, 「우리 승리하리라」, 김병걸 외, 『문학예술운동(2): 문예운동의 현단계』, 풀빛, 1989.
한설야, 『과도기: 한설야 단편선집(1)』, 김외곤 편, 태학사, 1989.

한설야, 『황혼』, 신원, 2006.
허균, 『홍길동전』, 책세상, 2004.
홍순혜, 『억새풀』, 진명사, 1977.
홍희담, 『깃발』, 『꽃잎처럼: 5월광주대표소설집』, 풀빛, 1995.
『꽃파는 처녀』, 황토, 1989.
『도산 안창호』, 홍사단, 1992.
『매부를 죽이기까지』, 세창서관, 1952.
『며느리의 죽음』, 세창서관, 1952.
『민중의 바다』, 한마당, 1988.
『유충렬전』, 정음사, 1959.
『유충렬전 · 정비전』, 김유경 · 이윤석 교주, 이회문화사, 2005.
『임경업전』, 이복규 편, 시인사, 1998.
『임진록/박씨전』, 이경선 주역, 정음사, 1962.
『춘향전』, 구자균 교주, 민중서관, 1970.
『한 자위단원의 운명』, 황토, 1989.
『홍길동전/심청전』, 정음사, 1977.

한국어 논저

10 · 28건대항쟁기념사업회 편, 『학생운동, 1980』, 오월의봄, 2016.
J. V. 스탈린, 「맑스주의와 민족문제」, 『스탈린 선집(1): 1905~1931』, 서중건 옮김, 전진, 1988.
M. 호르크하이머 · Th. W. 아도르노, 『계몽의 변증법』, 김유동 · 주경식 · 이상훈 옮김, 문예출판사, 1995
W. 타타르키비츠, 『미학의 기본개념사(중판)』, 손효주 옮김, 미진사, 1997.
가라타니 고진, 『네이션과 미학』, 조영일 옮김, 도서출판b, 2009.
가라타니 고진, 『일본근대문학의 기원』, 박유하 옮김, 민음사, 1997.
가라타니 고진, 『트랜스크리틱: 칸트와 마르크스 넘어서기』, 송태욱 옮김, 한길사, 2005.
강만길, 「한국 민족주의론의 이해: 송건호의 민족주의론을 중심으로」, 리영희 · 강만길 편, 『한국의 민족주의 운동과 민중』, 두레, 1987.
강성률, 『한국영화에 재현된 가족 그리고 사회』, 성균관대 출판부, 2018.
강신철 외, 『80년대 학생운동사』, 형성사, 1988.
강영희, 「일제 강점기 신파양식에 대한 연구」, 서울대 석사학위논문, 1989.
강옥희 외, 『식민지 시대 대중예술인 사전』, 소도, 2006.
강옥희, 「대중소설의 한 기원으로서의 신파소설」, 『대중서사연구』 9/1, 2003.

강인철, 「한국전쟁과 사회의식 및 문화의 변화」, 한국정신문화연구원 편, 『한국전쟁과 사회구조의 변화』, 백산서당, 1999.
강정인 외, 『민주주의의 한국적 수용』, 책세상, 2002.
강정인 외, 『한국정치의 이념과 사상』, 후마니타스, 2009.
강창일, 「통치구조와 지배정책」, 한국역사연구회 편, 『한국역사입문(3)』, 풀빛, 1996.
거다 러너, 『가부장제의 창조』, 강세영 옮김, 당대, 2004.
게오르그 루카치 외, 『문제는 리얼리즘이다』, 홍승용 옮김, 실천문학사, 1985.
고모리 요이치, 『포스트콜로니얼』, 송태욱 옮김, 삼인, 2002.
고미숙, 『한국의 근대성, 그 기원을 찾아서: 민족·섹슈얼리티·병리학』, 책세상, 2001.
고병권, 『민주주의란 무엇인가』, 그린비, 2011.
고원, 「민중민주파 학생운동의 집합적 특성과 메커니즘」, 이호룡·정근식 편, 『학생운동의 시대』, 선인, 2013.
공제욱 편, 『국가와 일상: 박정희 시대』, 한울, 2008.
공제욱·정근식 편, 『식민지의 일상 지배와 균열』, 문화과학사, 2006.
구해근, 『한국 노동계급의 형성』, 신광영 옮김, 창작과비평사, 2002.
국사편찬위원회, 『한국사(44): 갑오개혁 이후의 사회·경제적 변동』, 2000.
권명아, 「여성·수난사 이야기의 역사적 층위」, 『상허학보』 10, 2003.
권명아, 「여성수난사 이야기와 젠더정치학」, 신형기·김철 편, 『문학 속의 파시즘』, 삼인, 2001.
권명아, 『가족이야기는 어떻게 만들어지는가』, 책세상, 2000.
권명아, 『무한히 정치적인 외로움: 한국 사회의 정동을 묻다』, 갈무리, 2012.
권명아, 『역사적 파시즘: 제국의 판타지와 젠더정치』, 책세상, 2005
권명아, 『음란과 혁명: 풍기문란의 계보와 정념의 정치학』, 책세상, 2013.
권보드래 외, 『1970 박정희 모더니즘』, 천년의상상, 2015.
권보드래 외, 『아프레걸 사상계를 읽다』, 동국대 출판부, 2009.
권보드래, 『연애의 시대』, 현실문화연구, 2003.
권보드래, 『한국근대소설의 기원』, 소명, 2000.
권보드래·천정환, 『1960년을 묻다』, 천년의상상, 2012.
권영민, 『한국계급문학운동사』, 문예출판사, 1998.
권영민, 『한국현대문학사(1, 2)』, 민음사, 2002.
권인숙, 「진보, 권위 그리고 성차별」, 임지현 외, 『우리 안의 파시즘』, 삼인, 2000.
권희영, 「1920~30년대 '신여성'과 사회주의: 신여성에서 프로여성으로」, 『한국민족운동사연구』 18, 1998.
귀스타브 르 봉, 『군중심리』, 김성규 옮김, 이레미디어, 2008.
금성청년출판사 편, 『주체의 학습론』, 미래사, 1989.

기무라 간, 『조선/한국의 내셔널리즘과 소국의식』, 김세덕 옮김, 산처럼, 2007.
김경일 외, 『동아시아의 민족이산과 도시: 20세기 전반 만주의 조선인』, 역사비평사, 2004.
김경일 편저, 『이재유 나의 시대 나의 혁명: 1930년대 서울의 혁명운동』, 푸른역사, 2007.
김기승, 「식민사학과 반식민사학」, 한국역사연구회 편, 『한국역사입문(3)』, 풀빛, 1996.
김도형, 『대한제국기의 정치사상연구』, 지식산업사, 1994.
김동춘 외, 『자유라는 화두』, 삼인, 1999.
김동춘, 『근대의 그늘』, 당대, 2000.
김동춘, 『대한민국은 왜?』, 사계절, 2015.
김동춘, 『전쟁과 사회: 우리에게 한국전쟁은 무엇이었나?』, 돌베개, 2000.
김려실, 『투사하는 제국 투영하는 식민지』, 삼인, 2006.
김명인, 「시민문학론에서 민족해방문학론까지: 1970~80년대 민족문학비평사」, 『사상문예운동(3)』, 동녘, 1990.
김명인, 「한국 근대 문학개념의 형성과정: '비애'의 감각을 중심으로」, 『한국근대문학연구』 6/2, 2005.
김명인, 「한국근현대소설과 가족로망스」, 『민족문학사연구』 32, 2006.
김미도, 「1930년대 한국희곡의 유형에 관한 연구」, 고려대 박사학위논문, 1993.
김미현 편, 『한국영화사: 개화기에서 개화기까지』, 커뮤니케이션북스, 2006.
김방옥, 「한국연극사에 있어서 신파극의 의미」, 『이화어문논총』 6, 1983.
김보현, 『박정희 정권기 경제개발』, 갈무리, 2006.
김삼웅 편, 『민족, 민주, 민중선언』, 한국학술정보, 2003.
김상태, 「일제하 윤치호의 내면세계와 한국 근대사」, 『윤치호 일기』, 김상태 편역, 역사비평사, 2001.
김선아, 「근대의 시간, 국가의 시간: 1960년대 한국영화, 젠더, 그리고 국가권력 담론」, 『한국영화와 근대성』, 소도, 2001.
김성보, 『북한의 역사(1)』, 역사비평사, 2011.
김성수, 「1930년대 초의 리얼리즘론과 프로문학」, 『반교어문연구』 1, 1988.
김성수, 「프로문학과 북한문학의 기원」, 『민족문학사연구』 21, 2002.
김소연 외, 『매혹과 혼돈의 시대: 50년대의 한국영화』, 소도, 2003.
김소연, 「'코리안 뉴 웨이브 영화'의 이행기적 성찰성 연구」, 중앙대 박사학위논문, 2007.
김소영, 「콘택트 존들로서의 장르: 홍콩 액션과 한국활극」, 연세대 미디어아트센터 편, 『한국영화의 미학과 역사적 상상력』, 소도, 2006.
김소영, 『근대성의 유령들』, 씨앗을뿌리는사람, 2000.
김영미, 『그들의 새마을운동』, 푸른역사, 2009.
김영희, 「제1공화국 시기 수용자의 매체 접촉 경향」, 『한국언론학보』 47/6, 2003.

김용수, 『한국연극해석의 새로운 지평』, 서강대 출판부, 1999.
김용환, 『홉스의 사회정치철학』, 철학과현실사, 1999.
김원, 『박정희 시대의 유령들』, 현실문화, 2011.
김원, 『여공 1970』, 이매진, 2006.
김원, 『잊혀진 것들에 대한 기억』, 이매진, 2011.
김윤식·김현, 『한국문학사(개정판)』, 민음사, 1996.
김재홍, 「「낙동강」과 「짓밟힌 고려」의 한 고찰」, 『한국학연구』 1, 1989.
김종욱 편, 『실록 한국영화총서(상, 하)』, 국학자료원, 2002.
김찬호, 『모멸감: 굴욕과 존엄의 감정사회학』, 문학과지성사, 2014.
김학렬, 「조선 프롤레타리아문학작품의 특징」, 사에구사 도시카쓰 외, 『한국 근대문학과 일본』, 소명, 2003.
김현숙, 「한국 근대미술에서의 동양주의 연구」, 『한국근대미술사학』10, 2002.
김현주, 「이광수의 문화적 파시즘」, 신형기·김철 편, 『문학 속의 파시즘』, 삼인, 2001.
김현주, 『이광수와 문화의 기획』, 태학사, 2005.
김혜경, 「동원된 '가족주의'의 시대에서 '가족 위험'의 사회로」, 『한국사회』 17/2, 2016.
김혜경, 『식민지하 근대가족의 형성과 젠더』, 창비, 2006.
나병철, 「이광수의 성장소설과 가족로망스」, 『비평문학』 21, 2005.
나인호·박진우, 「독재와 상징의 정치: 나치즘과 일본 파시즘의 정치종교」, 임지현·김용우 편, 『대중독재(2)』, 책세상, 2005.
남인영, 「한국 독립 다큐멘터리 영화의 재현양식 연구」, 중앙대 박사학위논문, 2004.
남화숙, 『배 만들기, 나라 만들기: 박정희 시대의 민주노조운동과 대한조선공사』, 남관숙·남화숙 옮김, 후마니타스, 2013.
노드롭 프라이, 『비평의 해부』, 임철규 옮김, 한길사, 1982.
노르베르트 보비오, 『자유주의와 민주주의』, 황주홍 옮김, 문학과지성사, 1992.
니라 유발-데이비스, 『젠더와 민족』, 박혜란 옮김, 그린비, 2012.
단재신채호선생기념사업회, 『단재신채호 전집(상, 중, 하)(개정판)』, 형설출판사, 1995.
대중서사장르연구회, 『대중서사장르의 모든 것(1)』, 이론과실천, 2007.
데이비드 하비, 『신자유주의: 간략한 역사』, 최병두 옮김, 한울, 2007.
데이비드 하비, 『포스트모더니티의 조건』, 구동회·박영민 옮김, 한울, 1994.
도메 다쿠오, 『지금 애덤 스미스를 다시 읽는다』, 우경봉 옮김, 동아시아, 2010.
동아일보사 편, 『선언으로 본 80년대 민족·민주운동(『신동아』 1990년 1월호 별책부록)』, 1990.
레온 트로츠키, 『영구혁명 및 평가와 전망』, 정성진 옮김, 신평론, 1989.
로만 야콥슨·모리스 할레, 『언어의 토대: 구조기능주의 입문』, 박여성 옮김, 문학과지성사, 2009.

로버트 B. 헤일만, 「비극과 멜로드라마: 발생론적 형식에 관한 고찰」, 『비극과 희극, 그 의미와 형식』, 송욱 외 옮김, 고려대 출판부, 1996.
로버트 L. 하일브로너, 『세속의 철학자들: 위대한 경제사상가들의 생애, 시대와 아이디어(개정판)』, 장상환 옮김, 이마고, 2008.
로버트 L. 하일브로너·윌리엄 밀버그, 『자본주의 어디서 와서 어디로 가는가』, 홍기빈 옮김, 미지북스, 2010.
로버트 O. 팩스턴, 『파시즘: 열정과 광기의 정치혁명』, 손명희·최희영 옮김, 교양인, 2005.
로버트 랩슬리·마이클 웨스틀레이크, 『현대영화 이론의 이해』, 이영재·김소연 옮김, 시각과언어, 1995.
로버트 스칼라피노·이정식, 『한국공산주의운동사』, 한홍구 옮김, 2015.
로우라 젭슨, 『그리스 로마 비극과 세익스피어 비극』, 이영순 옮김, 동인, 1998.
로자 룩셈부르크, 『러시아 혁명 레닌주의냐 마르크스주의냐』, 박영옥 옮김, 두레, 1989.
롤랑 바르트, 『현대의 신화』, 이화여대 기호학연구소 옮김, 동문선, 1997.
롤랜드 스트롬버그, 『사회사상사』, 김동일 편역, 문음사, 1993.
루이 알튀세, 『아미앵에서의 주장』, 김동수 옮김, 솔, 1991.
류준경, 「한국 고전소설의 작품 구성 원리」, 이상택 외, 『한국 고전소설의 세계』, 돌베개, 2005.
리처드 래저러스·버니스 래저러스, 『감정과 이성』, 정영목 옮김, 문예출판사, 1997.
마누엘 데란다, 『강도의 과학과 잠재성의 철학』, 이정우·김영범 옮김, 그린비, 2009.
마루야마 마사오, 『일본의 사상』, 김석근 옮김, 한길사, 1998.
마루야마 마사오, 『현대정치의 사상과 행동』, 김석근 옮김, 한길사, 1997.
마르티나 도이힐러, 『한국 사회의 유교적 변환』, 이훈상 옮김, 아카넷, 2003.
마사 누스바움, 『감정의 격동(1, 2, 3)』, 조형준 옮김, 새물결, 2015.
마크 네오클레우스, 『파시즘: 지성의 근본주의』, 정준영 옮김, 이후, 2002.
막스 베버, 「직업으로서의 정치」, 『직업으로서의 학문(2판)』, 이상률 옮김, 문예출판사, 2005.
막스 베버, 『막스 베버 사회과학방법론 선집』, 전성우 옮김, 나남, 2011.
막스 호르크하이머, 『도구적 이성비판』, 박구용 옮김, 문예출판사, 2006.
멜리사 그레그·그레고리 J. 시그워스 편, 『정동 이론』, 최성희·김지영·박혜정 옮김, 갈무리, 2015.
문관규, 「1990년대 한국 코미디 연구 : 희극장면(comic scene)과 아버지 재현을 중심으로」, 동국대 박사학위논문, 2004.
문소정, 「식민지시기 한국 민족주의의 젠더상상에 관한 연구: 〈독립군가〉를 중심으로」, 『여성학연구』 19/1, 2009.

문재철, 「1930년대 중반 조선 영화 미학의 변화에 대한 연구」, 『영상예술연구』 10, 2007.
문재철, 「영화적 기억과 문화적 정체성에 대한 연구 : Post-Korean new wave cinema를 중심으로」, 중앙대 박사학위논문, 2002.
문지영, 『지배와 저항: 한국 자유주의의 두 얼굴』, 후마니타스, 2011.
문학예술연구소 편, 『현실주의 연구(1): 사회주의 리얼리즘에 대하여』, 제3문학사, 1990.
미셸 푸코, 『사회를 보호해야 한다』, 박정자 옮김, 동문선, 1998.
미셸 푸코, 『성의 역사(1): 지식의 의지』, 이규현 옮김, 나남, 1990.
민경국, 『자유주의 시장과 정치』, 부키, 2006.
민족문학사연구소, 『북한의 우리문학사 인식』, 창작과비평사, 1991.
밀리 S. 베린저, 『서양연극사 이야기』, 우수진 옮김, 평민사, 2001.
박명규, 『국민·인민·시민』, 소화, 2009.
박상섭, 『국가·주권』, 소화, 2008.
박상준, 「조선자연주의 소설 시론」, 『한국학보』 20/1, 1994.
박선영, 『코미디언 전성시대: 한국 코미디영화의 역사와 정치미학』, 소명, 2018.
박성진, 『사회진화론과 식민지 사회사상』, 선인, 2003.
박영재·박충석·김용덕, 『19세기 일본의 근대화』, 서울대 출판부, 1996.
박유희, 「만주웨스턴 연구」, 『대중서사연구』 14/2, 2008.
박은식, 「한국통사」, 신채호·박은식, 『조선상고사/한국통사』, 윤재영 역해, 동서문화사, 2012.
박은식, 『한국독립운동지혈사』, 김도형 옮김, 소명, 2008.
박정희, 『우리민족의 나아갈 길』, 동아출판사, 1962.
박정희, 『한국 국민에게 고함(2판)』, 동서문화사, 2006.
박지향, 『제국주의』, 서울대 출판부, 2000.
박진영, 『책의 탄생과 이야기의 운명』, 소명, 2013.
박찬승, 『민족·민족주의』, 소화, 2010.
박찬승, 『민족주의의 시대』, 경인문화사, 2006.
박찬승, 『한국근대정치사상사연구: 민족주의 우파의 실력양성운동론』, 역사비평사, 1992.
박헌호, 『한국인의 애독작품: 향토적 서정소설의 미학』, 책세상, 2001.
박형규, 『나의 믿음은 길 위에 있다』, 신홍범 정리, 창비, 2010.
박호성, 『남북한 민족주의 비교연구』, 당대, 1997.
발터 벤야민, 『발터 벤야민의 문예이론』, 반성완 옮김, 민음사, 1983.
방기중 외, 『식민지 파시즘의 유산과 극복의 과제』, 혜안, 2006.
방성수, 『조폭의 계보』, 살림, 2003.
백낙청 편, 『민족주의란 무엇인가』, 창작과비평사, 1981.

백낙청, 『민족문학과 세계문학(1, 2)』, 창작과비평사, 1978, 1985.
백문임, 「멜로드라마와 '한'의 미학: 〈갯마을〉과 〈월하의 공동묘지〉를 중심으로」, 『민족문학사연구』 29, 2005.
백문임, 「한국 공포영화 연구: 여귀의 서사기반을 중심으로」, 연세대 박사학위논문, 2002.
백문임, 『춘향의 딸들, 한국여성의 반쪽짜리 계보학』, 책세상, 2001.
백지한 편, 『북한영화의 이해』, 친구, 1989.
백진기, 「민족해방문학의 성격과 임무」, 『녹두꽃』 2, 1989.
백철, 『신문학사조사』, 신구문화사, 1980.
베네딕트 스피노자, 『에티카(개정판)』, 강영계 옮김, 서광사, 2007.
베네딕트 앤더슨, 『민족주의의 기원과 전파』, 윤형숙 옮김, 나남, 1991.
변재란 「한국 영화사에서 여성 관객의 영화 관람 경험 연구: 1950년대 중반에서 1960년대 초반을 중심으로」. 중앙대 박사학위논문, 2000.
복거일 편, 『나는 왜 자유주의자가 되었나』, 에프케이아이, 2013.
부경복, 『부패전쟁: 삼성이 초일류기업이 될 수 없는 이유』, 프리스마, 2011.
블라디미르 레닌, 『국가와 혁명』, 문성원 · 안규남 옮김, 돌베개, 1992,
블라디미르 레닌, 『무엇을 할 것인가』, 최호정 옮김, 박종철출판사, 1999.
블라디미르 레닌, 『프롤레타리아 혁명과 배신자 카우츠키』, 허교진 옮김, 소나무, 1988.
비교역사문화연구소 편, 『근대한국, '제국'과 '민족'의 교차로』, 책과함께, 2011.
사에구사 도시카스 외, 『한국근대문학과 일본』, 소명, 2003.
사이토 준이치, 『자유란 무엇인가: 벌린, 아렌트, 푸코의 자유 개념을 넘어』, 이혜진 외 옮김, 한울, 2011.
사카베 메구미 · 아라후쿠 고가쿠 편, 『칸트사전』, 이신철 옮김, 도서출판b, 2009.
사토오 다다오, 『일본영화 이야기』, 유현목 옮김, 다보문화사, 1993.
샹탈 무페, 『정치적인 것의 귀환』, 이보경 옮김, 후마니타스, 2007.
서경석, 『한국 근대 리얼리즘문학사 연구』, 태학사, 1998.
서대석, 『군담소설의 구조와 배경』, 이화여대 출판부, 1985.
서대숙, 『한국 공산주의 운동사 연구(개역판)』, 현대사연구회 옮김, 이론과실천, 1995.
서동진, 『자유의 의지 자기계발의 의지: 신자유주의 한국사회에서 자기계발하는 주체의 탄생』, 돌베개, 2009.
서연호, 『한국근대희곡사연구』, 고려대 민족문화연구소 출판부, 1982.
서연호, 『한국연극사(근대편)』, 연극과인간, 2003.
서울대학교정치학과교수, 『정치학의 이해(2판)』, 박영사, 2010.
서울사회과학연구소, 『사회주의의 이론 · 역사 · 현실』, 민맥, 1991.
서인숙, 『한국 영화 속 탈식민주의』, 글누림, 2012.

서중석, 『이승만의 정치 이데올로기』, 역사비평사, 2005.
서중석, 『한국현대민족운동연구(3판)』, 역사비평사, 1993.
성대경 편, 『한국현대사와 사회주의』, 역사비평사, 2000.
성유보, 「4월혁명과 통일논의」, 송건호·강만길 편, 『한국민족주의론(2)』, 창작과비평사, 1983.
소연방아카데미, 『미학의 기초(2)(재판)』, 편집부 옮김, 논장, 1994.
소영현, 「근대소설과 낭만주의」, 『상허학보』 10, 2003.
소영현, 『감정연구의 도전: 흐르는 성찰성과 은폐된 미래』, 『한국근대문학연구』 17/2, 2016.
소영현·이하나·최기숙, 『감정의 인문학』, 봄아필, 2013.
손유경, 「최근 프로문학 연구의 전개 양상과 그 전망」, 『상허학보』 19, 상허학회, 2007.
손유경, 『고통과 동정: 한국 근대소설과 감정의 발견』, 역사비평사, 2008.
손유경, 『프로문학의 감성구조』, 소명, 2012.
손호철, 「1950년대 한국 사회의 이데올로기: 한국전쟁 이후 시기를 중심으로」, 『한국정치연구』 5, 1996.
손호철, 『현대한국정치: 이론과 역사 1945~2003』, 사회평론, 2003.
손희정, 「혐오의 시대: 2015년, 혐오는 어떻게 문제적 정동이 되었는가」, 『여/성이론』 32, 2015.
송건호, 「60·70년대의 통일논의」, 송건호·강만길 편, 『한국민족주의론(2)』, 창작과비평사, 1983.
송건호, 『한국 민족주의의 탐구』, 한길사, 1977.
수잔 랭거, 「희극적 리듬」, 송옥 외 옮김, 고려대 출판부, 1995.
수잔 벅모스, 『꿈의 세계와 파국: 대중 유토피아의 소멸』, 윤일성·김주영 옮김, 경성대 출판부, 2008.
수잔 벅모스, 『발터 벤야민과 아케이드 프로젝트』, 김정아 옮김, 문학동네, 2004.
스털링 P. 램프레히트, 『서양철학사(35판)』, 김태길 외 옮김, 을유문화사, 1991.
슬라보예 지젝, 『이데올로기라는 숭고한 대상』, 이수현 옮김, 인간사랑, 2002.
슬라보예 지젝, 『하우 투 리드 라깡』, 박정수 옮김, 웅진, 2007.
신기욱, 『한국 민족주의의 계보와 정치』, 이진준 옮김, 창비, 2009.
신형기·김철 편, 『문학 속의 파시즘』, 삼인, 2001.
신형기, 『북한문학의 발단과 기원(1, 2)』, 『현역중진작가연구(3, 4)』, 국학자료원, 1998, 1999.
아놀드 하우저, 『문학과 예술의 사회사: 현대편』, 백낙청·염무웅 옮김, 창작과비평사, 1974.
아리스토텔레스, 『시학』, 김재홍 옮김, 고려대 출판부, 1998.

아사다 아키라, 『도주론』, 문아영 옮김, 민음사, 1999.
안 뱅상 뷔포, 『눈물의 역사』, 이자경 옮김, 동문선, 2000.
안토니오 네그리 · 마이클 하트, 『다중』, 조정환 · 정남영 · 서창현 옮김, 세종서적, 2008.
안토니오 다마지오, 『스피노자의 뇌』, 임지원 옮김, 사이언스북스, 2007.
앙드레 고르, 『프롤레타리아여 안녕: 사회주의를 넘어서』, 이현웅 옮김, 생각의나무, 2011.
앤서니 기든스, 『현대 사회의 성, 사랑, 에로티시즘』, 배은경 · 황정미 옮김, 새물결, 2001.
앤서니 기든스, 『현대사회학』, 김미숙 외 옮김, 을유문화사, 1992.
앤소니 라이트, 『사회주의 이론과 실제』, 김유 옮김, 인간과사회, 2000.
앨리 러셀 혹실드, 『감정노동』, 이가람 옮김, 이매진, 2009.
양승국, 『한국 신연극 연구』, 연극과인간, 2003.
양승국, 『한국현대희곡론』, 연극과인간, 2001.
양태순, 「규방가사 여성성으로서의 '한탄'에 대하여」, 김병국 외, 『조선후기 시가와 여성』, 월인, 2005.
어네스트 겔너, 『민족과 민족주의』, 최한우 옮김, 한반도국제대학원대 출판부, 2009.
에른스트 르낭, 『민족이란 무엇인가』, 신행선 옮김, 책세상, 2002.
에릭 홉스봄, 『1780년 이후의 민족과 민족주의』, 강명세 옮김, 창작과비평사, 1994.
에바 일루즈, 『감정 자본주의』, 김정아 옮김, 돌베개, 2010.
에티엔 발리바르, 『우리, 유럽의 시민들?: 세계화와 민주주의의 재발명』, 진태원 옮김, 후마니타스, 2010.
엘레인 N. 마리브Elaine N. Mabieb, 『인체구조와 기능(1)』, 최명애 외 옮김, 계축문화사, 1992.
엘리아스 카네티, 『군중과 권력』, 반성완 옮김, 한길사, 1982.
역사문제연구소 문학사연구모임, 『카프문학운동연구』, 역사비평사, 1989.
역사문제연구소 민중사반, 『민중사를 다시 말한다』, 역사비평사, 2013.
역사문제연구소, 『한국 사회의 지배이데올로기와 대항 이데올로기』, 역사비평사, 1994.
연성수 편, 『공동체놀이』, 동녘, 1984.
오미일, 『한국근대자본가연구』, 한울, 2002.
오영숙, 『1950년대, 한국영화와 문화담론』, 소명, 2007.
오유석 편, 『박정희 시대의 새마을 운동』, 한울, 2014.
오카 요시타케, 『근대 일본 정치사』, 장인성 옮김, 1996, 소화.
와다 하루키, 『김일성과 만주항일전쟁』, 이종석 옮김, 창작과비평사, 1992.
요코타 이누히코, 『일본영화의 이해』, 박전열 옮김, 현암사, 2001.
우노 세이이찌 편, 『중국의 사상』, 김진욱 옮김, 열음사, 1993.
우석훈 · 박권일, 『88만원 세대』, 레디앙, 2007.

우수진, 「근대 연극과 센티멘털리티의 형성: 초기 신파극을 중심으로」, 연세대 박사학위 논문, 2006.
우에노 치즈코, 『내셔널리즘과 젠더』, 이선이 옮김, 박종철출판사, 1999.
위르겐 하버마스, 『공론장의 구조변동: 부르주아 사회의 한 범주에 관한 연구』, 한승완 옮김, 나남, 2001.
윌리엄 M. 레비, 『감정의 항해: 감정 이론, 감정사, 프랑스혁명』, 김학이 옮김, 문학과지성사, 2016.
유경순 편저, 『1980년대, 변혁의 시간 전환의 기록(1, 2)』, 봄날의박씨, 2015.
유길준, 『서유견문』, 허경진 옮김, 한양출판, 1995.
유민영, 『한국근대연극사』, 단국대 출판부, 1996.
유상희, 「일본 신파극과 한국 신파극」, 『일본연구』 8, 중앙대 일본연구소, 1993.
유시춘 외, 『우리 강물이 되어(1, 2)』, 경향신문사, 2005.
유영호, 『북한영화, 그리고 거짓말』, 학민사, 2009.
유지나 외, 『멜로드라마란 무엇인가』, 민음사, 1998.
유지나 외, 『한국영화사 공부: 1980~1997)』, 이채, 2005.
윤건차, 『일본 그 국가·민족·국민』, 하종문·이애숙 옮김, 일월서각, 1997.
윤해동 외, 『근대를 다시 읽는다(1, 2)』, 역사비평사, 2006.
윤해동, 『식민지의 회색지대』, 역사비평사, 2003.
이경림, 「『장한몽』 연구」, 서울대 석사학위논문, 2010.
이경훈, 『오빠의 탄생』, 문학과지성사, 2003
이광수, 「자녀중심론」, 『이광수 전집(10)』, 삼중당, 1971.
이광일, 『좌파는 어떻게 좌파가 됐나』, 메이데이, 2008.
이길성, 「1960년대 가족 드라마의 형성과정과 제 양상 연구」, 중앙대 박사학위논문, 2006.
이남희, 『민중 만들기』, 이경희·유리 옮김, 후마니타스, 2015.
이두현, 『한국 신극사 연구』, 서울대 출판부, 1966.
이두현, 『한국연극사』, 민중서관, 1973.
이만열 외, 『한국기독교와 민족운동』, 종로서적, 1986.
이매뉴얼 월러스틴, 『역사적 자본주의/자본주의 문명』, 나종일·백영경 옮김, 창작과비평사, 1993.
이명자, 『북한영화사』, 커뮤니케이션북스, 2007.
이상경, 「1930년대 사회주의 여성에 관한 연구」, 『성평등연구』 10, 2006.
이상비, 「민족문학사연구(2)」, 『원대논문집』 15, 1981.
이상택, 「총론: 한국 고전소설의 개념과 특질」, 이상택 외, 『한국 고전소설의 세계』, 돌베개, 2005.

이수옥, 「나의 결의」, 『지방행정』, 1977. 9.
이순진, 「조선 무성영화의 활극성과 공연성에 대한 연구」, 중앙대 박사학위논문, 2009.
이순진, 「조선/한국영화에서 신파 또는 멜로드라마의 계보학」, 『한국영화사: 開化期에서 開花期까지』, 커뮤니케이션북스, 2006.
이순진, 「한국영화사 연구의 현 단계」, 『대중서사연구』 12, 2004.
이순진·이승희 편, 『한국영화와 민주주의』, 선인, 2011.
이승렬, 『제국과 상인: 서울, 개성, 인천 지역 자본가들과 한국 부르주아의 기원 1896~1945』, 역사비평사, 2007.
이승희, 「기표로서의 신파, 그 역사성의 지형」, 『한국극예술연구』 23, 2006.
이승희, 「멜로드라마의 근대적 상상력」, 『한국극예술연구』 15, 2002.
이승희, 「멜로드라마의 이율배반적 운명」, 『민족문학사연구』 20, 2002.
이승희, 「여성 수난 서사와 가부장제 이데올로기」, 『상허학보』 10, 2003.
이승희, 『한국 사실주의 희곡, 그 욕망의 식민성』, 소명, 2004.
이안 부루마, 『근대일본』, 최은봉 옮김, 2004.
이양희, 「일제의 만주지역 자위단 조직과 활용」, 『한국독립운동사연구』 56, 2016.
이영미 외, 『김내성 연구』, 소명, 2011.
이영미 외, 『딱지본 대중소설의 발견』, 민속원, 2008.
이영미, 「1950년대 대중적 극예술에서의 신파성의 재생산과 해체」, 『한국문학연구』 34, 2008.
이영미, 「딱지본 대중소설의 신파성」, 『대중서사연구』 12/1, 2006.
이영미, 「북한예술의 신파성과 그 변용양상에 대하여」, 『북한문화연구』 2, 한국문화예술진흥원, 1994.
이영미, 「신파양식의, 신파에 대한 태도」, 『대중서사연구』 9/1, 2003.
이영미, 『마당극·리얼리즘·민족극』, 현대미학사, 1997.
이영미, 『마당극 양식의 원리와 특성』, 시공사, 2001.
이영미, 『한국대중가요사』, 시공사, 1998.
이영미, 『한국대중예술사, 신파성으로 읽다』, 푸른역사, 2016.
이영일, 『한국영화전사(개정판)』, 소도, 2004.
이영재, 『제국 일본의 조선영화』, 현실문화, 2008.
이용관, 「한국영화의 미학」, 『한국영화의 이해』, 예니, 1992.
이용관, 『한국영화를 위한 변명』, 시각과언어, 1998.
이우석, 「1960년대 청춘영화 형성과정에 대한 연구」, 중앙대 석사학위논문, 2003.
이은영, 『민주깡통을 아십니까: 인천 삼화실업 노동조합 투쟁기』, 돌베개, 1988.
이이화, 「눈물의 통일학」, 『사회평론』, 1991. 10.
이인범, 『조선예술과 야나기 무네요시』, 시공사, 1999.

이인화, 『인간의 길(1, 2, 3)』, 살림, 1997, 1998.
이정우, 『시뮬라크르의 시대』, 거름, 1999.
이정하, 「나운규의 〈아리랑〉(1926)의 재구성: 〈아리랑〉의 활극적 효과 혹은 효과의 생산」, 『영화연구』 26, 2005.
이종석, 『북한의 역사(2): 주체사상과 유일체제 1960~1994』, 역사비평사, 2011.
이진경, 『노마디즘(1, 2)』, 휴머니스트, 2002.
이진경, 『맑스주의와 근대성』, 문화과학사, 2005
이창언, 「NL(민족해방)계열 학생운동의 주류화와 한계」, 이호룡 · 정근식 편, 『학생운동의 시대』, 선인, 2013.
이한기 외, 『해부생리학(3판)』, 고문사, 2005.
이혜순, 김경미, 『한국의 열녀전』, 월인, 2002.
이호걸, 「신자유주의적 국가/시장의 재편과 한국 조폭영화」, 『영상예술연구』 21, 2012.
이호걸, 「조폭영화의 성찰성과 〈No.3〉」, 『쌈마이 블루스』, 이가서, 2004.
이효인 외, 『한국영화사 공부: 1960~1979』, 이채, 2004.
이효인, 「한국영화의 신파성과 근대성」, 이효인 · 이정하 편, 『한국영화 씻김』, 열린책들, 1995.
이효인, 『영화로 읽는 한국 사회문화사』, 개마고원, 2003.
이효인, 『한국영화역사강의』, 이론과실천, 1994.
임경석, 『한국 사회주의의 기원』, 역사비평사, 2003.
임규찬 · 한기형 편, 『카프비평자료총서(1~8)』, 태학사, 1989.
임마누엘 칸트, 『순수이성비판』, 최재희 옮김, 박영사, 1972.
임마누엘 칸트, 『실천이성비판』, 최재희 옮김, 박영사, 1976.
임마누엘 칸트, 『판단력비판』, 이석윤 옮김, 박영사, 1974.
임미리, 『경기동부』, 이매진, 2014.
임지현 외, 『우리 안의 파시즘』, 삼인, 2000.
임지현 · 김용우 편, 『대중독재(1~3)』, 책세상, 2004, 2005, 2007.
임지현 · 염운옥 편, 『대중독재와 여성: 동원과 해방의 기로에서』, 휴머니스트, 2010.
임진택, 『민중연희의 창조』, 창작과비평사, 1990.
임헌영, 『창조와 변혁』, 형성사, 1979.
임홍빈, 『수치심과 죄책감: 감정론의 한 시도』, 바다출판사, 2013.
임화, 「조선 영화론」, 정재형 편, 『한국 초창기의 영화이론』, 집문당, 1997.
임화, 『임화신문학사』, 임규찬 · 한진일 편, 한길사, 1993.
잔 루프너, 『지식과 감정에 대하여』, 김영숙 옮김, 자음과모음, 2010.
장 라플랑슈 · 장 베르트랑 퐁탈리스, 『정신분석 사전』, 임진수 옮김, 열린책들, 2005.
장 메종뇌브, 『감정』, 김용민 옮김, 한길사, 1999.

장 자크 루소, 『사회계약론』, 이환 옮김, 서울대 출판부, 1999.
장 자크 루소, 『인간 불평등 기원론』, 주경복·고봉만 옮김, 책세상, 2003.
장 프랑수아 리오타르, 「숭엄과 아방가르드」, 『포스트모던의 조건』, 유정완·이삼출·민승기 옮김, 민음사, 1992.
장경섭, 「가족과 이데올로기: 사회주의와 가족」, 『가족학논집』 3, 1991.
장경섭, 『가족·생애·정치경제: 압축적 근대성의 미시적 기초』, 창비, 2009.
장문석·이상록 편, 『근대의 경계에서 독재를 읽다: 대중독재와 박정희 체제』, 그린비, 2006.
장석준, 『사회주의』, 책세상, 2013.
장영은, 「아지트키퍼와 하우스키퍼: 여성사회주의자의 연애와 입지」, 『대동문화연구』 64, 2008.
장하성, 『한국 자본주의』, 헤이북스, 2014.
잭 바바렛, 『감정과 사회학』, 박형신 옮김, 이학사, 2009.
잭 바바렛, 『감정의 거시사회학』, 박형신·정수남 옮김, 일신사, 2007.
전광희, 「1970년대 전반기의 사회구조와 사회정책의 변화」, 한국정신문화연구원 편, 『1970년대 전반기의 정치사회변동』, 백산서당, 1999.
전재호, 『반동적 근대주의자 박정희』, 책세상, 2000.
정명중 외, 『우리 시대의 슬픔』, 전남대 출판부, 2013.
정선태, 「근대계몽기 '국민' 담론과 '문명국가'의 상상」, 비교역사문화연구소 편, 『근대한국, '제국'과 '민족'의 교차로』, 책과함께, 2011.
정성호, 「한국 사회의 인구사회학적 변화」, 한국정신문화연구원 편, 『한국전쟁과 사회구조의 변화』, 백산서당, 1999.
정연태, 「일제의 식민농정과 농업의 변화」, 한국역사연구회 편, 『한국역사입문(3)』, 풀빛, 1996.
정영권, 「한국 반공영화의 제도화 연구」, 동국대 박사학위논문, 2010.
정이담 외, 『문화운동론』, 공동체, 1985.
정창렬, 「1960~1970년대 '공안사건'의 전개양상과 평가」, 한국역사연구회 현대사연구반 편, 『한국현대사(3): 1960, 70년대 한국사회와 변혁운동』, 풀빛, 1991.
정혜주, 「박노해, 혁명적 시인인가 시적 혁명가인가」, 『사회평론』, 1991. 10.
제프 굿윈 외, 『열정적 정치: 감정과 사회운동』, 박형신·이진희 옮김, 한울아카데미, 2012.
제프 일리, 『더레프트 1848~2000』, 유강은 옮김, 뿌리와이파리, 2008.
조갑제, 『내 무덤에 침을 뱉어라(1~8)』, 조선일보사, 1998~2001.
조갑제, 『박정희의 결정적 순간들』, 기파랑, 2009.
조동일, 『우리 학문의 길(2판)』, 지식산업사, 1996.

조동일, 『한국문학통사(3)(4판)』, 지식산업사, 2005.
조르조 아감벤, 『호모 사케르』, 박진우 옮김, 새물결, 2008.
조성면, 「『꽃 파는 처녀』의 신파성과 대중성 그리고 상호텍스트성」, 『대중서사연구』 20/1, 2014.
조연현, 『문학과 그 현장』, 관동출판사, 1976.
조정환, 『아우또노미아』, 갈무리, 2003.
조정환 · 정남영 외, 『민중이 사라진 시대의 문학』, 갈무리, 2007.
조지 모스, 『대중의 국민화』, 김지혜 옮김, 소나무, 2008.
조혜정, 『한국의 여성과 남성』, 문학과지성사, 1988.
조희연 편, 『한국민주주의와 사회운동의 동학』, 나눔의집, 2001.
조희연 편, 『한국의 정치사회적 저항담론과 민주주의 동학』, 함께읽는책, 2004.
조희연 편, 『한국의 정치사회적 지배담론과 민주주의 동학』, 함께읽는책, 2003.
조희연, 「박정희 시대의 강압과 동의: 지배 · 전통 · 강압과 동의의 관계를 다시 생각한다」, 임지현 · 김용우 편, 『대중독재(2)』, 책세상, 2005.
조희연, 『동원된 근대화』, 후마니타스, 2010.
조희연, 『박정희와 개발독재시대』, 역사비평사, 2007.
존 그레이, 『자유주의』, 김용직 외 옮김, 성신여대 출판부, 2007.
존 그레이, 『자유주의』, 손철성 옮김, 이후, 2007.
존 로크, 『통치론』, 강정인 · 문지영 옮김, 까치, 1996.
존 롤스, 『정의론』, 황경식 옮김, 이학사, 2003.
존 벨튼, 『미국영화 미국문화』, 이형식 옮김, 경문사, 2003.
존 스튜어트 밀, 『자유론』, 박홍규 옮김, 문예출판사, 2009.
죠지 딕키, 『미학입문: 분석철학과 미학(수정판)』, 오병남 · 황유경 옮김, 서광사, 1983.
주유신, 「〈자유부인〉과 〈지옥화〉: 1950년대 근대성과 매혹의 기표로서의 여성 섹슈얼리티」, 『한국영화와 근대성』, 소도, 2001.
주유신, 『시네페미니즘: 여성의 시각으로 영화를 읽는 13가지 방법』, 호밀밭, 2017.
주진숙 외, 『여성영화인 사전』, 소도, 2001.
주창규, 「역사의 프리즘으로서 '映畵란 何오': 충무로 영화의 문화적 근대성 연구」, 중앙대 박사학위논문, 2004.
지그문트 프로이트, 「마조히즘의 경제적 문제」, 『쾌락원칙을 넘어서』, 박찬부 옮김, 열린책들, 1997.
지그문트 프로이트, 『문명 속의 불만』, 김석희 옮김, 열린책들, 1997.
지주형, 『한국 신자유주의의 기원과 형성』, 책세상, 2011.
진중권, 「죽은 독재자의 사회」, 이병천 편, 『개발독재와 박정희시대』, 창비, 2003.
진중권, 「지배의 언어, 탈주의 언어」, 『당대비평』 6, 1999.

진중권, 『네 무덤에 침을 뱉으마』, 개마고원, 1998.
진중권, 『미학오디세이(1)』, 휴머니스트, 2003.
진태원, 「'포스트' 담론의 유령들: 애도의 애도를 위하여」, 『민족문화연구』 57, 2012.
질 들뢰즈 · 펠릭스 가타리, 『천 개의 고원』, 김재인 옮김, 새물결, 2001.
질 들뢰즈 · 펠릭스 가타리, 『카프카: 소수적인 문학을 위하여』, 이진경 옮김, 동문선, 2001.
찰스 암스트롱, 「가족주의, 사회주의, 북한의 정치종교」, 김지혜 옮김, 임지현 · 김용우 편, 『대중독재(2)』, 책세상, 2005.
채광석, 『채광석 평론선집』, 고명철 편, 지식을만드는지식, 2015.
채희완 · 임진택 편, 『한국의 민중극』, 창작과비평사, 1985.
천이두, 『한의 구조 연구』, 문학과지성사, 1993.
천정환, 「서발턴은 쓸 수 있는가」, 『민족문학사연구』 47, 2011.
천정환, 『근대의 책읽기』, 푸른역사, 2003.
천정환, 『대중지성의 시대』, 푸른역사, 2008.
최기숙, 「17세기 고소설에 나타난 여성 인물의 유랑과 축출, 그리고 귀환의 서사」, 『고전문학연구』 38, 2010.
최동현, 김만수, 『일제강점기 유성기 음반 속의 극, 영화』, 태학사, 1998.
최시한, 「경향소설의 가족 문제」, 『배달말』 21, 배달말학회, 1996.
최원식, 「민족문학론의 반성과 전망」, 송건호 · 강만길 편, 『한국민족주의론(1)』, 창작과비평사, 1982.
최원식, 「장한몽과 위안으로서의 문학」, 김윤수 · 백낙청 · 염무웅 편, 『한국문학의 현단계(1)』, 창작과비평사, 1982.
최원식, 『한국 계몽주의 문학사론』, 소명, 2002.
최유준 외, 『우리 시대의 분노』, 전남대 출판부, 2013.
최장집, 『민주화 이후의 민주주의(2판)』, 후마니타스, 2005.
최장집, 『한국민주주의의 이론』, 한길사, 1993.
최정인, 「한국영화 신파성의 기원에 대하여」, 『대중서사연구』 9, 2005.
최태원, 「번안소설, 미디어, 대중성: 1910년대 소설독자의 문제를 중심으로」, 사에구사 도시카스 외, 『한국근대문학과 일본』, 소명, 2003.
카를 마르크스 · 프리드리히 엥겔스, 『마르크스 · 엥겔스 저작선(재판)』, 김재기 편역, 거름, 1997.
카를 슈미트, 『정치적인 것의 개념』, 김효전 · 정태호 옮김, 살림, 2012.
카야노 도시히토, 『국가란 무엇인가』, 김은주 옮김, 산눈, 2010.
카터 J. 에커트, 『제국의 후예: 고창 김씨가와 한국 자본주의의 식민지 기원 1876~1945』, 주익종 옮김, 푸른역사, 2008.

칼 폴라니, 『거대한 전환: 우리 시대의 정치·경제적 기원』, 홍기빈 옮김, 도서출판 길, 2009.
케빈 패스모어, 『파시즘』, 강유원 옮김, 뿌리와이파리, 2007.
케이트 밀렛, 『성정치학』, 김전유경 옮김, 이후, 2008.
크리스토퍼 프라이, 「희극」, 로봇 코리간 편, 『비극과 희극, 그 의미와 형식』, 송옥 외 옮김, 고려대 출판부, 1995.
클레어 콜브룩, 『들뢰즈 이해하기』, 한정헌 옮김, 그린비, 2007.
토마 피케티, 『21세기 자본』, 장경덕 외 옮김, 글항아리, 2014.
토마스 샤츠, 『할리우드 장르의 구조』, 한창호·허문영 옮김, 한나래, 1995.
토마스 퀴네 외, 『남성의 역사』, 조경식·박은주 옮김, 솔, 2001.
토머스 홉스, 『리바이어던(1~4)』, 이정식 옮김, 박영사, 1984~1988.
파울로 레비, 『집단지성: 사이버 공간의 인류학을 위하여』, 권수경 옮김, 문학과지성사, 2002.
편집부, 『강철서신: 올바른 생활을 위한 지침서』, 도서출판 눈, 1989.
편집부, 『철학사전』, 도서출판 친구, 1987.
편집부, 『통일혁명당』, 나라사랑, 1988.
폴 슈마커 외, 『정치사상의 이해(1, 2)』, 양길현 옮김, 오름, 2005, 2007.
폴 크루그먼, 『미래를 말하다』, 예상한 외 옮김, 웅진씽크빅, 2008.
프리드리히 A. 하이에크, 『노예의 길』, 김이석 옮김, 나남, 2006.
프리드리히 엥겔스, 『가족, 사유재산, 국가의 기원』, 김대웅 옮김, 아침, 1994.
프리드리히 엥겔스, 『반듀링론』, 김민석 옮김, 새길, 1988.
피터 브룩스, 『멜로드라마적 상상력』, 이승희·이혜령·최승연 옮김, 소명, 2013.
하즈미 쓰네오, 「조선영화를 말한다」, 『일본잡지 모던일본과 조선 1939』, 윤소영 외 옮김, 어문학사, 2007.
한국방송공사 편, 『이산가족을 찾습니다: TV 특별 생방송 138일의 기록』, 한국방송공사, 1984.
한국비평문학회, 『북한가극연극40년』, 신원문화사, 1990.
한국서양사학회 편, 『서양에서의 민족과 민족주의』, 까치, 1999.
한국여성연구원 편, 『동아시의 근대성과 성의 정치학』, 푸른사상, 2002.
한국역사연구회 편, 『한국역사입문(3)』, 풀빛, 1995.
한국영상자료원 편, 『신문 기사로 본 한국영화 1945~1957』, 공간과사람들, 2004.
한국영상자료원 편, 『신문 기사로 본 한국영화 1958~1961』, 공간과사람들, 2006.
한국예술종합학교 한국예술연구소 편, 『한국현대예술사대계(1~6)』, 시공사, 1999~2005.
한국철학사상연구회 편, 『철학대사전』, 동녘, 1989.
한나 아렌트, 『인간의 조건』, 이진우·태정호 옮김, 한길사, 1996.

한나 아렌트, 『전체주의의 기원(1)』, 박미애 · 이진우 옮김, 한길사, 2006.
한나 아렌트, 『정신의 삶(1)』, 홍원표 옮김, 푸른숲, 2004.
한스 울리히 벨러, 『허구의 민족주의』, 이용일 옮김, 2007.
함석헌, 『뜻으로 본 한국역사』, 한길사, 2003.
허상수, 「정치사회적 저항담론과 변혁주체 논쟁: 노동계급운동을 중심으로」, 조희연 편, 『한국의 정치사회적 저항담론과 민주주의 동학』, 함께읽는책, 2004.
허영란, 「민중운동사 이후의 민중사: 민중사 연구의 현재와 새로운 모색」, 역사문제연구소 민중사반, 『민중사를 다시 말한다』, 역사비평사, 2013.
헨리 임, 「근대적, 민주적 구성물로서의 '민족': 신채호의 역사서술」, 신기욱 · 마이클 로빈슨 편, 『한국의 식민지 근대성』, 도면회 옮김, 삼인, 2006.
홍석률 외, 『박정희 시대연구』, 백산서당, 2002.
홍윤기, 「민주화 시대의 '박정희'」, 이병천 외, 『개발독재와 박정희시대』, 창비, 2003.
홍재범, 「1930년대 한국대중비극연구」, 서울대 박사학위논문, 1998.
황병주, 「박정희 시대의 국가와 '민중'」, 『당대비평』 12, 삼인, 2000.
황병주, 「박정희 체제의 지배 담론과 대중의 국민화」, 임지현 · 김용우 편, 『대중독재』, 책세상, 2004.
황병주, 「박정희 체제의 지배 담론」, 한양대 박사학위논문, 2008.
황병주, 「식민지 시기 '공'개념의 확산과 재구성」, 『사회와 역사』 73, 한국사회사학회, 2007.
황석영, 「항쟁 이후의 문학」, 『창작과 비평』 16/4, 1988.
황석영, 『가자 북으로 오라 남으로』, 이룸, 2000.

연속간행물

『개벽』, 『경향신문』, 『노동자문화통신』, 『노동』, 『녹두꽃』, 『뉴스1』, 『대화』, 『동아일보』, 『매일신보』, 『문학예술운동』, 『사상문예운동』, 『서울투데이』, 『세계일보』, 『신천지』, 『씨네21』, 『예술운동』, 『오마이뉴스』, 『월간 말』, 『자강회』, 『자유』, 『전망과 건설』, 『조선일보』, 『조선중앙일보』, 『조선지광』, 『중앙일보』, 『중외일보』, 『해방선언』.

외국어 논저

Brian Massumi, *A User's Guide to Capitalism and Schizophrenia*, (Cambridge, Mass: MIT Press, 1992)
Christine Gledhill, "The Melodramatic Field: An Investigation", *Home Is Where The Heart Is*, ed. by Christine Gledhill, (London: British Film Institute, 1987)

Daniel Gerould, "Melodrama and Revolution", *Melodrama stage picture screen*, ed. by Jacky Bratton et al., (London: British Film Institute, 1994)

Laura Mulvey, "Notes on Sirk and Melodrama", *Home Is Where The Heart Is: Studies in Melodrama and the Woman's Film*, ed. by Christine Gledhill, (London: British Film Institute, 1987)

Miriam Bratu Hansen, "The Mass Production Of The Senses: Classical Cinema As Vernacular Modernism", *Reinventing Film Studies*, ed. by Christine Gledhill and Linda Williams, (London: Arnold, 2000)

Nancy Ablemann, "Women's Lives, Movies, and Men", *South Korean Golden Age Melodrama*, ed. by Kathleen McHugh and Nancy Ablemann, (Detroit: Wayne Univ. Press, 2005)

Nick Browne, "Society and Subjectivity: On the Political Economy of Chinese Melodrama", *New Chinese Cinemas Forms, Identities, Politics*, ed. by Nick Browne et al., (Cambridge: Cambridge Univ. Press, 1994)

Peter Brooks, *The Melodramtic Imagination*, (New York: Colombia University Press, 1985)

Roger Griffin, *The Nature of Fascism*, (New York: Routledge, 1993)

Roger Griffin(ed.), *International Fascism*, (London: Arnold, 1998)

Steve Neale, "Melodrama and Tears", *Screen*, vol. 27, 1986.

Thomas Elssaesser, "Tales of Sound and Fury: Observation On The Family Melodrama", *Home Is Where The Heart Is*, ed. by Christine Gledhill, (London: British Fiml Institute, 1987)

Tom Lutz, *Crying: The Natural and Cultural History of Tears*, Norton, (New York: W. W. Norton, 2001)

William H. Frey and Muriel Langseth, *Crying: The Mystery of Tears*, (Minneapolis: Winston Press, 1985)

Yingjin Zhang, "Ideology of the Body in Red Sorghum", *Colonialism and Nationalism in Asian Cinema*, (Indianapolis: Indiana Univ. Press, 1994)

Yuejin Wang, "Melodrama as Historical Understanding", *Melodrama and Asian Cinema*, ed. by Wimal Dissanayake, (Cambridge: Cambridge Univ. Press, 1993)

찾아보기

ㄱ

ㄴ

ㅂ

ㅅ

ㅇ

ㅈ

ㅊ

ㅋ

ㅌ

ㅍ

ㅎ

작품

ㄱ

ㄴ

ㄷ

ㅁ

ㅂ

ㅅ

ㅇ

ㅈ

ㅊ

ㅌ

ㅍ

ㅎ

인명

ㄱ

ㄴ

ㄷ

ㄹ

ㅈ

ㅊ

ㅋ

ㅍ

ㅎ